Aktuelle und klassische Sozial- und KulturwissenschaftlerInnen

Reihe herausgegeben von
Stephan Moebius, Graz, Österreich

Die von Stephan Moebius herausgegebene Reihe zu Kultur- und SozialwissenschaftlerInnen der Gegenwart ist für all jene verfasst, die sich über gegenwärtig diskutierte und herausragende Autorinnen und Autoren auf den Gebieten der Kultur- und Sozialwissenschaften kompetent informieren möchten. Die einzelnen Bände dienen der Einführung und besseren Orientierung in das aktuelle, sich rasch wandelnde und immer unübersichtlicher werdende Feld der Kultur- und Sozialwissenschaften. Verständlich geschrieben, übersichtlich gestaltet – für Leserinnen und Leser, die auf dem neusten Stand bleiben möchten.

Weitere Bände in der Reihe http://www.springer.com/series/12187

Klaus Lichtblau

Zur Aktualität von Max Weber

Einführung in sein Werk

Klaus Lichtblau
Goethe-Universität Frankfurt am Main
Frankfurt, Deutschland

ISSN 2625-9389   ISSN 2625-9397 (electronic)
Aktuelle und klassische Sozial- und KulturwissenschaftlerInnen
ISBN 978-3-658-28946-1   ISBN 978-3-658-28947-8   (eBook)
https://doi.org/10.1007/978-3-658-28947-8

Die Deutsche Nationalbibliothek verzeichnet diese Publikation in der Deutschen Nationalbibliografie; detaillierte bibliografische Daten sind im Internet über http://dnb.d-nb.de abrufbar.

© Springer Fachmedien Wiesbaden GmbH, ein Teil von Springer Nature 2020
Das Werk einschließlich aller seiner Teile ist urheberrechtlich geschützt. Jede Verwertung, die nicht ausdrücklich vom Urheberrechtsgesetz zugelassen ist, bedarf der vorherigen Zustimmung des Verlags. Das gilt insbesondere für Vervielfältigungen, Bearbeitungen, Übersetzungen, Mikroverfilmungen und die Einspeicherung und Verarbeitung in elektronischen Systemen.
Die Wiedergabe von allgemein beschreibenden Bezeichnungen, Marken, Unternehmensnamen etc. in diesem Werk bedeutet nicht, dass diese frei durch jedermann benutzt werden dürfen. Die Berechtigung zur Benutzung unterliegt, auch ohne gesonderten Hinweis hierzu, den Regeln des Markenrechts. Die Rechte des jeweiligen Zeicheninhabers sind zu beachten.
Der Verlag, die Autoren und die Herausgeber gehen davon aus, dass die Angaben und Informationen in diesem Werk zum Zeitpunkt der Veröffentlichung vollständig und korrekt sind. Weder der Verlag, noch die Autoren oder die Herausgeber übernehmen, ausdrücklich oder implizit, Gewähr für den Inhalt des Werkes, etwaige Fehler oder Äußerungen. Der Verlag bleibt im Hinblick auf geografische Zuordnungen und Gebietsbezeichnungen in veröffentlichten Karten und Institutionsadressen neutral.

Coverfoto: Haus der Geschichte Baden-Württemberg

Planung/Lektorat: Cori Antonia Mackrodt
Springer VS ist ein Imprint der eingetragenen Gesellschaft Springer Fachmedien Wiesbaden GmbH und ist ein Teil von Springer Nature.
Die Anschrift der Gesellschaft ist: Abraham-Lincoln-Str. 46, 65189 Wiesbaden, Germany

Vorwort

Manche Bücher haben eine Vorgeschichte. In dieser Einführung haben langjährige Bemühungen ihren Niederschlag gefunden, Max Webers weit verzweigtes Werk gewissermaßen ‚auf den Begriff' zu bringen. Damit ist eine strikt theoretisch und werkgeschichtlich orientierte Zugangsweise verbunden, die sich in den einzelnen Kapiteln dieser Einführung niedergeschlagen hat. Die erste Ermutigung, ein solches Buch zu schreiben, habe ich bereits in den 1990er Jahren von meinem damaligen Verleger Axel Rütters erhalten, der meinte, dass daraus etwas Vernünftiges entstehen könnte. Konkretere Überlegungen zu diesem Buch habe ich dann im Wintersemester 2003/04 in einem gemeinsam mit Cornelia Bohn und Hartmann Tyrell an der Universität Bielefeld veranstalteten Forschungskolloquium vorgestellt. Daraus ist 2006 ein erster und 2015 ein zweiter Gliederungsentwurf für eine monographische Veröffentlichung entstanden, wobei der zweite schon weitgehend mit der Kapitelgliederung dieser Einführung identisch gewesen ist.

Ursprünglich hatte ich vor, dieses Buch unter dem Titel „Die beiden Soziologien Max Webers" zu veröffentlichen, um darauf aufmerksam zu machen, dass wir es hierbei nicht nur mit einer, sondern *zwei* Varianten seiner ‚Soziologie' zu tun haben. Diese Vermutung wurde im Laufe der Zeit auch durch die Edition von Webers ‚Hauptwerk' *Wirtschaft und Gesellschaft* im Rahmen der Max-Weber-Gesamtausgabe bestärkt. Ferner wurde mir zunehmend klar, dass nicht nur Webers Verständnis von Soziologie, sondern auch sein Verständnis von ‚Universalgeschichte' nach wie vor klärungsbedürftig ist. Hierdurch sind weitere Differenzierungen im Umgang mit seinem Werk entstanden, die sich ebenfalls in der vorliegenden Einführung niedergeschlagen haben. Dabei stellte sich heraus, dass die Beantwortung der meisten Fragen, die mich viele Jahre lang beschäftigt haben, vom Entwicklungsstand der Max-Weber-Gesamtausgabe abhängig gewesen ist. Inzwischen ist diese jedoch so gut wie abgeschlossen, sodass es keinen Grund mehr für mich gab, die Fertigstellung dieser Einführung noch weiter hinauszuzögern als dies ohnehin schon geschehen ist.

Das Manuskript dieses Buches wurde im Januar 2020 abgeschlossen. Später erschienene Literatur konnte deshalb nicht mehr berücksichtigt werden. Hinnerk Bruhns (Paris) verdanke ich wichtige inhaltliche Hinweise, die in dieser Einführung zum Teil noch berücksichtigt werden konnten. Hubert Treiber (Hannover) hat mich ferner durch seine zahlreichen Literaturhinweise auf die prinzipielle ‚Kontingenz' beziehungsweise ‚Willkür' unserer heutigen Zitierpraxis in den Geistes- und Sozialwissenschaften aufmerksam gemacht. Edith Hanke (München) danke ich dafür, dass sie mich viele Jahre lang über die Entwicklung der Max-Weber-Gesamtausgabe auf dem Laufenden gehalten hat. Ferner war sie mir bei der Suche nach Belegstellen in Webers umfangreichem Briefwechsel sehr hilfreich. Meinem Grazer Kollegen Stephan Moebius danke ich dafür, dass er dieses Buch in die von ihm herausgegebene Reihe „Aktuelle und klassische Sozial- und KulturwissenschaftlerInnen" aufgenommen hat. Ferner danke ich Cori Antonia Mackrodt vom Wiesbadener Verlag Springer VS dafür, dass sie mir wohlwollendes Verständnis bei der zeitlichen Überschreitung der ursprünglich vereinbarten Abgabefrist für dieses Buchmanuskript entgegengebracht hat.

Diese Einführung in Max Webers Werk ist den Studentinnen und Studenten gewidmet, die viele Jahre lang meine einschlägigen Lehrveranstaltungen in Bielefeld, Frankfurt am Main, Kassel, Kiel und Wuppertal besucht haben. Ihnen habe ich es vor allem zu verdanken, darauf aufmerksam geworden zu sein, welche grundsätzlichen Vermittlungs- und Verständnisprobleme heute immer noch im Umgang mit Webers Werk bestehen. Zugleich entschuldige ich mich an dieser Stelle dafür, falls ich mich in den letzten Jahrzehnten in meinen Veröffentlichungen und Lehrveranstaltungen diesbezüglich nicht immer klar genug ausgedrückt haben sollte. Doch wir haben es hierbei mit einem Prozess der ‚Läuterung' zu tun, den jeder durchmacht, der sich über längere Zeit mit Max Webers komplexem Werk beschäftigt. Ob es dem Verfasser dieser Einführung tatsächlich gelungen ist, die damit angesprochenen Probleme in einer zufrieden stellenden Art und Weise zu lösen, bleibt allerdings dem Urteil der Leser dieser *ersten historisch-kritischen Einführung* in Max Webers Werk vorbehalten.

Jever, den 30. Januar 2020   *Klaus Lichtblau*

Inhaltsverzeichnis

Einleitung.. 1
Max Weber lesen – ein historisch-systematischer Wegweiser

1 Webers intellektuelle Entwicklung seit der Jahrhundertwende..... 11
 1.1 Die logische Eigenart der historischen Erkenntnis............ 11
 1.2 Wahlverwandtschaften zwischen der Ethik des ‚asketischen Protestantismus' und dem modernen kapitalistischen Wirtschaftssystem.. 29
 1.3 Die Wirtschaft und die gesellschaftlichen Ordnungen und Mächte.. 48

2 Allgemeine Strukturformen menschlicher Gemeinschaften........ 63
 2.1 Die ‚Hausgemeinschaft'................................... 63
 2.2 Ethnische Gemeinschaften................................. 72
 2.3 Politische Gemeinschaften................................. 77
 2.4 Die ‚Marktgemeinschaft'.................................. 81

3 Historische Entwicklungsformen der Vergemeinschaftung und Vergesellschaftung... 87
 3.1 Webers ‚systematische' Religionssoziologie.................. 87
 3.2 Die Entwicklungsbedingungen des Rechts.................... 108
 3.3 Die Typologie der Herrschaftsformen....................... 130
 3.4 Die Eigenart der mittelalterlichen Stadt des Okzidents.......... 143

4 Webers ‚späte Soziologie' 151
   4.1   Verstehende Soziologie 151
   4.2   Webers ‚Soziologische Grundbegriffe' 161
   4.3   Die ‚Wirtschaftssoziologie' 172
   4.4   Die zweite Fassung der Herrschaftssoziologie 178

5 Das Spannungsverhältnis zwischen Geschichte und Soziologie in Webers Werk 185
   5.1   Die Wirtschaftsethik der Weltreligionen 185
   5.2   Die ‚Wirtschaftsgeschichte' 200
   5.3   Max Webers Beitrag zu einer ‚Universalgeschichte der Kultur' ... 216

Literatur 233
   Primärliteratur 233
   Sekundärliteratur 236

Einleitung

Max Weber lesen –
ein historisch-systematischer Wegweiser

Max Weber wurde am 21. April 1864 in Erfurt, der Landeshauptstadt des heutigen deutschen Freistaates Thüringen, geboren. Er studierte in Heidelberg, Göttingen und Berlin Rechtswissenschaft und besuchte daneben auch Lehrveranstaltungen im Bereich der Philosophie, Geschichtswissenschaft, Theologie und der Nationalökonomie – Fächer, die sein späteres akademisches und intellektuelles Leben geprägt haben. 1889 promovierte er bei Levin Goldschmidt in Berlin mit einer Arbeit über die Entwicklung des Solidarhaftprinzips und des Sondervermögens der offenen Handelsgesellschaften im Mittelalter und habilitierte sich dort zwei Jahre später bei August Meitzen mit einer Studie über die römische Agrargeschichte in ihrer Bedeutung für das Staats- und Privatrecht. Anschließend führte er im Auftrag des *Vereins für Socialpolitik* eine einflussreiche und zu seiner Zeit viel diskutierte empirische Untersuchung über die Lage der ostelbischen Landarbeiter durch. Aufgrund der durch diese Studien erworbenen Reputation wurde er im April 1894 als Nachfolger von Eugen von Philippovich auf eine Professur für Nationalökonomie und Finanzwissenschaft an die badische Universität Freiburg berufen und begann dort im Wintersemester 1894/95 seine akademische Lehrtätigkeit. Im Sommersemester 1897 folgte er seinem Lehrer Karl Knies auf dessen Heidelberger Lehrstuhl für Nationalökonomie und Finanzwissenschaft. Doch ein schweres psychosomatisches Leiden zwang Weber dazu, seine Heidelberger Professur im Oktober 1903 niederzulegen, wobei er freiwillig auf die ihm als verbeamteter Professor im Großherzogtum Baden zustehenden Pensionsbezüge verzichtete. Seitdem führte er das Leben eines Privatgelehrten, der seinen für damalige Verhältnisse nach wie vor ‚standesgemäßen' professoralen Lebensstil überwiegend aus finanziellen Zuwendungen seiner vermögenden Mutter und seiner durch eine Erbschaft ebenfalls zu einem kleinen Vermögen gekommenen Ehefrau Marianne Weber zu bestreiten in der Lage gewesen ist. Vor allem in dieser Zeit entstanden die Schriften, die ihn später weltberühmt gemacht haben. Im Sommersemester 1919 trat Weber dann aus finanziellen Gründen eine Professur für „Gesellschaftswissenschaft, Wirtschaftsgeschichte, Nationalökonomie" an der Universität München an, die er bis zu seinem Tod am 14. Juni 1920 wahrgenommen hat.[1]

Hundert Jahre nach Webers Tod erneut eine Einführung in sein umfangreiches Werk zu veröffentlichen ist in jeder Hinsicht ein begründungsbedürftiges Unternehmen. Denn zum einen gibt es inzwischen weltweit zahlreiche Einführungen in sein Werk. Und zum anderen ist dieses nach wie vor eines der am meisten diskutierten Werke der modernen Kultur- und Sozialwissenschaften, das bis heute in den verschiedensten Disziplinen rezipiert wird. Hinzu kommt die schillernde Persönlichkeit Webers, die nicht zuletzt bedingt durch sein schweres psychosomatisches Leiden viel Aufmerksamkeit auf sich gezogen hat und die inzwischen zum Gegenstand zahlreicher biographischer Untersuchungen geworden ist. Die auch im Falle Max Webers naheliegende Forderung, im Rahmen einer Biographie die viel beschworene ‚Einheit von Leben und Werk' einer Person zur Darstellung zu bringen, scheitert jedoch allein schon an dem Umstand, dass bisher nicht einmal bezüglich seiner psychosomatischen Erkrankung ein Konsens darüber hergestellt werden konnte, um welches ‚Leiden' es sich dabei eigentlich gehandelt hat. Allerdings ist im Laufe der Zeit immerhin so etwas wie ein Minimalkonsens darüber entstanden, dass wir es in seinem Fall mit einer ‚innerlich zerrissenen' Persönlichkeit zu tun haben könnten, was sich auch in seinem Werk niederschlagen habe. Die hierbei zu beantwortende Frage wäre dann allerdings, in welcher Form dies eigentlich geschehen ist.[2]

Ein weiterer Umstand kommt ins Spiel, der insbesondere den Zugang zu seinem sogenannten ‚Hauptwerk' erschwert, das unter dem Titel *Wirtschaft und Gesellschaft* weltberühmt geworden ist. Denn das nach seinem Tod unter diesem Titel erschienene umfangreiche Textkonvolut, dessen vor dem Ersten Weltkrieg geschriebenen Teile von seiner Frau in Webers Nachlass gefunden wurden, ist durch verschiedene Entwicklungs- und Bearbeitungsstufen geprägt, die sich bis zur Unkenntlichkeit überlagern und insofern die genaue Feststellung des Zeitpunktes der jeweiligen Niederschrift und nachträglichen Überarbeitung der

---

1 Vgl. Joachim Radkau, *Max Weber. Die Leidenschaft des Denkens*, München 2005, S. 860 ff.

2 Zum derzeitigen Stand der Weber-Biographik siehe neben der bereits erwähnten Arbeit von Radkau auch Dirk Kaesler, *Max Weber. Eine Biographie*, München 2014; ferner Jürgen Kaube, *Max Weber. Ein Leben zwischen den Epochen*, Berlin 2014.

einzelnen nachgelassenen Manuskripte oft unmöglich machen. Dadurch sind unter anderem auch Unstimmigkeiten innerhalb der Interpretation der von Weber verwendeten Grundbegriffe entstanden, die sich aus dem unterschiedlichen Zeitpunkt der Niederschrift und Überarbeitung der einzelnen Teile dieses Mammut-Werkes erklären und die bis vor Kurzem noch gar nicht zur Kenntnis genommen worden sind.

Ferner ist wiederholt die Frage gestellt worden, ob *Wirtschaft und Gesellschaft* überhaupt ein ‚einheitliches' Werk darstellt, zumal es verschiedene, zum Teil voneinander abweichende Editionen des ihm zugrundeliegenden Manuskriptbestandes gibt. Auch bezüglich der Frage, ob es sich dabei um Webers ‚soziologisches' Hauptwerk handelt, bestehen unterschiedliche Ansichten. Und nicht einmal der von seiner Ehefrau Marianne Weber posthum gewählte Titel *Wirtschaft und Gesellschaft* ist im Laufe der Zeit unstrittig geblieben. Selbst im Rahmen der Max-Weber-Gesamtausgabe stand dieser viele Jahre lang auf der Kippe und konnte in deren Herausgeberkreis bezeichnenderweise nur durch eine Mehrheitsentscheidung auch für die Zukunft ‚gerettet' werden.[3] Stattdessen hat man sich im Rahmen dieser historisch-kritischen Gesamtausgabe gewissermaßen als ‚Ausgleich' dafür entschieden, einen anderen berühmten Buchtitel aus dem Verkehr zu ziehen, der ohnehin nur im deutschen Sprachraum verbreitet ist. Es handelt sich dabei um eine Sammlung von Webers methodologischen Schriften, die von seiner Ehefrau unter dem Titel *Gesammelte Aufsätze zur Wissenschaftslehre* posthum herausgegeben worden ist. Diese methodologischen Schriften sind im Rahmen der Gesamtausgabe nun in zwei getrennten Bänden erschienen, die zwei verschiedene Bandherausgeber besorgt haben und die auch unterschiedliche Titel tragen. Es ist dabei also bewusst von dem Anspruch Abschied genommen worden, dass wir es hierbei mit einer einheitlichen ‚Wissenschaftslehre' Max Webers zu tun haben, was auch immer dies sein beziehungsweise gewesen sein könnte.

Wir haben es im Fall von Max Webers Schriften also mit einer komplexen werkgeschichtlichen Überlieferung zu tun, die einen ‚unkritischen' Umgang mit seinem Werk grundsätzlich verbietet. Überdies ist im Umfeld der Max-Weber-Gesamtausgabe im Laufe der Zeit eine beeindruckende ‚Weber-Industrie' entstanden, die sich neben inhaltlichen Fragestellungen naturgemäß auch stark auf philologische und werkgeschichtliche Probleme konzentriert und die in einer breiteren Fachöffentlichkeit bisher kaum zur Kenntnis genommen worden ist. Nicht einmal in den akademischen Disziplinen, denen Webers Schriften am ehesten zugeordnet werden können, haben diese werkgeschichtlichen Rekonstruktionen und die mit ihnen ver-

---

3 Vgl. Klaus Lichtblau, *Die Eigenart der kultur- und sozialwissenschaftlichen Erkenntnis*, Wiesbaden 2011, S. 373 ff.

bundenen textkritischen Bemühungen bisher einen nennenswerten Niederschlag gefunden. Wir haben es also mit der paradoxen Situation zu tun, dass im Rahmen der Beschäftigung mit Max Webers Werk heute immer noch zwei verschiedene Rezeptionsweisen vorherrschen, nämlich eine ‚vorkritische' und eine ‚kritische', wobei erstere derzeit bei Weitem überwiegt. Dies betrifft auch alle bisherigen Einführungen in sein Werk, die noch weitgehend nach den alten Ausgaben von Webers Schriften zitieren. Dabei ist den Verfassern dieser Einführungen oft gar nicht bewusst, dass einige dieser Ausgaben nicht den Kriterien einer wissenschaftlichen Edition entsprechen und deshalb mit Vorsicht zu genießen sind.

Ein weiterer Punkt, der im Rahmen einer historisch-kritischen Einführung in Webers Werk berücksichtigt werden muss, betrifft dessen umstrittene disziplinäre Zuordnung, für die Max Weber übrigens nicht ganz unschuldig ist. Auch bezüglich dieser Frage sind in der Sekundärliteratur höchst unterschiedliche Auffassungen vertreten worden. Diese sind zum einen durch den Ressortegoismus der einzelnen Interpreten und zum anderen durch Veränderungen in Webers eigenem disziplinären Selbstverständnis bedingt. Denn nach der Jahrhundertwende ordnete er seine verschiedenen Arbeiten zeitweise den ‚historischen Kulturwissenschaften' sowie der ‚Sozialökonomik' zu. Seit Ende 1913, also vergleichsweise spät kokettierte er dann mit der Möglichkeit, selbst zu einem ‚Soziologen' geworden zu sein, obwohl sein eigenes Verhältnis zu diesem Fach bis zu seinem Tod durch gewisse Widersprüche und den aus diesen hervorgehenden Spannungen gekennzeichnet geblieben ist. Dennoch ist auch heute noch die Auffassung vorherrschend, dass Webers Werk vor allem für die moderne Soziologie von bleibender Bedeutung sei. Insofern gilt er als einer ihrer ‚Klassiker', was sinnvoller Weise auch nicht bestritten werden kann, zumal er einer der Gründer der *Deutschen Gesellschaft für Soziologie* gewesen ist. Es gibt allerdings Stimmen, die sein Werk aus gutem Grund auch für die Geschichtswissenschaft, die politische Wissenschaft und sogar für eine neukantianische Richtung der Philosophie in Anspruch nehmen, was die disziplinäre Zuordnung seines Werkes nicht gerade erleichtert.

Wie sollen wir also mit der Vielzahl der im Rahmen der Max-Weber-Forschung vertretenen Meinungen umgehen, ohne den Leser einer Einführung in sein Werk mit diesen fachlichen Kontroversen zu überfordern? In der vorliegenden Einführung wird den angesprochenen Problemen dadurch Rechnung getragen, dass ihr eine strikt *werkgeschichtliche* Betrachtungsweise zugrunde liegt. Damit versucht sie dem Forschungsstand gerecht zu werden, wie er inzwischen im Umfeld der Max-Weber-Gesamtausgabe erreicht worden ist.[4] Ferner

---

4 Zur ‚Entwicklungsgeschichte' der Max-Weber-Gesamtausgabe vgl. Edith Hanke, Gangolf Hübinger und Wofgang Schwentker, „Die Entstehung der Max Weber-Gesamt-

werden Webers Schriften ausnahmslos nach dieser Gesamtausgabe zitiert, um zu unterstreichen, dass heute nur noch ein auch in philologischer Hinsicht ‚kritischer' Umgang mit seinem Werk den Anspruch stellen kann, diesem zugleich in sachlicher Hinsicht gerecht zu werden. Die Untergliederung dieser Einführung orientiert sich dabei an einem Leitfaden, der im Folgenden kurz erläutert wird, bevor wir zur Darstellung und Diskussion von zentralen Teilen seines Werkes übergehen.

Eine Grundsatzentscheidung, die im Rahmen dieser Einführung getroffen werden musste, betrifft die Frage, inwiefern auch die Schriften, die Weber *vor* 1900 veröffentlicht hat, berücksichtigt werden sollten. Da Webers Beitrag zur modernen Soziologie den Schwerpunkt der folgenden Erörterungen bildet, wurde auf den Einbezug dieser frühen Phase seines Schaffens bis auf wenige Ausnahmen bewusst verzichtet.[5] Denn die Aktualität seines Werkes begründet sich vor allem in jenen Schriften, die *nach* der Jahrhundertwende erschienen sind und die aus noch zu erwähnenden Gründen in einer unverwechselbaren Art und Weise seine persönliche Handschrift tragen. Dazu gehören neben seinen methodologischen Schriften und seinen Studien zur ‚protestantischen Ethik' sowohl der ältere als auch der neuere Teil von *Wirtschaft und Gesellschaft* sowie seine Aufsätze über die Wirtschaftsethik der Weltreligionen. Hier von einer werkübergreifenden ‚Fragestellung' zu sprechen, verbietet sich allein schon aufgrund des Umfanges dieser Schriften. Sie nehmen jedoch wechselseitig aufeinander Bezug und sind Ausdruck einer intellektuellen Entwicklung, die Weber zu immer kühneren universalgeschichtlichen Überlegungen ermutigt hat. Zu ihnen gehört unter anderem die Annahme, dass die okzidentale Kultur und insofern auch der moderne Kapitalismus durch einen spezifischen ‚Rationalismus' geprägt seien, aber auch die ihr scheinbar widersprechende Annahme, dass dadurch der ‚Kampf der Götter', das heißt die Konfrontation zwischen unterschiedlichen Wertauffassungen nicht an Bedeutung verloren habe, sondern in eine neue weltgeschichtliche Phase getreten sei.

Im ersten Teil dieser Einführung wird Webers intellektuelle Entwicklung seit der Aufgabe seiner Professur im Oktober 1903 dargestellt. Hier von einer allmählichen ‚Genesung' zu sprechen, wie dies oft getan wird, verkennt das Ausmaß

---

ausgabe und der Beitrag von Wolfgang J. Mommsen", in: *Geschichtswissenschaft im Geist der Demokratie. Wolfgang J. Mommsen und seine Generation,* hrsg. von Christoph Cornelißen, Berlin 2010, S. 207-238.

5   Zu den Schriften, die Weber vor 1900 verfasst und veröffentlicht hat, siehe Lawrence A. Scaff, "Weber before Weberian Sociology", in: British Journal of Sociology 35 (1984), S. 190-215.

der psychosomatischen Erkrankung, an der Max Weber bis zu seinem Tod litt und die immer wieder seine Arbeitskraft lähmte. Umso erstaunlicher ist es, was er selbst unter diesen schwierigen Bedingungen intellektuell zustande gebracht hat. Dies betrifft sowohl seine im Zeitraum 1903-1906 erschienenen methodologischen Schriften, auf die im Rahmen dieser Einführung zuerst eingegangen werden soll, als auch seine Aufsätze und Diskussionsbeiträge zur ‚protestantischen Ethik‘, deren Erörterung sich daran anschließt. Dabei wird gezeigt, dass es Weber nur in diesem Fall gelungen ist, seine damaligen methodologischen Überlegungen eng mit einer seiner historisch-empirischen Untersuchungen zu verbinden. Dagegen steht insbesondere der ältere Teil von *Wirtschaft und Gesellschaft* in einem offenbaren Widerspruch zu verschiedenen Postulaten seiner sogenannten ‚Wissenschaftslehre‘ beziehungsweise ‚verstehenden Soziologie‘. Positiv gewendet könnte man sagen, dass uns Weber zumindest nicht verraten hat, welche ‚Logik‘ eigentlich den einzelnen Manuskripten zugrunde liegt, die nach seinem Tod von Marianne Weber in seinem wissenschaftlichen Nachlass gefunden und zusammen mit dem nach dem Ersten Weltkrieg entstandenen Teil von *Wirtschaft und Gesellschaft* posthum veröffentlicht hat.

Im zweiten und dritten Teil dieser Einführung in Webers Werk steht die Vorkriegsfassung von *Wirtschaft und Gesellschaft* im Mittelpunkt. Es wird dabei gezeigt, dass Weber diese nachgelassenen Manuskripte gemäß zweier Kriterien zu strukturieren versucht hat. Das eine betrifft die Unterscheidung zwischen ‚Statik‘ und ‚Dynamik‘, die seit Auguste Comte in der Soziologie gebräuchlich ist und die auch Weber als Ordnungsprinzip verwendet hat. Und das zweite Kriterium betrifft die Unterscheidung zwischen ‚Form‘ und ‚Inhalt‘, die im soziologischen Werk von Georg Simmel eine zentrale Rolle spielt, mit dem sich Weber intensiv auseinandergesetzt hat. Es wird dabei gezeigt, dass Weber in seinen frühen Manuskripten zu *Wirtschaft und Gesellschaft* dieser Unterscheidung zwischen ‚Form‘ und ‚Inhalt‘ zumindest teilweise Rechnung trägt, auch wenn er gegenüber Simmel den Einspruch erhebt, dass es innerhalb der Soziologie nicht nur um die ‚Formen der Vergesellschaftung‘, sondern auch um die ‚Inhalte‘ gehe, zu denen Weber unter anderem alle möglichen Formen der Wertorientierung zählt. Dennoch geht er im älteren Teil von *Wirtschaft und Gesellschaft* unter Absehung von allen ‚Inhalten‘ zunächst nur auf einige ‚allgemeine Strukturformen‘ menschlicher Gemeinschaften ein, die im zweiten Teil dieser Einführung dargestellt werden. Zu ihnen gehören die Hausgemeinschaft, ethnische und politische Gemeinschaften sowie die ‚Marktgemeinschaft‘. Die von Ferdinand Tönnies in die Soziologie eingeführte Unterscheidung zwischen ‚Gemeinschaft‘ und ‚Gesellschaft‘ wird von Weber dabei in seinen Ausführungen über die ‚Marktgemeinschaft‘ geradezu auf den Kopf gestellt, was deren Lektüre nicht gerade erleichtert. Hierbei lässt sich exemplarisch zeigen, dass Weber zwar den wissenschaftlichen Sprachgebrauch namhafter Kollegen seiner Zeit aufnimmt, in sinngemäßer Hinsicht aber oft in dessen Gegenteil verkehrt.⁶

Im dritten Teil dieser Einführung werden zentrale *Entwicklungsformen* der menschlichen Vergemeinschaftung und Vergesellschaftung erörtert. Sie sind es, die im Kampf mit den ‚traditionellen Mächten' gewissermaßen einen ‚Schwung' in die Geschichte der letzten zweieinhalb Jahrtausende gebracht haben, der Weber zufolge zur ‚modernen', das heißt westlich geprägten Welt geführt hat. Zu ihnen zählt er zum einen das Aufkommen der sogenannten ‚ethischen Prophetien'. Diese stellen ihm zufolge den historischen Ausgangspunkt jenes universalgeschichtlichen Prozesses der ‚Entzauberung der Welt' und der ihm folgenden gesellschaftlichen Rationalisierungsprozesse dar, deren Schlussphase er in seinen Studien über die ‚Protestantische Ethik' und den ‚Geist' des modernen Kapitalismus in einer für seine Verhältnisse geradezu dramatischen Art und Weise beschreibt. Aber auch eine spezifische Form der Rationalisierung des Rechts und der Herrschaft, wie sie angeblich seit dem ‚hohen' Mittelalter in Europa stattgefunden hat, ist Weber zufolge von universalgeschichtlicher Bedeutung. Und auch die Eigenart der ‚okzidentalen Stadt' zählt zu jenen Erscheinungen, die er erwähnt, um die historische Sonderstellung des europäischen Bürgertums im Mittelalter und der frühen Neuzeit sowie dessen Bedeutung für die Entstehung des modernen Kapitalismus zu erklären.

Der vierte Teil dieser Einführung hat die Nachkriegsfassung von *Wirtschaft und Gesellschaft* zum Gegenstand. Diese wird in der einschlägigen Sekundärliteratur heute als Webers ‚späte Soziologie' bezeichnet.⁷ Allerdings darf dabei nicht aus dem Auge verloren werden, dass es auch noch eine andere Variante von Webers Soziologie gibt, nämlich jene, die im Wesentlichen mit der Vorkriegsfassung von *Wirtschaft und Gesellschaft* identisch ist. In diesem Teil kommt zum einen die Eigenart seiner ‚Soziologischen Grundbegriffe' zur Sprache, die 1921 posthum erschienen sind und zu denen es ein Pendant in Webers Werk gibt, nämlich sein sogenannter ‚Kategorienaufsatz' aus dem Jahre 1913. Beide Versionen von Max Webers Grundlegung seiner ‚verstehenden Soziologie' enthalten einen methodologischen und einen begrifflichen Teil, wobei der erste mehr oder weniger unverändert geblieben ist, der zweite dagegen nicht. Und zum anderen gibt es nun auch umfangreiche Ausführungen zu einem Themenkomplex, den man als Webers Beitrag zur modernen Wirtschaftssoziologie bezeichnen kann und zu dem es im älteren Teil von *Wirtschaft und Gesellschaft* keine adäquate Ent-

---

6   Siehe hierzu auch Niall Bond, „Ferdinand Tönnies and Max Weber", in: Max Weber Studies 12.1 (2012), S. 25-57.
7   Vgl. Wolfgang Schluchter, *Max Webers späte Soziologie*, Tübingen 2016.

sprechung gibt. Auch seine Herrschaftssoziologie, deren erste Fassung Weber 1913 niedergeschrieben hat, erscheint nun in einem neuen Gewand. Dieses Mal ist sie allerdings stark gekürzt und von ihm in grundbegrifflicher Hinsicht überarbeitet worden. Überdies ist mit ihr keine eindeutige entwicklungsgeschichtliche Konstruktion mehr verbunden, was ihren heuristischen Wert für eine universalgeschichtliche Betrachtungsweise allerdings nicht schmälert. Und auch die Unterscheidung zwischen ‚Ständen' und ‚Klassen', die in der Vorkriegsfassung von *Wirtschaft und Gesellschaft* von ihm bereits ausführlich behandelt worden ist, begegnet uns hier in einer neuen begrifflichen Gestalt wieder.

Weber war seiner akademischen Ausbildung nach kein Historiker, sondern ein Jurist. Er begriff sich aber bis zu seinem Tod nicht nur als Vertreter der historischen Schule der deutschen Rechtswissenschaften, sondern auch der historischen Schule der deutschen Nationalökonomie. Und auch die beiden rechtswissenschaftlichen Arbeiten, mit denen er an der Berliner Universität promoviert und habilitiert worden ist, zeugen bereits von einer enormen historischen Kompetenz im Bereich der ‚alten' und der ‚mittleren' Geschichte. Seine beiden Aufsätze über die ‚protestantische Ethik' und den ‚Geist' des Kapitalismus von 1904-05 stellen dann den eigentlichen Paukenschlag dar, mit dem unübersehbar geworden ist, dass Weber spätestens zu diesem Zeitpunkt damit begonnen hat, sich auch als Experte der ‚neueren' Geschichte einen Namen zu machen, auch wenn gerade diese Studien bei den meisten Fachhistorikern auf erheblichen Widerstand gestoßen sind. Ferner nahm er in seinen methodologischen Schriften wiederholt zu grundlegenden Kontroversen bezüglich der Eigenart der ‚historischen Erkenntnis' Stellung. Wenn es deshalb ein Fach gibt, in dem er neben der Soziologie bleibende Spuren hinterlassen hat, dann ist dies die moderne Geschichtswissenschaft, auch wenn gerade diese Disziplin bis heute nicht ganz glücklich über dieses intellektuelle Erbe geworden ist.[8]

Überdies mischte sich Weber im Laufe der Zeit zunehmend mit *universalgeschichtlichen* Erkenntnisansprüchen in die intellektuellen Debatten seiner Zeit ein. Dies betrifft sowohl seine religions-, rechts- und herrschaftssoziologischen Schriften als auch seine Vorlesung „Abriß der universalen Sozial- und Wirtschaftsgeschichte', die er kurz vor seinem Tod in München gehalten hat und von der verschiedene Mit- und Nachschriften erhalten geblieben sind. Auch mit seinen Aufsätzen über die Wirtschaftsethik der Weltreligionen sind unverkennbar universalgeschichtliche Erklärungsansprüche verbunden. Insofern stellt sich die

---

8 Siehe hierzu Wolfgang J. Mommsen, *Max Weber. Gesellschaft, Politik und Geschichte*, Frankfurt am Main 1974, S.182 ff.; ferner Guenther Roth, „History and Sociology in the Work of Max Weber", in: British Journal of Sociology 27 (1976), S. 306-318.

Frage, ob überhaupt, und wenn ja, wie es Weber eigentlich gelungen ist, den Spagat zwischen ‚Theorie' und ‚Geschichte', das heißt zwischen einer historischen und einer soziologischen Betrachtungsweise der Weltgeschichte zu meistern. Diese Frage wird uns im fünften Teil dieser Einführung in sein Werk beschäftigen.

In der vorliegenden Einführung wird Webers Werk nach der seit 1984 bei dem Tübinger Verlag Mohr-Siebeck erscheinenden *Max-Weber-Gesamtausgabe* zitiert. Diese kurz vor dem Abschluss stehende historisch-kritische Edition umfasst insgesamt 45 Bände sowie zwei Registerbände und ist in drei verschiedene Abteilungen gegliedert. In der ersten Abteilung wurden alle erhalten gebliebenen Schriften und Reden Max Webers zum Abdruck gebracht, während in der zweiten Abteilung die erhalten gebliebenen Briefe Max Webers veröffentlicht worden sind. In der letzten Abteilung sind dagegen verschiedene Vorlesungen von Max Weber dokumentiert worden. Im Rahmen dieser Einführung werden die einzelnen Bände dieser Gesamtausgabe nach den vom Verlag Mohr Siebeck empfohlenen Siglen zitiert. Die Siglen *MWG I*, *MWG II* und *MWG III* beziehen sich auf die entsprechenden Abteilungen dieser Gesamtausgabe, während die einzelnen Bände dieser Ausgabe durch arabische Zahlen gekennzeichnet werden. Die Sigle MWG I/1 steht beispielsweise für den ersten Band der ersten Abteilung der Max-Weber-Gesamtausgabe. Nach demselben Prinzip wird auch bei der Zitierweise der anderen Bände verfahren. Die kompletten bibliographischen Angaben zu den einzelnen Bänden dieser Gesamtausgabe werden nicht im Anmerkungsapparat, sondern im Literaturverzeichnis in der Rubrik *Primärliteratur* angegeben, während in der Rubrik *Sekundärliteratur* die in dieser Einführung zitierten Schriften anderer Autoren in alphabetischer Reihenfolge aufgeführt werden. Auf eine kritische Auseinandersetzung mit der zitierten Sekundärliteratur ist dabei bewusst verzichtet worden, weil dies in jeder Hinsicht den Rahmen einer Einführung in Webers Werk gesprengt hätte.

Webers intellektuelle Entwicklung seit der Jahrhundertwende

1.1 Die logische Eigenart der historischen Erkenntnis

In Max Webers intellektueller Entwicklung kommt methodologischen Reflexionen eine besondere Bedeutung zu. Denn er war davon überzeugt, dass ein Fortschritt in den modernen Kultur- und Sozialwissenschaften nur auf dem Weg einer *Kritik* der dort jeweils vorherrschenden Begriffsbildung möglich sei. Dies betrifft zum Beispiel den ökonomischen Wertbegriff, der in den wirtschaftswissenschaftlichen Kontroversen seiner Zeit eine zentrale Rolle gespielt hat und dem Weber äußerst skeptisch gegenüberstand, weil in diesem Begriff seiner Meinung nach theoretische Überlegungen mit ‚praktischen', das heißt normativen Gesichtspunkten vermischt werden. Dasselbe gilt ihm zufolge auch für den bis heute in den Wirtschaftswissenschaften gebräuchlichen Begriff der ökonomischen ‚Produktivität', den Weber aufgrund seines normativen Gehaltes ebenfalls kritisiert. Auch der Begriff ‚Fortschritt' ist für ihn ein rotes Tuch, sofern damit nicht nur rein ‚technische' Verbesserungen gemeint sind, sondern sich mit ihm zugleich umfassende geschichtsphilosophische Spekulationen und ‚innerweltliche' Heilserwartungen wie zur Zeit der Französischen Aufklärung verbinden, die sich unter anderem auch in dem von Karl Marx und Friedrich Engels vertretenen ‚Historischen Materialismus' niedergeschlagen haben.

Es sind jedoch nicht nur die ‚Begriffe', sondern auch die zur Verfügung stehenden ‚Methoden', die Webers besonderes Interesse finden. Bereits vor der Jahrhundertwende geht er in seiner Standardvorlesung über *Allgemeine („theoretische") Nationalökonomie*, die er von 1894 bis 1898 regelmäßig in Freiburg und Heidelberg gehalten hat, auf methodologische Probleme der Wirtschafts- und Sozialwissenschaften seiner Zeit ein, auch wenn sie in diesen Vorlesungen noch einen randständigen Platz einnehmen. Es handelt sich zum einen um Ausführungen über den Begriff des ‚Gesetzes' in den Naturwissenschaften und der Nationalökonomie, zur Methode des ‚Verstehens' sowie der Rolle des ‚Zufalls' in der Geschichte.[9] An einer Stelle geht Weber in dieser Vorlesung auch auf die Eigenart der *historischen* Erkenntnis in der Geschichtswissenschaft und der Nationalökonomie ein. Hier bezieht er sich allerdings noch nicht auf die von Heinrich Rickert vertretene ‚Logik' der historischen Erkenntnis, sondern auf die von Wilhelm Dilthey begründete Richtung der geisteswissenschaftlichen Hermeneutik. In dieser steht das subjektive ‚Erlebnis' und dessen ‚Verstehen', nicht aber die Bedingtheit des menschlichen Handelns durch ‚Naturgesetze' oder durch sogenannte ‚wirtschaftliche Gesetze' im Zentrum der Überlegungen. Hier spricht Weber also zum ersten Mal den Unterschied zwischen dem ‚Verstehen' und dem ‚Erklären' an, den er später in seinen verschiedenen methodologischen Schriften ausführlich behandeln wird.[10]

Auch auf den Begriff der ‚Gesellschaft' und der ‚Gesellschaftswissenschaften' sowie auf die ‚Soziologie' nimmt Weber in dieser Vorlesung Bezug. Hierbei geht er zum einen auf Auguste Comte ein, der das Wort ‚Soziologie' ja erfunden hat. Und zum anderen verweist Weber auf die soziologischen Strömungen um 1900, die er in eine ‚anthropologisch-ethnologische' und in eine ‚psychologische' Richtung unterteilt.[11] Er kommt dabei zu einem für ihn typischen Schluss, den er bis zu seinem Tod vertritt: „Also: noch keine Einigkeit über die *Aufgaben* der ‚Soziologie'. Bloße *Behauptung*, daß solche Aufgaben bestehen, begründet keine Wissenschaft. Wissenschaft[liche] Arbeitsteilung beruht auf Differenzen der *Methode*. Neue Wiss[enschaft] entsteht, wenn *neue Wahrheiten* entdeckt, dann Ausbau neuer *Methoden* erforderl[ich]."[12] In seinen sogenannten ‚Nervi-Notizen' aus dem Wintersemester 1902/03 schreibt Weber ferner: „Gegenstände treten in das Reich des

---

9   Vgl. Max Weber, *Allgemeine („theoretische") Nationalökonomie*, MWG III/1, S. 358-366.
10 Ebd., S. 360 f.; zu Diltheys geistesgeschichtlicher Bedeutung vgl. Rudolf A. Makreel, *Dilthey. Philosoph der Geisteswissenschaften*, Frankfurt am Main 1991, besonders S. 249 ff., 292 ff. und 352 ff. Zu Webers späteren Grundlegung seiner ‚verstehenden Soziologie' siehe auch den vierten Teil dieser Einführung in sein Werk.
11 Weber, *Allgemeine („theoretische") Nationalökonomie*, MWG III/1, S. 191 ff., 367 ff. und 700.
12 Ebd., S. 370.

1.1 Die logische Eigenart der historischen Erkenntnis

Wissenswerthen ein, dadurch, daß sie *Probleme* werden, neue Fragen entstehen. Dadurch, daß wir *erkennen*, daß wir etwas *nicht* wissen."[13]

Weber nennt hier also bereits eine ganze Reihe von Themen, auf die er nach der Jahrhundertwende in seinen methodologischen Schriften ausführlich eingehen wird. Zu ihnen gehört auch der Streit zwischen der deutschen und der österreichischen Schule der Nationalökonomie seiner Zeit sowie das sogenannte ‚Wertproblem', auf das er ebenfalls schon vor 1900 in seinen Vorlesungen zu sprechen kommt. Bereits hier wird ersichtlich, dass sich Weber im Bereich der Nationalökonomie gegen „uncontrollierte instinktive Werthurteile" ausspricht und der induktiven Methode der historischen Schule der deutschen Nationalökonomie das damals von dem österreichischen Wirtschaftswissenschaftler Carl Menger vertretene Erkenntnisinteresse gegenüberstellt, vor allem ‚Typen' und ‚Gesetze' des wirtschaftlichen Handelns aufzustellen und diese nicht auf ‚deskriptivem', sondern auf ‚analytischem' Weg zu gewinnen.[14] Nichts lässt jedoch darauf schließen, dass Weber in seinen ersten methodologischen Schriften dermaßen stark den Fokus auf die ‚logische' Eigenart der *historischen* Erkenntnis legen wird, wie dies geschehen ist. Selbst in der Vorlesung über die „Geschichte der Nationalökonomie", die er im Sommersemester 1896 an der Universität Freiburg hält, findet man diesbezüglich keine entsprechenden Hinweise.[15] Woher stammt also Webers Interesse an der ‚Logik' der Geschichtswissenschaft, der er seit dem Wintersemester 1902/03 so viel Aufmerksamkeit hat zukommen lassen?

Hier kommen mehrere Anlässe ins Spiel. Zum einen ist es das Erscheinen des zweiten Bandes der *Grenzen der naturwissenschaftlichen Begriffsbildung*, den sein Freiburger Kollege Heinrich Rickert 1902 veröffentlicht hat.[16] 1905 erscheint dann die zweite Auflage von Georg Simmels Buch *Die Probleme der Geschichtsphilosophie*, die eine völlig überarbeitete und erweiterte Fassung der ersten Ausgabe dieses Werkes von 1892 darstellt.[17] Und auch dem zu dieser Zeit immer noch

---

13 Weber, „Die ‚Nervi'-Notizen", MWG I/7, S. 626.
14 Weber, *Allgemeine („theoretische") Nationalökonomie*, MWG III/1, S. 570.
15 Ebd., S. 666 ff.
16 Vgl. Heinrich Rickert, *Die Grenzen der naturwissenschaftlichen Begriffsbildung. Eine logische Einleitung in die historischen Wissenschaften*, Tübingen und Leipzig 1896-1902.
17 Vgl. Georg Simmel, *Die Probleme der Geschichtsphilosophie. Eine erkenntnistheoretische Studie* [1892], in: ders., Gesamtausgabe, Band 2, hrsg. von Heinz-Jürgen Dahme, Frankfurt am Main 1989, S. 297 ff.; siehe ferner Simmel, *Die Probleme der Geschichtsphilosophie. Zweite und dritte Fassung* [1905/1907], in: ders., Gesamtausgabe, Band 9, hrsg. von Guy Oakes und Kurt Röttgers, Frankfurt am Main 1997, S. 227 ff.

ungelösten Streit zwischen der ‚historischen' und der ‚theoretischen' Schule der deutschsprachigen Nationalökonomie kommt eine erhebliche Bedeutung zu, um zu erklären, warum sich Weber nach der Jahrhundertwende dermaßen intensiv mit den Grundlagenproblemen eines Faches beschäftigt, für das er im Rahmen der Widmungen der drei Professuren, die er in seinem Leben wahrnimmt, offiziell gar nicht zuständig gewesen ist, nämlich die *Geschichtswissenschaft*. Ferner wissen wir, dass er seit seiner Jugend leidenschaftlich gern historische Literatur liest und dabei sprichwörtlich ‚verschlingt'. Auch die beiden akademischen Arbeiten, mit denen er in Berlin promoviert und habilitiert worden ist, sind dem Bereich der Geschichtswissenschaft zuzuordnen, nämlich der Privatrechts- und der Agrargeschichte.

Überdies gibt es damals nicht nur den innerhalb der deutschsprachigen Nationalökonomie geführten Streit zwischen der ‚deutschen historischen Schule' und den österreichischen Vertretern der sogenannten ‚Grenznutzentheorie'. Denn auch in der deutschsprachigen Geschichtswissenschaft wird um 1900 eine Grundlagenkontroverse geführt, die eng mit dem Namen des Leipziger Historikers Karl Lamprecht verbunden ist, nämlich der sogenannte ‚Lamprecht-Streit'. Hierbei geht es vornehmlich um die Frage, welches der eigentliche Gegenstand von geschichtswissenschaftlichen Darstellungen sein soll: die Haupt- und Staatsaktionen von Kaisern, Königen und Fürsten oder aber das Leben der einfachen Leute sowie die ‚sozialpsychologischen Gesetze', die ihrem alltäglichen Leben zugrunde liegen und die auch die ‚Herrschenden' dazu zwingen, ihre Ränkespiele mit den objektiven wirtschaftlichen und politischen Gegebenheiten in Einklang zu bringen. Es geht dabei unter anderem auch um den Gegensatz zwischen ‚Gesetz' und menschlicher ‚Freiheit', wobei sich die meisten preußischen Historiker der damaligen Zeit diesbezüglich auf die Seite der ‚Freiheit', das heißt der persönlichen Willkür der politisch Herrschenden geschlagen haben. An die Existenz von ‚objektiven Gesetzen' der historischen Entwicklung glaubten zu dieser Zeit dagegen vor allem die dem Marxismus nahestehenden sozialdemokratischen Schriftsteller und Intellektuellen sowie Vertreter der damals noch in den Kinderschuhen stehenden akademischen Sozialgeschichtsschreibung, zu denen in Deutschland vor allem der Historiker Karl Lamprecht gehört.[18]

---

18 Zum sogenannten ‚Lamprecht-Streit' und dessen wissenschaftsgeschichtlicher Bedeutung siehe Luise Schorn-Schütte, „Karl Lamprecht. Wegbereiter einer historischen Sozialwissenschaft", in: *Deutsche Geschichtswissenschaft um 1900*, hrsg. von Notker Hammerstein, Wiesbaden 1988, S. 153-191; vgl. diesbezüglich ferner Roger Chickering, *Karl Lamprecht. A German Academic Life (1856-1915)*, Atlantic Highlands, New Jersey 1993, S. 143 ff. und 254 ff.

1.1 Die logische Eigenart der historischen Erkenntnis

In diesem Zusammenhang stellt sich die Frage nach der Rolle des ‚Zufalls' in der Geschichte, mit der sich Weber in seinen frühen methodologischen Schriften, die primär der ‚Logik' der Geschichtswissenschaft gewidmet sind, intensiv auseinandersetzt. Mit diesem Problem der historischen Kontingenz sind zugleich wahrscheinlichkeitstheoretische Überlegungen verbunden, die in der zweiten Hälfte des 19. Jahrhunderts auch in den Naturwissenschaften und der mathematischen Statistik aufgestellt worden sind und auf die Weber in seinen methodologischen Schriften, die der ‚Logik' der Geschichtswissenschaft gewidmet sind, ausführlich eingeht. Jedoch ist es das ‚Wertproblem', das heißt das Verhältnis zwischen ‚Faktizität' und ‚Normativität', das im Mittelpunkt seiner methodologischen Schriften steht und das alle anderen von ihm behandelten Probleme wie zum Beispiel das Verhältnis zwischen dem ‚Erklären' und dem ‚Verstehen' zu diesem Zeitpunkt noch überschattet.[19]

Der Unterschied zwischen den empirisch-analytischen und den normativen Wissenschafts-Disziplinen ist Weber sei Dank heute auch in der Soziologie allgemein bekannt und wird in diesem Fach in der Regel bereits zu Beginn des ersten Semesters in den entsprechenden Einführungsveranstaltungen ausführlich erörtert. Dennoch gibt es immer noch Philosophen, deren Hauptgeschäft darin besteht, die ‚normativen Voraussetzungen' der modernen Kultur- und Sozialwissenschaften gemessen an den von ihnen selbst konstruierten intellektuellen Maßstäben ‚kritisch zu hinterfragen'. Dahinter verbirgt sich ein Interesse an ‚Kritik', das auch Weber nicht fremd ist. Nur geht es ihm im Unterschied zu den selbsternannten Vertretern einer sogenannten ‚kritischen Wissenschaft' darum, das dialektische Spannungsverhältnis zwischen ‚theoretischen' und ‚praktischen' Erkenntnisinteressen nicht dergestalt aufzulösen, dass auch in den ‚Erfahrungswissenschaften' letztlich alles ‚normativ' ist und insofern diese deshalb aus einer ethischen beziehungsweise moralphilosophischen Perspektive beurteilt werden müssten. Vielmehr zeigt Weber einen Weg auf, wie man beiden Interessen – nämlich den theoretischen und den praktischen – im Rahmen der modernen Sozialwissenschaften gleichermaßen gerecht werden kann, ohne das eine Interesse gegen das andere auszuspielen. Es geht dabei um nichts Geringeres als um die Frage, wie überhaupt „objektiv gül-

---

19 In der Sekundärliteratur werden Webers methodologische Schriften oft so behandelt, als hätten wir es diesbezüglich mit einer einheitlichen ‚Wissenschaftslehre' zu tun. Dies ist jedoch keineswegs der Fall. Zu dieser bis heute anhaltenden Debatte siehe auch die einzelnen Beiträge in dem von Gerhard Wagner und Heinz Zipprian herausgegebenen Sammelband *Max Webers Wissenschaftslehre. Interpretation und Kritik*, Frankfurt am Main 1994. Vgl. diesbezüglich ferner Sven Eliaesen, *Max Weber's Methodologies. Interpretation and Critique*, London 2002.

tige Wahrheiten" im Bereich der sozialwissenschaftlichen und sozialpolitischen Erkenntnis möglich sind.[20]

Überraschend ist aus heutiger Sicht, dass Weber zum Zeitpunkt, an dem er diese berühmte, an Immanuel Kants ‚Vernunftkritik' erinnernde Frage stellt, wie selbstverständlich auch die modernen Kulturwissenschaften in seine diesbezüglichen Überlegungen miteinbezieht. Dies liegt daran, dass seine diesbezüglichen Erörterungen zu diesem Zeitpunkt ohnehin in einem ‚kulturwissenschaftlichen' Bezugsrahmen stattfinden. Genauer gesagt handelt es sich um einen Bezugsrahmen, der die ‚Logik' der *historischen Kulturwissenschaften* zum Gegenstand hat, zu denen Weber auch die Nationalökonomie und verschiedene andere sozialwissenschaftliche Disziplinen zählt. Er hat damals also primär *historische* Disziplinen im Auge. Konsequenterweise stellt er in seinem berühmten ‚Objektivitätsaufsatz' von 1904 sowohl die Berechtigung einer „allgemeinen Kulturwissenschaft" als auch einer „allgemeinen Sozialwissenschaft" ausdrücklich in Frage.[21] Weber gebraucht in diesem Zusammenhang ferner den vieldeutigen Begriff der *Wirklichkeitswissenschaft*, um den Unterschied zwischen einer individualisierenden und einer generalisierenden wissenschaftlichen Betrachtungsweise zu verdeutlichen. ‚Wirklichkeitswissenschaftlich' sind diesem Sprachgebrauch zufolge alle historischen Richtungen der Kultur- und Sozialwissenschaften. Die hierbei naheliegende Frage, warum Weber hierfür nicht primär den Begriff ‚Erfahrungswissenschaft' gebraucht, liegt daran, dass der von Georg Simmel und Heinrich Rickert verwendete Begriff der ‚Wirklichkeitswissenschaft' von Anfang an als eine programmatische Abgrenzung zu den sogenannten ‚Gesetzeswissenschaften' eingeführt worden ist, was bei dem auch heute noch gebräuchlichen Begriff der ‚Erfahrungswissenschaft' dagegen nicht der Fall ist.[22]

Max Weber geht es zu diesem Zeitpunkt also noch primär um die mit verschiedenen ‚historischen' Methoden arbeitenden akademischen Disziplinen und

---

20 Max Weber, „Die ‚Objektivität' sozialwissenschaftlicher und sozialpolitischer Erkenntnis" [1904], MWG I/7, S. 144.

21 Ebd., S. 167 ff. Vertreter einer sogenannten ‚allgemeinen Kulturwissenschaft' sind im deutschen Sprachraum seit Mitte des 19. Jahrhunderts bis in die jüngste Zeit anzutreffen. Diese sind aus guten Gründen nicht nur Max Weber immer suspekt geblieben. Siehe hierzu auch Lichtblau, *Die Eigenart der kultur- und sozialwissenschaftlichen Begriffsbildung*, a.a.O., S. 53 ff. und 69 ff.

22 Weber spricht deshalb auch von einer „*Erfahrungswissenschaft*, wie wir sie treiben wollen". Das heißt es gibt ihm zufolge auch noch andere Möglichkeiten, ‚erfahrungswissenschaftlich' vorzugehen, die dann allerdings nicht mehr als ‚wirklichkeitswissenschaftlich' bezeichnet werden können (vgl. „Die ‚Objektivität' sozialwissenschaftlicher und sozialpolitischer Erkenntnis", MWG I/7, S. 205).

nicht um jene Richtungen innerhalb der modernen ‚Erfahrungswissenschaften', die generalisierend verfahren und von der Existenz objektiv gültiger ‚Gesetze' überzeugt sind. Bereits in seinen zwischen 1894 und 1898 in Freiburg und Heidelberg gehaltenen Vorlesungen grenzt Weber auch die Nationalökonomie von den naturwissenschaftlichen Disziplinen ab. Hierbei stellt er zwei verschiedene Arten der kausalen ‚Erklärung' eines Sachverhaltes einander gegenüber, nämlich eine ‚gesetzeswissenschaftliche' und eine genuin ‚historische' Form der Kausalerklärung. Ihm zufolge handelt es sich in der Nationalökonomie zwar primär um ‚historische', aber nicht unbedingt um ‚einmalige' Tatbestände. Die historische Form der Erklärung in den ‚Wirklichkeitswissenschaften' sei jedoch in beiden Fällen auf eine spezifische Art der Bildung von begrifflichen ‚Typen' angewiesen, um die Frage zu beantworten, wie die unter diese typologischen Begriffen subsumierten Phänomene eigentlich „*geworden* sind". Das heißt es geht Weber bereits damals um die „Entwicklung von *Idealtypen*, der treibenden Kräfte, um mit ihnen zu operieren [und] begrifflich zu veranschaulichen"[23]. Aus diesem Grund stellt er in seinem ‚Objektivitätsaufsatz' von 1904 der an den modernen Naturwissenschaften orientierten Denkweise die jeweils „individuell gestaltete[n] Konstellationen" und der rein ‚quantitativen' die ‚qualitative' Färbung der einzelnen Vorgänge und Erscheinungen entgegen. Im letzteren Fall steht dabei der „absoluten[n] Unendlichkeit" des Geschehens allerdings nur ein „endlicher Teil" der menschlichen Erkenntnis gegenüber, das heißt eine bestimmte Art, die Dinge zu betrachten, zu der es immer auch Alternativen gibt.[24] Diese Betrachtungsweise bezeichnet Weber deshalb als ‚wirklichkeitswissenschaftlich', weil sie nur einen Ausschnitt unendlich vieler realer Wechselwirkungen und Relationen unter Bezugnahme auf entsprechende ‚Wertideen', das heißt primär subjektive Entscheidungen über das ‚Wissenswerte' beleuchtet. Insofern gehe es in den historischen Disziplinen nicht nur um eine kausale Klärung der entsprechenden *kausalen* Zusammenhänge, sondern auch um die „Erkenntnis der *Wirklichkeit* in ihrer Kultur*bedeutung*"[25].

Damit führt Weber ergänzend zu dem ‚kausalen Bedürfnis' seiner Zeit einen „Wert-Begriff" in die Logik der kulturwissenschaftlichen Erkenntnis ein, nämlich den Begriff der *Kultur* beziehungsweise der ‚Kulturbedeutung'. Er hält diesen deshalb für einen ‚Wertbegriff', weil die Eigenart der kulturwissenschaftlichen Erkenntnis in der logischen In-Beziehung-Setzung bestimmter Kulturerscheinungen

---

23   Weber, *Allgemeine („theoretische") Nationalökonomie*, MWG III/1, S. 278.
24   Weber, „Die ‚Objektivität' sozialwissenschaftlicher und sozialpolitischer Erkenntnis", MWG I/7, S. 174 f.
25   Ebd., S. 179.

auf gewisse „Wertideen" begründet sei.²⁶ Dies bedeutet jedoch nicht, dass die dadurch gewonnene Erkenntnis grundsätzlich ‚normativer' Art sein muss. Denn sonst wäre sie keine ‚wirklichkeitswissenschaftliche' Form der Erkenntnis, die ja auf empirischer Erfahrung, nicht aber auf normativen Urteilen beruht. Weber löst dieses Problem in einer Art und Weise, die man als genial bezeichnen kann. Er unterscheidet nämlich im Anschluss an Heinrich Rickert zwischen einer ‚theoretischen Wertbeziehung' einerseits und einem ‚Werturteil' andererseits. Erstere bezeichnet die weltanschaulichen und praktischen Erkenntnisinteressen eines Forschers, die von den ‚Kulturproblemen' seines Zeitalters sowie seiner jeweiligen ‚Klassenlage' geprägt sind und die insofern dem geschichtlichen Wandel unterliegen. Diese durch eine bestimmte Klassenlage bedingten Kulturprobleme sind es, die seine Fragestellungen, seine Art der Begriffsbildung und seine Stoffauswahl bestimmen. Jedoch bezieht sich diese historische und sozial standortgebundene Relativität nicht auf die durch sie ermöglichte kulturwissenschaftliche *Erkenntnis*, sondern auf das Erkenntnis*interesse*, das dem theoretischen Bezugsrahmen für eine Problemformulierung zugrunde liegt. Die mit diesem Erkenntnisinteresse verbundenen ‚Wertideen' sind zwar historisch standortgebunden und insofern tatsächlich ‚relativ', nicht aber die wissenschaftliche ‚Wahrheit', die im Rahmen eines solchen Bezugsrahmens auf dem Weg der historisch-empirischen Forschung und entsprechender ‚logisch' begründeter Schlussfolgerungen gewonnen werden kann.²⁷

Anders gesprochen: Wenn die von Weber behauptete Sinnentsprechung zwischen einer spezifischen Form der ‚protestantischen Ethik' und dem ‚Geist' des modernen industriellen Kapitalismus auf empirischem Weg bewiesen werden kann, dann ist diese ‚These' auch dann noch ‚wahr', wenn sich kein Mensch mehr für diese historisch spezifische Erscheinungsform des ‚modernen Kapitalismus' interessieren sollte. In diesem Fall ist dann allerdings natürlich nicht der Kapitalismus als solcher obsolet geworden, wohl aber zahlreiche ‚Kapitalismustheorien', die es inzwischen ja zur Genüge gibt. Hier bedarf es also einer klaren Unterscheidung zwischen einem klassifizierenden Gattungsbegriff einerseits und einer idealtypischen Form der Begriffsbildung andererseits, die sich auf ein sogenanntes ‚historisches Individuum' bezieht. Der immer wieder gegenüber Weber

---

26 Ebd., S. 182.
27 Siehe hierzu auch Talcott Parsons, „Wertgebundenheit und Objektivität in den Sozialwissenschaften. Eine Interpretation der Beiträge Max Webers", in: *Max Weber und die Soziologie heute*. Verhandlungen des 15. Deutschen Soziologentages vom 28. bis 30. April 1964 in Heidelberg, hrsg. von Otto Stammer, Tübingen 1965, S. 39-64. Zu der sich an diesen Vortrag von Parsons anschließenden Diskussion, an der sich namhafte Weber-Forscher und Weber-Kritiker dieser Zeit beteiligt hatten, vgl. ebd., S. 65-98.

1.1 Die logische Eigenart der historischen Erkenntnis

erhobene Vorwurf, dass solche theoretischen Wertbeziehungen zugleich ‚erkenntniskonstitutiv' seien, ist insofern verfehlt, als in diesem Fall nicht zureichend zwischen dem ‚Entstehungsgrund' und dem ‚Geltungsgrund' einer kultur- und sozialwissenschaftlichen Erkenntnis unterschieden wird. Max Weber kann deshalb auch nicht für die zahlreichen Missverständnisse in dieser mehr oder weniger verfahrenen Debatte verantwortlich gemacht werden, die als ‚Werturteilsstreit' in die Wissenschaftsgeschichte eingegangen ist.[28]

Wenn ein sogenanntes ‚historisches Individuum' den Gegenstand der kulturwissenschaftlichen Erkenntnis darstellt, dann muss es auch eine spezifische Form der Begriffsbildung geben, die sich von der naturwissenschaftlichen Denkweise unterscheidet, um diesem eigenartigen Gegenstand gerecht zu werden. Denn es geht dabei um die Erkenntnis einer „historischen, d.h. einer in ihrer *Eigenart bedeutungsvollen*, Erscheinung"[29]. Genauer gesagt müsste man von einer *für uns* bedeutungsvollen Erscheinung' sprechen. Weber zufolge ist allerdings nicht nur die ‚Kulturbedeutung', sondern auch die *kausale* Relevanz einer bestimmten historischen ‚Erscheinung' zu berücksichtigen. Doch wie hängen diese beiden Bewertungsmaßstäbe miteinander zusammen? Zur Beantwortung dieser Frage bedarf es einer Klärung dessen, was gemäß diesem von Weber gewählten Sprachgebrauch eigentlich ein ‚historisches Individuum' ist. Normalerweise verstehen wir unter einem ‚Individuum' eine menschliche Persönlichkeit. Dass es auch unter Tieren ‚Individuen' gibt, ist damit selbstverständlich nicht ausgeschlossen, für unsere Überlegungen aber irrelevant. Denn bei dem Begriff des ‚historischen Individuums' geht es gar nicht um konkrete Menschen oder sonstige Lebewesen, sondern um geschichtliche ‚Erscheinungen', die ‚einmalig' sind und die für die historischen Kulturwissenschaften vor allem dann von Interesse sind, wenn mit ihnen zugleich eine bestimmte kausale Relevanz, das heißt ein besonderes *Wirkungsquantum* verbunden ist. Prominente Beispiele hierfür sind in Webers Augen das Aufkommen der Prophetie im alten Israel, die demokratische Verfassungsform der Athener in der griechischen Antike, die mittelalterliche Stadt des Okzidents sowie der moderne Kapitalismus, weil mit seiner historischen Entstehung Weber zufolge untrenn-

---

28 Diese Missverständnisse sind übrigens auffallend häufig bei namhaften Vertretern der sogenannten ‚Kritischen Theorie' festzustellen. Offensichtlich hat hier ein normatives Vorurteil den Blick auf die entsprechenden Sachverhalte merklich getrübt. Siehe diesbezüglich auch Klaus Lichtblau, *Zwischen Klassik und Moderne. Die Modernität der klassischen deutschen Soziologie*, Wiesbaden 2017, S. 345 ff. Zum sogenannten ‚Werturteilsstreit' vgl. die einschlägige Bestandsaufnahme von Hans Albert und Ernst Topitsch (Hrsg.), *Werturteilsstreit*, Darmstadt 1971.

29 Weber, „Die ‚Objektivität' sozialwissenschaftlicher und sozialpolitischer Erkenntnis", MWG I/7, S. 184.

bar eine besondere Berufsethik verbunden ist, deren geschichtliche Herkunft er zu erklären bemüht ist. Zur Erfassung solcher Erscheinungen bedürfe es deshalb einer spezifischen Form der Begriffsbildung, die Weber als *idealtypisch* bezeichnet. Er spricht in diesem Zusammenhang auch von „Synthesen historischen Denkens", um den *konstruktiven* Charakter solcher Überlegungen zu unterstreichen.[30] Es handelt sich dabei also nicht um Qualitäten, die den Dingen oder Erscheinungen ‚an sich' zukommen, sondern um Gedankengebilde, die bestimmten begrifflichen Kriterien folgen, wie sie den historischen Kulturwissenschaften zugrunde liegen. Worin besteht aber die Eigenart dieser Form der spezifisch historischen Erkenntnis?

Weber nennt eine ganze Reihe von Eigenschaften, die jeder idealtypischen Form der Begriffsbildung zukomme. Es handelt sich dabei um Merkmale, die nicht nur die historische, sondern auch die gattungsmäßig klassifizierende Art der Begriffsbildung kennzeichnen würde, von der Weber später sowohl im Rahmen seiner historischen Soziologie als auch bei der Ausarbeitung seiner soziologischen Grundbegriffe selbst ausgiebig Gebrauch machen wird. Zu ihnen gehören folgende logische Eigenschaften: Der Idealtypus stellt eine gedankliche Steigerung der Merkmale eines konkreten Phänomens in seiner ‚reinsten' Form dar. Das heißt er entspricht nicht unmittelbar der Wirklichkeit, sondern er beinhaltet eine ‚Utopie' beziehungsweise eine gedankliche Fiktion, die in dieser Form real gar nicht existiert. Denn in der Wirklichkeit gibt es immer nur zahlreiche ‚Mischformen' und ‚Übergänge' zwischen den einzelnen idealtypisch voneinander isolierten Erscheinungen. Der Idealtypus stellt insofern einen „ideellen Grenzbegriff" dar, vermittels dem konkrete Erscheinungen miteinander *verglichen* werden können. Er darf Weber zufolge ferner mit keinem normativen ‚Ideal' verwechselt werden, da auch für diese spezifische Art der idealtypischen Form der Begriffsbildung der Satz gilt, dass ‚Werturteile' auf dem Gebiet der wissenschaftlichen Erkenntnis nichts verloren haben. Er stelle ferner keine ‚Hypothese' dar, sei aber wohl in der Lage, der Hypothesenbildung den Weg zu weisen. Er sei insofern kein Ziel oder Selbstzweck, sondern ein reines Mittel für die menschliche Erkenntnis. Sein einziger Wert ist Weber zufolge deshalb ein heuristischer, das heißt der des „*Erfolges für die Erkenntnis* konkreter Kulturerscheinungen in ihrem Zusammenhang"[31].

Die Bildung eines solchen ‚Idealtypus' ist ferner nicht nur vom Erkenntnisinteresse des einzelnen Forschers, sondern auch von den jeweils vorherrschenden Regeln der ‚scientific community' abhängig, der er angehört, und die ihrerseits ja

---

30　Ebd., S. 207.
31　Ebd., S. 202 ff.

1.1 Die logische Eigenart der historischen Erkenntnis

modischen Trends ausgesetzt ist.³² Insofern kommt Weber zu einem vernichtenden Urteil, das den meisten Anhängern der von ihm zu diesem Zeitpunkt vertretenen historischen Form der idealtypischen Begriffsbildung offensichtlich nicht ganz klargeworden ist, nämlich dass diese zugleich das Kennzeichen der ‚Jugendlichkeit' einer Disziplin darstellt und dass die ‚reife' Wissenschaft als „Überwindung des Idealtypus, sofern er als empirisch *geltend* oder als *Gattungsbegriff* gedacht wird", verstanden werden müsse.³³ Konsequenterweise spricht er in diesem Zusammenhang auch von der „ewigen Jugendlichkeit" aller historisch verfahrenden Wissenschaften, weil ihre Wertgesichtspunkte, die ihrer jeweiligen Stoffauswahl zugrunde liegen, prinzipiell dem geschichtlichen Wandel ausgesetzt sind und insofern neue ‚Wertideen' auch neue Fragestellungen aufwerfen sowie neue Formen der Begriffsbildung in den historischen Kulturwissenschaften generieren können. Dies bedeutet jedoch nicht, dass Weber deshalb die historischen Wissenschaften geringer schätzt als die ‚Gesetzeswissenschaften', zumal auch in den historischen Disziplinen immer wieder auf ‚nomologisches' Wissen zurückgegriffen wird. Denn er interessiert sich zu diesem Zeitpunkt noch gar nicht so sehr für die *allgemeine* Funktion von Idealtypen in der Wissenschaft, sondern primär für die *historische* Form der Begriffsbildung, das heißt für jene Art der Typenbildung, die sich auf sogenannte ‚historische Individuen' bezieht. Worin besteht dabei aber der Unterschied zu der gattungsmäßig klassifizierenden Form der Begriffsbildung? Weber spricht im Fall der historischen Begriffsbildung auch von dem „Versuch, historische Individuen oder deren Einzelbestandteile in *genetische* Begriffe zu fassen"³⁴.

Bei solchen idealtypisch konstruierten Entwicklungsreihen besteht aber prinzipiell die Gefahr, diese mit der ‚Wirklichkeit' zu verwechseln. Um dem vorzubeugen unterstreicht Weber ausdrücklich den *hypothetischen* Charakter solcher Konstruktionen und macht mit einem Seitenhieb auf Karl Marx unmissverständlich klar, dass „genetische Klassifikationen" im Sinne von rein geschichtsphilosophisch begründeten „Gesetzen" wie zum Beispiel dem ‚Klassenkampf' als eigentlicher Beweger der Geschichte und der durch ihn geprägten ‚Gesellschaftsformationen'

---

32 Dies gilt übrigens nicht nur für die sogenannten ‚Geisteswissenschaften' und die historischen Kulturwissenschaften, sondern wie man inzwischen weiß auch für die naturwissenschaftlichen Disziplinen. Siehe hierzu Thomas Kuhn, *Die Struktur wissenschaftlicher Revolutionen*, Frankfurt am Main 1967.
33 Weber, „Die ‚Objektivität' sozialwissenschaftlicher und sozialpolitischer Erkenntnis", MWG I/7, S. 222 f.
34 Ebd., S. 208.

grundsätzlich abzulehnen seien.³⁵ Die von Marx und Engels begründete historisch-materialistische Geschichtsbetrachtung stelle nämlich ebenfalls nur ein heuristisches Mittel beziehungsweise eine ‚Hypothese' dar, die Weber im Laufe seines Lebens eindrucksvoll zu widerlegen versucht hat. Zum anderen bedarf es aber ihm zufolge solcher spekulativer gedanklicher Konstruktionen, um überhaupt einen *Vergleich* der historischen Entwicklung in unterschiedlichen Kulturen und Regionen gemäß diesem ‚idealtypischen' Maßstab durchführen zu können.

In diesem Zusammenhang hat Max Weber eine methodologische Prämisse aufgestellt, die bisher in der Sekundärliteratur noch nicht die Aufmerksamkeit gefunden hat, die ihr eigentlich gebührt. Denn es geht hierbei um eine Grundfrage der Geschichts- und ‚Gesellschaftswissenschaft'. Bereits in seiner 1891 veröffentlichten Berliner Habilitationsschrift über die römische Agrargeschichte verweist Weber auf eine „Methode des Rückschließens", welche dieser zugrunde liegt. Diese an entsprechende Überlegungen von Karl Marx erinnernde ‚Methode' besteht darin, dass „die historisch vorangehenden Zustände vielfach als Schlußfolgerungen aus den uns überlieferten späteren vorgetragen werden"³⁶. Diese Argumentationsfigur findet sich auch in einem in Webers Nachlass gefundenen Manuskript, das um 1910 entstanden ist und das die verschiedenen Formen der ‚Hausgemeinschaften' zum Gegenstand hat. Dort schreibt er nämlich, dass „die in einer theoretisch konstruierbaren Reihe der Entwicklungsstufen [...] ‚spätere' kapitalistische Wirtschaftsform" die hierbei „theoretisch ‚frühere' Struktur", nämlich eine bestimmte Entwicklungsstufe der Hausgemeinschaft ‚bedingen' würde, wie er sie bereits im mittelalterlichen Norditalien gegeben sieht und die Gegenstand seiner Berliner Dissertation über die Entwicklung der Solidarhaftung in den mittelalterlichen Handelsgesellschaften darstellt.³⁷ Ferner macht Weber nicht nur in seinem ‚Objektivitätsaufsatz' von 1904, sondern auch noch 1913 auf die prinzipielle Diskrepanz zwischen einer theoretisch konstruierten ‚Entwicklungsreihe' und dem faktischen Verlauf der Geschichte aufmerksam. Denn er schreibt dies-

---

35 Ebd., S. 221.
36 Max Weber, *Die römische Agrargeschichte in ihrer Bedeutung für das Staats- und Privatrecht* [1891], MWG I/2, S. 100 f. Von Marx stammt das berühmte Diktum, dass die „Anatomie des Menschen" einen „Schlüssel zur Anatomie des Affen" darstellen würde. Er zieht daraus den Schluss, dass „die sogenannte historische Entwicklung" darin bestehen würde, „daß die letzte Form die vergangnen als Stufen zu sich selbst betrachtet". Vgl. Karl Marx, *Grundrisse der Kritik der politischen Ökonomie* (Rohentwurf 1857-1858), Berlin 1953, S. 26. Diese Äußerungen kannte Weber allerdings noch nicht, weil Marx' eigener ‚Grundriss-Beitrag' zum ersten Mal 1939-1941 posthum in Moskau erschienen ist.
37 Weber, „Hausgemeinschaften", MWG I/22-1, S. 151.

1.1 Die logische Eigenart der historischen Erkenntnis

bezüglich ausdrücklich: „Es wäre eine angenehme Nachhilfe für den Leser, wenn er die einzelnen *Typen* in einer Form und einer ‚Stufenfolge' vorgeführt erhielte, die sie ihm zunächst in ihrer *typischen*, consequentesten Form vor Augen stellt, *obwohl* sie, – das muß ich Ihnen natürlich völlig zugeben, – historisch in solcher ‚Reinheit' sich eventuell nicht finden, jedenfalls aber [...] durch politische (und noch andre) Bedingungen oft, meist sogar, eine *faktische* Entwicklungsreihe erzeugt wird, die mit der theoretischen ‚Stufenfolge' der reinen Typen nicht harmonisiert."[38]

Diese Form der idealtypischen Konstruktion von ‚Entwicklungsstufen' und ‚Entwicklungsreihen' lässt sich allerdings nicht mehr innerhalb eines theoretischen Bezugsrahmens vornehmen, der ausschließlich sogenannte ‚historische Individuen' zum Gegenstand hat. Denn auch das ‚Individuelle' kann nur in Bezug auf etwas ‚Allgemeines' genauer bestimmt werden. Das heißt, dass die von Weber anvisierte historisch-genetische Form der typologischen Begriffsbildung von Anfang an *kulturvergleichend* ausgerichtet ist, was nicht nur für seine sogenannte ‚Protestantismus-Studie' gilt, sondern auch für sein ‚hinterlassenes Hauptwerk' *Wirtschaft und Gesellschaft* sowie seine Aufsätze über die Wirtschaftsethik der Weltreligionen zutrifft. Weber spricht in seiner Auseinandersetzung mit dem Berliner Althistoriker Eduard Meyer dabei bereits 1906 ein Mammutprogramm an, das er im Laufe der Zeit immer mehr zu seinem eigenen Anliegen machen wird: nämlich die Schaffung der begrifflichen Voraussetzungen für eine neue *weltgeschichtliche* Betrachtungsweise, der es primär darum geht, „im Wege der Vergleichung die historische Eigenart der europäischen Kulturentwicklung genetisch schärfer zu fassen"[39].

Die historisch-genetische und die kulturvergleichende Betrachtungsweise sind für Weber also von Anfang an untrennbar miteinander verbunden gewesen, auch wenn in werkgeschichtlicher Hinsicht gesagt werden kann, dass er im Rahmen seiner Studien über die ‚protestantische Ethik' und den ‚Geist' des modernen Kapitalismus zunächst noch eine auf Westeuropa und Nordamerika beschränkte ‚kulturgeschichtliche' Erklärung der Eigenart der modernen kapitalistischen Berufsethik verfolgt hat. Erst seinen späteren historisch-soziologischen Arbeiten liegt ausdrücklich eine *historisch-vergleichende* Betrachtungsweise all jener ‚Erfindungen' zugrunde, die ihm zufolge die Eigenart der modernen okzidentalen Kultur kennzeichnen und zu denen seiner Ansicht nach auch eine bestimmte

---

38 Weber, Brief an Heinrich Sieveking vom 29. Juni 1913, MWG I/II 8, S. 254.
39 Weber, „Kritische Studien auf dem Gebiet der kulturwissenschaftlichen Logik" [1906], MWG I/7, S. 438.

Berufsethik gehört.⁴⁰ Beide Betrachtungsweisen – die rein kulturgeschichtliche und die explizit kulturvergleichende – beruhen jedoch auf gemeinsamen methodologischen Grundlagen, die Weber in seinen Schriften über die ‚Logik' der historischen Erkenntnis ausführlich erörtert, die zwischen 1903 und 1906 erschienen sind. Dabei tritt zunehmend die ‚Methode des Verstehens' in das Zentrum seiner Überlegungen. Und Weber kommt nun auch ausführlich auf das Problem der ‚historischen Kausalität' zu sprechen, bei dem ja nicht nur ‚Zufälle', sondern auch ‚objektive Möglichkeiten' und ‚generelle Regeln des Geschehens' eine wichtige Rolle spielen. Im ersten Fall ist ein Grundproblem der geisteswissenschaftlichen Hermeneutik angesprochen, während sich Weber im zweiten Fall stärker an den naturwissenschaftlichen Debatten seiner Zeit orientiert, wie unlängst im Rahmen der Max-Weber-Gesamtausgabe aufgezeigt worden ist.⁴¹ Beides hängt Weber zufolge zumindest in den historischen Kultur- und Sozialwissenschaften eng miteinander zusammen: nämlich das *Erklären* und das *Verstehen*. Diese beiden methodologischen Verfahrensweisen nicht gegeneinander auszuspielen, sondern deren Ergänzungsbedürftigkeit durch die jeweils andere ‚Methode' klar gemacht zu haben, wird bis heute zurecht als das eigentliche Kennzeichen der von ihm vertretenen Wissenschaftsauffassung angesehen.

Zunächst wendet sich Weber gegen die seiner Ansicht nach falsche Annahme, dass sowohl in der äußeren Natur als auch im Bereich des menschlichen Handelns ‚Kausalität' und ‚Gesetzmäßigkeit' identisch seien. Denn dies verleite dazu, die Möglichkeit eines ‚freien' Handelns in Frage zu stellen, das nicht dem Prinzip der Kausalität gehorche, weil es keinen ‚Gesetzen' unterworfen sei. Hierbei stellt sich jedoch das Problem, welche Rolle eigentlich der ‚Persönlichkeit' in der Geschichte zugesprochen werden kann. Weber behauptet, dass individuelles Handeln weniger ‚irrational' als ein Naturvorgang sei, weil wir es ‚sinnvoll deuten' können. Zwar gebe es zumindest in der psychopathologischen Forschung gewisse ‚Grenzen des Verstehens'. Wenn wir dagegen auf den anderen Grenzfall des Verstehens, nämlich den des ‚rationalen' Handelns zu sprechen kommen, das angeblich im modernen Kapitalismus weit verbreitet sei, ist es uns Weber zufolge dagegen möglich, dieses auf ‚Regeln' des Geschehens zurückzuführen. Das ‚nicht Verstehbare' habe dagegen lediglich eine „negative Bedeutung" für die Erklärung von geschichtlichen Prozessen.⁴²

---

40   Siehe hierzu den fünften Teil dieser Einführung in Webers Werk.
41   Vgl. diesbezüglich die instruktive Einleitung von Gerhard Wagner zu MWG I/7, S. 1-30.
42   Max Weber, „Knies und das Irrationalitätsproblem" [1905-06], MWG I/7, S. 295 f.

1.1 Die logische Eigenart der historischen Erkenntnis

Damit kommt aber zugleich die Rolle des ‚Zufalls' ins Spiel, der sich scheinbar jeder auf Erfahrungsregeln beruhenden ‚rationalen' Erwartung entzieht. Solche ‚kontingenten' Ereignisse gibt es ja nicht nur in der Geschichte, sondern auch in der Gegenwart zur Genüge.[43] Ihnen versucht die mathematisch fundierte moderne Wahrscheinlichkeitstheorie Rechnung zu tragen. Einer ihrer Begründer, der von Max Weber sehr geschätzte Physiologe Johannes von Kries, hat dabei in einer sehr ‚modernen' Art und Weise den Begriff der *Erwartung* in das Zentrum dieser Theorie gestellt, indem er sagt, dass die Wahrscheinlichkeitsangaben, wie man sie in sogenannten ‚Zufallsspielen' vornimmt, für jeden gelten würden, „der über den Verlauf eines derartigen Falles eine Erwartung zu bilden wünscht"[44]. Dies gilt übrigens nicht nur für die ‚Brokers' an den internationalen Aktienmärkten, deren scheinbar ‚rationalen' Erwartungen schon für viele Kursübertreibungen und den damit verbundenen Börsen-Crashs verantwortlich sind, sondern für jede alltägliche Situation, in der sich zwei Personen gegenüberstehen. A erwartet von B, dass sich dieser situationsbedingt in einer bestimmten Weise verhalten wird und umgekehrt. Da beide erwarten, dass der andere ebenso solche Erwartungen hegt, kommt es zu sogenannten ‚Erwartungs-Erwartungen', die ein gelungenes Zusammenleben der Menschen immer unwahrscheinlicher, das heißt ‚kontingenter' werden lassen. Denn diese ‚Erwartungs-Erwartungen' lassen sich beliebig steigern, wobei man allerdings schnell an einen Punkt kommt, an dem die menschliche Fähigkeit zu einer solchen Form der sozialen Reflexivität überfordert wird.[45]

---

43 Diese Unterstellung trifft allerdings nur für das moderne naturwissenschaftliche Weltbild zu. In der Psychoanalyse, aber auch in der christlichen Vorstellung der ‚Heilsgeschichte' gibt es dagegen keine ‚Zufälle', da hier völlig andere ‚Gesetze' herrschen, nämlich die des ‚Unbewussten' beziehungsweise die für uns Menschen oft rätselhaft erscheinenden und insofern ‚rational' nicht nachvollziehbaren ‚göttlichen' Entschlüsse. In diesem Fall ersetzt dann der ‚Glaube' das diesbezüglich fehlende ‚Wissen'. Siehe hierzu auch Jürgen Habermas, *Glauben und Wissen. Friedenspreis des deutschen Buchhandels 2001*, Frankfurt am Main 2001; vgl. ferner Jürgen Habermas und Joseph Ratzinger, *Dialektik der Säkularisierung. Über Vernunft und Religion*, Freiburg im Breisgau 2005.

44 Johannes von Kries, *Die Principien der Wahrscheinlichkeits-Rechnung. Eine logische Untersuchung*, Freiburg 1886, S. 95 (zitiert nach MWG I/7, Einleitung, S. 21). Zur wissenschaftsgeschichtlichen Bedeutung von Kries siehe auch die einzelnen Beiträge in: Gerhard Wagner (Hrsg.), *The Range of Science. Studies on the Interdisciplinary Legacy of Johannes von Kries*, Wiesbaden 2019.

45 Ob dies auch für die von Menschenhand geschaffenen mathematischen ‚Algorithmen' gilt, bleibt abzuwarten. Zumindest ist auffallend, dass sich auch diese wie Lemminge, das heißt Menschen verhalten: nämlich Kauf einer bestimmten Aktie, weil dies auch andere Algorithmen-gesteuerte ‚Anleger' machen und Verkauf derselben Aktie aus demselben Grund, wobei der ‚eigentliche Wert' dieser Aktie bei diesem ausschließ-

Namhafte Soziologen wie Talcott Parsons, Arnold Gehlen und Niklas Luhmann haben in der zweiten Hälfte des 20. Jahrhundert daraus den Schluss gezogen, dass es bestimmter ‚Institutionen' oder ‚Kommunikationsmedien' bedürfe, um solche Erwartungsschleifen zu brechen und auf ein überschaubares Maß zu reduzieren.[46] Doch wie verhält sich Max Weber zu diesem Grundproblem des sozialen Lebens der Menschen?

Zwar tritt der Erwartungsbegriff erst 1913 in das Zentrum seiner Bemühungen, die Grundlagen einer ‚verstehenden' Soziologie zu skizzieren.[47] Dennoch sind bereits in seinen primär der ‚Geschichtslogik' gewidmeten methodologischen Arbeiten Anklänge an diese wahrscheinlichkeitstheoretischen Grundüberlegungen festzustellen. Zunächst geht Weber davon aus, dass wir es nicht nur in der Gegenwart, sondern auch in der Vergangenheit, das heißt in der sogenannten ‚Geschichte' mit handelnden Menschen zu tun haben, deren Motive wir prinzipiell ‚verstehen' und insofern für die Erklärung des Verlaufs einer Handlung sowie seiner möglichen Folgen heranziehen können. Allerdings gibt es nicht nur diese subjektiven Motive, sondern auch äußere Handlungsbedingungen, in denen Faktoren wie das Klima, die Geographie, damit verbundene nationale Besonderheiten sowie weltgeschichtliche Geschehnisse in der Vergangenheit und Gegenwart eine wichtige Rolle spielen. Wir haben es in diesem Fall also mit historischen ‚Konstellationen' zu tun, die wesentlich komplexer sind als es eine einfache Form der Handlungserklärung anzunehmen scheint, die sich auf die Feststellung der subjektiven ‚Motive' der Handelnden beschränkt. Weber sagt deshalb ausdrücklich, dass im Rahmen einer historischen Erklärung durch eine solche „rationale Deutung" des individuel-

---

lich reaktiven Verhalten überhaupt keine Rolle spielt. Denn in diesem Fall haben wir es mit reinen ‚Erwartungen' zu tun, ob der subjektiv unterstellte ‚Wert' einer Aktie in Zukunft steigen oder fallen wird. Insofern ist die Börse die ideale Arena für solche ‚Zufallsspiele'. Aber auch in den sogenannten ‚internationalen Beziehungen' und bei schwerwiegenden Unternehmungsentscheidungen wird nach denselben ‚Regeln' gespielt.

46 Vgl. Arnold Gehlen, *Urmensch und Spätkultur. Philosophische Ergebnisse und Aussagen*, zweite, neu bearbeitete Auflage Frankfurt am Main und Bonn 1964, besonders S. 25 ff.; Talcott Parsons, *Aktor, Situation und normative Muster. Ein Essay zur Theorie sozialen Handelns*, Frankfurt am Main 1986, besonders S. 140 ff.; ferner Niklas Luhmann, „Generalized Media and the Problem of Contingency", in: *Explorations in General Theory in Social Science. Essays in Honor of Talcott Parsons*, hrsg. von Jan J. Loubser u.a., Band 2, New York / London 1976, S. 507-532.

47 Dies geschieht erstmals in seinem 1913 erschienenen Aufsatz „Über einige Kategorien der verstehenden Soziologie" und später auch in den von ihm kurz vor seinem Tod verfassten und noch für den Druck fertiggestellten „Soziologischen Grundbegriffen". Vgl. hierzu den vierten Teil dieser Einführung in Webers Werk.

1.1 Die logische Eigenart der historischen Erkenntnis

len Handelns nicht „wirkliches Handeln", sondern nur „objektiv *mögliche*" Zusammenhänge erfasst werden können.[48] Soll die moderne Geschichtsschreibung also mehr sein als eine Sammlung scheinbarer ‚Zufälligkeiten' oder die „Chronik merkwürdiger Begebenheiten und Persönlichkeiten"[49], müsse eine spezifische ‚Logik' der *historischen Urteilsbildung* berücksichtigt werden, welche die kausale Bedeutung von individuellen Entscheidungen an dem bemisst, was geschehen wäre, wenn diese Entscheidungen anders ausgefallen oder gar keine Entscheidung getroffen worden wäre. Hierfür bedarf es der Aufstellung von ‚Möglichkeitsurteilen', um reale kausale Zusammenhänge in der Geschichte zu durchschauen, indem wir ‚unwirkliche', das heißt mögliche Folgen des Geschehens konstruieren, wenn ein bestimmtes Ereignis nicht eingetreten wäre. Weber versucht dies im Anschluss an eine entsprechende Überlegung des Berliner Althistorikers Eduard Meyer bezüglich des Ausgangs der Schlacht von Marathon zu verdeutlichen, die 490 Jahre vor unserer christlichen Zeitrechnung im heutigen Griechenland stattgefunden hat. Wenn die Griechen diese militärische Auseinandersetzung mit dem Perserreich nämlich nicht gewonnen hätten, dann wäre es ‚objektiv möglich' gewesen, dass die griechische Kulturentwicklung einen ganz anderen Verlauf genommen hätte. Ausgehend von der Erfahrung, wie das Perserreich zum Beispiel mit den alten Israeliten umgegangen ist, hätte also durchaus die Möglichkeit bestanden, dass sich nicht nur Israel und Judäa, sondern auch Griechenland in eine durch die persische ‚Supermacht' aufgezwungene Theokratie verwandelt hätte. Dann wären aber all jene Errungenschaften nicht zustande gekommen, die das alte Griechentum der Welt als kulturelles Erbe hinterlassen hat, und Europa wäre im Laufe der Jahrhunderte nicht das geworden, wofür es auch heute noch steht.[50]

---

48 Weber, „Knies und das Irrationalitätsproblem", MWG I/7, S. 360.
49 Weber, „Kritische Studien auf dem Gebiet der kulturwissenschaftlichen Logik", MWG I/7, S. 488.
50 Ebd., S. 457 ff. Weber bezieht sich dabei auf Eduard Meyers *Geschichte des Altertums*, Band 3: *Das Perserreich und die Griechen. Erste Hälfte: Bis zu den Friedensschlüssen von 448 und 446 v. Chr.*, Stuttgart 1901, S. 237 ff. Zu Webers Verhältnis zu dem Berliner Althistoriker Eduard Meyer siehe auch Friedrich Tenbruck, „Max Weber und Eduard Meyer" [1988], in: ders., *Das Werk Max Webers. Gesammelte Aufsätze zu Max Weber*, hrsg. von Harald Homann, Tübingen 1999, S.176-218; Jürgen Deininger, „Eduard Meyer und Max Weber", in: *Eduard Meyer. Leben und Leistung eines Universalhistorikers*, hrsg. von William M. Calder und Alexander Demandt, Leiden 1990, S. 132-158; ferner Wilfried Nippel, „Max Weber, Eduard Meyer und die ‚Kulturgeschichte'", in: *Was ist Gesellschaftsgeschichte? Positionen, Themen, Analysen*, hrsg. von Manfred Hettling, München 1991, S. 323-330.

Dem ‚zufälligen' Ausgang einer militärischen Auseinandersetzung kommt in diesem Fall also eine kausale Relevanz zu, die weit über dieses singuläre ‚Ereignis' hinausweist. Dessen ‚eigentliche' historische Bedeutung zu verstehen, ist allerdings nur dann möglich, wenn wir über objektive Erkenntnisse und entsprechende Erfahrungsregeln verfügen, die darauf schließen lassen, wie sich die Perser verhalten hätten, wenn sie die Schlacht von Marathon gewonnen hätten. Ein solcher Schluss ist aber nicht in der Form möglich, dass wir sagen, dass die Perser dieses tatsächlich in einer bestimmten Art und Weise hätten tun müssen. Vielmehr könnten wir in diesem Fall nur sagen, dass diese alternative Entwicklung Griechenlands in Richtung einer orientalischen Theokratie die ‚adäquate' Folge eines solchen ‚zufälligen' Ereignisses wie der Ausgang einer Schlacht zwischen zwei höchst unterschiedlich starken Heeren gewesen wäre, der nicht zu ‚erwarten' war. Es muss allerdings nicht nur bei solchen weltgeschichtlichen Ereignissen, sondern auch bei anderen historischen Geschehnissen eine ‚zufällige' von einer ‚adäquaten' Verursachung unterschieden werden, um eine reine ‚Meuterei' nicht mit einer wirklichen ‚Revolution' zu verwechseln. So begann zum Beispiel die deutsche ‚Novemberrevolution' von 1918 zwar mit einem zunächst als ‚zufällig' erscheinenden Matrosenstreik bei der deutschen Kriegsflotte in Wilhelmshaven und Kiel. Jedoch führte dieses ‚Ereignis' am 9. November 1918 zum Rücktritt des deutschen Kaisers Wilhelm II., der für die verheerende Kriegsniederlage des deutschen Reichs maßgeblich verantwortlich gewesen ist. Insofern handelt es sich bei diesem Matrosenstreik in Wilhelmshaven und Kiel also um keine ‚zufällige', sondern um eine ‚adäquate Verursachung' des ohnehin schon seit Langem erforderlich gewesenen politischen ‚Systemwechsels' in Deutschland, der schließlich zur Gründung der Weimarer Republik geführt hat.[51]

Max Weber wird diese anspruchsvollen methodologischen Überlegungen später auch für die Grundlegung seiner ‚verstehenden Soziologie' fruchtbar machen, auf die wir im Rahmen dieser Einführung in sein Werk noch später eingehen werden. In dem vor dem Ersten Weltkrieg verfassten ‚älteren' Teil von *Wirtschaft und Gesellschaft* folgt er allerdings noch einer anderen ‚Logik' als der in seinem Aufsatz „Über einige Kategorien der verstehenden Soziologie" von 1913

---

51 Zu dem von Weber übernommenen Konzept der ‚objektiven Möglichkeit' und der ‚adäquaten Verursachung' siehe auch Stephen P. Turner und Regis A. Factor, „Objective Possibility and Adequate Causation in Weber's Methodological Writings", in: Sociological Review 29 (1981), S. 5-28; Weyma Lübbe, „Die Theorie der adäquaten Verursachung. Zum Verhältnis von philosophischem und juristischem Kausalbegriff", in: Zeitschrift für allgemeine Wissenschaftstheorie 24 (1993), S. 87-102; ferner Andreas Buss, „The concept of adequate causation and Max Weber's comparative sociology of religion", in: British Journal of Sociology 50 (1999), S. 317-329.

und in seinen „Soziologischen Grundbegriffen" von 1920 von ihm beschriebenen soziologischen ‚Methode' des Verstehens und der kausalen Erklärung. Doch welcher werkgeschichtliche Status kommt eigentlich seinen beiden Aufsätzen über die ‚protestantische Ethik' und den ‚Geist' des modernen Kapitalismus zu, die 1904-05 in dem von ihm mitherausgegebenen *Archiv für Sozialwissenschaften und Sozialpolitik* erschienen sind? Denn diese Aufsätze hat Weber ja zu einem Zeitpunkt geschrieben, zu dem er nach eigenem Bekunden überhaupt noch kein ‚Soziologe', sondern primär Jurist, Nationalökonom und Historiker gewesen ist. Hierzu bedarf es einer gesonderten Ausführung, die im folgenden Kapitel vorgenommen wird.

1.2 Wahlverwandtschaften zwischen der Ethik des ‚asketischen Protestantismus' und dem modernen kapitalistischen Wirtschaftssystem

Eine der bekanntesten Veröffentlichungen Max Webers stellen seine beiden Aufsätze über die ‚protestantische Ethik' und den ‚Geist' des Kapitalismus dar. Diese sind erstmals 1904-1905 in dem von ihm mitherausgegebenen *Archiv für Sozialwissenschaft und Sozialpolitik* erschienen und von ihm dann 1920 in einer überarbeiteten und erweiterten Form in seine *Gesammelte Aufsätze zur Religionssoziologie* aufgenommen worden. Ferner müssen in diesem Zusammenhang auch die beiden Fassungen seines Sektenaufsatzes von 1906 und 1920 sowie seine verschiedenen ‚Anti-Kritiken' berücksichtigt werden, die zwischen 1907 und 1910 erschienen sind und in denen Weber wichtige Argumente gegen die Kritiker seiner Protestantismus-Aufsätze vorgetragen hat. In der einschlägigen Sekundärliteratur wird diesbezüglich oft von der ‚Weber-These' gesprochen.[52] Doch was besagt eigentlich diese ‚These'? Zunächst ist festzuhalten, dass die von ihm in diesem Zusammenhang verwendeten Begriffe ‚protestantische Ethik' und ‚Geist des Kapitalismus' höchst erläuterungsbedürftig sind. Auch die ihn dabei interessierende Art des Zusammenhangs zwischen der ‚protestantischen Ethik' und dem ‚kapitalistischen Geist' einerseits sowie dem modernen Kapitalismus als einem

---

52 Vgl. zum Beispiel Robert W. Green (Hrsg.), *Protestantism, Capitalism and Social Science. The Weberian Thesis Controversy*, Lexington, Mass. 1973; Gordon Marshall, *In Search of the Spirit of Capitalism. An Essay on Max Weber' Protestant Ethic Thesis*, New York 1982; ferner William H. Swatos Jr. und Lutz Kaelber (Hrsg.), *The Protestant Ethic Turns 100. Essays on the Centenary of the Weber Thesis*, Boulder / London 2005.

historisch spezifischen Wirtschaftssystem andererseits muss geklärt werden, um diesbezüglich überhaupt von einer ‚These' sprechen zu können.⁵³

Heutige Sozialwissenschaftler neigen dazu, in einem solchen Fall von ‚Variablen' zu sprechen, zwischen denen eine kausale Beziehung oder zumindest eine statistisch feststellbare Korrelation besteht. Jedoch stellt der ‚Protestantismus' einen vieldeutigen Begriff dar, weil es ja höchst unterschiedliche historische Erscheinungsformen desselben gibt. Und auch der ‚Kapitalismus' stellt einen abstrakten Gattungsbegriff dar, wenn man diesen als Oberbegriff gebraucht und zum Beispiel zwischen dem antiken und mittelalterlichen sowie dem modernen Kapitalismus unterscheidet, der wiederum in einen Früh,- Hoch- und Spätkapitalismus untergliedert werden kann und so fort. Insofern hätte es man mit einer ganzen Reihe von möglichen ‚Korrelationen' zu tun, deren statistische Signifikanz und mögliche kausale Bedeutung empirisch zu überprüfen wäre. Doch diese ‚moderne' Interpretation der ‚Weber-These' ist irreführend, weil es sich bei den hier angesprochenen historischen Phänomenen um keine numerischen Begriffe handelt. Vielmehr muss deren begrifflicher Gehalt in Form einer ‚Geschichte', das heißt einer *historischen Erzählung* bestimmt werden. Denn Weber vertritt ausdrücklich den Standpunkt, dass es sich hierbei um einen rein geschichtlichen und nicht um einen ‚gesetzmäßigen' Zusammenhang zwischen Religion und Wirtschaft, das heißt in diesem Fall zwischen einer bestimmten Erscheinungsform des ‚Protestantismus' und einer historisch spezifischen Variante des ‚Kapitalismus' handelt. Da solche Phänomene und ihre Zusammenhänge nur auf dem Weg einer ‚genetischen' beziehungsweise historischen Form der Begriffsbildung erfasst werden können, ist es ihm zufolge auch nicht möglich, sie bereits *vor* einer entsprechenden historischen Untersuchung zu ‚definieren'. Vielmehr müssen sie aus den entsprechenden historischen Quellen erst begrifflich ‚herausdestilliert' und dann in einer sinnvollen Art und Weise aufeinander bezogen werden.⁵⁴ Dies ist

---

53 Weber hat der weltweiten Verwendung dieses Begriffs übrigens selbst Vorschub geleistet. Denn bereits in der ersten Fassung seiner Protestantismus-Aufsätze von 1904-05 spricht er diesbezüglich von einer „Hypothese". In seinen ‚Anti-Kritiken' von 1910, in denen er sich gegen Kritiker dieser Aufsätze zur Wehr setzt, gebraucht er ferner selbst den Begriff „These", um sein eigenes Anliegen zu untermauern. Allerdings schränkt er diesbezüglich ein, was oft übersehen wird, dass ‚seine' These „nur in der Art der Durchführung" etwas ‚Neues' darstellen würde. Vgl. Max Weber, „Die protestantische Ethik und der ‚Geist' des Kapitalismus" [1904-05], MWG I/9, S. 147; ders. „Antikritisches zum ‚Geist' des Kapitalismus" [1910], MWG I/9, S. 588; siehe ferner ders., „Antikritisches Schlußwort zum ‚Geist des Kapitalismus'" [1910], MWG I/9, S. 667.

54 In seinen späteren Schriften spricht Weber diesbezüglich auch von einer ‚Herausläuterung' beziehungsweise von einer ‚Sublimierung', die strikt von einer ‚Systemati-

das formale Gerüst der sogenannten ‚Weber-These', die zunächst auf undefinierten Grundbegriffen beruht und insofern auch nur von einer vagen Vermutung ausgeht, worum es sich dabei handeln könnte, um diese Vermutung dann im Rahmen einer historischen Erzählung inhaltlich zu begründen.[55] Was Webers Verwendung des Begriffs ‚kapitalistischer Geist' betrifft, ist dessen Urheberschaft eindeutig. Denn es handelt sich um die Übernahme eines Terminus, den Webers Kollege Werner Sombart in seinem 1902 erschienenen Buch *Der moderne Kapitalismus* in die fachwissenschaftliche Diskussion eingeführt hat.[56] Aber nicht nur in terminologischer, sondern auch in ‚wissenschaftslogischer' Hinsicht gibt es auffallende Parallelen zwischen ihren Arbeiten. Denn auch Sombart verwendet eine ‚genetische' Methode der Begriffsbildung. Und er spricht in diesem Zusammenhang ausdrücklich von dem *modernen* Kapitalismus, was Weber in der ersten Fassung seiner beiden Protestantismus-Aufsätze von 1904-05 im Unterschied zu deren zweiten Fassung von 1920 leider noch nicht macht. Offensichtlich ist er davon ausgegangen, dass ohnehin jeder wisse, dass bei seiner diesbezüglichen ‚These' natürlich ebenfalls der ‚moderne' Kapitalismus gemeint ist, und nicht etwa der ‚antike' oder der ‚mittelalterliche' Kapitalismus, was in der Folgezeit leider zu vielen Missverständnissen geführt hat. Hätte Weber nämlich von Anfang an unmissverständlich darauf hingewiesen, dass es ihm in diesem Fall ja nur um eine historisch spezifische, nämlich die bürgerlich-liberale Erscheinungsform des Kapitalismus und nicht um den Kapitalismus ‚im Allgemeinen' geht, wären

---

sierung' zu unterscheiden sei. Vgl. hierzu die entsprechenden Erörterungen im letzten Kapitel dieser Einführung in sein Werk.

55 Vgl. Weber, „Die protestantische Ethik und der ‚Geist' des Kapitalismus" [1904-05], MWG I/9, S. 141 f. Die Sekundärliteratur zu dieser ‚These' ist inzwischen kaum mehr überschaubar, zumal die entsprechenden Kontroversen bis heute anhalten. Vgl. diesbezüglich auch Hartmut Lehmann und Guenther Roth (Hrsg.), *Webers „Protestant Ethic". Origins, Evidence, Contests*, Cambridge / New York 1993; Wolfgang Schluchter und Friedrich Wilhelm Graf (Hrsg.), *Asketischer Protestantismus und der ‚Geist' des modernen Kapitalismus*, Tübingen 2005; Sam Whimster (Hrsg.), *Max Weber and the Spirit of Modern Capitalism – 100 Years On*, in: Max Weber Studies 5.2. (2005) und 6.1 (2006); Peter Gosh, *A Historian Reads Max Weber. Essays on the Protestant Ethic*, Wiesbaden 2008; ders., *Max Weber and the Protestant Ethic: Twin Histories*, Oxford 2014.

56 Siehe hierzu Friedrich Lenger, „Max Weber, Werner Sombart und der Geist des modernen Kapitalismus", in: *Max Webers Herrschaftssoziologie*, hrsg. von Edith Hanke und Wolfgang J. Mommsen, Tübingen 2003, S. 167-186; ferner Sam Whimster, „Die Übersetzung des Begriffes ‚Geist'", in: *Max Webers ‚Grundbegriffe'. Kategorien der kultur- und sozialwissenschaftlichen Forschung*, hrsg. von Klaus Lichtblau, Wiesbaden 2006, S. 317-335.

ihm einige für ihn sehr ärgerliche Kritiken erspart geblieben, auf die er in seinen verschiedenen ‚Anti-Kritiken' in einer höchst gereizten Art und Weise reagiert hat.[57] Doch was versteht Sombart eigentlich unter dem ‚modernen Kapitalismus', und was unter dem ‚kapitalistischen Geist'? Und in welcher Weise hat Weber von dieser eigenartigen Form der Begriffsbildung Gebrauch gemacht?

Sombart stellt drei verschiedene Entwicklungsstufen des modernen Kapitalismus einander gegenüber, nämlich den ‚Frühkapitalismus', den ‚Hochkapitalismus' und den ‚Spätkapitalismus'. Der Frühkapitalismus stellt ihm zufolge eine Zwischenphase zwischen dem Mittelalter und der europäischen Neuzeit dar, die oft als das ‚ausgehende Mittelalter' bezeichnet wird. Es handelt sich dabei allerdings um eine recht lange ‚Periode', die in ökonomischer Hinsicht durch die landwirtschaftliche und handwerkliche Produktionsweise geprägt ist. Jedoch haben in dieser Zeit der Handel und das Bankengeschäft bereits eine ‚weltwirtschaftliche' Rolle gespielt, zumal in diesem ‚Zeitalter der Entdeckungen' neben den einzelnen ‚Volkswirtschaften' auch die Kolonialwirtschaft in den neuen überseeischen Gebieten zunehmend an Bedeutung gewonnen hat. In ‚betriebswirtschaftlicher' Hinsicht hält Sombart vor allem die Entstehung der doppelten Buchführung im ausgehenden Mittelalter für erwähnenswert, die überhaupt erst eine exakte Berechnung der Ausgaben und mithin auch des ‚Gewinns' einer kapitalistischen Unternehmung ermöglicht habe. Wenn Sombart von ‚Hochkapitalismus' spricht, meint er dagegen das gegen Ende des 18. Jahrhunderts zunächst auf den britischen Inseln Einzug haltende und sich dann in der ‚westlichen Welt' rasch ausbreitende industrielle Zeitalter, während er den Begriff ‚Spätkapitalismus' in der ersten Auflage seines Hauptwerkes über den modernen Kapitalismus von 1902 aus formalen Gründen nur als Platzhalter erwähnt und in begrifflicher Hinsicht zu dieser Zeit noch völlig unbestimmt lässt.[58] In Webers Sprachgebrauch ist dagegen der moderne Kapitalismus weitgehend mit Sombarts ‚Hochkapitalismus' identisch, dessen

---

57 Tatsächlich geht es Weber diesbezüglich um eine Klärung der historischen Zusammenhänge zwischen der ‚Ethik des asketischen Protestantismus' und dem ‚System des modernen Kapitalismus'. Leider hat er es auch in der endgültigen Fassung dieser Aufsätze nicht vermocht, diese Missverständnisse gänzlich auszumerzen, weil die zweite Fassung seiner Protestantismus-Studien von 1920 noch viel komplexer und historisch beziehungsreicher als die erste Fassung von 1904-05 ausgefallen ist. Zu den entsprechenden Unterschieden zwischen diesen beiden Fassungen siehe auch Lichtblau, *Die Eigenart der kultur- und sozialwissenschaftlichen Begriffsbildung*, a.a.O., S. 21 ff.

58 Vgl. Werner Sombart, *Der moderne Kapitalismus*, 2 Bände, Leipzig 1902. Erst sehr viel später hat Sombart den Versuch unternommen, den von ihm eingeführten Begriff ‚Spätkapitalismus' begrifflich etwas genauer zu bestimmen. Vgl. ders., „Die Wandlungen des Kapitalismus" [1929], in: Werner Sombart, *Die Modernität des Kapitalismus*,

tragende Säule das industrielle Unternehmertum und das moderne Proletariat bildet. Sowohl Sombart als auch Weber versuchen dabei eine Antwort auf die bereits von Karl Marx gestellte Frage zu geben, welches eigentlich die geschichtlichen Ursprünge des modernen Unternehmers und seines ‚Betriebes' sind. Marx versucht diese Frage im ersten Band seines Hauptwerkes *Das Kapital* in Form eines historischen Exkurses über „Die sogenannte ursprüngliche Akkumulation" des Kapitals zu beantworten.[59] Sombart und Weber geben dagegen primär eine mentalitätsgeschichtliche Antwort auf diese Frage. Und genau an dieser Stelle kommt bei ihnen im Unterschied zu Marx der ‚Geist' des modernen Kapitalismus ins Spiel. Doch was verstehen sie eigentlich unter diesem irgendwie ‚spiritualistisch' klingenden Begriff?

Marx hätten sicherlich die Haare zu Berge gestanden, wenn er noch miterlebt hätte, in welcher Weise sich Sombart sein kapitalismuskritisches Werk angeeignet hat. Denn über sogenannte ‚Geister' wie den des Kapitalismus hätte er sich bestimmt lustig gemacht und es vorgezogen, diesbezüglich von einer bürgerlichen ‚Ideologie' zu sprechen. Das heißt er hätte den von Sombart und Weber beschworenen ‚kapitalistischen Geist' als einen ideologischen ‚Reflex', nicht aber als eine mitgestaltende Kraft im historischen Entstehungsprozess des industriellen Kapitalismus sowie des mit ihm untrennbar verbundenen modernen Unternehmertums und Proletariats verstanden. Von dieser Annahme gehen aber Sombart und Weber aus, und zwar auf unterschiedliche Art und Weise. Sombart zufolge ist der ‚Geist' des Kapitalismus nicht mit jenem ‚Abenteurertum' identisch, wie es in den christlichen ‚Kreuzzügen' und später auch in der ‚Goldgier' der europäischen Eroberer und Entdecker seinen Ausdruck findet. Zwar stellt der psychologische Habitus des ‚Entdeckers' und des ‚Eroberers', das heißt des Abenteurers und des Spekulanten eine wichtige Komponente innerhalb des von Sombart gezeichneten Idealtypus des modernen Unternehmers dar. Doch dies ist nur die eine Seite der Medaille. Denn deren andere Seite verkörpert der ebenfalls bereits in der europäischen Neuzeit, das heißt in der ‚Frühzeit' des modernen Kapitalismus auftretende

---

hrsg. von Klaus Lichtblau, 2., verbesserte Auflage Wiesbaden 1919, S. 329 ff. Siehe hierzu auch Klaus Lichtblau, „Die Faszination des Kapitalismus", ebd., S. 1-32.

59 Deren historische Wurzeln sieht Marx neben der Anhäufung von enormen Geldvermögen in Europa infolge der überseeischen Kolonialisierung unter anderem auch in der Enteignung der englischen Landbevölkerung durch sogenannte ‚Land-Lords' und ihrer Zwangsumsiedlung in die späteren englischen Industriestädte gegeben, wodurch auf den britischen Inseln die Grundlagen für die Entstehung des modernen ‚Proletariats' geschaffen worden seien. Vgl. Karl Marx, *Das Kapital. Kritik der politischen Ökonomie*, Band 1: *Der Produktionsprozeß des Kapitals* [1867], in: Karl Marx und Friedrich Engels, Werke, Band 23, Berlin 1970, S. 640 ff.

nüchtern kalkulierende Geschäftsmann, wobei Sombart nur vage Hinweise auf dessen religiös-konfessionelle Abstammung gibt.[60] Zumindest scheinen ihm diese nicht besonders wichtig gewesen zu sein, Weber dagegen schon! Er setzt nämlich genau an dieser Stelle an, um den von Sombart geprägten Begriff des ‚kapitalistischen Geistes' eine unverwechselbare Bedeutung zu geben. Denn Weber zufolge ist die Entstehung dieses ‚krämerhaften' Geistes untrennbar mit der europäischen Reformation, das heißt der im frühen 16. Jahrhundert beginnenden und sich im 17. Jahrhundert vollziehenden Glaubensspaltung zwischen den Protestanten und den Katholiken in Europa sowie deren überseeischen Kolonien verbunden. Es handelt sich in diesem Fall also nicht um eine ‚zufällige', sondern um eine ‚adäquate' Form der Verursachung des ‚kapitalistischen Geistes' durch die Entwicklung des Protestantismus hin zu einer ‚asketischen' Form der alltäglichen Lebensführung. In dieser werde der wirtschaftliche ‚Mehrwert' nicht mehr ausschließlich konsumiert, sondern zur Steigerung des Gewinns und der gesellschaftlichen Reputation des jeweiligen Unternehmers primär reinvestiert. Dadurch sei überhaupt erst eine fortschreitende Akkumulation von Kapital möglich geworden, die seit dem 18. Jahrhundert die eigentliche Grundlage des bürgerlichen Reichtums darstelle. Weber unterscheidet dabei ähnlich wie Sombart zwischen dem „Frühkapitalismus" beziehungsweise dem „heroischen Zeitalter des Kapitalismus" einerseits sowie dem eigentlichen „modernen Kapitalismus" andererseits. Nur dass bei Sombart dieser ‚Frühkapitalismus' bereits die erste Phase des ‚modernen Kapitalismus' darstellt, die später durch den ‚Hochkapitalismus' abgelöst wird, während Weber für Sombarts Begriff des ‚Hochkapitalismus' die Bezeichnung ‚moderner Kapitalismus' verwendet.[61]

---

60 Vgl. Sombart, „Die Genesis des kapitalistischen Geistes" [1902], in: ders., *Die Modernität des Kapitalismus*, a.a.O., S. 73-90.

61 Vgl. Weber, „Die protestantische Ethik und der ‚Geist' des Kapitalismus", MWG I/9, S. 276 und 397; ferner ders., „Antikritisches Schlußwort zum ‚Geist des Kapitalismus'", MWG I/9, S. 668, 710 und 722. Weber spricht diesbezüglich auch von der „heroischen Epoche des Kapitalismus", vom „Kapitalismus der Frühzeit" sowie an einer Stelle seiner Anti-Kritiken auch vom „modernen Frühkapitalismus". In all diesen Fällen schließt er sich in inhaltlicher Hinsicht dem Sprachgebrauch von Sombart an. Vgl. Max Weber, „Kritische Bemerkungen zu den vorstehenden ‚Kritischen Beiträgen'" (1907), MWG I/9, S. 482; ders., „Antikritisches Schlußwort zum ‚Geist des Kapitalismus'" [1910], MWG I/9, S. 730 und 732. Ferner unterscheidet Weber einmal sogar zwischen dem „modernen Kapitalismus" und dem „modernen Industriekapitalismus". Diese Unterscheidung findet sich bei Sombart so nicht, da für diesen der ‚moderne Industriekapitalismus' einen konstitutiven Bestandteil des ‚modernen Kapitalismus', nämlich dessen ‚Hochphase' darstellt und beide Begriffe ihm zufolge deshalb auch nicht gegeneinander ausgespielt werden können. Vgl. dagegen Max

1.2 Wahlverwandtschaften zwischen der Ethik ...

An dieser Stelle kommt der zweite von Weber gebrauchte und ebenfalls vieldeutige Begriff ins Spiel, nämlich die von ihm so genannte ‚protestantische Ethik'. Meint er mit diesem schillernden Begriff eigentlich das Luthertum, wie man vielleicht annehmen könnte? Oder die Calvinisten? Oder gar die täuferische Bewegung mit ihren verschiedenen Sekten und ‚Denominationen'? Um es kurz zu machen: In Webers idealtypischer Konstruktion der ‚protestantischen Ethik' kommen alle genannten reformatorischen Strömungen vor, die er dem mittelalterlichen Katholizismus beziehungsweise der ‚katholischen Sozialethik' zunächst als ein scheinbar einheitliches Lager gegenüberstellt. Dies könnte bedeuten, dass man den Begriff ‚Protestantismus' als einen Gattungsbegriff verstehen müsse, der die bestehenden konfessionellen Unterschiede zwischen den genannten evangelischen Strömungen ausblendet. Doch genau das Gegenteil ist bei dem von Weber in diesem Zusammenhang praktizierten Verfahren der ‚genetischen' Begriffsbildung der Fall, zu dem er wie bereits gesagt von Sombart angeregt worden ist. Denn auch Sombarts Gebrauch des Begriffs ‚moderner Kapitalismus' ist nur dann adäquat zu verstehen, wenn man seine idealtypische Untergliederung in Frühkapitalismus, Hochkapitalismus und Spätkapitalismus berücksichtigt. Und das Gleiche gilt für Webers Konstruktion der ‚protestantischen Ethik', die auf drei große protestantische Strömungen der europäischen Neuzeit Bezug nimmt, nämlich auf das Luthertum, die verschiedenen Spielarten des Calvinismus und auf die täuferischen Sekten. Weber stellt die lutherische Wirtschafts- und Sozialethik dabei noch in die Nähe des mittelalterlichen Katholizismus. Die eigentliche ‚moderne Welt' beginnt ihm zufolge, zumindest was die für seine eigene Fragestellung relevanten mentalitätsgeschichtlichen Umbrüche betrifft, dagegen erst im 17. Jahrhundert. Denn in dieser Zeit der brutalen europäischen Glaubenskriege, und nicht erst im Zeitalter der sogenannten ‚Aufklärung' des 18. Jahrhunderts finden Weber zufolge diejenigen weltanschaulichen Auseinandersetzungen statt, welche die ideellen ‚Weichen' für die Entstehung der ‚Moderne' gestellt haben.[62] Doch was hat dies mit dem ‚Geist' des modernen Kapitalismus zu tun?

Um dies zu verstehen müssen wir die wichtigsten Schritte in Webers Argumentation berücksichtigen. Denn er vermeidet es wie gesagt, bereits am Anfang seiner beiden Protestantismus-Aufsätze von 1904-05 eine Definition dessen zu geben, was unter diesem spezifisch ‚neuzeitlichen' Geist eigentlich zu verstehen

---

Weber, „Wirtschaftliche Beziehungen der Gemeinschaften im allgemeinen", MWG I/22-1, S. 106.

62 Zu Webers abwertender Einstellung gegenüber der europäischen ‚Aufklärung' vgl. ders., „Die protestantische Ethik und der ‚Geist' des Kapitalismus" [1904-05], MWG I/9, S. 139 und 422.

ist. Stattdessen beginnt er mit der Interpretation der Konfessionsstatistik eines seiner Schüler, aus der hervorgeht, dass im Großherzogtum Baden um 1900 Katholiken eher dazu neigen würden, humanistische Gymnasien zu besuchen, während die Protestanten es vorziehen würden, sogenannte ‚Realgymnasien', ‚Oberrealschulen' und ‚höhere Bürgerschulen' zu besuchen. Dies sei ein erstes Indiz dafür, dass ‚die Protestanten' eine stärkere Affinität zur modernen, kapitalistisch geprägten Berufswelt haben würden als die Katholiken. Entsprechend sehe es mit der beruflichen Qualifikation und der Einkommensverteilung aus, der zufolge die deutschen Protestanten dieser Zeit über fast doppelt so viel Kapitalrenten-Steuerkapital verfügten als die Katholiken.[63] Dann stellt sich aber die Frage, ob eine entsprechende konfessionelle Zugehörigkeit die Ursache oder aber die Folge bestimmter ökonomischer Erscheinungen darstellt.

Um diese Frage zu beantworten, muss zwischen der Situation im ‚Hochkapitalismus' und der in der ‚Vergangenheit' unterschieden werden. Auffallend ist Weber zufolge die im 16. Jahrhundert festzustellende Neigung der reichen Städte des Deutschen Reiches zum Protestantismus. Doch dies bedeute nicht, dass die ‚Protestanten' generell einer ‚Gier' nach Reichtum verfallen seien, wie man sie unter anderem auch aus der europäischen Antike und von außereuropäischen Kulturen kennt. Vielmehr sieht Weber die Eigenart der Reformation darin gegeben, dass sie eine bisher noch völlig unbekannte methodisch-rationale Form der Lebensführung der religiösen Laien im Alltag begünstigte, was der Kapitalbildung Vorschub geleistet habe. Denn ‚Askese' fand früher primär im Kloster statt. Nun beginne sie aber das Alltagsleben und insofern auch das moderne Erwerbsleben zu prägen, weshalb Weber diesbezüglich von einer *innerweltlichen Askese* spricht. Denn hier würden sich in einer eigenartigen Weise die ‚Weltoffenheit' mit einer spezifischen ‚Weltfremdheit' bis zur Ununterscheidbarkeit vermischen. Deshalb sieht Weber eine „innere *Verwandtschaft*" zwischen der religiös geprägten Weltablehnung einerseits und dem Gedanken der ethischen ‚Bewährung' im kapitalistischen Berufsleben durch einen entsprechenden ‚Erfolg' andererseits gegeben.[64] Es geht ihm in seinen Protestantismus-Studien also um die Entstehung einer spezifisch modernen ‚bürgerlichen' Berufsethik und eines durch sie geprägten Persönlichkeitsideals, deren Verankerung innerhalb einer bestimmten religiösen Tradition er zu erklären versucht. Die entsprechenden dogmatischen Grundlagen seien

---

63 Ebd., S. 123 ff. Weber bezieht sich dabei auf die Untersuchung von Martin Offenbacher, *Konfession und soziale Schichtung. Eine Studie über die wirtschaftliche Lage der Katholiken und Protestanten in Baden*, Tübingen und Leipzig 1901.

64 Weber, „Die protestantische Ethik und der ‚Geist' des Kapitalismus" [1904-05], MWG I/9, S. 134.

1.2 Wahlverwandtschaften zwischen der Ethik ...

zwar auf den Genfer Reformator Johannes Calvin zurückzuführen, der Mitte des 16. Jahrhunderts gewirkt hat. Ihren historischen Höhepunkt hätten diese ‚asketischen' Strömungen innerhalb des Protestantismus jedoch erst im Pietismus und Methodismus sowie in den aus der täuferischen Bewegung hervorgehenden Sekten wie den Baptisten, Mennoniten und den Quäkern gefunden.[65]

Dieser methodisch-rationalen Reglementierung der alltäglichen Lebensführung der Menschen durch reformatorische Glaubensüberzeugungen hat Weber den Namen „protestantische Ethik" gegeben. Genauer gesprochen müsste man diesbezüglich von der „Ethik des asketischen Protestantismus" sprechen.[66] Doch wir haben es in diesem Fall mit einem rein theoretischen Konstrukt beziehungsweise einem ‚Idealtypus' zu tun. Denn die ‚Wirklichkeit' stellt ja eine „Welt von Gegensätzen" dar, die es innerhalb eines solchen idealtypischen Begriffs unter einen Hut zu bringen gilt.[67] Will man dies nicht wie bei einem klassifizierend verfahrenden Gattungsbegriff ‚subsumtionslogisch' bewerkstelligen und damit das entsprechende historische ‚Material' vergewaltigen, bedarf es also einer ‚genetischen' Form der Begriffsbildung. In diesem Fall geht es darum, die Eigenart der verschiedenen reformatorischen Strömungen als ‚Komponenten' in die entsprechende Begriffsbildung miteinzubeziehen. Hierbei gilt es zu berücksichtigen, dass diese idealtypische Form der Begriffsbildung ja unter einem spezifischen ‚Gesichtspunkt' erfolgt, der vielleicht nicht unbedingt jeden interessieren muss, wohl aber die Angehörigen einer bestimmten Klasse beziehungsweise ‚Kultur', die ein gemeinsames Interesse an der Beantwortung von Fragen wie zum Beispiel der folgenden haben: Welches ist eigentlich das Schicksal des ursprünglich ethisch-religiös geprägten europäischen und nordamerikanischen Bürgertums im Zeitalter des ‚Hochkapitalismus' und des diesem möglicherweise folgenden ‚Spätkapitalismus' mit seinen bürokratischen Reglementierungen und Versteinerungen? Denn wie Sombart ist auch Weber davon überzeugt, dass die Entstehung der ‚liberalen' Form des modernen Kapitalismus und des damit untrennbar verbundenen ‚freien' Unternehmertums keine historische Selbstverständlichkeit darstellt. Denn diese mussten sich noch in einer ihnen ursprünglich feindlich gesinnten Umwelt behaupten, die primär von einem ‚traditionalistischen Geist' geprägt war. Der Ausgang dieses Kampfes zwischen der traditionellen ‚Bedarfswirtschaft' einerseits und der modernen kapitalistischen ‚Erwerbswirtschaft' andererseits war jedoch

---

65 Ebd., S. 242.
66 Ebd., S. 407.
67 Ebd., S. 177. Auf die von Weber hierbei angesprochene Dialektik von ‚Rationalismus' und ‚Irrationalismus' beziehungsweise ‚Rationalisierung' und ‚Irrationalisierung' wird noch im fünften Teil dieser Einführung in Webers Werk ausführlich eingegangen.

keinesfalls selbstverständlich und hätte bei einer anderen historischen Konstellation auch anders ausfallen können. Entsprechend fragil sei deshalb auch der dauerhafte Bestand der bürgerlich-liberalen Erscheinungsform des modernen Kapitalismus, falls sich die jeweiligen ‚Umstände' ändern sollten. Und entsprechend pessimistisch ist auch der Ausblick in die Zukunft, den Weber uns bereits in der ersten Fassung seiner beiden Protestantismus-Aufsätze gibt und der geradezu einem apokalyptischen Gemälde gleicht.[68]

Doch in welcher Weise ‚komponiert' Weber den Begriff der ‚protestantischen Ethik' aus den einzelnen Bestandteilen verschiedener reformatorischer Bewegungen? Und was hat dies mit dem ‚Geist' des modernen Kapitalismus zu tun? Zur Beantwortung dieser Frage sind verschiedene Stationen innerhalb der Entwicklung der ‚protestantischen Ethik' und deren Verhältnis zum Erwerbsleben zu berücksichtigen. Bei Martin Luther sei es der Begriff des ‚Berufes', den dieser im Rahmen seiner deutschen Bibelübersetzung in einer Weise verwendet habe, die Webers Interesse auf sich zieht. Denn hier vermische sich zum ersten Mal eine rein säkulare Vorstellung von ‚Berufsarbeit' mit der Idee einer „Berufung zum ewigen Heil durch Gott"[69]. Dies bedeute eine Aufhebung des Gegensatzes zwischen einer rein ‚innerweltlichen Sittlichkeit' einerseits und der mönchischen Askese andererseits. Jedoch fehle in Luthers Glaubensüberzeugungen noch der Gedanke einer *ethischen* ‚Bewährung' innerhalb des ‚Berufes', wie sie für den Calvinismus charakteristisch sei. Auch entstamme Luthers Forderung, dass jeder in seinem von Gott gewollten ‚Beruf' bleiben solle, einem Gedankenkreis, der eher von der mittelalterlichen Dreiständelehre als von der puritanischen Vorstellung einer religiösen ‚Berufung' geprägt sei. Überdies verkörpere seine Kritik des Zinsnehmens und des Wuchers ein „Bauernmißtrauen gegen das Kapital"[70]. Das Luthertum bleibt in Webers Augen deshalb noch einer ‚traditionalistischen' Wirtschafts- und Sozialethik verhaftet und scheidet insofern aus seiner Suche nach einer ‚kapitalfreundlichen' Variante der ‚protestantischen Ethik' grundsätzlich aus.

Anders verhalte es sich dagegen mit dem Gedankengut des im 16. Jahrhundert in Zürich wirkenden Reformators Johannes Calvin und der von ihm vertretenen ‚Prädestinationslehre'. Denn diese beruht auf der Annahme, dass der allmächtige Schöpfergott vor aller Zeitrechnung bereits unwiderruflich festgelegt habe, welcher Mensch zur ‚Erlösung' und welcher zur ewigen Verdammnis verurteilt sei. Da es den Menschen nicht möglich sei, Gottes rätselhaften Entscheidungen zu erkennen, bedarf es gewissermaßen eines Hilfsmittels, um mit dieser existentiellen

---

68 Vgl. ebd., S. 420 ff.
69 Ebd., S. 183.
70 Ebd., S. 196.

1.2 Wahlverwandtschaften zwischen der Ethik ...

Unsicherheit, ob man zu den ‚Auserwählten' gehört oder nicht, überhaupt leben zu können. Der dogmatische ‚Trick', den Calvin dabei verwendet, ist folgender: Zwar könne der einzelne Mensch das Schicksal, das ihm Gott auferlegt habe, nicht ‚erkennen'. Aber es gebe ‚Anzeichen' dafür, ob ein Mensch zu jenen ‚Auserwählten' gehört, die dereinst in den Himmel kommen werden oder aber nicht. Zeichen der Auserwähltheit sei nämlich der *berufliche Erfolg*, den ein Mensch im Laufe seines Lebens habe. Und insofern stellt der Gedanke der *Bewährung* im Berufsleben jene Komponente innerhalb der sich entwickelnden ‚protestantischen Ethik' dar, die sie immer mehr einer spezifischen Form des Geschäftslebens annähere, wie sie auch für die ‚Frühzeit' des modernen Kapitalismus charakteristisch gewesen sei und deren eindrucksvollste literarische Beschreibung Weber bei Benjamin Franklin gefunden zu haben meint.[71] Doch Calvin ist in Webers Augen ein religiöser Fanatiker, dessen Vorstellung von ‚Kirchenzucht' nicht dazu geeignet gewesen sei, die Entfaltung eines wirtschaftlichen Liberalismus und des mit ihm verbundenen weltanschaulichen Individualismus zu fördern. Dazu bedurfte es einer reformierten Form des Calvinismus, wie sie sich im 17. Jahrhundert in verschiedenen protestantischen Strömungen ausgebildet hat, sowie der aus der täuferischen Bewegung hervorgehenden Sekten. Denn Weber zufolge ist das Täufertum der „zweite selbständige Träger protestantischer Askese neben dem Calvinismus"[72].

An dieser Stelle kommen die verschiedenen ‚Sekten' in Webers Darstellung des ‚asketischen Protestantismus' ins Spiel. Hierbei geht es ihm im Unterschied zu seiner Darstellung der lutherischen und calvinistischen Theologie weniger um den dogmatischen Gehalt, als vielmehr um die praktischen Auswirkungen bestimmter religiöser Glaubensüberzeugungen auf die alltägliche Lebensführung der religiösen Laien. Und in dieser spielt nun einmal das Erwerbsleben aufgrund des von Calvin entwickelten Gedankens der ‚Bewährung' im Beruf eine besondere Rolle. Oft ist Webers ausführliche Darstellung der Prädestinationslehre beziehungsweise der Lehre von der ‚Gnadenwahl' dahingehend missverstanden worden, dass es ihm dabei um die Aufdeckung der geistesgeschichtlichen Wurzeln eines ‚heroischen' Individualismus gehe, bei dem jeder Gläubige in unmittelbarer Beziehung zu Gott stünde. Doch dies entspricht keineswegs den von Weber verfolgten Intentionen. Denn innerhalb der geschichtlichen Entwicklung des asketischen Protestantismus kommt der religiösen *Gemeinde* eine zentrale Bedeutung für die Bewährung des persönlichen Seelenheils zu. Nicht zufällig findet im englischen Puritanismus und im kontinentaleuropäischen Pietismus eine immer stärkere Zuwendung zu einem

---

71 Vgl. ebd., S. 142 ff.
72 Weber, „Die protestantische Ethik und der ‚Geist' des Kapitalismus", MWG I/9, S. 346.

urchristlichen Lebensideal statt, in der die Gemeinschaft eine genauso große Rolle wie das Seelenheil des einzelnen Individuums spielt. Zwar verliere die Institution der *Kirche* als einer ‚Heilsanstalt', die mit zahlreichen Zwangsbefugnissen ausgestattet ist, aufgrund der verschiedenen Glaubensspaltungen in Europa und dessen durch den asketischen Protestantismus geprägten ‚Kolonien' zunehmend an Bedeutung. An deren Stelle trete in den ‚asketischen' Richtungen des Protestantismus jedoch die ‚voluntaristische', das heißt die *freiwillige* Mitgliedschaft innerhalb einer von der Größe her überschaubaren religiösen Glaubensgemeinschaft. Und dies ist Weber zufolge insbesondere bei den aus der täuferischen Bewegung hervorgehenden *Sekten* der Fall, zu denen er unter anderem die Mennoniten, die Baptisten und die Quäker zählt.[73]

Das heißt wir haben es innerhalb der von Weber dargestellten Entwicklung der ‚protestantischen Ethik' beziehungsweise des ‚asketischen Protestantismus' offensichtlich mit einer historischen Gewichtsverlagerung zwischen Kontinentaleuropa einerseits sowie den britischen Inseln und den britischen Kolonien in Nordamerika andererseits zu tun.[74] Wenn Weber überdies behauptet, dass nicht das Luthertum, sondern der Calvinismus der eigentliche weltanschauliche Gegner des Katholizismus gewesen sei, so kann man diesen Gedanken weiter fortspinnen und sagen, dass der schärfste ‚anti-autoritäre' Widerstand gegenüber den kirchlichen und staatlichen Zwangsanstalten ursprünglich von den *puritanischen* Sekten in England und Nordamerika verfochten worden ist. Und dies ist auch der Grund, warum Weber in seinen Schriften die innerhalb der modernen Religionssoziologie bis heute übliche Unterscheidung zwischen *Kirche* und *Sekte* verwendet hat. Diese betrifft allerdings nicht nur die jeweils vorherrschenden Organisationsformen des religiösen und politischen Lebens, sondern auch das wirtschaftliche und soziale Leben, das ja ebenfalls durch entsprechende Glaubensvorstellungen geprägt ist. Ein Beispiel hierfür stellt die Vorstellung von ‚Kreditfähigkeit' dar, wie sie bei den protestantischen Sekten in Nordamerika anzutreffen sei. Denn ‚Kredit' werde bei den Puritanern nur demjenigen gewährt, der sich innerhalb seiner religiösen Gemeinschaft, in diesem Fall also einer ‚Sekte', auch in ethisch-religiöser Hinsicht ‚qualifiziert' hat. Die puritanischen Sekten sind Weber zufolge insofern die eigentliche Pflanzschule des ‚kapitalistischen Geistes'. Er schreibt hierzu in der ersten

---

73 Zu Webers Gebrauch des Begriffs ‚Sekte' siehe auch Stephen D. Berger, „Die Sekten und der Durchbruch in die moderne Welt: Zur zentralen Bedeutung der Sekten in Webers Protestantismus-These", in: *Seminar: Religion und gesellschaftliche Entwicklung. Studien zur Protestantismus-Kapitalismus-These Max Webers*, hrsg. von Constans Seyfart und Walter M. Sprondel, Frankfurt am Main 1973, S. 241-263.

74 Siehe hierzu auch Talcott Parsons, *Das System moderner Gesellschaften*, München 1972, besonders S. 68 ff.

Fassung seines Sektenaufsatzes von 1906: „Der bewährte Christ ist der bewährte ‚Berufsmensch', insonderheit der, vom kapitalistischen Standpunkt aus, tüchtige *Geschäftmann*. Das Christentum dieses Gepräges war einer der Haupterzieher des ‚kapitalistischen' Menschen. [...] Und bei dieser ‚pädagogischen' Leistung wirkte nun und wirkt, wie gesagt, in gewissem Maß noch heute eben die Konstitution dieser religiöser Gemeinschaften als ‚Sekten' im spezifischen Sinne des Wortes mit."[75]

Wenn Weber also im Laufe der europäischen Neuzeit eine zunehmende wirtschaftliche und politische ‚Rückständigkeit' der katholischen Gebiete gegenüber den protestantischen Ländern meint feststellen zu können, dann betrifft dies primär die *praktischen* Folgen dieser ursprünglich aus rein religiösen Gründen motivierten Glaubensspaltung zwischen Katholizismus und Protestantismus einerseits sowie zwischen den unterschiedlichen protestantischen Strömungen andererseits. Und hierbei spielen in seinen Augen nun einmal die entsprechenden Unterschiede innerhalb der alltäglichen Lebensführung eine zentrale Rolle, wobei ihn insbesondere der konfessionelle Einfluss auf die Berufstätigkeit und die mit ihr verbundenen ethischen Vorstellungen interessiert. Denn die religiöse Auffassung des Berufes als einer ‚Berufung' beziehungsweise einer individuellen Bewährung in einer Glaubensgemeinschaft stellt Weber zufolge eine Eigenart der asketischen Strömungen innerhalb der historischen Entwicklung der protestantischen Ethik dar, wie sie seit dem 17. Jahrhundert in dieser ‚Reinheit' seiner Meinung nach nur in den puritanischen Gebieten anzutreffen ist. Dies erkläre nicht nur deren zunehmende ‚Kapitalfreundlichkeit', sondern auch die wirtschaftliche, politische und technologische Überlegenheit der angelsächsischen Länder gegenüber dem Rest der Welt.

Doch wie ist dieser Umschlag einer ursprünglich *weltablehnenden* Konfession in eine rein ‚diesseits' orientierte Weltanschauung überhaupt möglich gewesen? Weber meint übrigens bereits bei seinem ‚Kronzeugen' für den ‚kapitalistischen Geist' Benjamin Franklin eine rein utilitaristische Verkündung von ‚Geschäftstugenden' feststellen zu können, die schon im 18. Jahrhundert ohne erkennbare religiöse Verankerung gewesen sein. Das ‚Yankeetum', von dem hier die Rede ist, hat also nur noch sehr wenig mit den ursprünglichen religiösen Überzeugungen und Motiven der sogenannten ‚Pilgrim Fathers' zu tun, die sich 1620 von England aus auf die Reise nach Nordamerika begeben haben, um im heutigen Massachusetts in der von ihnen gegründeten Plymouth Colony ihre Vorstellungen von einem

---

75 Max Weber, „'Kirchen' und ‚Sekten' in Nordamerika" [1906], MWG I/9, S. 445.

‚neuen Jerusalem' verwirklichen zu können.⁷⁶ Und gegen Ende des 19. Jahrhunderts sieht es Weber zufolge in den zu diesem Zeitpunkt bereits etablierten Hochburgen des modernen industriellen Kapitalismus zumindest in ‚ethischer' Hinsicht noch viel schlimmer aus. Denn hier noch von der Vorherrschaft einer ‚protestantischen Ethik' zu sprechen, ist in Webers Augen völlig lächerlich. Vielmehr habe sich der moderne Kapitalismus inzwischen zu einem Moloch beziehungsweise einem ‚System' entwickelt, das nun ein „stahlhartes Gehäuse" darstelle. Und dessen Innenleben gehorche jetzt ausschließlich den Zwängen einer reinen ‚Marktlogik', und nicht etwa der alten puritanischen Vorstellung einer religiösen ‚Berufung' des einzelnen Menschen, auch wenn Reste dieser Vorstellung immer noch in anderen Bereichen der angelsächsischen Welt, zum Beispiel in deren ‚Zivilgesellschaft' überlebt haben sollten.⁷⁷ Doch was hat dies alles mit der von Weber behaupteten ‚Wahlverwandtschaft' zwischen der protestantischen Ethik und dem ‚Geist' des Kapitalismus einerseits sowie der kapitalistischen Form der Arbeitsorganisation und Kapitalakkumulation andererseits zu tun? Und worin besteht diesbezüglich eigentlich Webers viel zitierte ‚These'?

Zur Beantwortung dieser Frage ist ein kurzer Blick auf Webers ‚Anti-Kritiken' hilfreich, die er im Zeitraum zwischen 1907 und 1910 veröffentlicht hat, um zahlreichen Missverständnissen entgegenzutreten, denen verschiedene Leser der ersten Fassung seiner Aufsatzfolge über die ‚protestantische Ethik' und den ‚Geist' des Kapitalismus erlegen sind. An diesen Missverständnissen ist Weber übrigens nicht ganz unschuldig gewesen, auch wenn er später behauptet hat, dass er in der zweiten Fassung dieser Aufsatzfolge von 1920 keinerlei inhaltliche Abstriche an der von

---

76 Weber schreibt diesbezüglich im unmittelbaren Anschluss an seine beiden Protestantismus-Aufsätze in der ersten Fassung seines Sekten-Aufsatzes von 1906: „Der ‚moderne' oder modern sein wollende Amerikaner beginnt allmählich im Gespräch mit Europäern verlegen zu werden, wenn auf die kirchliche Eigenart des Landes die Rede kommt. Aber für das genuine Yankeetum ist das eine junge Erscheinung, und in die Tiefe ist diese ‚Säkularisation' des Lebens noch immer nicht gedrungen, soweit es sich um *anglo*-amerikanische Kreise handelt. Ihre Exklusivität einerseits und – wie hier gezeigt werden soll – ein Teil ihrer Überlegenheit im Kampf ums Dasein beruht auf diesen ‚Rückständigkeiten'. Und in Wahrheit ist es fast ein Hyperbol, von ‚Rückständen' zu sprechen, wo es sich um eine der noch immer kräftigsten Komponenten der ganzen Lebensführung handelt, die in einer, für unser Empfinden grotesken, oft abstoßenden Weise in das Leben greift" (MWG I/9, S. 436).

77 Vgl. Weber, „Die protestantische Ethik und der ‚Geist' des Kapitalismus", MWG I/9, S. 422. Zwei Bereiche, die Weber neben dem nordamerikanischen Vereins- und Gemeindewesen in diesem Zusammenhang später ausdrücklich hervorhebt und denen er 1917 und 1919 zwei berühmte Vorträge gewidmet hat, sind die Wissenschaft und die Politik (vgl. MWG I/17).

ihm bereits 1904-05 aufgestellten ‚These' vorgenommen habe.⁷⁸ Ein Grund für diese ‚Missverständnisse' ist seine damals noch unterlassene Unterscheidung zwischen dem ‚Kapitalismus im Allgemeinen' und dem ‚modernen Kapitalismus', die er in der zweiten Fassung seiner Aufsatzfolge dann endlich vorgenommen hat.⁷⁹ Die zweite grundbegriffliche Unterscheidung, die zahlreiche Leser von Webers Protestantismus-Studien bis heute nicht berücksichtigen, ist seine Unterscheidung zwischen dem ‚Geist' und der ‚Form' des modernen Kapitalismus, die er von Werner Sombart übernommen hat. Und der dritte Grund für diese zahlreichen Missverständnisse innerhalb der Rezeption seiner ‚Protestantismus-These' ist Webers Kokettieren mit dem Gedanken, dass es sich bei diesen Studien um die Beschreibung eines eindeutigen Kausalverhältnisses zwischen religiösen Glaubensvorstellungen einerseits und bestimmten modernen kapitalistischen Praktiken andererseits handele, die Marx' Unterscheidung zwischen ‚Basis' und ‚Überbau' in einer ‚idealistischen' Weise auf den Kopf stellt. Jedoch betont Weber ausdrücklich, dass natürlich beide Ansichten berechtigt seien, wenn man keine von ihnen zu einer ‚Weltanschauung' verabsolutierten würde.⁸⁰

Warum ist die von Sombart und Weber vorgenommene Unterscheidung zwischen der ‚Form' und dem ‚Geist' des modernen Kapitalismus so wichtig, um Webers diesbezügliche ‚These' adäquat zu verstehen? Und was versteckt sich eigentlich hinter der von ihm verwendeten Metapher der ‚Wahlverwandtschaft', die er einem Roman von Johann Wolfgang Goethe übernommen hat, um eine geradezu ‚magische' Anziehungskraft zwischen dem ‚kapitalistischen Geist' einerseits sowie dem ‚kapitalistischen System' beziehungsweise den verschiedenen Organisationsformen des modernen Kapitalismus andererseits zu beschreiben? Denn dass die ‚Form' und deren entsprechender ‚Geist' in historischer Hinsicht völlig unabhängig voneinander auftreten können und sich tatsächlich zunächst getrennt voneinander entwickelt haben, betont Weber ausdrücklich. So ist es ihm zufolge beispielsweise möglich gewesen, dass in Pennsylvania bereits im 18. Jahrhundert der ‚kapitalistische Geist' in voller Blüte war, obgleich zu dieser Zeit dort

---

78 Vgl. Max Weber, „Die protestantische Ethik und der Geist des Kapitalismus" [1920], MWG I/18, S. 124. Statt von ‚Kausalität' sollte man diesbezüglich eher von einer ‚Wechselwirkung' sprechen. Siehe diesbezüglich Lichtblau, *Die Eigenart der kultur- und sozialwissenschaftlichen Begriffsbildung*, a.a.O., S. 173 ff.

79 Vgl. hierzu Talcott Parsons, „Der Kapitalismus bei Sombart und Max Weber", in: *Kapitalismus bei Max Weber – Zur Rekonstruktion eines fast vergessenen Themas*, herausgegeben, eingeleitet und kommentiert von Uta Gerhardt, Wiesbaden 2019, S. 25-101 (hier besonders S. 63 ff.).

80 Weber, „Die protestantische Ethik und der ‚Geist' des Kapitalismus" [1904-05], MWG I/9, S. 424.

noch überhaupt keine Industrie existiert hat, sondern nur Ackerbau und Viehzucht betrieben worden ist. Auch in Massachusetts, dem Geburtsland von Benjamin Franklin, den Weber als einen der prägnantesten Vertreter des „kapitalistischen Geistes" ansieht, sei dieser ‚Geist' ebenfalls noch *vor* der eigentlichen „kapitalistischen Entwicklung" anzutreffen.[81] Umgekehrt sind Weber zufolge zahlreiche moderne kapitalistische Geschäftspraktiken und Organisationsformen bereits im europäischen Mittelalter sowie im Zeitalter der Renaissance entstanden. Hier habe allerdings noch ein völlig anderer ‚Geist' als in der ‚Frühzeit' des modernen industriellen Kapitalismus geherrscht. Die weit verbreitete Auffassung, dass eine Institution im Laufe der Zeit den mit ihr ursprünglich verbundenen Sinn verlieren könne, wird zwar auch von Weber wiederholt betont. Allerdings ist ihm zufolge auch der umgekehrte Fall möglich, nämlich dass der ‚Sinn' einer bestimmten Institution völlig unabhängig von ihr, das heißt also *vor* deren Existenz entwickelt gewesen sein kann, bevor beide endlich historisch zusammenfinden, was dann gewissermaßen eine göttliche ‚Fügung' darstellt beziehungsweise einer ‚alchimistischen Hochzeit' entspricht.

Hier kommt nun ein Begriff ins Spiel, von dem Weber sowohl in seinen beiden Aufsätzen über die protestantische Ethik als auch in seinen diesbezüglichen Anti-Kritiken wiederholt Gebrauch macht, nämlich der Begriff der „inneren Verwandtschaft" beziehungsweise der *Wahlverwandtschaft*, dem er offensichtlich trotz dessen alchimistischen Ursprungs und literarischen Charakters eine kausale Bedeutung innerhalb des historischen Verhältnisses zwischen Protestantismus und Kapitalismus zuschreibt.[82] Die hierbei von Weber unterstellte kausale Relevanz ist empirisch nur schwer nachzuweisen und entzieht sich insofern den Darstellungen der ‚Logik' der Sozialwissenschaften, wie sie in den einschlägigen Lehrbüchern heute üblich sind. Denn wir haben es in diesem Fall zum einen mit einer *sinnhaften* Entsprechung zwischen zwei verschiedenen historischen Erscheinungen und zum anderen mit einer eigenartigen ‚magischen' *Anziehungskraft* zu tun, die ausgehend von einem Zustand völliger Diskrepanz Weber zufolge allmählich zu einem ‚mechanischen' Gleichgewicht zwischen diesen Phänomenen geführt habe. Um dies zu verdeutlichen, greift Weber auf ein kunstgeschichtliches Beispiel zu-

---

81 Ebd., S. 152.
82 Vgl. diesbezüglich ebd., S. 134 und 139; ferner Weber, „Antikritisches zum ‚Geist' des Kapitalismus", MWG I/9, S. 615; ferner Richard Herbert Howe, „Max Weber's Elective Affinities. Sociology within the Bounds of Pure Reason", in: American Journal of Sociology 84 (1978), S. 366-385. Zum wissenschafts- und geistesgeschichtlichen Ursprung des Begriffs der ‚Wahlverwandtschaft' siehe auch die einschlägige Studie von Jeremy Adler, *„Eine fast magische Anziehungskraft". Goethes ‚Wahlverwandtschaften' und die Chemie seiner Zeit*, München 1987, besonders S. 102 ff.

rück. Es handelt sich dabei um eine Gegenüberstellung der italienischen Kultur der Frührenaissance und dem sich seit dem 17. Jahrhundert in Westeuropa und Nordamerika etablierenden asketischen Protestantismus. Hierbei gäbe es eine Parallele zwischen dem von ihm dargestellten Gegensatz zwischen dem ‚Geist' und der ‚Form' des modernen Kapitalismus einerseits sowie dem ‚Ringen' mit entsprechenden künstlerischen Darstellungsformen in der italienischen Renaissance andererseits, um diesen Gegensatz zu überwinden. Denn während der Puritaner auf einem festen „ethischen Boden" stehe, treffe dies für die Menschen der Frührenaissance noch nicht zu. Vielmehr würde hier noch ein ungelöster Konflikt zwischen deren Lebensstil und den neuen ökonomischen Anforderungen bestehen, was bei dem Puritaner nicht der Fall gewesen sei. Denn dieser habe einen harmonischen Ausgleich zwischen seinen religiösen Idealen und den Forderungen des Alltags gefunden, bei dem sein „Beruf" und der „innerste ethische Kern" seiner Persönlichkeit eine „ungebrochene Einheit" bilden würden.[83] Weber schreibt diesbezüglich sein eigentliches Anliegen kennzeichnend Folgendes: „Eine historisch gegebene Form des ‚Kapitalismus' kann sich mit sehr verschiedenen Arten von ‚Geist' erfüllen; sie kann aber auch – und wird meist – zu bestimmten historischen Typen desselben in, sehr verschieden abgestuften, ‚Wahlverwandtschaftsverhältnissen' stehen: – der ‚Geist' kann der ‚Form' mehr oder minder (oder: gar nicht) ‚adäquat' sein. Kein Zweifel, daß der *Grad* dieser Adäquanz auf den Gang der historischen Entwicklung nicht einflußlos bleibt, daß auch ‚Form' und ‚Geist' sich – wie ich das s[einer] Z[ei]t schon gesagt hatte – aneinander anzugleichen trachten, daß endlich, wo ein ‚System' und ein ‚Geist' von untereinander besonders hohem ‚Adäquanzgrade' aufeinanderstoßen, eine Entwicklung von auch innerlich ungebrochener Einheitlichkeit einsetzt, von der Art, wie diejenige, die ich zu analysieren begonnen hatte."[84]

Was ist bei genauer Betrachtung also der ‚harte Kern' der bis heute umstrittenen ‚Weber-These', wenn wir seine diesbezügliche historische Erzählung nicht darauf reduzieren wollen, eine reine ‚Sittengeschichte' des europäischen und nordamerikanischen Bürgertums seit der Reformation bis 1900 darzustellen? Um ein eindeutiges ‚Kausalverhältnis' handelt es sich bei der von ihm in diesem Zusammenhang aufgestellten ‚These' mit Sicherheit nicht, auch wenn Weber selbst manchmal den Anschein erweckt, als ob dies der Fall sei. Vielmehr haben wir es diesbezüglich mit einer geistes- beziehungsweise kulturgeschichtlichen Rekonstruktion einer ‚Wahlverwandtschaft', das heißt einer *sinnhaft-adäquaten* Ent-

---

83 Vgl. Webers Brief an Aby Warburg vom 10. September 1907, in: MWG II/5 [1990], S. 390 f.
84 Weber, „Antikritisches zum ‚Geist' des Kapitalismus", MWG I/9, S. 615.

sprechung zwischen gewissen Erscheinungsformen des ‚asketischen' Protestantismus und dem durch ihn geprägten ‚kapitalistischen Geist' einerseits sowie den modernen kapitalistischen Organisationsformen andererseits zu tun.[85] Doch an welcher Stelle endet die ‚reformierte Ethik' und wo beginnt die Vorherrschaft rein utilitaristischer Überzeugungen, die das moderne kapitalistische Erwerbsstreben kennzeichnen? Zumindest bei dieser Frage bleibt uns Weber eine überzeugende Antwort schuldig. Denn manchmal hat man bei der Lektüre seiner Protestantismus-Studien den Eindruck, dass diese religiöse Ethik und der ‚kapitalistische Geist' identisch sind, und manchmal wiederum nicht. Bestes Beispiel hierfür ist wiederum sein Kronzeuge Benjamin Franklin, der zwar noch innerhalb einer puritanischen Tradition aufgewachsen ist, andererseits aber Geschäfts-Tugenden ‚predigt', die jede religiöse Verankerung verloren zu haben scheinen und von diesem vielleicht auch gar nicht mehr ernst genommen worden sind.[86] Und doch sei dies der Geist der ‚innerweltlichen Askese', der hier zu uns spricht – nur dass der Unterschied zwischen seiner radikal-protestantischen und seiner rein utilitaristischen Erscheinungsform ausschließlich darin zu bestehen scheint, dass die eine das Jenseits noch im Diesseits sucht, während es für die andere überhaupt kein ‚Jenseits' und insofern auch keine ‚Transzendenz' mehr gibt. Vielmehr ist inzwischen das Geld beziehungsweise genauer gesprochen das ‚Kapital' selbst zu einer ‚transzendenten Macht', das heißt zu einem Gott geworden, wovon unter anderem bereits Karl Marx und Georg Simmel überzeugt gewesen sind.[87]

---

85 Weber schreibt diesbezüglich unmissverständlich: „Die ‚kapitalistische' Form einer Wirtschaft und der Geist, in dem sie geführt wird, stehen zwar generell im Verhältnis *adäquater* Beziehung, nicht aber in dem einer ‚gesetzlichen' Abhängigkeit voneinander; und wenn wir trotzdem für diejenige Gesinnung, welche *berufsmäßig* und systematisch Gewinn um des Gewinnes willen in der Art, wie dies am Beispiel Benjamin Franklins verdeutlicht wurde, erstrebt, hier provisorisch den Ausdruck ‚Geist des Kapitalismus' gebrauchen, so geschieht dies aus dem *historischen* Grunde, weil jene Gesinnung in der kapitalistischen Unternehmung ihre adäquateste Form, die kapitalistische Unternehmung andererseits in ihr die adäquateste *geistige Triebkraft* gefunden hat" (MWG I/9, S. 164).

86 Diese Ansicht vertritt Heinz Steinert, der Weber vorwirft, in seinen Protestantismus-Aufsätzen einer fragwürdigen literarischen Vorlage, nämlich die von Benjamin Franklin zum Opfer gefallen zu sein. Vgl. Heinz Steinert, *Max Webers unwiderlegbare Fehlkonstruktionen. Die protestantische Ethik und der Geist des Kapitalismus*, Frankfurt / New York 2010. Zur Fragwürdigkeit von Steinerts Weber-Interpretation siehe auch Lichtblau, *Zwischen Klassik und Moderne*, a.a.O., S. 261 ff.

87 Georg Simmel hat dieses allmähliche ‚Transzendent-Werden' einer reinen ‚Sozialfunktion' in seiner *Philosophie des Geldes*, auf die Weber bereits in der ersten Fassung seiner Protestantismus-Studien ausdrücklich Bezug nimmt, in eindringlichen Worten beschrieben. Vgl. Lichtblau, *Die Eigenart der kultur- und sozialwissenschaftlichen*

1.2 Wahlverwandtschaften zwischen der Ethik ...

In werkgeschichtlicher Hinsicht kann man sagen, dass es Weber in seinen Protestantismus-Studien gelungen ist, das ursprünglich stark ausgeprägte Spannungsverhältnis zwischen ‚religiöser Ethik' und ‚Welt' sowie den ihm folgenden Spannungsverlust am Beispiel der Geschichte des ‚asketischen' Protestantismus, das heißt der puritanischen Wirtschafts- und Sozialethik aufgezeigt zu haben. Auch ist es ihm gelungen, die Bedeutung dieser ursprünglich religiös geprägten Berufsethik für den ‚Lebensstil' des frühen kapitalistischen Unternehmertums und seiner Arbeiterschaft in den ‚reformierten' Gebieten aufzuzeigen. Doch nachdem die Kritiker seiner ‚These' ihn in die Enge getrieben haben, blieb Weber nichts anderes übrig, als in einer seiner ‚Anti-Kritiken' den Sinngehalt seiner Protestantismus-Studien darauf zu reduzieren, dass er in ihnen ja nur den Versuch unternommen habe, „eine bestimmte, konstitutive Komponente des *Lebensstils*, der an der Wiege des modernen Kapitalismus stand, an dem sie – mit zahlreichen anderen Mächten – mit gebaut hat, zu analysieren und in ihren Wandlungen und ihrem Schwinden zu verfolgen. Ein solcher Versuch kann sich nicht die Aufgabe stellen, zu ermitteln, was zu *allen* Zeiten und überall, wo Kapitalismus existierte, vorhanden war, sondern sie hat gerade umgekehrt das Spezifische der einmaligen Entwicklung zu ermitteln. Dafür verantwortlich zu sein, wenn andere die von mir *ausdrücklich* und mit denkbar größtem Nachdruck als eine *Einzel*komponente bezeichneten religiösen Momente verabsolutieren und mit dem ‚Geist' des Kapitalismus *überhaupt* identifizieren oder gar den Kapitalismus daraus *ableiten*, habe ich schon einmal mit aller Schärfe abgelehnt."[88]

Begriffsbildung, a.a.O., S. 125 ff. Siehe hierzu auch Christoph Deutschmann, *Kapitalistische Dynamik. Eine gesellschaftstheoretische Perspektive*, Wiesbaden 2008, S. 13-54.

88 Weber, „Antikritisches zum ‚Geist' des Kapitalismus", MWG I/9, S. 609 f. In der zweiten Fassung seines Sekten-Aufsatzes von 1920 schreibt Weber ferner über diese religiöse Ethik und die durch sie geprägte ‚asketische' Form der Lebensführung: „Jenes Verhalten war beim Puritanismus eine bestimmte methodisch-rationale Art der Lebensführung, welche – unter gegebenen Bedingungen – dem ‚Geist' des modernen Kapitalismus die Wege ebnete; die Prämien waren gesetzt auf ‚Bewährung' vor Gott im Sinn der Versicherung des Heils: bei *allen* puritanischen Denominationen, vor den Menschen im Sinn der sozialen Selbstbehauptung: innerhalb der puritanischen *Sekten*. Beides ergänzte einander in der gleichen Wirkungsrichtung: es half den ‚Geist' des modernen Kapitalismus, sein spezifisches *Ethos*, das heißt das Ethos des modernen *Bürgertums*, entbinden" (MWG I/18, S. 543). Dies bedeutet, dass sich der Unterschied zwischen der puritanischen Ethik und dem ‚kapitalistischen Geist' letztlich auf den Gegensatz von ‚Schwangerschaft' und ‚Geburt' reduziert, was allerdings ein eindeutiges Kausalverhältnis implizieren würde, das Weber ja ausdrücklich verneint hat. Deshalb sollte man sich in rein wissenschaftlichen Abhandlungen grundsätzlich nicht metaphorisch ausdrücken, weil der entsprechende ‚Schuss' aufgrund der im Gebrauch

Das ‚Spezifische' dieser ‚einmaligen' Entwicklung zu verdeutlichen ist Weber allerdings erst in seinen späteren, von Anfang an *vergleichend* angelegten Aufsätzen über die Wirtschaftsethik der Weltreligionen gelungen. Auf diese universalgeschichtlich ausgerichteten Studien soll deshalb im fünften Teil dieser Einführung in Webers Werk ausführlich eingegangen werden. Doch zunächst wollen wir uns seinem Versuch zuwenden, die genuin *soziologischen* Grundlagen für ein solch anspruchsvolles und umfassendes kulturvergleichendes Forschungsprogramm auszuarbeiten. Wir haben es diesbezüglich zunächst nur mit Webers ‚frühen' Soziologie zu tun. Diese wurde von ihm bereits vor dem Ersten Weltkrieg verfasst und ist zusammen mit seiner sogenannten ‚späten' Soziologie von seiner Witwe unter dem Titel *Wirtschaft und Gesellschaft* posthum veröffentlicht worden. Aus diesem Grund sind die entsprechenden Unterschiede zwischen der ersten und der zweiten Fassung von Webers ‚Soziologie' in der einschlägigen Sekundärliteratur meist großzügig übersehen worden. Doch wenden wir uns zunächst Webers ‚frühen' Soziologie zu. Diese sollte aus noch zu erläuternden Gründen allerdings nicht vorschnell mit der von ihm sowohl in seinem ‚Kategorienaufsatz' von 1913 als auch in seinen „Soziologischen Grundbegriffen" von 1920 vertretenen Konzeption einer ‚verstehenden Soziologie' gleichgesetzt werden, was in der einschlägigen Sekundärliteratur leider immer wieder geschieht und insofern nicht zu einem besseren Verständnis der Eigenart seiner ‚frühen' Soziologie beiträgt.

1.3 Die Wirtschaft und die gesellschaftlichen Ordnungen und Mächte

Wir haben gesehen, dass Max Weber in seinen frühen methodologischen Schriften sowohl eine ‚allgemeine Sozialwissenschaft' als auch eine ‚allgemeine Kulturwissenschaft' in Abrede stellt. Auch den Begriff der ‚Soziologie' sucht man dort noch vergeblich. Zumindest vermeidet es Weber noch zu dieser Zeit, ihn zur Kennzeichnung seiner eigenen Arbeiten zu verwenden. Dies betrifft auch seine ‚Protestantische Ethik' von 1904-05. Nicht zufällig versteht er diese als einen „culturgeschichtlichen Aufsatz".[89] Erst in seinem „Antikritischen Schlusswort" von 1910

---

von solchen Metaphern verbundenen Mehrdeutigkeiten fast immer nach hinten loszugehen droht.

89 Vgl. Max Webers Brief an Heinrich Rickert vom 2. April 1905, MWG II/4, S. 448. In diesem Brief bezeichnet Weber seine beiden Protestantismus-Aufsätze von 1904-05 ferner als „eine Art ‚spiritualistischer' Construktion der modernen Wirtschaft" (ebd.).

1.3 Die Wirtschaft und die gesellschaftlichen Ordnungen und Mächte

zu der von ihm entfachten und alles in allem fruchtlos verlaufenen, weil immer wieder auf Missverständnissen beruhenden Debatte spricht er davon, dass es sich bei solchen Studien um eine „,soziologische' Arbeit" handeln würde, auch wenn er die Bezeichnung ‚Soziologie' zu diesem Zeitpunkt immer noch in Anführungszeichen gebraucht.[90]

In der Zwischenzeit hat Weber allerdings bereits ein Mammutprojekt in Angriff genommen, dem tatsächlich ein anspruchsvolles soziologisches Forschungsprogramm zugrunde liegt, das ihn bis zu seinem Lebensende beschäftigen wird. Als er dann Ende 1913 zunehmend von ‚seiner Soziologie' zu sprechen beginnt, meint er damit allerdings nicht die ursprüngliche Fassung seiner beiden Aufsätze über die ‚protestantische Ethik' und den ‚Geist' des Kapitalismus von 1904-05 sowie seinen Sekten-Aufsatz von 1906, sondern seinen Beitrag zum *Grundriß der Sozialökonomik*, dessen Schriftleitung er 1909 offiziell übernimmt und der seit 1914 in zahlreichen Einzelbänden erschienen ist.[91] Im sogenannten „Stoffverteilungsplan" von 1910 kündigt Weber seinen eigenen Beitrag unter dem Titel *Wirtschaft und Gesellschaft* an. Diesen hat er zunächst nur in drei Teile untergliedert. Der erste Teil trägt den Titel „Wirtschaft und Recht (1. Prinzipielles Verhältnis, 2. Epochen der Entwicklung des heutigen Zustands)". Der zweite Teil umfasst den Themenbereich „Wirtschaft und soziale Gruppen (Familien- und Gemeindeverband, Stände und Klassen, Staat)", während der dritte Teil den Titel „Wirtschaft und Kultur (Kritik des historischen Materialismus)" trägt.[92]

In der „Einteilung des Gesamtwerkes" von 1914 taucht die Überschrift *Wirtschaft und Gesellschaft* dagegen als Obertitel der Beiträge von zwei verschiedenen Autoren auf, nämlich dem von Max Weber einerseits und dem von dem österreichischen Wirtschaftswissenschaftler Eugen von Philippovich andererseits. Webers eigener Grundriß-Beitrag wird nun unter dem Titel *Die Wirtschaft und die gesellschaftlichen Ordnungen und Mächte* angekündigt. Dieser ist jetzt in acht Kapitel untergliedert. Im ersten Kapitel sollen die soziologischen Grundkategorien erörtert werden. Das zweite Kapitel hat dagegen das Verhältnis von Hausgemeinschaft, Oikos und Betrieb zum Gegenstand, während im dritten Kapitel das Verhältnis zwischen Nachbarschaftsverband, Sippe und Gemeinde behandelt werden soll. Das vierte und das fünfte Kapitel sind den „ethnischen Gemeinschaftsbeziehungen" und den „religiösen Gemeinschaften" gewidmet. Für die letzten drei Kapitel hat Weber dagegen eine ausführliche Erörterung der „Marktvergemein-

---

90 Weber, „Antikritisches Schlußwort zum ‚Geist des Kapitalismus'", MWG I/9, S. 736.
91 Vgl. Weber, Briefe an Paul Siebeck vom 3. November 1913 und 6. November 1913, MWG II/8, S. 344 und 349.
92 Vgl. Weber, „Stoffverteilungsplan" [1910], MWG I/24, S. 145 f.

schaftung" einerseits sowie des „politischen Verbandes" und der „Herrschaft" andererseits vorgesehen.⁹³ Zum Zeitpunkt der Veröffentlichung dieser „Einteilung des Gesamtwerkes" (gemeint ist dabei der *Grundriß der Sozialökonomik*) im Jahre 1914 hatte Weber für die meisten dieser Kapitel bereits mehr oder weniger umfangreiche Manuskripte ausgearbeitet, die später in seinem Nachlass aufgefunden worden sind. Diese noch vor dem Ersten Weltkrieg verfassten Manuskripte veröffentlichte seine Ehefrau Marianne Weber 1922 dann zusammen mit den von Weber nach dem Krieg noch selbst für den Druck besorgten vier neuen Kapitel seines Grundriß-Beitrages unter dem Titel *Wirtschaft und Gesellschaft*. Bei diesem Titel für Webers ‚Hauptwerk' ist es bis heute geblieben.

Bereits früh kamen allerdings in der Fachwelt Zweifel auf, ob dieses umfangreiche Textkonvolut überhaupt ein ‚einheitliches' Werk darstellt und ob dies tatsächlich Webers ‚Hauptwerk' sei.⁹⁴ Im Laufe dieser Kontroverse hat man dann erkannt, dass *Wirtschaft und Gesellschaft* zwei verschiedene Fassungen seines Grundriß-Beitrages enthält, nämlich eine von Weber noch vor Ausbruch des Ersten Weltkrieges erstellte und eine nach dem Krieg geschriebene Fassung, die sich nicht nur in terminologischer Hinsicht, sondern auch bezüglich ihres Umfanges deutlich unterscheiden. Im Rahmen der Max-Weber-Gesamtausgabe hat man sich angesichts dieser Lage dann für die salomonische Lösung entschieden, sowohl die Vorkriegsfassung als auch die Nachkriegsfassung von Webers Beitrag zum *Grundriß der Sozialökonomik* erneut unter dem Titel *Wirtschaft und Gesellschaft*, nun allerdings in einer historisch-kritischen Form zu veröffentlichen. In der Gesamtausgabe seines Werkes sind diese beiden Fassungen in verschiedenen Bänden erschienen, die zugleich unterschiedliche Bandtitel bekommen haben. Die Vorkriegsfassung von *Wirtschaft und Gesellschaft* ist nun unter dem Titel *Die Wirtschaft und die gesellschaftlichen Ordnungen und Mächte. Nachlaß* in fünf Teilbänden veröffentlicht worden. Die Nachkriegsfassung ist dagegen unter dem Titel *Soziologie. Unvollendet. 1919-1920* in einem weiteren Band getrennt erschienen. Dieser wird in der Sekundärliteratur auch als Webers ‚späte Soziologie' bezeichnet, wobei der eigenständige soziologische Status von Webers ‚früher Soziologie' offensichtlich nicht wahrgenommen wird.⁹⁵

---

93 Vgl. Weber, „Einteilung des Gesamtwerkes" [1914], MWG I/24, S. 168 f.

94 Siehe zum Beispiel Andreas Walther, „Max Weber als Soziologe", in: Jahrbuch für Soziologie 2 (1926), S. 1-65; ferner Tenbruck, *Das Werk Max Webers*, a.a.O., S. 59 ff., 99 ff. und 123 ff. Tenbruck hat mit seinen philologisch ausgerichteten Untersuchungen einen bemerkenswerten Einfluss auf zentrale editorische Entscheidungen innerhalb der Max-Weber-Gesamtausgabe genommen.

95 Vgl. MWG I/22 und MWG I/23. Zur Entstehungsgeschichte von *Wirtschaft und Gesellschaft* siehe Johannes Winckelmann, *Max Webers hinterlassenes Hauptwerk: Die*

1.3 Die Wirtschaft und die gesellschaftlichen Ordnungen und Mächte

Doch was versteht Weber eigentlich unter den ‚gesellschaftlichen Ordnungen und Mächten'? Und in welcher Weise gebraucht er den Begriff ‚Soziologie', dem er lange Zeit äußerst skeptisch gegenübersteht, bevor er diesen seit 1913 nicht nur im Titel eines einschlägigen Aufsatzes über seine sogenannte ‚Verstehende Soziologie', sondern auch im Schriftverkehr mit seinem Tübinger Verleger als Kurzform für seinen Beitrag zum *Grundriß der Sozialökonomik*, das heißt der Vorkriegsfassung und später auch der Nachkriegsfassung von *Wirtschaft und Gesellschaft* verwendet? Weber zufolge hat die Sozialökonomik jenes menschliche Handeln zum Gegenstand, „welches durch die Notwendigkeit der Orientierung am ‚wirtschaftlichen Sachverhalt' bedingt ist"[96]. Er grenzt sie dabei von einer an den Naturwissenschaften orientierten „Gesellschaftstheorie" ab, ohne die Bedeutung der ‚Theorie' für die sozialökonomische und sozialwissenschaftliche Forschung grundsätzlich in Frage zu stellen. Um den Unterschied zwischen seinem Verständnis von ‚Sozialökonomik' und der von Marx und Engels begründeten ‚materialistischen Geschichtsbetrachtung' deutlich zu machen, stellt er den wirtschaftlichen Vorgängen und Institutionen im engeren Sinn die „ökonomisch bedingten" und die „ökonomisch relevanten" Erscheinungen gegenüber.[97] Zu den *ökonomisch bedingten* Erscheinungen gehört zum Beispiel die Abwanderung von Arbeitskräften aus der Provinz in sogenannte ‚Ballungsgebiete', auch wenn dieser binnenländischen Migration noch andere als rein ökonomische Motive zugrunde liegen sollten (zum Beispiel das kulturelle und gastronomische Angebot in den Großstädten). Für eine Geschichtsbetrachtung, die wie die marxistische von einem ‚Primat' der ökonomischen Verhältnisse ausgeht, sind solche kulturellen und gastronomischen Bedürfnisse keine relevanten Migrationsmotive. Weber betont dagegen, dass sich diese Motive gegenseitig nicht ausschließen, weil ein und dasselbe menschliche Verhalten sowohl dem ökonomischen als auch dem kultu-

---

Wirtschaft und die gesellschaftlichen Ordnungen und Mächte. Entstehung und gedanklicher Aufbau, Tübingen 1986. Siehe diesbezüglich ferner die ausführliche Einleitung von Wolfgang Schluchter zu MWG I/24, S. 1-131. Insbesondere die Edition der Vorkriegsfassung von *Wirtschaft und Gesellschaft* im Rahmen der Max-Weber-Gesamtausgabe ist dabei auf erhebliche Kritik gestoßen. Vgl. diesbezüglich Hiroshi Orihara, „From ‚A Torso with a Wrong Head' to ‚Five Disjointed Body-Parts without a Head': A Critique of the Editorial Policy for *Max Weber Gesamtausgabe* I/22", in: Max Weber Studies 3.2. (2003), S. 133-168.

96 „Die Wirtschaft und die Ordnungen", in: MWG I/22-3, S. 192; siehe ferner Weber, „Wirtschaftliche Beziehungen der Gemeinschaften im allgemeinen", MWG I/22-1, S. 80.

97 Vgl. Weber, „Die ‚Objektivität' sozialwissenschaftlicher und sozialpolitischer Erkenntnis", MWG I/7, S. 161 ff.

rellen und dem kulinarischen ‚Feld' beziehungsweise den entsprechenden ‚Sinnprovinzen' zugerechnet werden kann (in diesem Fall also der Wirtschaft, der Kultur und der Gastronomie). Zu den *ökonomisch relevanten* Erscheinungen gehören dagegen alle sozialen Phänomene, deren Zustandekommen nicht ‚ökonomisch' motiviert ist und die insofern auch nicht primär der Deckung eines wirtschaftlichen ‚Bedarfs' oder der Erzielung eines ökonomischen ‚Gewinns' dienen. Das beste Beispiel hierfür ist in seinen Augen die Entstehung einer ‚kapitalfreundlichen' Berufsethik aus dem Geist scheinbar völlig weltabgewandter ‚Erlösungsbedürfnisse', deren Befriedigung sich dennoch im Laufe der Zeit bei verschiedenen protestantischen Sekten der Gegenwart zu einem ökonomisch höchst gewinnträchtigen ‚Betrieb' entwickelt haben. Hier von einer ursprünglich ‚ökonomischen Verursachung' zu sprechen, ist für ihn deshalb abwegig, weil er im Rahmen seiner eigenen Geschichtsbetrachtung intellektuelle Bedürfnisse genauso ernst wie materielle Interessen nimmt und insofern auch nicht gegeneinander ausspielt.[98]

Weber hat mit diesem sehr weit gefassten Verständnis von ‚Sozialökonomik' jedoch die Büchse der Pandora geöffnet beziehungsweise nun endgültig den ‚Geist' aus der Flasche gelassen. Denn mit den ‚ökonomisch bedingten' und den ‚ökonomisch relevanten' Erscheinungen ist ein äußerst weites Feld der Beziehungen zwischen ‚Wirtschaft' und ‚Gesellschaft' eröffnet worden, in dem alle Richtungen der modernen Wirtschafts- und Sozialwissenschaften etwas für sie Relevantes finden können.[99] Und dies gilt natürlich auch für die damals noch in den Kinderschuhen steckende ‚Soziologie', der Weber in diesem Rahmen ja ebenfalls eine akademische Heimstätte zu geben versucht, um sie unter seine Fittiche zu nehmen. Er ist aufgrund seines weitgespannten Erkenntnisinteresses also in jeder Hinsicht für die Schriftleitung des *Grundriß der Sozialökonomik* prädestiniert, die er seit 1909 bis zu seinem Tod im Jahre 1920 mit einem hohen Verantwortungsbewusstsein wahrnimmt. Wobei geht es ihm jedoch in seinem eigenen Grundriß-Beitrag? Hier findet gegenüber seinen Protestantismus-Studien eine beträchtliche Erweiterung des Blickfeldes statt. Nun geht es nämlich nicht mehr nur um das wechselseitige Verhältnis zwischen dem ‚Geist' und der ‚Form' des moder-

---

98 Siehe hierzu Weber, „Die protestantische Ethik und der ‚Geist' des Kapitalismus" [1904-05], MWG I/9, S. 152 f.

99 Zu Webers weit gefasstem Verständnis von ‚Sozialökonomik' siehe auch Heino Heinrich Nau, *Eine „Wissenschaft vom Menschen". Max Weber und die Begründung der Sozialökonomik in der deutschsprachigen Ökonomie 1871 bis 1914*, Berlin 1997; Bernhard K. Quensel, *Max Webers Konstruktionslogik. Sozialökonomik zwischen Geschichte und Theorie*, Baden-Baden 2007; ferner Hans-Peter Müller, „Max Webers Sozialökonomik", in: *Schlüsselwerke der Wirtschaftssoziologie*, hrsg. von Klaus Kraemer und Florian Brugger, Wiesbaden 2017, S. 89-134.

1.3 Die Wirtschaft und die gesellschaftlichen Ordnungen und Mächte 53

nen Kapitalismus, sondern um die viel weitergehende Frage nach dem „Grad der Wahlverwandtschaft konkreter Strukturformen des Gemeinschaftshandelns mit konkreten Wirtschaftsformen"[100].

An die Stelle des ‚kapitalistischen Geistes' ist innerhalb dieser ‚Wahlverwandtschafts'-Metaphorik also offensichtlich etwas viel Bodenständigeres getreten, nämlich bestimmte *Strukturformen* menschlichen Zusammenlebens. Deren Analyse sollte jedoch nicht mit dem Aufgabenbereich einer „allgemeinen Soziologie" verwechselt werden. Denn letzterer geht es Weber zufolge um eine „systematische Klassifikation der einzelnen Gemeinschaftsarten nach Struktur, Inhalt und Mitteln des Gemeinschaftshandelns". In seinem Grundriß-Beitrag möchte er dagegen zunächst nur die *formalen* Aspekte des menschlichen Handelns, nicht jedoch die *sinnhaften* Orientierungen beziehungsweise die entsprechenden subjektiven ‚Motive' der Handelnden erörtern. Die entsprechenden ‚Inhalte', zu denen ja auch der ‚kapitalistische Geist' gehört, werden also von Weber in seinem nun erweiterten sozialökonomischen Forschungsprogramm zunächst ausgeschlossen. Das heißt er vertritt jetzt einen Standpunkt, der auf den ersten Blick viel Ähnlichkeiten mit der von Georg Simmel begründeten Richtung der *formalen Soziologie* zu haben scheint. Dies bedeutet jedoch nicht, dass Weber die entsprechenden ‚Inhalte' völlig gleichgültig sind. Er schließt sie vielmehr zunächst nur aus pragmatischen Gründen von seiner eigenen formalsoziologischen Betrachtungsweise aus, ohne diese ‚Inhalte' für soziologisch irrelevant zu halten. So sagt er ausdrücklich: "An dieser Stelle ist dabei nicht die Beziehung der Wirtschaft zu den einzelnen Kultur*inhalten* (Literatur, Kunst, Wissenschaft usw.), sondern lediglich ihre Beziehung zur ‚Gesellschaft', das heißt in diesem Fall: den allgemeinen Struktur*formen* menschlicher Gemeinschaften zu erörtern. Inhaltliche Richtungen des Gemeinschaftshandelns kommen daher nur soweit in Betracht, als sie aus sich heraus spezifisch geartete Strukturformen desselben erzeugen, welche zugleich ökonomisch relevant sind. Die dadurch gegebene Grenze ist zweifellos durchaus flüssig, bedeutet aber unter allen Umständen: daß nur einige sehr universelle Arten von Gemeinschaften behandelt werden. Dies geschieht im Folgenden zunächst nur in allgemeiner Charakteristik, während – wie wir sehen werden – ihre Entwicklungsformen in einigermaßen präziser Art erst später im Zusammenhang mit der Kategorie der ‚Herrschaft' besprochen werden können."[101]

Dieses Zitat ist zum einen deshalb bemerkenswert, weil Weber damit ein Kriterium für die sachliche Reihenfolge der von ihm bereits vor dem Ausbruch des

---

100 Weber, „Wirtschaftliche Beziehungen der Gemeinschaften im allgemeinen", MWG I/22-1, S. 81.
101 Max Weber, „Hausgemeinschaften", MWG I/22-1, S. 114.

Ersten Weltkrieges verfassten Manuskripte angibt, die von ihm ursprünglich als Beitrag zum *Grundriß der Sozialökonomik* gedacht waren. Er stellt nämlich wie Auguste Comte nun der ‚statischen' Analyse ausdrücklich eine ‚dynamische' Betrachtungsweise von gesellschaftlichen Prozessen gegenüber.[102] Zum anderen schließt er sich in terminologischer Hinsicht teilweise dem von zwei prominenten deutschen Soziologen seiner Zeit eingeführten Sprachgebrauch an. Von dem Kieler Soziologen Ferdinand Tönnies übernimmt er die Gegenüberstellung von ‚Gemeinschaft' und ‚Gesellschaft', die sich in Webers grundbegrifflicher Unterscheidung zwischen ‚Vergemeinschaftung' und ‚Vergesellschaftung' beziehungsweise ‚Gemeinschaftshandeln', ‚Gesellschaftshandeln' und ‚Einverständnishandeln' niederschlägt.[103] Und von Georg Simmel übernimmt er die Unterscheidung zwischen der ‚Form' und dem ‚Inhalt' von Vergesellschaftungsprozessen, wobei sich Simmel im Rahmen der von ihm begründeten Richtung der modernen Soziologie auf eine Analyse der ‚Formen der Vergesellschaftung' beschränkt hat. Seine ‚formale Soziologie' stellt deshalb auch keinen Beitrag zu einer ‚sinnverstehenden' Soziologie dar. Insofern kann sich Weber zumindest in dieser Hinsicht auch nicht auf Simmel berufen. Denn dessen Beitrag zum Problem des ‚Verstehens' ist vor allem in seinen Arbeiten über die ‚Logik' der historischen Erkenntnis zu sehen, wobei letztere in seinen soziologischen Schriften so gut wie überhaupt keine Rolle spielt.[104] Allerdings stellt sich dann die Frage, welche Art von ‚Soziologie' sich eigentlich hinter der Vorkriegsfassung von *Wirtschaft und Gesellschaft* verbirgt,

---

102 Vgl. Auguste Comte, *Die Soziologie. Die Positive Philosophie im Auszug*, hrsg. von Friedrich Blaschke. Zweite Auflage mit einer Einleitung von Jürgen v. Kempski, Stuttgart 1974, S. 118 ff. und 137 ff.

103 Vgl. Ferdinand Tönnies, *Gemeinschaft und Gesellschaft (1880-1935)*, in: ders., Gesamtausgabe, Band 2, hrsg. von Bettina Clausen und Dieter Haselbach, Berlin / Boston 2019; siehe ferner Tönnies, *Studien zu Gemeinschaft und Gesellschaft*, hrsg. von Klaus Lichtblau, Wiesbaden 2012. Zu Webers Übernahme zentraler soziologischer Begriffe von Tönnies siehe auch Lichtblau, *Die Eigenart der kultur- und sozialwissenschaftlichen Begriffsbildung*, a.a.O., S. 261 ff.; ferner Lichtblau, *Zwischen Klassik und Moderne*, a.a.O., S. 279 ff.

104 Vgl. Georg Simmel, *Soziologie. Untersuchungen über die Formen der Vergesellschaftung* [1908], in: ders., Gesamtausgabe, Band 1, hrsg. von Otthein Rammstedt, Frankfurt am Main 1992, besonders S. 13-41. Weber hat sich zu dieser Zeit intensiv mit Simmels Werk auseinandergesetzt und auch entsprechende Exzerpte von dessen ‚großer' Soziologie von 1908 angefertigt, die erst kürzlich in historisch-kritischer Form veröffentlicht worden sind. Vgl. Max Weber, „Georg Simmel als Soziologe und Theoretiker der Geldwirtschaft", in: MWG I/12, S. 101 ff.; ferner ders., „Exzerpte zu: Simmel, Soziologie", ebd., S. 527 ff. Siehe diesbezüglich auch Lichtblau, *Die Eigenart der kultur- und sozialwissenschaftlichen Erkenntnis*, a.a.O., S. 173 ff.; ferner ders., *Zwischen Klassik und Romantik*, a.a.O., S. 109 ff.

1.3 Die Wirtschaft und die gesellschaftlichen Ordnungen und Mächte

zumal Weber mitten in der Arbeit an seinem Grundriß-Beitrag 1913 einen Aufsatz mit dem vielsagenden Titel „Über einige Kategorien der verstehenden Soziologie" veröffentlicht, in dem er die Feststellung der „Motive", „Interessen" und „inneren Lagen" als Aufgabe jeder „inhaltlichen Soziologie" bezeichnet.[105]

Welche Folgen dies für die Untergliederung der Vorkriegsfassung seines Beitrages zum *Grundriß der Sozialökonomik* hat, wird in der „Einteilung des Gesamtwerkes" deutlich, die 1914 im ersten erschienenen Band dieses monumentalen Handbuches veröffentlicht worden ist und die bezüglich Webers eigenem Beitrag leider nicht ganz so eindeutig ist, wie man dies eigentlich von einem ausgebildeten Juristen erwarten könnte. Denn zwischen die Erörterung einiger universeller Formen der Vergemeinschaftung ist von ihm nun ein umfangreicher Abschnitt eingeschoben worden, der zum einen noch dem Bereich der ‚Gemeinschaft' zugehört, nämlich die „religiösen Gemeinschaften", und der zum anderen auch auf ‚Gesellschaftliches' sowie ‚inhaltliche Richtungen des Gemeinschaftshandelns' hinweist, nämlich auf die „Klassenbedingtheit der Religionen" einerseits sowie die „Kulturreligionen und Wirtschaftsgesinnung" andererseits. Und erst danach folgen die geplanten Ausführungen über die „Herrschaft" und den „politischen Verband".[106] Was ist geschehen? Im Unterschied zu der von ihm noch 1910 vorgesehenen Konzeption seines Grundriß-Beitrages platziert Weber nun offensichtlich etwas zwischen die ‚allgemeinen Strukturformen menschlicher Gemeinschaften' einerseits und die Erörterung der ‚Herrschaft' andererseits, das ursprünglich von ihm nicht geplant war, weil es ja ebenfalls zu einer ‚inhalt-

---

105 Vgl. Max Weber, „Über einige Kategorien der verstehenden Soziologie" [1913], MWG I/12, S. 426. In seiner Auseinandersetzung mit Rudolf Stammler vertritt Weber 1907 dagegen noch den Standpunkt, dass es nichts Vieldeutigeres „als das Wort ‚formal' und der Sinn des Gegensatzes: Inhalt-Form" gebe. Doch diese Aussage bezieht sich an dieser Stelle auf den Gebrauch dieser beiden Begriffe bei Stammler, und nicht bei Georg Simmel. In seiner vor der Jahrhundertwende in Freiburg und Heidelberg gehaltenen Vorlesung über „Allgemeine (‚theoretische') Nationalökonomie" hat Weber übrigens ebenfalls bereits zwischen den ‚Formen' und ‚Zwecken' des menschlichen Handelns unterschieden. Er berief sich bereits damals auf Simmel, von dem er zwei einschlägige Abhandlungen aufführt, die vor der Jahrhundertwende erschienen sind, nämlich Simmels Buch „Über sociale Differenzierung" von 1890 und dessen programmatischen Aufsatz über „Das Problem der Sociologie" von 1994. Vgl. Weber, „Allgemeine (‚theoretische') Nationalökonomie", MWG III/1, S. 96. Siehe diesbezüglich auch Georg Simmel, *Über sociale Differenzierung. Soziologische und psychologische Untersuchungen*, in: ders., Gesamtausgabe, Band 2, hrsg. von Heinz-Jürgen Dahme, Frankfurt am Main 1989, S. 109 ff.; ferner Simmel, „Das Problem der Sociologie" [1894], in: ders., Gesamtausgabe, Band 5, hrsg. von Heinz-Jürgen Dahme und David Frisby, Frankfurt am Main 1992, S. 52-61.

106 Vgl. MWG I/24, S. 168 f.

lichen Soziologie' gehört, die er zunächst noch aus seiner formalsoziologischen Betrachtungsweise von Vergemeinschaftungs- und Vergesellschaftungsprozessen ausgeschlossen hat: nämlich die *Religion*. Diese steht überdies gewissermaßen quer zu seiner Unterscheidung zwischen ‚Statik' und ‚Dynamik', da sie einerseits zu den mächtigsten Ankern der ‚Tradition' gehört und insofern prinzipiell dem gesellschaftlichen und kulturellen ‚Fortschritt' im Wege steht. Andererseits sieht Weber gerade in den *ethisch* orientierten Erlösungsreligionen eine geschichtliche Macht, welche die ‚traditionale Welt' aus den Angeln zu heben vermochte und die nicht zuletzt aus diesem Grund seiner Meinung nach auch für die Entwicklung der Wirtschaft und der Herrschaft von universalgeschichtlicher Bedeutung ist.

Mit dieser Einsicht konsolidiert sich in Webers intellektueller Biographie ein Forschungsprogramm, das weit über den Bezugsrahmen seiner Protestantismus-Aufsätze von 1904-05 hinausreicht. Ausführlich behandelt hat er dieses komplexe Beziehungsverhältnis zwischen dem kapitalistischen ‚Geist' einerseits und den kapitalistischen Organisationsformen der Güterproduktion und der verschiedenen Erscheinungsformen des modernen Handels jedoch erst in seinen *nach* 1910 in Angriff genommenen Aufsätzen über die Wirtschaftsethik der Weltreligionen. Aber auch im religionssoziologischen Teil seines vor dem Ausbruch des Ersten Weltkrieges geschriebenen Beitrages zum *Grundriß der Sozialökonomik* hat sich Weber ausführlich mit diesem Thema auseinandergesetzt. Zwar hat er bereits am Ende seiner beiden Protestantismus-Aufsätze bezüglich des Verhältnisses zwischen dem ‚Geist' und der ‚Form' beziehungsweise dem ‚System' des modernen Kapitalismus die Notwendigkeit einer Berücksichtigung *beider* Richtungen der Kausalbeziehungen ausdrücklich betont. Die entsprechende Wechselwirkung zwischen ‚Form' und ‚Inhalt' hat er jedoch erst im religionssoziologischen Teil seines noch vor dem Ersten Weltkrieg geschriebenen Beitrages zum *Grundriß der Sozialökonomik* untersucht. Aber auch in seinen zur selben Zeit in Angriff genommenen Aufsätzen über die Wirtschaftsethik der Weltreligionen hat sich Weber ausführlich mit diesem Thema auseinandergesetzt. Doch im Folgenden geht es zunächst um seine Darstellung einiger elementarer Strukturformen der Vergemeinschaftung, die er noch *vor* der Ausarbeitung seines Beitrages zur Religions-, Rechts- und Herrschaftssoziologie niedergeschrieben hat. Diese den verschiedenen Formen der ‚Gemeinschaft' gewidmeten Texte gehören zum ältesten Teil seines Grundriß-Beitrages, auch wenn deren genaue werkgeschichtliche Datierung auf erhebliche Probleme stößt, weil Weber diese Manuskripte mehrfach überarbeitet hat. Den eigentlichen Kern und Hauptteil der Vorkriegsfassung von *Wirtschaft und Gesellschaft* stellt allerdings seine Rechts-, Religions- und Herrschaftssoziologie dar, auf die im dritten Teil dieser Einführung in sein Werk ausführlich eingegangen werden soll.

1.3 Die Wirtschaft und die gesellschaftlichen Ordnungen und Mächte

Wie stark Weber selbst von seinen entsprechenden Ausarbeitungen beeindruckt gewesen ist, zeigt ein Schreiben an seinen Verleger Paul Siebeck vom 30. Dezember 1913. Er habe nämlich inzwischen „eine geschlossene soziologische Theorie und Darstellung ausgearbeitet, welche alle großen Gemeinschaftsformen zur Wirtschaft in Beziehung setzt: von der Familie und Hausgemeinschaft zum ‚Betrieb', zur Sippe, zur ethnischen Gemeinschaft, zur Religion (*alle* großen Religionen der Erde umfassend: Soziologie der Erlösungslehren und der religiösen Ethiken, [...], endlich eine umfassende soziologische Staats- und Herrschafts-Lehre. Ich darf behaupten, daß es noch *nichts* dergleichen giebt, auch kein ‚Vorbild'." Und dann fügt er dieser Mitteilung noch den Satz hinzu: „*Später* hoffe ich Ihnen dann einmal eine Soziologie der Cultur-*Inhalte* (Kunst, Litteratur, Weltanschauung) zu liefern, außerhalb *dieses* Werkes oder als selbständigen Ergänzungsband."[107] So kann offensichtlich nur jemand reden, der zutiefst davon überzeugt ist, tatsächlich ein ‚Werk' wenn nicht gar ein ‚Meisterwerk' vollbracht zu haben. Doch die in Aussicht gestellte ‚Soziologie der Kulturinhalte' kann Weber nicht mehr in Angriff nehmen, weil ihn der Ausbruch des Ersten Weltkrieges davon abhält. Und nach dem Krieg meint er die Vorkriegsfassung von *Wirtschaft und Gesellschaft* noch einmal vollständig ‚umkrempeln' zu müssen, weil diese offensichtlich doch nicht so perfekt gewesen ist, wie er es ursprünglich gedacht hat. Was bei dieser Überarbeitung seiner Vorkriegsmanuskripte dann herausgekommen ist, wird im vierten Teil dieser Einführung in sein Werk gezeigt. Es darf dabei allerdings nicht aus dem Auge verloren werden, dass es sich bei beiden Fassungen von *Wirtschaft und Gesellschaft* tatsächlich um ein und dasselbe Projekt handelt, auch wenn Weber dieses nach dem Ersten Weltkrieg sehr viel stärker gemäß den von ihm erstmals 1913 skizzierten Grundsätzen einer *Verstehenden Soziologie* ‚auf den Begriff' zu bringen versucht hat. Auch darauf wird im vierten Teil dieser Einführung eingegangen, während im abschließenden fünften Teil die sich daraus ergebenden *universalgeschichtlichen* Implikationen von Webers Werk aufgezeigt werden sollen.

Doch bevor wir uns Webers Analyse einiger universell verbreiteter Formen der Vergemeinschaftung zuwenden, soll zunächst seine Unterscheidung zwischen verschiedenen gesellschaftlichen ‚Ordnungen' kurz dargestellt werden, die im Mittelpunkt der Vorkriegsfassung von *Wirtschaft und Gesellschaft* stehen.[108] Weber grenzt dabei drei Arten einer ‚Ordnung' voneinander ab, näm-

---

107 MWG II/8 (2003), S. 449 f.
108 Siehe hierzu auch Hinnerk Bruhns, „Wirtschaft und Ordnung. Zur Begrifflichkeit Max Webers", in: *Recht als Kultur? Beiträge zu Max Webers Soziologie des Rechts*, hrsg. von Werner Gephart und Daniel Witte, Frankfurt am Main 2017, S. 457-470.

lich die „Rechtsordnung", die „Wirtschaftsordnung" sowie die „soziale Ordnung" einer Gesellschaft. Was er unter einer *Rechtsordnung* versteht, werden wir in der Besprechung des rechtssoziologischen Kapitels der Vorkriegsfassung von Wirtschaft und Gesellschaft ausführlich besprechen. Doch wodurch unterscheidet sich Weber zufolge die ‚Wirtschaftsordnung' von einer ‚sozialen Ordnung'? Unter einer *sozialen Ordnung* versteht Weber „die Art, wie soziale ‚Ehre' in einer Gemeinschaft sich zwischen typischen Gruppen der daran Beteiligten verteilt"[109]. Hierbei handelt es sich um eine durch *Stände* geprägte Wirtschaftsordnung. Genau genommen handelt es sich um die ‚ständische Ordnung' einer Gesellschaft, wobei sich Weber zufolge die einzelnen ‚Stände' durch die Art ihrer ‚Lebensführung' voneinander unterscheiden. In wirtschaftlicher Hinsicht ist dabei deren ‚Konsum' von Bedeutung. In sozialer Hinsicht geht es dagegen um die Frage, mit wem die einzelnen Stände die ‚Tischgemeinschaft' zu teilen bereit sind sowie den ‚Frauentausch' praktizieren. Es handelt sich hierbei also um das Problem der sozialen ‚Inklusion' und ‚Exklusion', wie heute in den Sozialwissenschaften dieser Sachverhalt bezeichnet wird. In wirtschaftspolitischer Hinsicht begünstigen solche Inklusions- und Exklusionsstrategien die Entstehung von ökonomischen Monopolen, die im Widerspruch zum Prinzip eines ‚freien Marktes' stehen. Bestes Beispiel hierfür sind Weber zufolge die mittelalterlichen ‚Zünfte' in den Städten des ‚Okzidents'. Denn diese hätten in einer ständisch-monopolistischen Weise darüber bestimmt, wer innerhalb ihres ‚Herrschaftsbereiches' ein Handwerk als selbständiger ‚Meister' ausüben durfte und wer nicht. Eine extreme Form dieser durch verschiedene ‚Stände' geprägten sozialen Ordnung sieht Weber dabei im indischen *Kastensystem* gegeben. Denn in diesem ist sowohl der soziale Verkehr als auch der ‚Frauentausch' zwischen unterschiedlichen sozialen ‚Kasten' kategorisch ausgeschlossen. In diesem gesellschaftlichen ‚System' spielen nämlich sowohl ‚ethnische' als auch rituelle Formen der sozialen Abgrenzung eine zentrale Rolle.[110]

Wie wir später noch sehen werden, versucht Weber mit dieser Art der Begriffsbildung zugleich die prekäre Lage von sogenannten ‚Gastvölkern' zu verdeutlichen, wobei er diese Kategorie auch für die Kennzeichnung der Lage des jüdischen Volkes in der Diaspora gebraucht. Jedoch vollzog sich diese Entwicklung des antiken Judentums zu einem ‚Pariavolk' beziehungsweise zu einem eigenständigen ‚konfessionellen Verband' in einer völlig kastenfreien Umgebung, was Weber übrigens ausdrücklich betont. Im Anschluss an Friedrich Nietzsche vertritt er diesbezüglich sogar die These, dass solche rituellen und sozialen Abgrenzungen

---

109 Weber, „‘Klassen', ‚Stände' und ‚Parteien'", MWG I/22-1, S. 252.
110 Ebd., S. 262 f.

1.3 Die Wirtschaft und die gesellschaftlichen Ordnungen und Mächte

primär die Funktion haben würden, eine bestimmte ‚ethnische Gruppe' überhaupt erst zu ‚züchten', um diese von anderen sozialen Gruppierungen eindeutig abzugrenzen und dadurch dauerhaft vor dem Untergang zu bewahren. Dies stehe allerdings sowohl im Widerspruch zu einer universalistischen religiösen Vorstellung von ‚Brüderlichkeit' als auch zu einer uneingeschränkten Entfaltung des ökonomischen Tausches, das heißt einem nicht monopolistisch geregelten, sondern jedem frei gestellten Zugang zu den bereits vorhandenen Güter- und Dienstleistungsmärkten. Weber spricht bezüglich der Auswirkung solcher ‚ständischer' beziehungsweise ‚kastenmäßiger' Sozialstrukturen deshalb auch ausdrücklich von einer „Hemmung der freien Marktentwicklung".[111]

Soziale Klassen unterscheiden sich ihm zufolge von ‚Ständen' dadurch, dass sie nicht durch ihren ökonomischen Konsum und eine entsprechende ‚ständische' Art der Lebensführung gekennzeichnet sind, sondern durch ihre jeweiligen „Beziehungen zur Produktion und zum Erwerb der Güter". ‚Klassen' seien deshalb auch kein Teil der ‚sozialen Ordnung' mit ihren spezifisch ständischen Ehr- und Würdegefühlen, sondern zentraler Bestandteil der *Wirtschaftsordnung* einer Gesellschaft. Entscheidend sei dabei ihr Verhältnis zum *Markt*, weshalb „Klassenlagen" in Webers Augen mit einer entsprechenden „Marktlage" identisch sind.[112] Unter welchen historischen und sozialen Voraussetzungen sich daraus möglicherweise ein gemeinsames „Klassenhandeln" entwickeln könnte, sei dagegen völlig offen. Insofern sei auch die marxistische Unterstellung, dass diesbezüglich ‚objektiv' ein gemeinsames ‚Klasseninteresse' bestehen würde, mit höchster Vorsicht zu genießen. Denn der Weg von einer ‚Klasse an sich' zu einer ‚Klasse für sich' ist mit zahlreichen Dornen versehen und insofern prinzipiell ‚kontingent'. Das heißt diese Entwicklung ist nicht selbstverständlich und unterliegt auch keinem natur- oder sozialwissenschaftlichen ‚Gesetz' welcher Art auch immer. Überdies neigen Weber zufolge ‚ständische Lagen' immer wieder dazu, die Entstehung neuer ‚Klassenlagen' zu fördern und umgekehrt, was die freie Marktentwicklung bedrohe.[113] Hierdurch erklärt sich auch Webers Hass auf jene sozialen Schichten im wilhelminischen Kaiserreich, die sich nicht ‚produktiv' an der Steigerung des nationalökonomischen Reichtums beteiligt haben, sondern ausschließlich an der Steigerung ihrer persönlichen ‚Rendite' beziehungsweise ‚Rente' sowie des ihnen dadurch ermöglichten ‚ständischen' Konsums interessiert gewesen sind. Denn in Webers Augen hängt die Zukunft des ‚modernen' Kapitalismus nicht zuletzt davon ab, wer dereinst die Oberhand in diesem Kampf um die Zukunft davon-

---

111 Ebd., S. 262 ff. und 267.
112 Ebd., S. 254 und 268.
113 Ebd., S. 255 ff. und 259.

tragen wird, nämlich die ‚Wirtschaftsordnung' oder aber die ‚soziale Ordnung', das heißt die ‚Klassen' oder aber die ‚Stände' beziehungsweise die von ihm sogenannten ‚Rentner'. Im letzteren Fall sind natürlich nicht die heutigen staatlichen Almosenempfänger der Bundesrepublik Deutschland gemeint, sondern diejenigen feudalen und großbürgerlichen Schichten, die zu Webers Zeit noch von diversen ‚Kapital'- beziehungsweise ‚Renten'-Bezügen ihren ostentativen Lebensunterhalt finanziert haben.[114]

Den Begründern des ‚wissenschaftlichen Sozialismus' zufolge war dieser Kampf zwischen der ‚ständisch geprägten Welt' des Ancien Régime und den modernen ökonomischen ‚Klassenverhältnissen' bereits Mitte des 19. Jahrhunderts definitiv entschieden. Denn in dem von Karl Marx und Friedrich Engels verfassten *Kommunistischen Manifest* von 1848 steht ausdrücklich: „Die Bourgeoisie, wo sie zur Herrschaft gekommen, hat alle feudalen, patriarchalischen, idyllischen Verhältnisse zerstört. [...] Alles Ständische und Stehende verdampft, alles Heilige wird entweiht."[115] Allerdings ist auch diese ‚Zeitdiagnose' wie so viele andere dieser Art inzwischen längst historisch widerlegt worden. Dies hängt nicht nur mit der beträchtlichen Zahl der ‚Beamten' zusammen, die Marx und Engels dabei offensichtlich völlig übersehen haben, sondern auch mit der zunehmenden Bedeutung der ‚Angestellten' in der industriellen Produktion und im Dienstleistungsbereich. Diese Entwicklung hat im Laufe des 20. Jahrhunderts dazu geführt, dass zum Beispiel in der deutschen und französischen Soziologie die inzwischen längst überholte marxistische Form der ‚Klassenanalyse' durch immer differenziertere soziale ‚Schichtungsmodelle' ersetzt worden ist. In diesen spielt bezeichnenderweise die ‚ständische Lage' wieder eine zentrale Rolle: nämlich die soziale ‚Anerkennung' beziehungsweise ‚Ehre', der persönliche ‚Lebensstil' sowie die entsprechenden subjektiven Konsumpräferenzen.[116] Max Weber zufolge ist der Ausgang dieses Kampfes zwischen ‚Klasse' und ‚Stand' allerdings immer noch nicht entschieden. Auch in diesem Fall betont er nämlich die prinzipielle Offen-

---

114 Siehe hierzu auch Thorstein Veblen, *The Theory of the Leisure Class. An Economic Study of Institutions*, New York 1899.

115 Vgl. Karl Marx und Friedrich Engels, *Manifest der Kommunistischen Partei* [1848], in: ders., Werke, Band 4, Berlin 1974, S. 464 f.

116 Vgl. Theodor Geiger, *Die soziale Schichtung des deutschen Volkes. Soziographischer Versuch auf statistischer Grundlage* [1932], Stuttgart 1987. Zur Lage der deutschen Angestellten in der Weimarer Republik vgl. auch Siegfried Kracauer, *Die Angestellten. Aus dem neuesten Deutschland*, Frankfurt am Main 1930. Zur traditionellen Bedeutung dieser ‚ständischen' Unterschiede in unserem Nachbarland Frankreich siehe ferner Pierre Bourdieu, *Die feinen Unterschiede. Kritik der gesellschaftlichen Urteilskraft*, Frankfurt am Main 1982.

heit der weiteren geschichtlichen Entwicklung, die von allem Möglichen bestimmt wird, nur mit Sicherheit nicht von sogenannten ökonomischen und sozialen ‚Gesetzen'.

Allgemeine Strukturformen menschlicher Gemeinschaften

2.1 Die ‚Hausgemeinschaft'

Unter den von Max Weber in seinen Vorkriegsschriften behandelten Gemeinschaftsformen kommt der ‚Hausgemeinschaft' eine besondere Rolle zu. Dies betrifft zum einen den Status dieser in allen Zivilisationen und Kulturen existierenden Gemeinschaftsform innerhalb seines Werkes. Zum anderen geht Weber davon aus, dass die Hausgemeinschaft beziehungsweise das ‚Haus' den Ausgangspunkt für die Entstehung zweier ‚höherer' beziehungsweise nachgelagerter Formen der Vergemeinschaftung und Vergesellschaftung darstellt: nämlich des ‚Haushaltes' eines politischen Herrschaftsverbandes einerseits sowie des modernen kapitalistischen ‚Betriebes', das heißt einer historisch spezifischen Form der Unternehmung andererseits. Es handelt sich in diesem Fall also um eine entwicklungsgeschichtliche Betrachtungsweise der zentralen Formen der Vergemeinschaftung und Vergesellschaftung, die der Vorkriegsfassung *Wirtschaft und Gesellschaft* zugrunde liegt, was Weber ausdrücklich betont. Nicht zufällig spricht er diesbezüglich von einer „Evolution der Hausgemeinschaft"[117].

Die rechtliche und ökonomische Bedeutung der Hausgemeinschaft ist bereits Gegenstand von Webers Dissertation gewesen, die 1889 unter dem Titel *Zur Geschichte der Handelsgesellschaften im Mittelalter* in einer wesentlich erweiterten

---

117 Max Weber, „Hausgemeinschaften", MWG I/22-1, S. 155. Vgl. hierzu auch Randall Collins, *Weberian sociological theory*, Cambridge 1986, S. 267 ff.; ferner Leslie David Blustone, *Max Weber's Theory of the Family*, New York 1989.

Version als Buch erschienen ist.[118] Bereits hier macht er von einer Begrifflichkeit Gebrauch, die entwicklungsgeschichtlich angelegt ist und die zwischen dem ursprünglichen ‚Hauskommunismus' einer ‚Familie' einerseits und einer auf Kontrakt beruhenden ‚Sozietät' beziehungsweise ‚Gesellschaft' andererseits unterscheidet. Im letzten Fall handelt es sich um einen Begriff, der aus dem römischen Privatrecht stammt und dessen naturrechtlichen Implikationen in der europäischen Neuzeit zur Grundlage einer spezifischen ‚Theorie der bürgerlichen Gesellschaft' ausgearbeitet worden sind, die Ferdinand Tönnies in seinem klassischen Werk *Gemeinschaft und Gesellschaft* dann zu einer universalgeschichtlichen ‚Theorie der Gesellschaft' abstrahiert hat.[119] Obgleich Tönnies einer der Stichwortgeber für Webers diesbezüglichen Sprachgebrauch darstellt, bedeutet das nicht, dass Weber mit dieser Terminologie ausschließlich Tönnies verpflichtet ist. Denn auch bekannte Rechtshistoriker dieser Zeit kommen als Quelle für Webers Sprachgebrauch in Frage. Es handelt sich in diesem Fall also um ein ‚Gemeingut' und keine Privatsprache von Tönnies und Weber.[120] Erst später hat Weber diese Begrifflichkeit in eigenwilliger Weise handlungstheoretisch weiterentwickelt und zur Grundlage der von ihm vertretenen Richtung einer ‚verstehenden Soziologie', das heißt also tatsächlich zu einer Art ‚Privatsprache' gemacht. Diese hat er allerdings selbst für völlig unverbindlich gehalten und insofern auch Keinem aufgezwungen. Das heißt er hat im Unterschied zu verschiedenen anderen ‚Meister-Denkern' nie beabsichtigt, eine sogenannte ‚Schule' zu gründen und in dieser als Häuptling beziehungsweise ‚Oberhaupt' zu fungieren.

---

118 Webers Berliner Dissertation über die Entwicklung des Solidaritätsprinzips und des Sondervermögens der offenen Handelsgesellschaften in den mittelalterlichen norditalienischen Städten ist übrigens 1889 auch als separate Schrift erschienen. Mit der erweiterten Fassung dieser Dissertation, die er im selben Jahr als Buch veröffentlicht hat, wurde ihm dann die Lehrbefugnis für das Handelsrecht an der Berliner Universität erteilt. Siehe hierzu auch die Einleitung von Gerhard Dilcher zu MWG I/1; vgl. ferner Lutz Kaelber, „Max Weber's dissertation", in: History of the Human Sciences 16.2 (2003), S. 27-56.

119 Vgl. hierzu Manfred Riedel, „Gesellschaft, bürgerliche", in: *Geschichtliche Grundbegriffe. Historisches Lexikon zur politisch-sozialen Sprache in Deutschland*, hrsg. von Otto Brunner, Werner Conze und Reinhart Kosellek, Band 2, Stuttgart 1975, S. 719-800; ferner ders., „Gesellschaft, Gemeinschaft", ebd., S. 801-862.

120 Mitbestimmend für Webers Sprachgebrauch dieser Zeit ist neben Tönnies der Genossenschaftstheoretiker Otto von Gierke gewesen, von dem Weber unter anderem den Gegensatz zwischen ‚Herrschaft' und ‚Genossenschaft' übernommen hat. Vgl. diesbezüglich Otto Gierke, *Das deutsche Genossenschaftsrecht*, 4 Bände, Berlin 1868-1913; siehe ferner ders., *Die Genossenschaftstheorie und die deutsche Rechtsprechung*, Berlin 1887.

2.1 Die ‚Hausgemeinschaft'

Weber steht mit seinem Sprachgebrauch und den mit diesem verbundenen entwicklungsgeschichtlichen Implikationen aber auch in der Tradition der nationalökonomischen ‚Stufentheorien' seiner Zeit. Denn dieser liegt eine Unterscheidung zwischen ‚Hauswirtschaft', ‚Stadtwirtschaft', ‚Volkswirtschaft' beziehungsweise ‚Nationalwirtschaft' sowie ‚Weltwirtschaft' zugrunde. Mit ‚Stufen' sind dabei evolutionäre Stadien des wirtschaftlichen Lebens und Handelns der Menschen zu unterschiedlichen Zeiten gemeint, die sich natürlich nicht wechselseitig ausschließen und insofern in einem Zeitalter selbstverständlich auch nebeneinander existieren können. Entscheidend ist vielmehr, welchen dieser ‚Stufen' in einer gegebenen Epoche ein entwicklungsgeschichtliches Primat zugesprochen werden muss. So existiert im Zeitalter des ‚modernen Kapitalismus' auch die Haus- und die Landwirtschaft weiter fort. Und auch das traditionelle Handwerk wird durch die industrielle Produktionsweise ja nicht gänzlich verdrängt, sondern nur in seiner gesamtwirtschaftlichen Bedeutung relativiert.[121]

Hierbei stellt sich die Frage, was eigentlich das gemeinsame Kennzeichen dieser verschiedenen Formen des ‚Ökonomischen' ist. Seit Aristoteles ist es üblich, die ‚Ökonomik' mit einer Haushaltungslehre gleichzusetzen. Es handelt sich dabei um eine Begriffsbildung, die bis weit in die europäische Neuzeit verbindlich gewesen ist. Selbst die sogenannte ‚politische Ökonomie' stellt ursprünglich nichts Anderes als eine Lehre vom ‚Haushalt' des neuzeitlichen Territorialstaates dar. Das heißt sie ist ebenfalls eine Haushaltungslehre gewesen, aus der später die Kameralistik und die moderne Finanzwissenschaft hervorgegangen sind. Erst Adam Smith setzte gegen Ende des 18. Jahrhunderts die ‚Ökonomie' mit der in Westeuropa inzwischen zu einem eigenständigen System ausdifferenzierten modernen Tausch- und Verkehrswirtschaft gleich, für die sich im Laufe des 19. Jahrhunderts im deutschen Sprachraum dann der Begriff ‚Nationalökonomie' beziehungsweise ‚Volkswirtschaftslehre' eingebürgert hat. Seitdem fristet die Lehre von der Haushaltung nur noch ein kümmerliches Dasein, während die Lehre von den öffentlichen Finanzen zunehmend zu einem eigenständigen Zweig der ‚Nationalökonomie' geworden ist.[122] Das ‚Haus' hat damit in wirtschaftlicher Hinsicht zwar nicht gänz-

---

121 Zur sogenannten ‚Theorie der Wirtschaftsstufen' im deutschen Sprachraum um 1900 vgl. exemplarisch Karl Bücher, *Die Entstehung der Volkswirtschaft. Vorträge und Aufsätze.* Erste Sammlung, 16. Auflage Tübingen 1922, besonders S. 83 ff.; siehe diesbezüglich ferner Harald Winkel, *Die deutsche Nationalökonomie im 19. Jahrhundert*, Darmstadt 1977, S. 175 ff.

122 Vgl. Klaus Lichtblau, Artikel „Ökonomie, politische", in: Historisches Wörterbuch der Philosophie, hrsg. von Joachim Ritter und Karlfried Gründer, Band 6, Basel / Stuttgart 1984, Spalte 1163-1173; ferner ders., *Das Zeitalter der Entzweiung. Studien zur politischen Ideengeschichte des 19. und 20. Jahrhunderts*, Berlin 1999, S. 157 ff.

lich ausgedient, wird heute aber mehr oder weniger mit dem sogenannten individuellen ‚Konsumenten' gleichgesetzt, während es in früheren Zeiten selbst noch eine zentrale Produktions- und Konsumgemeinschaft dargestellt hat, worauf Weber in seinen Schriften immer wieder hinweist.[123]

Aber noch eine weitere Debatte hat in Webers Ausführungen über die Hausgemeinschaft ihren Niederschlag gefunden, nämlich die von Johann Jakob Bachofen und Henry Morgan angestoßene Diskussion über das ‚Mutterrecht' und den damit verbundenen ‚Urkommunismus'. An dieser Diskussion haben sich in der zweiten Hälfte des 19. Jahrhunderts auch prominente marxistische Autoren wie August Bebel und Friedrich Engels beteiligt, auf die Weber in einer höchst kritischen Weise Bezug nimmt.[124] Es handelt sich bei der ‚Hausgemeinschaft' um eine elementare Erscheinungsform des menschlichen Zusammenlebens, deren ökonomischen, rechtlichen und verwandtschaftlichen Implikationen Weber in seinen diesbezüglichen Ausführungen deutlich zu machen versucht. Die ‚Hausgemeinschaft' stellt insofern ähnlich wie der von Marcel Mauss beschriebene ‚Gabentausch' ebenfalls ein ‚totales soziales Phänomen' dar, das auch in den nationalökonomischen Stufentheorien des 19. Jahrhunderts entsprechend gewürdigt worden ist. Doch warum geht Weber bei seiner entwicklungsgeschichtlichen Betrachtungsweise der großen Gemeinschaftsformen nicht von der ‚Familie', sondern vom ‚Haus' aus? Immerhin hat seine Ehefrau Marianne Weber 1907 eine umfangreiche Untersuchung über *Ehefrau und Mutter in der Rechtsentwicklung* veröffentlicht, in der sich übrigens auch zahlreiche Parallelen zu seinen eigenen

---

123 Zur heutigen wirtschaftlichen Bedeutung des Konsums der ‚privaten Haushalte' siehe auch Reinhold Hedtke, *Konsum und Ökonomik. Grundlagen, Kritik und Perspektiven*, Konstanz 2001.

124 Vgl. Johann Jakob Bachofen, *Das Mutterrecht. Eine Untersuchung über die Gynaiokratie der alten Welt nach ihrer religiösen und rechtlichen Natur*. Eine Auswahl herausgegeben von Hans-Jürgen Heinrichs, Frankfurt am Main 1975; Lewis Henry Morgan, *Die Urgesellschaft. Untersuchungen über den Fortschritt der Menschheit aus der Wildheit durch die Barbarei zur Zivilisation*, Stuttgart 1891; August Bebel, *Die Frau und der Sozialismus. Die Frau in der Vergangenheit, Gegenwart und Zukunft*, 16. unveränderte Auflage 1892; ferner Friedrich Engels, *Der Ursprung der Familie, des Privateigentums und des Staats im Anschluss an Lewis H. Morgan's Forschungen*, Zürich 1884. Siehe hierzu auch Webers Vorlesung über „Allgemeine (‚theoretische') Nationalökonomie", die er von 1894 bis 1898 in Freiburg und Heidelberg gehalten hat sowie sein vermutlich 1906 verfasstes Stichwortmanuskript über „Hausverband, Sippe und Nachbarschaft". In dieser Vorlesung sowie dem Stichwortmanuskript nimmt er zentrale Gedanken seiner späteren Ausführungen über die ‚Hausgemeinschaft' vorweg. Vgl. diesbezüglich MWG III/1, S. 96 f. und 375 ff.; ferner MWG I/22-1, S. 282 ff.

2.1 Die ‚Hausgemeinschaft'

Überlegungen feststellen lassen.[125] Und auch in den einschlägigen Arbeiten von August Bebel und Friedrich Engels, mit denen sich Marianne Weber in ihrem entsprechenden Buch ebenfalls in einer sehr kritischen Weise auseinandergesetzt hat, kommt das ‚Haus' als eine eigenständige sozialökonomische Kategorie nicht vor. Warum Weber nicht von der Familie und der Verwandtschaft, sondern vom ‚Haus' ausgeht, liegt daran, dass er mit dieser Kategorie nicht ausschließlich die verwandtschaftlichen Verhältnisse ansprechen möchte, aus denen dann auf einer relativ späten Entwicklungsstufe die moderne ‚Kleinfamilie' hervorgegangen ist, sondern das sogenannte ‚ganze Haus' im Auge hat. Zu diesem gehören nämlich neben den blutsverwandten Mitgliedern auch das ‚Gesinde' und andere Personen, deren Zugehörigkeit zu einem ‚Haus' sich aus dem ursprünglichen Charakter dieser Institution als einer Produktions- und Versorgungsgemeinschaft ergibt und die im Unterschied zur ‚Familie' nicht nur durch die ‚Blutsbande' und ‚Eheverträge' definiert ist.[126] Im Übrigen weist Weber darauf hin, dass bei den ursprünglichsten Formen der Hausgemeinschaft die Kategorie der ‚Bluts-Verwandtschaft' deshalb noch keine Rolle gespielt hat, weil zu dieser Zeit die entsprechenden biologischen Zeugungsverhältnisse ja noch alles andere als transparent gewesen sind. Denn damals gab es noch keinen genetischen ‚Vaterschaftsnachweis'. Und die ‚biologische' Abstammung eines Menschen wurde damals offensichtlich auch nicht für besonders wichtig gehalten. Denn neben dem entsprechenden biologischen ‚Zeugungs'-Akt kommen diesbezüglich noch bestimmte Formen der ‚Verbrüderung', der ‚Adoption' und der ‚Kooptation' ins Spiel, die zeigen, dass zu dieser Zeit die wie auch immer geregelte ‚geschlechtliche Abstammung' nicht das ausschlaggebende Kriterium der Zugehörigkeit zu einer Hausgemeinschaft gewesen ist. Insofern stellt diese elementare Gemeinschaftsform in jeder Hinsicht eine ‚amorphe' Kategorie dar. Ihr versucht Weber deshalb eine für seine Zwecke spezifische Be-

---

125 Vgl. Marianne Weber, *Ehefrau und Mutter in der Rechtsentwicklung. Eine Einführung*, Tübingen 1907; siehe hierzu Evelyn Höbenreich, *Marianne Webers „Ehefrau und Mutterrecht in der Rechtsentwicklung". Beziehungsmodelle zwischen römischem Recht und deutscher Kodifizierung*, Lecce 2018, besonders S. 81 ff.; ferner Lichtblau, *Die Eigenart der kultur- und sozialwissenschaftlichen Begriffsbildung*, a.a.O., S. 237 ff.

126 Vgl. diesbezüglich das Kapitel über das „ganze Haus" in dem für die deutsche Kultur- und Sozialgeschichtsschreibung der zweiten Hälfte des 19. Jahrhunderts einflussreichen Buch von Wilhelm Heinrich Riehl, *Die Familie*, Stuttgart und Augsburg 1855, S. 142 ff.; siehe ferner Otto Brunner, „Das ‚ganze' Haus und die alteuropäische ‚Ökonomik'", in: ders., *Neue Wege der Verfassungs- und Sozialgeschichte*, Göttingen 1968, S. 103-127.

deutung zu geben, die gemäß seinen methodologischen Überzeugungen ja nicht die einzig mögliche Form der Begriffsbildung darstellt. Weber zufolge verkörpert die Hausgemeinschaft in erster Linie eine ökonomische Versorgungsgemeinschaft, und keine sexuelle Dauergemeinschaft gemäß dem modernen Sinn des Wortes ‚Familie'. Im wahrsten Sinn des Wortes ‚urwüchsig' ist im Falle der traditionellen Hausgemeinschaft dabei nur die Beziehung zwischen Mutter und Kind sowie die sich unmittelbar daran anschließende „Aufzuchtgemeinschaft der Geschwister" beziehungsweise der sogenannten „Milchgenossen". Im letzten Fall ist aber nicht die Abstammung aus einem gemeinsamen Mutterleib, sondern die Versorgungsgemeinschaft das entscheidende Kriterium.[127] Gegenüber der Sippe und dem Nachbarschaftsverband stelle die Hausgemeinschaft allerdings eine „sekundäre Bildung" dar. Das heißt sie ist „nichts schlechthin Primitives", sondern ihrerseits bedingt durch ein gewisses Maß von Sesshaftigkeit, ohne die Nachbarschaftsverbände nicht dauerhaft existieren würden. Sie ist ferner bedingt durch Verwandtschaftsstrukturen, denen wesentlich komplexere ‚Allianzen' zugrunde liegen als der aus einem privatrechtlichen Ehevertrag zwischen zwei autonomen Personen hervorgehenden modernen Kleinfamilie. Das heißt die *Sippe* und die *Nachbarschaft* sind allgegenwärtig gewesen, noch bevor es überhaupt zur Bildung eines eigenen ‚Hausstandes' kommen konnte.[128]

Die Hausgemeinschaft ist Weber zufolge deshalb auch nicht „universell gleich umfassend". Jedoch stellt sie in seinen Augen die „universell verbreitetste" Wirtschaftsgemeinschaft dar. In ökonomischer Hinsicht ist sie ursprünglich durch einen „Hauskommunismus" geprägt. Das heißt sie beinhaltet eine ‚Verbraucher'-Gemeinschaft, die sich in exklusiver Weise gegenüber ihrer Umwelt zu behaupten weiß. Bedroht wird dieses Solidaritätsprinzip erst dann, wenn das ‚Rechnen' Einzug in die Hausgemeinschaft hält. Dies ist Weber zufolge jedoch erst im Stadium einer entfalteten monetären Tausch- und Verkehrswirtschaft der Fall, welche auf ganz anderen Prinzipien als dem der ‚Solidarität' beruht.[129] Insofern stelle die vorkapitalistische Hausgemeinschaft das eigentliche Reich der „Gleichheit und Brüderlichkeit" dar, in dem noch nicht ‚abgerechnet' wird, auch wenn dessen innere Struktur nicht durch Freiheit, sondern durch die persönliche Willkür des jeweiligen ‚Hausherren' geprägt gewesen ist. Die sogenannte ‚freie Ehe' ist dieser Lesart zufolge dagegen das unwahrscheinliche entwicklungsgeschichtliche Produkt von Umständen, die erstmals im antiken römischen Recht kodifiziert worden sind

---

127 Weber, „Hausgemeinschaften", MWG I/22-1, S. 115.
128 Ebd., S. 117.
129 Ebd., S. 118 ff.

2.1 Die ‚Hausgemeinschaft'

und die auch im modernen bürgerlichen Eherecht ihren Niederschlag gefunden haben.[130] Auch die *Nachbarschaftsgemeinschaft* ist Weber zufolge durch das Prinzip der ‚Brüderlichkeit' geprägt. In früheren Zeiten war allerdings noch nicht das großstädtische Mietshaus oder die moderne Vorstadtsiedlung, sondern das ‚Dorf' der topografische Kern des nachbarschaftlichen Zusammenlebens. Die ‚Nachbarschaft' ist in diesem Fall durch eine wechselseitige Hilfe in Notzeiten gekennzeichnet und insofern für eine Funktion zuständig, die heute in Deutschland durch den sogenannten ‚Sozialstaat' und die durch ihn gewährte ‚Sozialhilfe' wahrgenommen wird. Wie in der Hausgemeinschaft ist auch im Nachbarschaftsverband der ökonomische Tausch verpönt. Denn unter Brüdern feilscht man nicht. An seine Stelle tritt hier vielmehr die ‚Bittarbeit' und die ‚Bittleihe', die im Bedarfsfall ohne ein entsprechendes Geldäquivalent in Anspruch genommen werden können.[131] Dadurch besteht allerdings die Möglichkeit, dass im Rahmen eines daraus entstehenden patrimonialen Herrschaftsverhältnisses Verpflichtungen ganz anderer Art als in einer fortgeschrittenen Geldwirtschaft entstehen, wenn die sogenannte ‚Bittarbeit' sich zu einer feudalen ‚Fronwirtschaft' weiterentwickelt hat. Die Nachbarschaftsgemeinschaft ist Weber zufolge ferner die Grundlage für eine spezifische Art der ‚Gemeinde'-Bildung, die in den unterschiedlichsten religiösen Bewegungen weltweit eine zentrale Rolle spielt. Überdies nimmt sie auch Aufgaben und Rechte wahr, die ihr von dem für sie zuständigen politischen Verband auferlegt oder eingeräumt werden können, wie dies ja auch heute noch im föderalistischen System der Bundesrepublik Deutschland der Fall ist.

Die erste Erschütterung der ursprünglichen „kommunistischen Hausgewalt" ist Weber zufolge jedoch nicht durch dramatische epochale Umbrüche wie die der Entstehung der Familie, des Privateigentums und des Staates bewirkt worden, sondern durch die Geltendmachung exklusiver sexueller Ansprüche der männlichen Mitglieder einer Hausgemeinschaft an die der ‚Hausautorität' unterworfenen Frauen. Im Unterschied zu Friedrich Engels und anderen sozialistischen Theoretikern seiner Zeit ist Weber ferner nicht der Ansicht, dass *vor* diesem Akt der männlichen Machtergreifung so etwas wie eine „ordnungsfremde amorphe sexuelle Promiskuität innerhalb des Hauses" existiert habe, wobei er zugleich einschränkt:

---

130 Siehe hierzu auch Marianne Weber, *Ehefrau und Mutter in der Rechtsentwicklung*, a.a.O., S. 49 ff. und 158 ff.
131 Weber, „Hausgemeinschaften", MWG I/22-1, S. 121 ff. Vgl. diesbezüglich ferner Karl Bücher, „Schenkung, Leihe und Bittarbeit" [1918], in: ders., *Die Entstehung der Volkswirtschaft. Vorträge und Aufsätze*. Zweite Sammlung, 7. Auflage Tübingen 1922, S. 1-26

„wenigstens nie der Norm nach". Vielmehr sei innerhalb der Hausgemeinschaft die „kommunistische Freiheit des Geschlechtsverkehrs" im Unterschied zur Gütergemeinschaft von Anfang an verpönt gewesen, was Weber unter anderem als Folge der „Abschwächung des Sexualreizes durch das Zusammenleben von Kind auf" zu erklären versucht. Im Vergleich zur Sippenexogamie stelle also die Hausexogamie die „ältere, neben ihr fortbestehende Institution" dar.[132]

Dennoch kommt der *Sippe* in Webers Augen eine mit der Hausgemeinschaft vergleichbare entwicklungsgeschichtliche Bedeutung zu. Denn ohne sie wäre in diesem frühen Stadium der Menschheitsgeschichte die Existenz von ihr unterscheidbaren ‚Hausgemeinschaften' überhaupt nicht vorstellbar. Deshalb muss das auf dem ersten Blick nicht ganz leicht zu verstehende Verhältnis zwischen dem ‚Haus' und der ‚Sippe' hier kurz angesprochen werden. Dabei kommen komplexe verwandtschaftliche Verhältnisse ins Spiel, die bis heute die internationale ethnologische Forschung beschäftigen.[133] Auch wenn Weber in diesem Zusammenhang darauf hinweist, dass die ethnographische und die wirtschaftsgeschichtliche Forschung seiner Zeit noch nicht weit genug entwickelt gewesen sei, um bezüglich dieser komplizierten Beziehungen zwischen der Hausgemeinschaft, dem Sippenverband, der Nachbarschaftsgemeinschaft und dem politischem Verband zu eindeutigen Ergebnissen zu kommen, hat er diesbezüglich ganz klare Vorstellungen. Eine sippenmäßige Form der Gemeinschaft kann zum Beispiel auch dann existieren, wenn gar kein entsprechendes aktives Gemeinschaftshandeln, das heißt sinnhaft aufeinander bezogenes Handeln zweier oder mehrerer Menschen stattfindet, sondern ihr wechselseitiges Verhältnis durch eine bestimmte Form des ‚Unterlassens' gekennzeichnet ist, nämlich die Vermeidung des Kampfes und des Frauenraubes innerhalb der eigenen Sippe. Äußerliches Kennzeichen für die Mitgliedschaft innerhalb einer Sippe seien ferner gleichartige Rituale und der mythologische Bezug auf einen gemeinsamen Ursprung, der auch durch ein Totem und entsprechende Tätowierungen symbolisch zum Ausdruck gebracht werden kann. Der Sippenverband sei ferner der „urwüchsige Träger aller ‚Treue'" und eine „Schutzgemeinschaft" sowie eine „Besitzanwartsgemeinschaft", die gegenüber den einzelnen Hausgemeinschaften entsprechende Ansprüche durchzusetzen in der Lage ist. Zu diesen gehört auch die Pflicht der Sippenmitglieder zur Blutrache,

---

132 Weber, „Hausgemeinschaften", MWG I/22-1, S. 126 ff.
133 Siehe hierzu auch Claude Lévi-Strauss, *Die elementaren Strukturen der Verwandtschaft*, Frankfurt am Main 1981; ferner Pierre Bourdieu, *Sozialer Sinn. Kritik der theoretischen Vernunft*, Frankfurt am Main 1987, S. 264 ff. und 288 ff.

weshalb sie ein mit der häuslichen Autorität, aber auch mit dem politischen Verband konkurrierendes gesellschaftliches Strukturprinzip darstellt.[134]
Dies bedeutet jedoch nicht, dass sich die Unterscheidung zwischen der Hausgemeinschaft, dem Nachbarschaftsverband sowie die Untergliederung eines Stammes in verschiedene Sippen fein säuberlich getrennt voneinander durchführen lässt. Denn es gibt Weber zufolge vielfältige Formen der Vermischung und der Überlagerung, die nicht nur jedem externen Beobachter wie zum Beispiel einem heutigen Ethnologen, sondern auch den Mitgliedern einer Sippe eine beträchtliche ‚kasuistische' Kompetenz abverlangen. Die von ihm in diesem Zusammenhang verwendeten typologischen Begriffe und die mit ihnen vorgenommenen sachlichen Unterscheidungen beruhen also auf einer *Kasuistik*, die Weber als ausgebildeter Jurist meisterhaft beherrscht hat. Denn ohne sie wäre überhaupt keine Orientierung im Dickicht der möglichen empirischen Vermischungen beziehungsweise ‚Kreuzungen' der einzelnen Strukturprinzipien und den damit gegebenen ‚gleitenden Übergängen' zwischen seinen entsprechenden typologischen Unterscheidungen möglich.

Auch bei der Entstehung komplexer Verwandtschaftsstrukturen kommt Weber zufolge der jeweiligen Sippenzugehörigkeit eine zentrale Rolle zu. Nicht etwa die ‚Familie', sondern die Sippenzugehörigkeit ist es, welche den jeweiligen Verwandtschaftsgrad zwischen Vater, Mutter und Kind einerseits sowie deren Brüdern und Schwestern sowie den ‚Onkeln' und ‚Tanten' andererseits bestimmt. Zum Beispiel macht es einen Unterschied, ob ein Kind der Sippe der Mutter oder aber der des Vaters zugehört. Denn damit sind zugleich unterschiedliche Erbansprüche verbunden, die entweder durch die ‚Mutterfolge' oder aber durch die ‚Vaterfolge' erbrechtlich festgelegt sind. Im ersten Fall sind es neben dem mutmaßlichen Vater die Brüder der Mutter, deren Autoritätsgewalt das einzelne Kind unterworfen ist, im zweiten Fall dagegen die väterlichen Verwandten, deren Kontrolle es untersteht. Hier liegen also zwei klar voneinander unterscheidbare gesellschaftliche Strukturprinzipien vor. Dies bedeutet jedoch nicht, dass eine bestimmte Hausgemeinschaft eindeutig einem dieser beiden auch vermögens- und erbrechtlich relevanten Prinzipien zugeordnet werden kann. Vielmehr können Weber zufolge aufgrund der unterschiedlichen Sippenzugehörigkeit der Eltern einzelne Personen in einer Hausgemeinschaft der väterlichen Hausgewalt, andere dagegen der „Mutterhausgewalt", das heißt der „Gewalt der Hausgemeinschaft der Frau" unterworfen sein. Von der Existenz eines ‚Mutterrechtes' will Weber dagegen nur sprechen, wenn

---

134 Weber, „Hausgemeinschaften", MWG I/22-1, S. 129 f. Damit sind zugleich unterschiedliche Formen der ‚Rechtsverfolgung' verbunden, auf die wir im Rahmen dieser Einführung bei der Darstellung von Webers Rechtssoziologie eingehen werden.

ein Mann eine Frau durch *Tausch* erwirbt und in seine Hausgemeinschaft aufnimmt, aber dennoch die ‚Mutterfolge' beibehalten wird. Dies bedeutet, dass in diesem Fall also die „ausschließliche Zurechnung der Kinder zur Sippe der Mutter als ihres exogamen Sexualverbandes, ihrer Blutrachegemeinschaft und als der Gemeinschaft, von der allein sie erben, bestehen bleibt."[135]

An dieser Stelle verweist Weber wieder auf die Existenz von dabei zu berücksichtigenden ‚Zwischenstufen', die uns hier allerdings nicht weiter zu interessieren brauchen. Vielmehr ist die ‚Logik' erkennbar geworden, die diesen kasuistischen Unterscheidungen zugrunde liegt. Es handelt sich dabei um verschiedene Arten von ‚Kreuzungen', die auch das Kennzeichen der von Georg Simmel begründeten Richtung der formalen Soziologie darstellen. Nur dass es bei Simmel die Kreuzungen verschiedener ‚sozialer Kreise' sind, welche die Gruppenzugehörigkeit und damit die ‚quantitative Individualität' eines Menschen eindeutig bestimmen, während Weber dabei die wechselseitigen Überlagerungen unterschiedlicher gesellschaftlicher Strukturprinzipien innerhalb einer Gemeinschaft – in diesem Fall ist es die Hausgemeinschaft – im Auge hat, die exklusive Ansprüche zwischen unterschiedlichen Personen und sozialen Verbänden zu rechtfertigen in der Lage sind. Von dieser zu unterscheiden sind wiederum die *ethnischen* und *politischen* Gemeinschaftszugehörigkeiten, denen Weber ebenfalls seine Aufmerksamkeit gewidmet hat und denen wir uns im Folgenden zuwenden werden.

2.2 Ethnische Gemeinschaften

Zurzeit, als Max Weber soziologische Studien im engeren Sinne in Angriff zu nehmen beginnt, war nicht nur im deutschen Sprachraum, sondern in ganz Europa die wissenschaftliche Debatte über die mögliche Bedeutung von ‚Rassenunterschieden' bereits im vollen Gang gewesen. Diese Diskussion vermischte sich zugleich mit den Erwartungen eines breiteren Publikums, die ohnehin als sicher geltende Überlegenheit der ‚eigenen' Rasse gegenüber ‚fremden Rassen' nun endlich auch wissenschaftlich untermauert zu bekommen. Weber ist an den Ergebnissen der diesbezüglichen Forschungen zwar sehr interessiert, vertritt aber zugleich die Überzeugung, dass zumindest zu diesem Zeitpunkt noch keine verlässlichen wissenschaftlichen Erkenntnisse über die mögliche soziologische Bedeutung von

---

135 Ebd., S. 134. Hierbei handelt es sich übrigens um einen ‚Fall', der Weber zufolge real gar nicht existiert hat. Dabei ermöglicht ihm dieser fiktive Fall, durch entsprechende begriffliche Kreuzungen weitere ‚Fälle' zu konstruieren, von denen auch einige tatsächlich existiert haben beziehungsweise haben könnten.

2.2 Ethnische Gemeinschaften

‚Rassenunterschieden' vorliegen würden, auch wenn er es grundsätzlich nicht ausschließt, dass dies eines Tages der Fall sein könnte. Entsprechend umsichtig ist sein Umgang mit diesem heiklen Thema, das ihn wohltuend von vielen seiner Zeitgenossen unterscheidet. Obwohl Weber überzeugt davon ist, dass die historische, politische und kulturelle Relevanz von verschiedenen ‚anthropologischen Typen' bisher noch völlig ungeklärt sei, sieht er sich dennoch gezwungen, zu dieser Frage öffentlich Stellung zu nehmen und seine eigenen Ansichten in dieser Angelegenheit zu verdeutlichen.[136]

Weber geht innerhalb der Vorkriegsfassung von *Wirtschaft und Gesellschaft* auf diese Problematik im Rahmen seiner Auseinandersetzung mit dem sogenannten ‚ethnischen' Gemeinschaftsbegriff ausführlich ein. Er grenzt hierbei ‚ethnische' Formen der Gemeinschaftsbildung strikt von den ‚anthropologischen Verwandtschaften' ab, um ihren fiktiven Charakter zu unterstreichen. Denn ihm zufolge bringt ein entsprechendes „ethnisches Verwandtschaftsgefühl" beziehungsweise „ethnisches Gemeinschaftsgefühl" keinen objektiv feststellbaren Tatbestand zum Ausdruck.[137] Vielmehr stelle es ausschließlich einen *Glauben* an die Existenz solcher ‚ethnischen' Unterschiede dar. Diesem komme allerdings allein schon aufgrund seiner weiten Verbreitung eine erhebliche soziologische Relevanz zu. Deshalb sieht sich Weber dazu gezwungen, im Rahmen seiner Erörterung der verschiedenen Formen der Vergemeinschaftung sich mit diesem Phänomen etwas ausführlicher auseinanderzusetzen. ‚Ethnizität' ist ihm zufolge dabei nicht mit ‚Rassenzugehörigkeit' zu verwechseln, weil sie auf ganz anderen sozialen Konst-

---

136 Offizielle Anlässe, bei denen es Weber möglich gewesen ist, seine Ansichten über die soziologische Bedeutung der Begriffe ‚Rasse' und ‚Nation' beziehungsweise ‚Nationalität' in Form von Diskussionsbeiträgen zu einschlägigen Referaten anderer Autoren öffentlich zu vertreten, waren die ersten beiden deutschen Soziologentage im Oktober 1910 in Frankfurt am Main und Oktober 1912 in Berlin. Vgl. Max Weber, „Die Begriffe Rasse und Gesellschaft", MWG I/12, S. 237 ff.; ferner ders., „Die Nationalität in ihrer soziologischen Bedeutung", ebd., S. 302 ff. Siehe hierzu auch Hans-Walter Schmuhl, „Max Weber und das Rassenproblem", in: *Was ist Gesellschaftsgeschichte? Positionen, Themen, Analysen*, hrsg. von Manfred Hettling, München 1991, S. 331-342; Karl-Ludwig Ay, „Max Weber und der Begriff der Rasse", in: Aschkenas. Zeitschrift für Geschichte und Kultur der Juden 3 (1993), S. 189-218; ferner Y. Michal Bodemann, „Priests, Prophets, Jews and Germans. The Political Basis of Max Weber's conception of Ethno-national Solidarities", in: Archives Européennes de Sociologie 34 (1993), S. 224-247.

137 Vgl. Weber, „Ethnische Gemeinschaften", MWG I/22-1, S. 178

ruktionen als dem Glauben an die objektive Existenz von menschlichen ‚Rassenunterschieden' beruht.[138] Weber stellt in diesem Zusammenhang zwei verschiedene Formen, soziale Gemeinschaften voneinander abzugrenzen, einander gegenüber. Die eine beruht auf der Unterstellung einer „anthropologischen Verwandtschaft" beziehungsweise „Abstammungsgemeinschaft", die auf vererbten biologischen Anlagen zurückzuführen sei und die jeweilige Besonderheit einer menschlichen ‚Rasse' kennzeichne. Im Falle von rein ‚ethnisch' begründeten Gemeinschaftsbeziehungen seien dagegen „auffällige Unterschiede des äußeren Habitus" sowie „ständische, also anerzogene Unterschiede und namentlich Unterschiede der ‚Bildung'"[139] der Grund für entsprechende soziale Abgrenzungen und Besonderheiten, die in der jeweiligen ‚Tradition' der einzelnen ‚ethnischen' Gruppierungen begründet seien und denen zugleich entsprechende Unterschiede der ‚Sitten' und der ‚Konventionen' entsprächen. Weber relativiert jedoch diese von ihm vorgenommene Unterscheidung, indem er im ersten Fall ebenfalls von einem reinen „Stammesverwandtschaftsglauben" spricht, bei dem es gar nicht entscheidend sei, „ob eine Blutsgemeinschaft objektiv vorliegt oder nicht". Zum anderen ist er wie Friedrich Nietzsche der Überzeugung, dass es in der Geschichte zahlreiche Beispiele dafür geben würde, dass sowohl durch Rassenvermischungen infolge von Migrationsbewegungen als auch durch die soziale Abschließung einer ethnischen Gruppierung durch ‚endogame' Heiratsregelungen und exklusive kultische Praktiken auch neue ‚anthropologische Typen' gezüchtet werden könnten, wie dies zum Beispiel bei den sogenannten ‚Paria-Völkern' der Fall gewesen sei, zu denen Weber auch das antike und mittelalterliche Judentum zählt.[140] Interessant ist in diesem Zusammenhang ferner seine Unterscheidung zwischen einer ‚Sippe' und den von ihm so genannten „'ethnischen' Gruppen" beziehungsweise der „Sippengemeinschaft" einerseits und der „'ethnischen' Gemeinsamkeit" andererseits. Denn während der

---

138 Siehe hierzu auch Johannes Raum, „Reflections on Max Weber's Thoughts Concerning Ethnic Groups", in: Zeitschrift für Ethnologie 120 (1995), S. 73-87; ferner Theresa Wobbe, „Max Webers Bestimmung ethnischer Gemeinschaftsbeziehungen im Kontext gegenwärtiger soziologischer Debatten", in: Jahrbuch für Soziologiegeschichte 1994, Opladen 1997, S. 177-189.

139 Vgl. Weber, „Ethnische Gemeinschaften", MWG I/22-1, S. 168 und 171.

140 Ebd., S. 170; siehe ferner den zweiten Halbband von Max Weber, *Die Wirtschaftsethik der Weltreligionen. Das antike Judentum*, in dem „Die Entstehung des jüdischen Pariavolkes" ausführlich behandelt wird (MWG I/21, S. 607 ff.). Vgl. auch Klaus Lichtblau, „Ressentiment, negative Privilegierung, Parias", in: *Max Webers „Religionssystematik"*, hrsg. von Hans G. Kippenberg und Martin Riesebrodt, Tübingen 2001, S. 279-296.

2.2 Ethnische Gemeinschaften

Sippenverband eine authentische Form der Gemeinschaftsbildung verkörpere, die in einem „realen Gemeinschaftshandeln" zum Ausdruck kommen würde, sei dies bei den ‚ethnischen' Gruppen nicht der Fall, da diese nur auf einer „geglaubten Gemeinsamkeit" beruhten.[141]

‚Ethnische' Gruppierungen sind Weber zufolge also nicht durch eine „Blutsverwandtschaft", sondern durch eine „Sprachgemeinschaft" und eine „Gemeinsamkeit des religiösen Glaubens" gekennzeichnet. Ferner betont er in diesem Zusammenhang die jeweilige Eigenart der ‚ethnischen Ehre' und der ‚ethnischen Konventionen' sowie die auffallenden ‚ästhetischen' Unterschiede des jeweiligen Habitus und der alltäglichen Lebensführung, die empirisch feststellbar seien, auch wenn eine exakte soziologische Begriffsbildung in diesem Fall gar nicht möglich sei, da wir es hier mit fiktiven sozialen Gruppierungen zu tun haben würden.[142] Nicht viel besser sehe es bei jenen „Sammelbegriffen" aus, die um 1900 die Gemüter der Menschen erhitzt haben, nämlich mit dem Begriff des ‚Stammes' einerseits und des ‚Volkes' beziehungsweise der ‚Völkerschaft' andererseits. Auch diese bringen Weber zufolge einen Glauben an die gemeinsame ‚Blutsverwandtschaft' zum Ausdruck, wobei die inhaltliche Ausrichtung des auf diesem Glauben beruhenden ‚Gemeinschaftshandelns' völlig unbestimmt bleibe. Entsprechend gering sei auch die soziologische Eindeutigkeit dieser Begriffe. Trotz dieser fehlenden begrifflichen Schärfe sieht er dennoch eine enge Verbindung zwischen den verschiedenen Erscheinungsformen von ‚Ethnizität' einerseits und dem ‚politischen Gemeinschaftshandeln' andererseits gegeben. Denn die Zugehörigkeit zu einem politischen Verband begünstige die Vorstellung, dass dieser zugleich auf einer „Blutsgemeinschaft" beruhen würde, wobei Weber insbesondere die Bedingtheit eines entsprechenden „Stammesbewusstseins" durch gemeinsame politische Schicksale betont.[143]

Aus diesem Grund sieht Weber eine enge Beziehung zwischen dem ‚ethnischen' Gemeinschaftsglauben und dem Begriff der ‚Nation' gegeben, auch wenn sich letzterer ebenfalls einer exakten soziologischen Kasuistik entziehe. Immerhin lasse sich so viel sagen, dass die sogenannte ‚Nationalität' auf dem Glauben an eine spezifische ‚Abstammungsgemeinschaft' beruht, der ein entsprechendes Solidaritäts-

---

141 Weber, „Ethnische Gemeinschaften", MWG I/22-1, S. 174 ff.
142 Ebd., S. 177 ff.
143 Ebd., S. 181 ff. Siehe hierzu auch den einschlägigen Artikel von Franz Oppenheimer, „Stammesbewußtsein und Volksbewußtsein", in: Die Welt. Zentralorgan der Zionistischen Bewegung, 14. Jahrgang (18. Februar 1910), S. 139-143; vgl. ferner Claudia Willms, *Franz Oppenheimer (1864-1943). Liberaler Sozialist, Zionist, Utopist*, Wien / Köln / Weimar 2018, S. 179 ff.

empfinden begünstige. Zwar werde seine Entstehung durch eine gemeinsame Sprache sowie gemeinsame historische und politische Schicksale begünstigt. Jedoch ist eine ‚Nation' nicht mit dem ‚Staatsvolk' identisch, da letzterem ja höchst verschiedene ethnische Gruppierungen mit unterschiedlichen Sprachen und Dialekten angehören können, die sich nicht unbedingt als Mitglieder einer ‚Nation' empfinden müssen. Oder das jeweilige Nationalbewusstsein einer ‚ethnischen Minorität' innerhalb eines Staates ist an der Existenz eines anderen politischen Verbandes orientiert, dem man aus politischen und historischen Gründen derzeit zwar nicht angehört, aber mit dessen Mitgliedern man die Sprache und eine gemeinsame ‚ethnische' Herkunft teilt. Überdies kann ein Nationalbewusstsein bereits existieren, noch bevor es überhaupt zur Gründung eines entsprechenden ‚Nationalstaates' gekommen ist. Und mit konfessionellen Gemeinsamkeiten ist ohnehin kein Staat zu machen, weil dessen territoriale Grenzen in der Regel konfessionsübergreifend und insofern konfessionsneutral sind. Überdies gibt es Weber zufolge bemerkenswerte Unterschiede zwischen den feudalen und den bürgerlichen Schichten sowie den Beamten und den Intellektuellen hinsichtlich der Ausbildung eines entsprechenden Nationalbewusstseins, was dazu führe, dass die ‚Idee der Nation' in einen Widerspruch zur ‚Idee des Staates' geraten könne. Da beide ‚Ideen' jedoch ähnliche ‚Prestige-Interessen' verfolgen und zugleich den Glauben an eine gemeinsame ‚Kultur-Mission' teilen können, liege der Schulterschluss zwischen ihnen nahe. Dieser ist in der Geschichte auch immer wieder gesucht worden – und zwar von allen genannten sozialen Schichten.[144]

Inwiefern sich das ‚moderne Proletariat' dieser Zumutung einer ‚ethnisch' begründeten ‚Identitäts'-Politik innerhalb des modernen ‚Nationalstaates' auf Dauer entziehen kann, lässt Weber übrigens bewusst offen, da diese soziale Klasse den Konflikt zwischen einer partikularistischen und einer universalistischen Wertorientierung noch nicht erfolgreich gelöst habe. Immerhin ist deutlich geworden, dass Weber zufolge nicht nur zwischen der neuzeitlichen Vorstellung von ‚Staat' und ‚Nation', sondern auch zwischen ‚Ethnizität' und ‚sozialer Schicht' beziehungsweiser ‚sozialer Klasse' ein Spannungsverhältnis besteht, das prinzipiell nicht aufgelöst werden kann, weil mit diesen Begriffen völlig unterschiedliche Interessen und Wertorientierungen verbunden sind. Dass die entsprechenden ‚Ideen' und ‚Interessen' sowie das mit ihnen verbundene kulturelle und politische ‚Pathos' dabei zwar eng miteinander verbunden sind, zugleich aber auch erheblich auseinanderfallen können, wird von Weber übrigens ausdrücklich betont, wenn er schreibt: „Kultur-Prestige und Macht-Prestige sind eng verbündet. Jeder *siegreiche* Krieg

---

144 Weber, „Ethnische Gemeinschaften", MWG I/22-1, S. 185 ff.; vgl. diesbezüglich ferner Weber, „Machtprestige und Nationalgefühl", MWG I/22-1, besonders S. 241 ff.

fördert das Kultur-Prestige. (...) Ob er der ‚Kulturentwicklung' zu *gute* kommt, ist eine andre, nicht mehr ‚wertfrei' zu lösende Frage. Sicher *nicht eindeutig* (Deutschland nach 1870!). Auch nach empirisch greifbaren Merkmalen *nicht*: Reine Kunst und Literatur von deutscher *Eigenart* sind *nicht* im politischen *Zentrum* Deutschlands entstanden."[145] Insofern stellt sich die Frage, welcher ‚entwicklungsgeschichtliche' Status eigentlich dem neuzeitlichen Territorialstaat im Vergleich mit verschiedenen anderen politischen Gemeinschaften zukommt, die entweder bereits vor ihm existiert haben oder trotz des Gewaltmonopols des modernen Staates und der durch dieses Monopol erzwungenen ‚Verstaatlichung' des Rechts weiterhin neben ihm existieren. Dieser Frage werden wir uns im folgenden Kapitel zuwenden.

2.3 Politische Gemeinschaften

Eine politische Gemeinschaft ist Weber zufolge dadurch gekennzeichnet, dass sie zum einen über eine bestimmte Gebietsherrschaft verfügt und dass sie zum anderen in der Lage ist, den Einsatz von physischer Gewalt für die Durchsetzung ihrer Interessen und Zwecke glaubhaft anzudrohen und gegebenenfalls auch auszuüben. Diese Gewaltbereitschaft kann sowohl nach innen gegen ihre Mitglieder als auch nach außen gegen fremde Gemeinschaften gerichtet sein. Die Existenz einer solchen politischen Gemeinschaft ist nichts Selbstverständliches, sondern stellt ein vergleichsweise spätes Stadium der gesellschaftlichen Entwicklung dar. Denn ursprünglich kam es der Hausgemeinschaft und dem Nachbarschaftsverband sowie der ‚Sippe' zu, diese beiden Aufgaben zu übernehmen, ohne sich deshalb schon als ein ‚politisches Gemeinwesen' zu konstituieren. Worin besteht also eigentlich das ‚Politische' an den von Weber so genannten ‚politischen Gemeinschaften'?[146]

Gemäß dem auf Aristoteles zurückgehenden Sprachgebrauch ist das ‚Politische' eng mit der Existenz eines Stadtstaates beziehungsweise der ‚Polis' verbunden. In dieser nehmen freie Bürger männlichen Geschlechts die gleichen Rechte wahr, zu denen neben dem Wahlrecht auch das Recht der Redefreiheit, aber auch die Pflicht zum Waffeneinsatz gegenüber ‚Fremden' gehört, sofern er für eine koloniale Expansion oder den schieren Fortbestand dieser politischen Gemeinschaft in einer feindlichen Umwelt erforderlich sein sollte. Ausgehend von dieser Begriffsbestimmung spannt sich ein Bogen bis hin zum modernen demokratischen Rechtsstaat, in dem prinzipiell alle erwachsenen Bürger, das heißt auch die Frauen

---

145 Weber, „Machtprestige und Nationalgefühl", MWG I/22-1, S. 247.
146 Weber, „Politische Gemeinschaften", MWG I/22-1, S. 200 ff; vgl. ferner ders., „Machtprestige und Nationalgefühl", ebd., S. 218 ff.

das Wahlrecht sowie das Recht auf freie Meinungsäußerung genießen, während das Rederecht in den Parlamenten nur deren demokratisch gewählten Mitgliedern zukommt. Webers Begriff der ‚politischen Gemeinschaft' ist dagegen allgemeiner gefasst, da er nicht nur auf die Existenz von politischen Gebilden im Sinne einer ‚Anstalt' abzielt, die wie der moderne Staat über ein Monopol der legitimen physischen Gewaltanwendung sowie über einen entsprechenden ‚Erzwingungsstab' verfügt. Vielmehr umfasst dieser von Weber völlig wertfrei gebrauchte Begriff eine ganze Reihe von Gemeinschaften, die bereits *vor* der Entstehung von Staaten existiert haben, im Laufe der Zeit aber meist gegen ihren eigenen Willen zunehmend ‚verstaatlicht' worden sind. Insofern läuft entwicklungsgeschichtlich alles auf die Entstehung von ‚Staaten' und darüber hinaus von großen ‚Imperien' hinaus, auch wenn in Webers Augen die Staatenbildung kein konstitutives Merkmal von politischen Gemeinschaften darstellt. Das heißt der in der aristotelischen Tradition der politischen Philosophie immer wieder emphatisch beschworene ‚Staat' beinhaltet kein wie auch immer gefasstes ‚Telos' der historischen Entwicklung der verschiedenen Gemeinschaftsformen. Vielmehr stellt er katholisch gesprochen ein ‚Superadditum' beziehungsweise in marxistischer Lesart einen entsprechenden ‚politischen Mehrwert' dar.

Auch in diesem Fall lehnt es Weber ab, auf die möglichen ‚Inhalte' beziehungsweise die sinnhaften Orientierungen der Handelnden innerhalb einer politischen Gemeinschaft einzugehen. Stattdessen nimmt er das formale Kriterium der Gebietsherrschaft sowie der physischen Gewaltbereitschaft zum Ausgangspunkt, um verschiedene Erscheinungsformen der politischen Gemeinschaft sowie des ihnen jeweils entsprechenden ‚Verbandhandelns' einander gegenüberzustellen. Hierbei fällt auf, dass Weber in diesem Kontext die Begriffe ‚Gemeinschaft' und ‚Verband' weitgehend synonym gebraucht, ohne zu begründen, warum er dies eigentlich macht. Immerhin verrät er uns an dieser Stelle so viel, dass mit einem politischen Verband untrennbar die Existenz eines entsprechenden „Verbandapparates" verbunden sei, die er allerdings als Ausdruck einer „ziemlich vorgeschrittene(n) Entwicklung" ansieht. Ferner weist er in diesem Zusammenhang darauf hin, dass die mit ihr verbundene spezifische Form der Gewaltanwendung, nämlich die ‚politische' Gewalt, heute in einer „*anstalts*mäßigen", das heißt *staatlichen* Form ausgeübt würde, ohne an dieser Stelle den Unterschied zwischen ‚Verband' und ‚Anstalt' sowie die damit verbundene Unterscheidung zwischen ‚Vergemeinschaftung' einerseits und ‚Vergesellschaftung' andererseits zu erklären.[147] Da es ihm zunächst

---

147 Weber, „Politische Gemeinschaften", MWG I/22-1, S. 210. Einer der Gründe für diese merkwürdige Abstinenz könnte sein, dass Weber die Begriffe ‚Verband' und ‚Anstalt' sowie andere seiner soziologischen Grundbegriffe, die er zum ersten Mal in seinem

2.3 Politische Gemeinschaften

ja nur darum geht, einen *allgemeinen* Begriff, das heißt einen ‚Strukturbegriff' der politischen Gemeinschaft zu erläutern, lassen wir an dieser Stelle deshalb alles außer Betracht, was eigentlich eine ‚inhaltliche Soziologie' des spezifisch *politischen* Gemeinschafts- beziehungsweise Verbandhandelns sein könnte und konzentrieren uns darauf, was Weber sagt, *bevor* er 1913 sein methodologisches Verständnis einer ‚verstehenden' Soziologie sowie seine Definitionen der hierfür zentralen soziologischen Kategorien erstmals öffentlich zur Diskussion stellt. Die möglichen ‚inhaltlichen' Ausrichtungen des politischen Gemeinschaftshandelns werden wir dann im Rahmen der Besprechung der beiden Fassungen seiner *Herrschaftssoziologie* erörtern.

Im Falle der politischen Gemeinschaften sei es ein spezifisches Pathos, nämlich der „Ernst des Todes", der die Grundlage für die Entstehung einer entsprechenden „Erinnerungsgemeinschaft" darstellt. Diese bewirke sogar noch stärkere soziale Bindungen als es einer reinen Sprachgemeinschaft, Kulturgemeinschaft oder Abstammungsgemeinschaft möglich sei. Gemeinsame politische Schicksale seien es auch, die wesentlich das moderne ‚Nationalbewusstsein' kennzeichnen würden.[148] Die Bereitschaft und die Verpflichtung, im Notfall auch sein eigenes Leben zu opfern, ist allerdings nicht nur für politische Gemeinschaften charakteristisch. Denn auch Sippenverbände und religiöse Gemeinschaften zeichnen sich durch eine Pflicht zur Anwendung von physischer Gewalt sowie zum Ertragen entsprechender ‚Opfer' aus. Im ersten Fall ist es die Blutrache, im zweiten Fall dagegen das Martyrium, welche in bestimmten Fällen ihren Mitgliedern abverlangt werden. Insofern gibt es Weber zufolge gleitende Übergänge zwischen der Existenz eines spezifischen ‚Ehrenkodex' einer ‚Abstammungsgemeinschaft' bis hin zum Glauben an die ‚Rechtmäßigkeit' beziehungsweise ‚Legitimität' der Gewaltanwendung von politischen Verbänden, die schließlich im Gewaltmonopol des modernen Territorial- und Verfassungsstaates kulminiert.

Der Unterschied zwischen einer ‚ethnischen' und einer ‚politischen' Gemeinschaft ist also zunächst ein rein quantitativer, der von der Größe des jeweiligen Gebietsanspruches und der zeitlichen Dauer ihrer Existenz bestimmt wird.

1913 erschienenen ‚Kategorienaufsatz' definiert, in die Textfragmente über die politischen Gemeinschaften nachträglich eingearbeitet hat. Dies betrifft in unterschiedlichem Ausmaß übrigens auch die anderen ‚Gemeinschafts'-Texte, die wir bisher besprochen haben. Siehe hierzu auch die entsprechenden Ausführungen im vierten Teil dieser Einführung, in dem auf Webers soziologische ‚Kategorien' von 1913 sowie auf seine „Soziologischen Grundbegriffe" von 1920 ausführlich eingegangen wird.

148 Weber, „Politische Gemeinschaften", MWG I/22-1, S. 206. Siehe hierzu auch Karl-Ludwig Ay, „Max Webers Nationenbegriff", in: *Zeitperspektiven. Studien zu Kultur und Gesellschaft*, hrsg. von Uta Gerhardt, Stuttgart 2003, S. 80-103.

‚Qualitativ' wird dieser Unterschied erst dann, wenn die Bereitschaft zur Gewaltanwendung mit einer entsprechenden ‚Weihe' verbunden ist, die aus ihrem ‚politischen' Legitimationsanspruch resultiert. Doch dies verweist bereits auf die ‚inhaltliche' Ausrichtung von Webers Herrschaftssoziologie, deren Erörterung zunächst noch zurückgestellt worden soll, da bereits ein formaler Begriff der ‚politischen Gemeinschaft', wie Weber ihn verwendet, die Möglichkeit einer „rationalen kasuistischen Ordnung" beinhaltet. Er unterstellt dabei, dass in den entwickelten politischen Gemeinschaften selbst ein „System von kasuistischen Ordnungen" existieren würde, das in deren ‚Rechtsordnung' zum Ausdruck komme.[149] Doch diese Verrechtlichung der politischen Gewaltanwendung sei ein sehr langer Prozess gewesen, der schließlich in einer ‚Verstaatlichung' aller Rechtsnormen kulminiere. Diesen historischen Prozess beschreibt Weber ausführlich in seiner uns hinterlassenen *Rechtssoziologie*, der wir uns später zuwenden werden. Denn ‚Recht' und ‚Herrschaft' sind Weber zufolge eng miteinander verbunden. Entscheidend ist an dieser Stelle nur, dass sofern der politische Verband ein Dauergebilde und insofern mächtig genug geworden ist, die Tendenz hat, rein ‚private' Gewaltanwendung grundsätzlich unter Strafe zu stellen, von der dann auch die alten ‚Geschlechterverbände' betroffen sind, um damit seinen ‚absolut' gewordenen Herrschaftsanspruch zu untermauern.[150]

Dieser Prozess der Monopolisierung der ‚legitimen' physischen Gewaltanwendung durch eine politische Gemeinschaft und ihren ‚Verband', das heißt durch ihren ‚Erzwingungsstab', hat verschiedene Interessenten. Einer, den Weber in diesem Zusammenhang ausdrücklich erwähnt, ist die von ihm so genannte ‚Marktgemeinschaft', die in jeder Hinsicht einen schillernden Begriff darstellt. Gemeint ist damit in historischer Hinsicht das europäische Bürgertum, das zwecks Förderung der Geldwirtschaft ein Interesse daran hatte, dass ein politisches Gewaltmonopol geschaffen wurde, welches zugleich für die Durchsetzung der Rechtssicherheit und der damit verbundenen Wahrung der jeweiligen Eigentumsrechte zuständig gewesen ist. Denn ohne entsprechende Rechtsgarantien wäre es Weber zufolge nie zur Entstehung der spezifisch ‚modernen' Erscheinungsform des Kapitalismus gekommen. Und zum anderen gilt es der Tendenz zur Expansion der staatlichen Gewaltbereitschaft bis hin zur Entstehung großer Imperien Rechnung zu tragen. Diese geht zugleich mit der Entwicklung einer weiteren historisch spezifischen Erscheinungsform des Kapitalismus einher, nämlich dem „imperialistischen Kapitalismus", der Weber zufolge auch den kolonialen Kapitalismus in

---

149 Weber, „Politische Gemeinschaften", MWG I/22-1, S. 207.
150 Ebd., S. 213 ff.

sich einschließt.[151] Das heißt, dass auch die wirtschaftliche Entwicklung und die Ausübung von politischer Herrschaft Weber zufolge eng miteinander verbunden sind. Insofern kommt er folgerichtig zu dem Schluss: „Das universelle Wiederaufleben des ‚imperialistischen' Kapitalismus, welcher von jeher die normale Form der Wirkung kapitalistischer Interessen auf die Politik war, und mit ihr des politischen Expansionsdrangs, ist also kein Zufallsprodukt und für absehbare Zeit muß die Prognose zu seinen Gunsten lauten."[152]

2.4 Die ‚Marktgemeinschaft'

Bisher haben wir Gemeinschaftsformen behandelt, die durch eine ausdrückliche partikularistische Orientierung ihres Verbandshandelns und insofern durch einen Dualismus von Binnen- und Außenmoral gekennzeichnet sind. Es gibt jedoch eine Form der Gemeinschaft, deren Mitglieder von Anfang an strikt universalistisch orientiert sind, weil sie ein Interesse daran haben, dass ihre Form des Gemeinschaftshandelns niemand wegen seiner Herkunft oder seiner Gruppenzugehörigkeit ausschließt, sondern vielmehr jeden ausdrücklich dazu auffordert, sich ihrer spezifischen Zielsetzung anzuschließen, nämlich die von Weber so genannte ‚Marktgemeinschaft'.[153] Ferdinand Tönnies hatte den Gegensatz zwischen gemeinschaftlichen und gesellschaftlichen Lebensformen dergestalt konstruiert, dass die Abstammungsgemeinschaft, der Nachbarschaftsverband sowie die Stadt, sofern sie noch keine Großstadt darstellt, von ihm dem Bereich der ‚Gemeinschaft' zugeordnet worden sind, während alle sozialen Beziehungen, die durch Tausch und Vertrag zustande kommen, ihm zufolge dem Bereich der ‚Gesellschaft' angehören.[154] Zwar schließt sich Weber grundsätzlich dieser begrifflichen Unterscheidung an. Er zählt neben dem Tausch und dem Vertrag aber auch noch diejenigen sozialen Einrichtungen zur ‚Gesellschaft', die eine ‚rationale Ordnung' darstellen und denen eine explizite ‚Satzung' zugrunde liegt. Hierbei ist es für ihn nicht entscheidend, ob diese ‚Ordnung' und die durch sie bewirkte ‚anstaltsmäßige' Form der Vergesellschaftung freiwillig vereinbart oder aber oktroyiert worden sind. Die verschiedenen ‚Marktinteressenten' sind ihm zufolge dagegen nicht Mitglieder einer ‚Anstalt', sondern einer besonderen Form der Gemeinschaft,

---

151 Vgl. Weber, „Machtprestige und Nationalgefühl", MWG I/22-1, S. 233 ff.
152 Ebd., S. 237.
153 Siehe Max Weber, „Marktgemeinschaft", MWG I/22-1, S. 191 ff.
154 Vgl. Tönnies, *Gemeinschaft und Gesellschaft*, a.a.O., S. 137 ff. und 179 ff.

nämlich der ‚Marktgemeinschaft'. Die Frage lautet nur: Was ist Weber zufolge das eigentliche Kennzeichen dieser Art der Gemeinschaftsbildung? Dass ein Markt keine ‚Organisation' darstellt, kommt allein schon dadurch zum Ausdruck, dass sich jeder prinzipiell an ihm beteiligen kann, sofern er selbst etwas zum Tauschen anbieten kann oder bei Märkten, die auf dem Geldgebrauch beruhen, zahlungsfähig ist. Zwar ist ein Markt insofern ‚reguliert', als er auf gewissen ‚Regeln' beruht, die jeder einhalten und respektieren muss, der an ihm teilnehmen will. Dazu gehört zum Beispiel, dass die friedliche Form der Eigentumsübertragung durch einen Tausch oder Verkauf auch durch ‚Dritte' anerkannt wird, die nicht an einem konkreten Tauschakt oder einer entsprechenden Vertragsschließung beteiligt sind. Jedoch ist niemand dazu gezwungen, Geld anzunehmen. Dennoch besteht in den meisten der uns historisch bekannten Gemeinschaften ein implizites ‚Einverständnis' darüber, dass das Geld einen generalisierten Wertmaßstab darstellt, der von allen akzeptiert wird, weil er überhaupt erst entsprechende Preisvergleiche möglich macht. Es gibt ferner sowohl in der Vergangenheit als auch in der Gegenwart zahlreiche soziale Bereiche, die nicht auf Tausch und Vertrag beruhen, wobei das klassische Beispiel hierfür die ‚Hausgemeinschaft' ist. Erst wenn das ‚Rechnen' in sie Einzug hält, verändert sich Weber zufolge der gemeinwirtschaftliche Charakter des ‚Hauses' und fängt dabei an, sich in ein ‚Geschäft' oder gar in einen ‚Betrieb' zu verwandeln. Ähnliches gilt auch für die ‚käufliche Liebe', die deshalb von der ‚reinen' beziehungsweise ‚romantischen' Form der Liebe unterschieden wird, weil sie ja ebenfalls ein ‚Geschäft' und im Falle des Bordells sogar einen regelrechten ‚Betrieb' darstellt. Da die ‚legale' beziehungsweise ‚gesetzliche Ehe' auf einem Vertrag beruht, nämlich dem Heiratsvertrag, stellt sie in ökonomischer Hinsicht ebenfalls ein ‚Geschäft' dar, bei dem es im Unterschied zu einer kapitalistischen Unternehmung allerdings begrifflich nicht zwingend ist, dass dieses ‚Geschäft' einen ‚Gewinn' erzielt beziehungsweise sich für die daran beteiligten Personen ‚lohnt' und insofern auch in ökonomischer Hinsicht erfolgreich ist. Spätestens am Tag der ‚Scheidung' beginnt allerdings auch hier das ‚Rechnen', falls dieses nicht ohnehin schon in einem entsprechenden ‚Ehevertrag' vorweggenommen worden ist.

Aber nicht nur die Gemeinschaft des ‚Hauses' und die ‚romantische Liebe' stehen in begrifflicher Hinsicht im Widerspruch zum ‚Rechnen' und ‚Feilschen', sondern auch die jeweiligen ‚Nachbarn' sowie die sogenannte ‚nahe Verwandtschaft'. Denn mit diesen feilscht man ebenfalls nicht. Von ihnen verlangt man im Falle der Geldleihe in der Regel auch keine Zinsen. Zu den ‚Brüdern' und ‚Schwestern' zählen Weber zufolge übrigens nicht nur die ‚Blutsverwandten', sondern auch die von den eigenen Eltern ‚adoptierten' Brüder und Schwestern sowie blutsverwandte Halbbrüder und Halbschwestern. Und auch die durch einen Schwurakt zustande

2.4 Die ‚Marktgemeinschaft'

gekommene Form der ‚Bruderschaft' beziehungsweise ‚Verbrüderung' zählt Weber zu dieser Kategorie. Zu ihnen gehören zum Beispiel die Mitglieder eines ‚Männerhauses' in archaischen Stammesgesellschaften, in dem sich die ‚Krieger' eines Stammes räumlich getrennt von ihrer ‚Familie' aufhalten. Diese stellen einen exklusiven Verband dar, dem nur männliche Erwachsene unter der Voraussetzung ihrer Wehrhaftigkeit und der Bestehung entsprechender ‚Prüfungen' angehören, während alle übrigen Mitglieder der jeweiligen Stammes- und Dorfgemeinschaft zur Kategorie der ‚Kinder', ‚Frauen' und ‚Alten' gezählt werden.[155] Aber auch viele Religionsgemeinschaften beruhen auf dem Prinzip der ‚Verbrüderung', und nicht mehr auf rein ‚ethnischen' Zugehörigkeitskriterien. Sofern sie wie das Christentum einen universalistischen Erlösungsanspruch stellen, werden sogar prinzipiell alle Menschen zu ‚Brüdern', wobei die ‚Schwestern' natürlich mehr oder weniger miteingeschlossen sind.[156]

Der historische Weg von einer kleinen, meist konspirativ zustande gekommenen Schwurgemeinschaft bis hin zu dem Glauben, dass sich im Prinzip alle Menschen miteinander ‚verbrüdern' und insofern eine weltumspannende ‚Gemeinde' bilden könnten, ist dabei sehr lang und in vielerlei Hinsicht auch ‚unwahrscheinlich' gewesen, wenn man das ganze Leid berücksichtigt, das sich die Menschen in der Vergangenheit wechselseitig zugefügt haben und auch heute noch zufügen. Und dennoch ist mit dieser religiösen Vorstellung von ‚Brüderlichkeit' erstmals ein kosmopolitisches Prinzip gegeben, das mit dem universalistischen Charakter der Tauschwirtschaft vergleichbar ist und das mit ihm aus diesem Grund in einer Konkurrenzbeziehung steht, auch wenn es sich in diesem Fall um keine ‚ökonomische', sondern um eine ‚ideologische' Erscheinungsform der Konkurrenz zwischen zwei verschiedenen universalistischen Prinzipien handelt: nämlich dem Gebot der Brüderlichkeit einerseits und dem ökonomischen Gewinn- und Rentabilitätsprinzip andererseits. Nicht zufällig hat Aristoteles die ‚Chrematistik' in seiner *Politik* aus dem Bereich des ‚Hauses' beziehungsweise der *Ökonomik* ausgeschlossenen, dafür aber ausführlich in seiner *Nikomachischen Ethik* behandelt, das heißt letztlich zu einem weltanschaulichen beziehungsweise ethischen Problem gemacht.[157] Seitdem konkurriert die ‚Philosophie der Marktwirtschaft'

---

155 Vgl. Weber, „Hausgemeinschaften", MWG I/22-1, S. 291 ff.; ferner ders., „Hausverband, Sippe und Nachbarschaft", ebd., S. 291 ff.

156 Siehe hierzu auch Gerhard Dilcher, „An den Ursprüngen der Normenbildung. Verwandtschaft und Bruderschaft als Modelle gewillkürter Rechtsformen", in: *Verwandtschaft, Freundschaft, Bruderschaft. Soziale Lebens- und Kommunikationsformen im Mittelalter*, Berlin 2009, S. 37-55.

157 Zu Aristoteles' Unterscheidung zwischen Ethik, Ökonomie und Politik sowie ihrer Bedeutung für die europäische Tradition des ökonomischen Denkens siehe Günther

mit den verschiedenen Erscheinungsformen einer universalistischen Brüderlichkeitsethik und stellt ihrerseits den Anspruch, zumindest eine ‚ökonomische' Lösung zwischen einem fundamentalen Interessengegensatz anzubieten, nämlich dem zwischen ‚arm' und ‚reich'. Denn wenn alle erfolgreich mitspielen und keiner mit marktfremden, das heißt diesem Sprachgebrauch zufolge ‚unfairen' Mitteln davon abgehalten wird, sich an diesem scheinbar gewinnträchtigen Markt-Spiel zu beteiligen, gibt es dieser ‚Philosophie' zufolge nur noch Gewinner. Und damit werden alle Menschen prinzipiell zu ‚Marktinteressenten' beziehungsweise Mitglieder der von Weber so genannten ‚Marktgemeinschaft'. Ob sie damit allerdings auch zu ‚Brüdern' beziehungsweise ‚Geschwistern' werden, kann mit gutem Recht bezweifelt werden.

Diese Ansicht vertritt natürlich auch Max Weber nicht. Ihm zufolge stehen sich das Prinzip der freien Marktwirtschaft und die ethisch-religiöse Vorstellung von ‚Brüderlichkeit' vielmehr unversöhnlich gegenüber. Denn er sagt ausdrücklich: „Wo der Markt seiner Eigengesetzlichkeit überlassen ist, kennt er nur Ansehen der Sache, kein Ansehen der Person, keine Brüderlichkeits- und Pietätspflichten, keine der urwüchsigen von den persönlichen Gemeinschaften getragenen menschlichen Beziehungen. Sie alle bilden Hemmungen der freien Entfaltung der nackten Marktvergemeinschaftung und deren spezifische Interessen wiederum die spezifische Versuchung für sie alle. [...] Der Markt ist in vollem Gegensatz zu allen anderen Vergemeinschaftungen, die immer persönliche Verbrüderung und meist Blutsverwandtschaften voraussetzen, jeder Verbrüderung in der Wurzel fremd."[158] Gegen wen oder was richten sich aber die ‚Interessen' der Mitglieder einer ‚Marktgemeinschaft'? Zum einen sind es Weber zufolge alle „sakrale Tabuierungen", die der freien Entfaltung der Marktwirtschaft im Wege stehen. Zu diesen gehören auch die mittelalterlichen Vorstellungen eines ‚gerechten Preises', wie sie jahrhundertelang in der katholischen Moraltheologie vertreten worden sind. Zum anderen seien es „ständisch monopolistische Vergesellschaftungen", welche es zu beseitigen gilt, da diese einen „Gütertausch nach außen" verhindern würden. Es gehe

---

Bien, *Die Grundlegung der praktischen Philosophie bei Aristoteles*, Freiburg / München 1973, besonders S. 269 ff.; ferner ders., Artikel „Haus", in: Historisches Wörterbuch der Philosophie, hrsg. von Joachim Ritter und Karlfried Gründer, Band 3, Basel / Stuttgart 1974, Spalte 1007-1017. Vgl. diesbezüglich auch Peter Koslowski, „Haus und Geld. Zur aristotelischen Unterscheidung von Politik, Ökonomik und Chrematistik", in: Philosophisches Jahrbuch 86 (1979), S. 60-83; ferner Karl Polanyi, *Ökonomie und Gesellschaft*, Frankfurt am Main 1979, S. 149-185.

158 Weber, „Marktgemeinschaft", MWG I/22-1, S. 194 f. Siehe hierzu auch Virgil Henry Storr und Solomon Stein, „Max Weber on the Market's Impersonality and Ethic", in: Max Weber Studies 19.1 (2019), S. 43-63.

2.4 Die ‚Marktgemeinschaft'

der ‚Marktgemeinschaft' beziehungsweise der Interessengemeinschaft der an den Segnungen des freien Marktes Teilhabenden insofern primär um eine „Sprengung der ständischen Monopole", wobei Weber ausdrücklich darauf hinweist, dass auch die meisten ‚Marktinteressenten' in entwicklungsgeschichtlicher Hinsicht dazu neigen würden, im Falle ihres ökonomischen Erfolges wieder neue Monopole zu gründen, um sich vor den anderen Marktteilnehmern zu schützen, die ihnen ihren Rang streitig machen könnten.[159]

Die Öffnung und Schließung der Märkte folgt dabei einem Strukturprinzip, das Weber auch in anderen gesellschaftlichen Bereichen meint feststellen zu können. Es geht dabei um den Dualismus von Inklusion und Exklusion sowie um den mit ihm eng verbundenen Gegensatz zwischen Binnen- und Außenmoral, wie er nicht nur für eine Hausgemeinschaft und eine ‚ethnische' Form der Gemeinschaftsbildung, sondern auch für die meisten Religionsgemeinschaften typisch ist. Erst mit der Entstehung von strikt universalistisch ausgerichteten Erlösungsreligionen wie dem Buddhismus und dem Christentum seien dann diese ständischen und kastenmäßigen Schranken aufgebrochen worden. Allerdings steht diese spezifisch ethisch-religiöse Vorstellung von ‚Erlösung' ihrerseits noch im Widerspruch zu einer ‚unbrüderlichen' Form der Wirtschaftsethik und hemme insofern ebenfalls die freie Marktentwicklung. Nur in einem einzigen Fall ist es Weber zufolge gelungen, eine ‚Philosophie des Marktes' mit spezifischen religiösen Erlösungsvorstellungen zu einem Ausgleich zu bringen, und zwar im Rahmen der calvinistischen Prädestinationslehre, die in unterschiedlichem Ausmaß den verschiedenen Erscheinungsformen des ‚asketischen Protestantismus' zugrunde liege. Hier vermische sich allerdings ein universalistisches ökonomisches Prinzip, nämlich das des wirtschaftlichen ‚Erfolges', mit einem rigiden religiösen Gnadenpartikularismus, der völlig ‚unbrüderlich' gedacht ist. Jedoch habe dieser zumindest in ‚dogmatischer' Hinsicht den Weg zu einer Lösung des Gegensatzes zwischen diesen beiden miteinander rivalisierenden universalistischen Prinzipien des ‚gesellschaftlichen Zusammenhaltes' geebnet.[160]

Dass in diesem Kampf die Religion gegenüber der Wirtschaft aber den Kürzeren ziehen muss, ist Webers feste Überzeugung, obwohl er kein Marxist gewesen ist. Um die Gründe für diese Überzeugung besser zu verstehen, müssen wir uns deshalb seinen *religionssoziologischen* Schriften zuwenden. Zu diesen gehören zum einen seine sogenannte ‚Religionssystematik', die er bereits vor dem Ausbruch des Ersten Weltkrieges im Rahmen seines Beitrages zum *Grundriß der*

---

159 Weber, „Marktgemeinschaft", MWG I/22-1, S. 196 f.
160 Vgl. in diesem Zusammenhang auch Benjamin Nelson, *The Idea of Usury. From Tribal Brotherhood to Universal Otherhood*, Chicago 1949.

Sozialökonomik verfasst hat, auf die im folgenden Kapitel eingegangen werden soll. Zum anderen zählen dazu aber auch seine verschiedenen Aufsätze über die Wirtschaftsethik der Weltreligionen, in denen er Gedankengänge fortsetzt, die er erstmals in seinen Protestantismus-Studien entwickelt hat und deren universalgeschichtlichen Implikationen im letzten Kapitel dieser Einführung in sein Werk aufgezeigt werden sollen.

Historische Entwicklungsformen der Vergemeinschaftung und Vergesellschaftung

3.1 Webers ‚systematische' Religionssoziologie

In den vorherigen Kapiteln haben wir uns mit Webers Darstellung einiger sehr allgemeiner Strukturformen menschlicher Gemeinschaften beschäftigt, wie er sie in der Vorkriegsfassung von *Wirtschaft und Gesellschaft* vorgenommen hat. Wir haben dabei gesehen, dass die von ihm in diesem Zusammenhang gebildeten ‚reinen' Begriffs-Typen nicht mehr unverwechselbare ‚historische Individuen' zum Gegenstand haben. Vielmehr entsprechen sie dem, was er in seinem Objektivitätsaufsatz von 1904 als eine klassifizierende Form der Begriffsbildung bezeichnet hat, deren Geltung nicht mehr auf einen besonderen historischen Sachverhalt beschränkt ist. Allerdings sagt Weber ausdrücklich, dass dies nur die eine Seite der Medaille darstellt, da im Falle der von ihm analysierten Strukturformen der menschlichen Gemeinschaften ja zunächst nur ‚statische' Begebenheiten erörtert werden. Jedoch seien auch noch andere Faktoren wie zum Beispiel die jeweiligen Rechts- und Herrschaftsverhältnisse zu berücksichtigen, wodurch sich das Gesamtbild entsprechend verändert. Denn dann ist die jeweils gewählte Form der Begriffsbildung an dem Anspruch zu messen, wie gut es ihr gelingt, auch historische Entwicklungsprozesse von beträchtlicher zeitlicher Dauer zu erfassen, die nicht mehr auf eine bestimmte Region und eine bestimmte Kultur beschränkt bleiben, sondern von universalgeschichtlicher Bedeutung sind.

Dies gilt auch für die unterschiedlichen Erscheinungsformen des religiösen Lebens, deren jeweiliger ‚entwicklungsgeschichtlicher' Stellenwert es im Folgenden zu klären gilt. Denn zum einen stellt die Religion ein in der Geschichte der

Menschheit universell anzutreffendes Phänomen dar. Das heißt, dass bisher noch keine Stammesgesellschaften oder gar große Zivilisationen bekannt sind, in denen religiöse Deutungsmuster und entsprechende soziale Praktiken keine Rolle für deren Zusammenhalt gespielt haben. Zum anderen gibt es dermaßen viele und zugleich höchst unterschiedliche Erscheinungsformen des ‚Religiösen', sodass es vermessen wäre, diese unter einen bereits vorab feststehenden Begriff der Religion zu subsumieren.[161] Dies ist auch der Grund, warum Weber im religionssoziologischen Kapitel von *Wirtschaft und Gesellschaft* darauf verzichtet, bereits am Anfang eine Definition dessen zu geben, was er eigentlich unter ‚Religion' verstanden wissen möchte. Es besteht hier also eine auffallende Parallele zu seinen beiden Protestantismus-Aufsätzen von 1904-05, in denen er ja ebenfalls darauf verzichtet hat, den für sie zentralen Begriff des ‚kapitalistischen Geistes' vorab zu definieren. Stattdessen begnügte er sich diesbezüglich zunächst mit einer ‚provisorischen Veranschaulichung', um diesen schillernden Begriff dann im Laufe seiner Darlegungen allmählich mit Leben zu erfüllen und ihm dabei zugleich eine entsprechende historische Tiefendimension zu geben. Nur haben wir es im Falle seiner Studien über die ‚protestantische Ethik' und den ‚Geist' des modernen Kapitalismus mit einer spezifischen Form der historischen Begriffsbildung zu tun, im religionssoziologischen Kapitel von *Wirtschaft und Gesellschaft* dagegen nicht. Womit aber dann?

Weber gibt uns mehrere Hinweise, was der eigentliche Gegenstand dieses von ihm 1913 verfassten Manuskriptes darstellt, das er in der uns hinterlassenen Form höchstwahrscheinlich nie veröffentlicht hätte, da es für diese Zwecke in jeder Hinsicht noch überarbeitungsbedürftig gewesen wäre. Und dennoch können wir froh sein, dass dieses komplexe und sehr ‚dicht' geschriebene Manuskript erhalten geblieben ist. Denn es ermöglicht uns Einblicke in Webers Verständnis der universalgeschichtlichen Entwicklung der Religion, das auch heute noch von großer theoretischer Relevanz und zeitgeschichtlicher Aktualität ist. Was den Gegenstand dieses religionssoziologischen Kapitels von *Wirtschaft und Gesellschaft* betrifft, stehen uns mehrere Anhaltspunkte zur Verfügung. In dem sogenannten ‚Stoffverteilungsplan' von 1910 hatte Weber für seinen eigenen Beitrag zum *Grundriß der Sozialökonomik* ursprünglich auch ein Kapitel über „Wirtschaft und Kultur (Kritik des historischen Materialismus)" vorgesehen, das allerdings nie zustande gekommen ist.[162] Jedoch geht aus einem Schreiben Webers an seinen Tübinger

---

161 Siehe hierzu Hartmann Tyrell, *„Religion" in der Soziologie Max Webers*, Wiesbaden 2014, S. 19 ff.

162 Vgl. Webers „Stoffverteilungsplan" des *Grundriß der Sozialökonomik* von 1910 in MWG I/24, S. 145 f.

Verleger Paul Siebeck vom 30. Dezember 1913 hervor, dass er beabsichtige, als Ergänzung seines zu diesem Zeitpunkt bereits in Manuskriptform vorliegenden Grundriß-Beitrages später eventuell auch noch eine „Soziologie der *Cultur*-Inhalte (Kunst, Litteratur, Weltanschauung)" auszuarbeiten, wovon ihn dann allerdings der Ausbruch der Ersten Weltkrieges abgehalten hat.[163] In zwei Briefen an seinen Jugendfreund Heinrich Rickert spricht er im selben Jahr von der Fertigstellung seiner „Religionssystematik", die er auch als eine „*(empirische)* Casuistik der Contemplation und aktiven Religiosität" bezeichnet.[164] In dem bereits zitierten Brief an seinen Verleger vom 30. Dezember 1913 spricht er diesbezüglich ferner von einer „Soziologie der Erlösungslehren und der religiösen Ethiken", die er zu seiner Selbstzufriedenheit inzwischen ausgearbeitet habe.[165] Der Titel dieses religionssoziologischen Kapitels, den er in der mit dem Verlag 1914 vereinbarten Gliederung des *Grundriß der Sozialökonomik* angegeben hat, lautet dagegen „Religiöse Gemeinschaften. Klassenbedingtheit der Religionen; Kulturreligionen und Wirtschaftsgesinnung"[166].

Die Herausgeber der Max-Weber-Gesamtausgabe haben dann aus der Not eine Tugend gemacht und Webers ‚systematische' Religionssoziologie unter dem Titel „Religiöse Gemeinschaften" als eigenständigen Teilband der Vorkriegsfassung von *Wirtschaft und Gesellschaft* veröffentlicht. Doch mit dieser Titelwahl ist dieser Band zum einen in eine zu starke Nähe zu dem vorausgehenden Teilband „Gemeinschaften" gerückt worden, der ja Manuskripte enthält, die um 1910 entstanden sind, während die nun unter dem Titel „Religiöse Gemeinschaften" in der Max-Weber-Gesamtausgabe veröffentlichte ‚systematische' Religionssoziologie von Weber im Jahr 1913 verfasst worden ist. Hierdurch wird leider nicht deutlich gemacht, dass es in diesem religionssoziologischen ‚Kapitel' von *Wirtschaft und Gesellschaft* um wesentlich mehr geht als um eine formalsoziologische Darstellung von ‚religiösen Gemeinschaften': nämlich um eine umfassende Typologie und Kasuistik aller großen Weltreligionen, mithin um eine ‚systematische' Betrachtungsweise des religiösen Lebens in der Vergangenheit und der Gegenwart sowie des Einflusses höchst unterschiedlicher religiöser Erlösungsvorstellungen auf die alltägliche Lebensführung im Orient und Okzident. Damit wird aber von Weber der engere Bereich der ‚Strukturformen' des Gemeinschaftslebens endgültig zugunsten einer Berücksichtigung jener ‚dynamischen' Entwicklungs-

---

163 MWG II/8, S. 450.
164 Ebd., S. 262 und 411.
165 Ebd., S. 449 f.
166 Weber, „Einteilung des Gesamtwerkes" (gemeint ist der *Grundriß der Sozialökonomik*), MWG I/24, S. 169.

prozesse verlassen, die sich aus dem strukturellen Spannungsverhältnis zwischen Wirtschaft, Religion, Recht, Herrschaft und der ‚Gesellschaft' im Sinne einer auf sozialer Ungleichheit beruhenden Form der gesellschaftlichen Ordnung ergeben. Dies ist in dem im Rahmen der Max-Weber-Gesamtausgabe gewählten Titel für den religionssoziologischen Teil von *Wirtschaft und Gesellschaft* leider nicht berücksichtigt worden.

Im Falle der Religion handelt es sich dabei primär um das Spannungsverhältnis zwischen den ethischen Anforderungen der großen Erlösungsreligionen einerseits und der ‚Welt' andererseits. Letztere stellt Weber zufolge einen sinnlosen ‚Kosmos' des Geschehens dar, dem nur durch eine religiöse Sinngebung eine Bedeutung zugesprochen werden kann. Das Spannungsverhältnis zwischen ‚religiöser Ethik' und ‚Welt' hatte Weber zum ersten Mal in seinen Protestantismus-Aufsätzen am Beispiel der Eigenart der puritanischen Ethik und ihrem Verhältnis zum modernen industriellen Kapitalismus in den Blick genommen. Nun tritt es in das Zentrum seiner „Religionssystematik" beziehungsweise „systematischen Religionssoziologie", um auch entsprechende Vergleiche mit den großen außereuropäischen Religionen zu ermöglichen, wie er sie dann in seinen zwischen 1915 und 1921 erschienenen Aufsätzen über die Wirtschaftsethik der Weltreligionen durchgeführt hat.[167] Doch warum ist Weber diese Fokussierung auf die ‚religiöse Ethik' und deren Bedeutung für das Wirtschaftsleben so wichtig gewesen, die in allen Arbeiten zum Ausdruck kommt, die er der Religion gewidmet hat? Ist dies nur eine rein biographisch zu erklärende Wiederaufnahme einer zentralen Thematik seiner früheren Protestantismus-Studien? Oder gibt es hierfür auch zwingende theoretische Gründe?

Hierbei gilt es zu berücksichtigen, dass für Weber im Unterschied zu den österreichischen Vertretern der Nationalökonomie seiner Zeit eine ‚Theorie' im

---

167 Weber gebraucht sowohl den Ausdruck „Religionssystematik" als auch den Ausdruck „systematische Religions-Soziologie" zur Kennzeichnung des religionssoziologischen Teils der Vorkriegsfassung von *Wirtschaft und Gesellschaft*. Siehe hierzu seinen Brief an Heinrich Rickert vom Juli 1913 sowie seinen Brief an Paul Siebeck vom 22. Juni 1915 (MWG II/8, S. 262 und MWG II/9, S. 69 f.) In dem bereits erwähnten Brief an Rickert vom November 1913 spricht er ferner von einer „*empirische[n]* Casuistik der Contemplation und aktiven Religiosität", was jedoch etwas Anderes als eine ‚Systematik' darstellt (MWG II/8, S. 411). Dieses Spannungsverhältnis zwischen ‚Kasuistik' und ‚System' kennzeichnet nicht nur seine Rechtssoziologie, auf die wir gleich eingehen werden, sondern den gesamten religionssoziologischen Teil von *Wirtschaft und Gesellschaft*, was dessen Lektüre nicht gerade erleichtert. Vgl. diesbezüglich auch Hans G. Kippenberg, „Meine Religionssystematik", in: *Max Webers „Religionssystematik"*, hrsg. von Hans G. Kippenberg und Martin Riesebrodt, Tübingen 2001, S. 13-30.

3.1 Webers ‚systematische' Religionssoziologie

Bereich der historischen Kultur- und Sozialwissenschaften noch weitgehend mit einer begrifflichen ‚Systematik' beziehungsweise einer entsprechenden ‚Typologie' identisch ist.[168] Insofern entziehen sich seine materialen religionssoziologischen Analysen dem Modell einer kausalen Erklärung von empirisch feststellbaren Einzelfällen durch deren ‚Ableitung' aus allgemein gültigen ‚Gesetzen' beziehungsweise „Regelmäßigkeiten des Geschehens", auch wenn Weber im Rahmen der methodologischen Grundlegung seiner ‚verstehenden Soziologie' der Kausalerklärung einen zentralen Stellenwert eingeräumt hat.[169] Nur geschieht dies dort in einem explizit handlungstheoretischen Bezugsrahmen, der in der Vorkriegsfassung von *Wirtschaft und Gesellschaft* allerdings noch nicht besonders ausgeprägt ist. Stattdessen haben wir es hier primär mit ‚Strukturformen', und ‚Entwicklungsstufen' sowie mit eigengesetzlichen ‚Entwicklungsprozessen' zu tun, die sich dem ‚subjektiv gemeinten Sinn' von einzelnen Personen prinzipiell entziehen. Überdies sind mit diesen Strukturformen und Entwicklungsprozessen spezifische ‚Inhalte' verbunden, die entweder auf entsprechenden kulturellen Traditionen oder aber auf völlig neuen sinnhaften Deutungen der Welt beruhen, wie sie unter anderem von den Begründern der großen Weltreligionen vorgenommen worden sind. In dem Titel „Theorie der Stufen und Richtungen religiöser Weltablehnung", den Weber 1920 für die endgültige Fassung einer seiner bedeutendsten religionssoziologischen Aufsätze gewählt hat, kommt dieser Sachverhalt besonders gut zum Ausdruck. Denn zum einen sind damit nicht mehr ‚Wirtschaftsstufen' gemeint, was Weber in seinem Schreiben an Johann Plenge von 1913 ausdrücklich betont hat. Und mit ‚Richtungen' sind nun sinnhafte Orientierungen angesprochen, die gemeinschaftsbildend wirken können und deren spezifischer ‚Inhalt' eine bestimmte religiöse Haltung zur ‚Welt' kennzeichnet, wie sie in den großen Weltreligionen in einer ‚aggregierten', das heißt für deren Mitglieder oder Anhänger in einer kollektiv verbindlichen Form zum Ausdruck kommt.[170]

---

168 Zum theoretischen Status von ‚Grundbegriffen' in Max Webers Werk siehe Lichtblau, *Die Eigenart der kultur- und sozialwissenschaftlichen Begriffsbildung*, a.a.O., S. 249 ff., in:

169 Vgl. Weber, „Über einige Kategorien der verstehenden Soziologie" [1913], MWG I/12, besonders S. 393 ff.; ders., „Soziologische Grundbegriffe" [1920], MWG I/23, S. 152 ff.

170 Siehe Weber, „Theorie der Stufen und Richtungen religiöser Weltablehnung", MWG I/19, S. 479-522. In seinem Brief an Johann Plenge vom 11. August 1913 schreibt er ferner: „Diesmal bietet mein Artikel ‚Wirtschaft und Gesellschaft' ganz *andre* Dinge als ‚*Wirtschaftsstufen*'" (MWG II/8, S. 305). Dies bedeutet jedoch nicht, dass er in der Vorkriegsfassung von *Wirtschaft und Gesellschaft* die Untergliederung historischer Prozesse in ‚Stufen' gänzlich aufgegeben hat, auch wenn er deren Fokussierung auf

Mit der spezifisch *religiösen* Sinnproblematik sind zwei grundbegriffliche Unterscheidungen verbunden, die Webers Verständnis von ‚Religion' besonders gut verdeutlichen und die eng miteinander zusammenhängen. Die eine betrifft die Unterscheidung zwischen ‚Rationalismus' und ‚Irrationalismus', die andere dagegen die zwischen dem ‚Alltag' und dem ‚Außeralltäglichen' beziehungsweise das Verhältnis zwischen einer ‚diesseitigen' und einer ‚jenseitigen' Form der Weltorientierung. In der Religionswissenschaft und der auf Émile Durkheim zurückgehenden Richtung der modernen Religionssoziologie ist die Gegenüberstellung zwischen dem ‚Heiligen' und dem ‚Profanen' bis heute gebräuchlich.[171] Diese ist weitgehend mit Webers Unterscheidung zwischen dem ‚Außeralltäglichen' und dem ‚Alltäglichen' identisch. Nur fasst Weber den Begriff des ‚Außeralltäglichen' wesentlich weiter als den traditionellen religionswissenschaftlichen Begriff des ‚Heiligen'. Denn außeralltäglich können zum Beispiel auch die außergewöhnlichen Leistungen eines ‚Kriegshelden' sein, ohne dass diesen dabei zugleich ein ‚religiöser' Charakter zugesprochen werden muss. ‚Religiös' werden diese wie alle außeralltäglichen Erscheinungen Weber zufolge erst unter ganz spezifischen historischen und sozialen Bedingungen. Ferner spricht sich Weber dagegen aus, das ‚Religiöse' von Vornherein mit dem ‚Irrationalen', das heißt mit einem dem menschlichen Verstand prinzipiell unzugänglichen und deshalb besonders verehrungswürdigen oder gar zu tabuisierenden Bereich gleichzusetzen. Vielmehr ist für ihn das ‚Religiöse' in entwicklungsgeschichtlicher Hinsicht zunächst ein völlig profanes und insofern auch relativ ‚rationales' Phänomen, mit dem keine besonderen Geheimnisse verbunden sind. ‚Geheimnisvoll' werden religiöse Praktiken nämlich erst dann, wenn sie entweder tabuisiert oder aber mit intellektualistischen Sinndeutungen verbunden sind, die sich der Logik des alltäglichen Denkens entziehen. Auch hierfür sind spezifische historische und soziale Bedingungen

---

‚Wirtschaftsstufen', wie dies bei den meisten Vertretern der Historischen Schule der deutschsprachigen Nationalökonomie damals noch der Fall gewesen ist, spätestens zu diesem Zeitpunkt nicht mehr weiterverfolgt. Damit hat sich Weber aber endgültig von einer rein ‚ökonomischen Geschichtsinterpretation' verabschiedet, da er nun ausdrücklich die ‚Eigengesetzlichkeit' der universalgeschichtlichen Entwicklung von Religion, Recht und Herrschaft hervorhebt, die ihrerseits durch bestimmte formale ‚Stufen', aber auch inhaltliche ‚Richtungen' geprägt ist, worauf noch einzugehen sein wird.

171 Vgl. Émile Durkheim, *Die elementaren Formen des religiösen Lebens* [1912], Frankfurt am Main 1981, besonders S. 45 ff. und 548 ff.; ferner Marcel Mauss, *Schriften zur Religionssoziologie*, herausgegeben und eingeleitet von Stephan Moebius, Frithjof Nungesser und Christian Papilloud, Frankfurt am Main 2012, S. 239 ff. Zu einer entsprechenden ‚Soziologie des Sakralen' siehe auch Stephan Moebius, *Die Zauberlehrlinge. Soziologiegeschichte des Collège de Sociologie (1937-1939)*, Konstanz 2006, S. 135 ff.

3.1 Webers ‚systematische' Religionssoziologie

erforderlich. Vor allem müssen aber sogenannte ‚Intellektuelle' wie zum Beispiel die ‚Priester' und bestimmte ‚Laien' existieren, die für diese Art der ‚Sinngebung' verantwortlich beziehungsweise empfänglich sind.

Die Religionsgeschichte ist Weber zufolge insofern ein besonders geeignetes Beispiel für das universalgeschichtliche Spannungsverhältnis zwischen ‚Rationalismus' und ‚Irrationalismus', das auch im Zentrum der *Dialektik der Aufklärung* von Max Horkheimer und Theodor W. Adorno steht.[172] Denn auch dieser Essaysammlung zufolge stellt bereits der archaische Mythos ein Stück ‚Aufklärung' dar, während Weber den zweckrationalen Charakter der Magie betont, die sich im Alltag zu bewähren hat. Und während sich Horkheimer und Adorno zufolge die ‚Aufklärung' ab einem bestimmten Zeitpunkt ihrerseits in eine ‚Mythologie' zu verkehren droht, betont Weber die zunehmende ‚Irrationalität' des religiösen Lebens, sobald es primär auf außeralltäglichen Sinndeutungen und Praktiken beruht. Die universalgeschichtliche Entwicklung der Religion steht also im Widerspruch zu dem Weber oft zugeschriebenen Theorem, dass im Laufe der Zeit eine zunehmende ‚Rationalisierung' aller Lebensbereiche in der sogenannten ‚modernen Welt' westlichen Zuschnitts erfolgt sei. Denn ihm zufolge ist zum Beispiel im Bereich der Religion, der Kunst und der geschlechtlichen Liebe offensichtlich das genaue Gegenteil der Fall.[173] Die von Weber beschriebene *Entzauberung der Welt* entzieht sich also einem vordergründigen Verständnis von gesamtgesellschaftlicher ‚Rationalisierung'. Denn er betont ausdrücklich, dass die Religiosität „gerade mit zunehmender Entzauberung der Welt zunehmend (subjektiv) zweckirrationalere Sinnbezogenheiten (‚gesinnungshafte' oder mystische z.B.) anzunehmen genötigt ist", was gleichbedeutend damit ist, dass sie allmählich „irrationalisiert" wird.[174]

Weber zufolge lassen sich die einzelnen Weltreligionen gemäß dem Kriterium unterscheiden, ob sie ‚diesseits' oder ‚jenseits' beziehungsweise ‚alltäglich' oder ‚außeralltäglich' orientiert sind. Davon hängt auch ab, ob sie eher ‚rationalen' oder

---

172 Vgl. Max Horkheimer und Theodor W. Adorno, *Dialektik der Aufklärung. Philosophische Fragmente* [1947], Frankfurt am Main 1969, besonders S. 1-49.

173 Dieser Sachverhalt ist Gegenstand von Webers „Zwischenbetrachtung" zu seinen Aufsätzen über die Wirtschaftsethik der Weltreligionen sowie seiner Vorlesung über „Wissenschaft als Beruf", was in diesem Zusammenhang meist ignoriert wird. Siehe hierzu auch den fünften Teil dieser Einführung in Webers Werk.

174 Vgl. Weber, „Über einige Kategorien der verstehenden Soziologie", MWG I/12, S. 397; ferner ders.,"Religiöse Gemeinschaften", MWG I/22-2, S. 157. In seiner „Zwischenbetrachtung" sagt Weber ferner, dass die Religion aus der Sicht der neuzeitlichen Wissenschaften und des modernen ‚Intellektualismus' sogar „*die* irrationale oder antirationale überpersönliche Macht schlechthin" darstellen würde (MWG I/19, S. 512).

aber ‚irrationalen' Formen der religiösen Sinngebung und entsprechenden alltäglichen Praktiken den Weg öffnen. Die ‚Magie' ist Weber zufolge zum Beispiel diesseits orientiert und stellt insofern auch ein relativ ‚rationales' Handeln dar. Überdies muss sie sich im alltäglichen Leben der Menschen auch in praktischer Hinsicht ‚bewähren'. Ganz anders verhält es sich dagegen bei den sogenannten ‚Erlösungsreligionen'. Denn diese seien primär am ‚Jenseits' interessiert und werden im Laufe der Zeit gemessen am Kriterium des ‚zweckrationalen Handelns' immer ‚irrationaler' und mit der Entstehung der Prophetie auch immer ‚außeralltäglicher'. Hierbei greift Weber auf ein begriffliches Kriterium zurück, mit dem er auch das ‚Charisma' definiert, nämlich die ‚Außeralltäglichkeit'. Je mehr die Welt durch die Zurückdrängung der Magie ‚entzaubert' wird, desto ‚zauberhafter' beziehungsweise ‚rätselhafter' wird Weber zufolge dabei die Religion selbst, da sich deren Geheimnisse zunehmend dem ‚gesunden Menschenverstand' und auch einem rein ‚magischen' Verständnis des Religiösen entziehen. Um dieses Argument besser zu verstehen, müssen wir kurz auf seine Beschreibung des spannungsreichen Verhältnisses zwischen der ‚Magie' und der ‚religiösen Ethik' eingehen. Hierbei ist zu berücksichtigen, dass sich Weber weigert, bereits zu Beginn seiner ‚systematischen' Religionssoziologie eine Definition dessen zu geben, was er eigentlich unter einer ‚Religion' versteht. Stattdessen spricht er von einem „religiös oder magisch motivierte[n] Handeln", wobei er zunächst offenlässt, ob diese beiden Motivationsweisen des menschlichen Handelns identisch sind oder aber nicht.[175] Immerhin ist beiden Formen der Motivation ursprünglich gemeinsam, dass sie „ein mindestens relativ rationales Handeln" zum Ausdruck bringen, wobei Weber bezeichnenderweise einschränkt: „wenn auch nicht notwendig ein Handeln nach Mitteln und Zwecken, so doch nach Erfahrungsregeln"[176].

Der primäre Ort von magisch-religiösen Praktiken der Menschen stellt wie bereits gesagt ihr *alltägliches* Leben dar, in dem sich diese Praktiken zu bewähren haben. Beispiele hierfür sind magische Beschwörungsformeln und sie begleitende kultische Tänze, welche die ‚Geister' beziehungsweise den ‚Wettergott' gnädig stimmen sollen, damit es endlich regnet und die Ernte entsprechend gut ausfällt. Fällt sie gut aus und stellt sich insofern der gewünschte ‚Erfolg' ein, wird dies als Beweis für das ‚Charisma' des hierfür verantwortlichen ‚Zauberers' oder Schamanen angesehen. Falls sich kein entsprechender Erfolg einstellt, wird ihm ein solches ‚Charisma' eben abgesprochen, was natürlich unangenehme Folgen für ihn hat. Doch was versteht Weber eigentlich unter diesem heute selbst in der Werbebranche und der alltäglichen politischen Berichterstattung üblich gewordenen Be-

---

175 Weber, "Religiöse Gemeinschaften", MWG I/22-2, S. 121.
176 Ebd.

3.1 Webers ‚systematische' Religionssoziologie

griff? „Charismata" sind ihm zufolge außeralltägliche Kräfte, die entweder einem Gegenstand oder einer Person zugesprochen werden. In außereuropäischen Kulturen werden diese Kräfte auch als „mana", „orenda" und „maga" bezeichnet.[177] Hervorzuheben ist hierbei, dass es sich im Falle von Personen dabei um ‚Begabungen' handelt, deren Ursprung nicht bekannt ist. In der christlichen Überlieferung hat sich hierfür der Begriff ‚Gnade' eingebürgert, der auf einen außeralltäglichen Ursprung dieser okkulten Fähigkeiten verweist. In außereuropäischen Kulturen ist es dagegen üblich, diese Kräfte auch durch rein profane Mittel künstlich hervorzurufen. Dabei unterstellt man oft Fähigkeiten, die bei einer Person bereits als Anlage vorhanden sind und die insofern nur eines äußeren Anstoßes bedürfen, um sie zur Entfaltung zu bringen. Der von Weber verwendete Begriff des Charismas ist insofern nicht auf den engeren Bereich des religiösen Lebens beschränkt, sondern unter anderem auch von großer herrschaftssoziologischer Bedeutung, da für Weber die charismatische Form der Herrschaft eine der drei ‚reinen' Typen der legitimen Herrschaft darstellt, worauf später noch einzugehen sein wird. Religionsgeschichtlich relevant ist dagegen der Umstand, dass solche ‚magischen Charismata' nur hierfür besonders qualifizierten Personen zugänglich sind, die sich dadurch von den ‚Laien' unterscheiden und dabei zwar nicht das ‚älteste Gewerbe der Welt', wohl aber den ältesten ‚Beruf' der Welt erfunden haben, nämlich die professionell betriebene ‚Zauberei'. Diese den Magiern vorbehaltene ‚Kunst' wird spätestens dann zu einem regelrechten ‚Betrieb', wenn sie sich mit einem ‚Geisterglauben' verbindet, der auf der Annahme beruht, dass die im Hintergrund waltenden Kräfte Ausdruck der Existenz von ‚Göttern' und ‚Dämonen' sind, die es zu beherrschen oder gnädig zu stimmen gilt.[178]

Diese Vermittlung des alltäglichen Lebens mit der Welt der Götter und Dämonen durch entsprechende ‚Symbole' und ‚Bedeutungen' ist Weber zufolge die eigentliche Aufgabe der „magischen Kunst". Hierdurch entstehe ein „symbolistischer Zauberkreis", der sich auch in entsprechenden „symbolischen Handlungen" wie zum Beispiel dem *Kultus* niederschlage.[179] Kennzeichen dieser ‚symbolistischen' Phase der Religionsgeschichte sei dabei die ständige Wiederholung von bestimmten Riten und Beschwörungsformeln, die sich ‚stereotypierend' auf die „inhaltliche Kulturentwicklung" auswirke. Dabei stelle die religiöse Stereo-

---

177 Ebd., S. 122
178 Siehe hierzu auch Martin Riesebrodt, „Charisma", in: *Max Webers „Religionssystematik*, a.a.O., S. 151-166; ferner Hubert Treiber, „Anmerkungen zu Max Webers Charismakonzept", in: Zeitschrift für Altorientalische und Biblische Rechtsgeschichte 11 (2005), S. 195-213.
179 Ebd., S. 128 f.

typierung der Produkte der bildenden Kunst die „älteste Form der Stilbildung" dar. Religion und Kultur verkörpern in Webers Augen zwar grundsätzlich verschiedene ‚Wertsphären'. Jedoch sei insbesondere das Verhältnis zwischen Kunst und Religion von Anfang an besonders ‚intim' gewesen, wobei der entwicklungsgeschichtliche Übergang von einem „präanimistischen Naturalismus" zum religiösen „Symbolismus" durchaus flüssig sei.[180]

War in den bisherigen Ausführungen Webers Gebrauch des Begriffs ‚Religion' noch völlig unbestimmt geblieben, so nimmt er mit der Gegenüberstellung des ‚Zauberers' und des ‚Priesters' sowie der damit verbundenen Unterscheidung zwischen ‚Gotteszwang' und ‚Gottesdienst' nun eine Differenzierung vor, welche die zunehmende Eigengesetzlichkeit der Religionsentwicklung gegenüber dem ‚Alltag' und der mit ihm verbundenen ökonomischen Interessen betont. Während nämlich der Magier aufgrund seines persönlichen Charismas den mehr oder weniger erfolgreichen Versuch unternimmt, die Götter und Dämonen zu beherrschen und sie zu den von ihm gewünschten Handlungen zu zwingen, steigert die Entstehung von monotheistischen Gottesvorstellungen die Chance, dass nicht mehr ausschließlich magische Praktiken und Motive das Verhältnis der Menschen mit dem ‚Heiligen' bestimmen. Zu diesen neuen Umgangsformen mit dem ‚Religiösen' zählt Weber die Bitte, das Opfer und das Gebet, deren Ausübung die ‚eigentliche' Religion und den durch diese Praktiken gekennzeichneten ‚Kultus' kennzeichnen. Dementsprechend kann man als ‚Götter' diejenigen Wesen bezeichnen, „welche religiös verehrt und gebeten" werden, als ‚Dämonen' dagegen jene, "welche magisch gezwungen und gebannt werden". Dabei existieren die alten Götter oft als Dämonen fort oder sie werden wie bei den Griechen und Römern in eine entsprechende ‚Pantheon'-Bildung aufgenommen.[181]

Mit dem *Priestertum* macht sich im Laufe der Zeit parallel zur professionell betriebenen Zauberei eine neuartige religiöse Institution geltend, die primär für den Kultus und die Überlieferung der heiligen Schriften zuständig ist. Zwar ist der Gegensatz zwischen dem Zauberer und dem Priester wie bei fast allen religionssoziologischen Begriffen, die Weber gebraucht, durchaus flüssig. Jedoch gibt er genaue Kriterien an, worin sich diese zumindest in professionssoziologischer Hinsicht eindeutig voneinander unterscheiden. Denn während der Magier gewissermaßen noch einen ‚freien Beruf' ausübt, sind Priester die Funktionäre eines ‚sozialen Verbandes', die entweder erblich oder individuell angestellt werden und ihren Beruf im Interesse eines ‚bürokratischen Betriebes' ausüben. Entscheidend

---

180 Ebd., S. 131. Siehe diesbezüglich ferner das letzte Kapitel dieser Einführung in Webers Werk.
181 Weber, „Religiöse Gemeinschaften", S. 157.

3.1 Webers ‚systematische' Religionssoziologie

für die Tätigkeit eines Priesters ist also nicht mehr die Zauberei, sondern die Lehre der überlieferten heiligen Schriften sowie die gewissenhafte Ausübung des Kultus und der mit diesem verbundenen Rituale. Hiermit ist zum einen ein "Zurücktreten jenes ursprünglichen *praktischen* rechnenden Rationalismus" verbunden, wie er noch für die ‚zunftmäßig' auftretenden Magier kennzeichnend sei. Zum anderen wird hierdurch zugleich der Weg für eine „außerökonomische Entwicklung" des Jenseitsglaubens freigemacht, wie er insbesondere für die großen Erlösungsreligionen charakteristisch ist.[182] Aber nicht jede Priesterschaft entwickelt Weber zufolge das gegenüber der reinen Magie „prinzipiell Neue": nämlich „eine rationale Metaphysik und religiöse Ethik". Denn diese Entwicklung setze das Eingreifen verschiedener „außerpriesterlicher Mächte" voraus, zu denen Weber zum einen die Propheten und zum anderen die religiösen Laien zählt.[183] Doch was ist ihm zufolge in soziologischer Hinsicht eigentlich ein *Prophet*?

Weber versteht unter einem Propheten einen „rein *persönlichen* Charismaträger, der kraft seiner Mission eine religiöse *Lehre* oder einen göttlichen Befehl verkündet"[184]. Für diese Begriffsbestimmung ist es gleichgültig, ob ein Prophet als Religionsstifter oder aber als Religionserneuerer auftritt. Entscheidend ist vielmehr, dass er im Unterschied zum Priester einer persönlichen Berufung folgt, während der Priester durch sein ‚Amt' legitimiert sei. Vom Zauberer unterscheide sich der Prophet dagegen dadurch, „daß er inhaltliche Offenbarungen verkündet, der Inhalt seiner Mission nicht in Magie, sondern in Lehre oder Gebot besteht"[185]. Ferner zeichne sich der Prophet gegenüber dem Magier und dem Priester durch die Unentgeltlichkeit seiner Predigt aus, da er seinen Lebensunterhalt selbst bestreiten muss. Dennoch kann der Prophet ebenso wie ein Priester auch gemeindebildend wirken. Diese religiösen ‚Gemeinden' können sich unter bestimmten historischen Umständen dann auch zu einer ‚Heilsanstalt' wie der *Kirche* oder aber zu einem ‚voluntaristischen Verband' wie der *Sekte* weiterentwickeln.[186]

Weber zufolge treten Propheten erstmals zur Zeit der Entstehung der antiken Weltreiche in Asien auf. Es ist diejenige Periode, die der israelische Religionsso-

---

182 Ebd., S. 156 f.
183 Ebd., S. 160.
184 Ebd., S. 177.
185 Ebd., S. 178.
186 Zu dem von Weber verwendeten Begriff der religiösen ‚Gemeinde' siehe auch Benedikt Giesing, *Religion und Gemeinschaftsbildung. Max Webers kulturvergleichende Theorie,* Opladen 2002, S. 110 ff. Diese ist übrigens nicht mit der ‚religiösen Gemeinschaft' identisch, da zur letzteren unter anderem ja auch die Zauberer, Priester und Propheten gehören, zur religiösen ‚Gemeinde' dagegen nicht.

ziologe Shmuel N. Eisenstadt im Anschluss an Karl Jaspers als eine ‚Achsenzeit' bezeichnet hat. Denn in dieser Zeit sind nicht nur die großen Erlösungsreligionen entstanden, sondern auch diejenigen Weisheitslehren, die später unter dem Namen ‚Philosophie' bekannt geworden sind.[187] Nicht zufällig besteht eine gewisse Verwandtschaft zwischen dem Propheten und dem sozialethischen Lehrer sowie dem ‚Gesetzgeber'. Ferner unterstreicht Weber die Nähe des Propheten zum Demagogen und zum politischen Publizisten, da sie alle über die ‚Macht des Wortes' verfügen würden.[188] Entscheidend für die Prophetie ist jedoch ihr spezifischer ‚Inhalt' und die mit diesem verbundenen Ermahnungen sowie der auffallende *emotionale* Ton der sie verkündenden ‚Predigt'. Denn diese von niemand in Auftrag gegebenen und insofern auch von niemand ‚erwarteten' Verkündigungen sind Weber zufolge durch einen strikt *ethischen* Charakter gekennzeichnet. Zwar nimmt er auch noch eine Unterscheidung zwischen der „ethischen" und der „exemplarischen Prophetie" vor, um einen ganz Asien sowie das alte Griechenland umfassenden Vergleichsmaßstab zu etablieren, in dem sowohl die hellenischen Mystagogen, die alten israelischen Propheten, Religionsstifter wie Zarathustra und Mohammed als auch Gautama Buddha miteinbezogen sind.[189] Im ersten Fall sei der Prophet ein Werkzeug Gottes, das dessen Befehl gehorcht, im zweiten Fall dagegen „ein „exemplarischer Mensch, der anderen an seinem eigenen Beispiel den Weg zum religiösen Heil zeigt". Während dabei der „überweltliche persönliche ethische Gott" eine vorderasiatische Vorstellung darstelle, seien die ostasiatischen Kulturen dagegen primär in dem Glauben an „übergöttliche unpersönliche Mächte" begründet.[190] Beiden Formen der Prophetie sei gemeinsam, dass ihre Offenbarung auf einer einheitlichen sinnhaften Stellung zur Welt beruhen. Zwar könne die „Struktur dieses ‚Sinnes'" höchst verschieden sein und „logisch heterogen scheinende Motive zu einer Einheit zusammenschmieden"[191]. Entscheidend sei aber, dass beide den Versuch darstellen würden, eine Systematisierung des praktischen Verhaltens der Menschen zu einer einheitlichen, ethisch begründeten Form der Lebensführung zu erreichen. Hierdurch ließen sich auch die Spannungen erklären, die sich zwi-

---

187 Vgl. S. N. Eisenstadt, „The Axial Age: The Emergence of Transcendental Visions and Rise of Clerics", in: European Journal of Sociology 23 (1982), S. 294-314; siehe ferner ders. (Hrsg.), *Kulturen der Achsenzeit. Ihre Ursprünge und ihre Vielfalt*, 2 Bände, Frankfurt am Main 1987.
188 Weber, „Religiöse Gemeinschaften", MWG I/22-2, S. 185-187.
189 Siehe hierzu auch Martin Riesebrodt, „Ethische und exemplarische Prophetie", in: *Max Webers „Religionssystematik"*, a.a.O., S. 193-208.
190 Weber, „Religiöse Gemeinschaften", MWG I/22-2, S. 189 f.
191 Ebd., S. 193.

schen der religiösen Forderung nach einem Sinn des ‚Kosmos' einerseits und der diesseitigen ‚Welt', wie sie nun einmal ist, andererseits ergeben und mit denen die verschiedenen Erlösungsreligionen jeweils unterschiedlich umgegangen sind.[192]

Jedoch ist es die strikt ethisch begründete, das heißt die *vorderasiatische* Form der Prophetie, die Webers besonderes Interesse findet und die auch noch Jesus und Mohammed geprägt hat. Denn sie fordere die „Heiligkeit der Tradition" durch die „Heiligkeit neuer Offenbarung" heraus, was ihren prinzipiell sozialrevolutionären Charakter unterstreiche.[193] Überdies folgten diese Propheten einem ‚göttlichen' Auftrag, weshalb sie ihre ‚Mission' auch nicht von anderen Menschen zugewiesen bekämen, sondern diese Mission geradezu ‚usurpieren' würden. Denn die von ihnen verkündete Botschaft beruhe auf einer rein persönlichen Offenbarung ihres Gottes, gemäß dessen ‚Befehl' sie handeln und den sie in Gestalt einer ethischen Lehre, nicht aber einer magischen Kunstlehre verkünden.[194] Die ‚ethischen Propheten' sind Weber zufolge dabei die eigentlichen ‚Entzauberer der Welt'. Denn ihre Mission richte sich strikt gegen jede Art von ‚Magie', die auch noch in vielen historischen Erscheinungsformen des Priestertums anzutreffen sei. Insofern zwinge die Prophetie die Priesterschaft, in dieser Angelegenheit Farbe zu bekennen und sich ebenfalls von den Überresten des magischen Zeitalters zu befreien.[195]

Aber auch die Priester übernehmen Weber zufolge eine wichtige Aufgabe bei der Überlieferung und Weiterentwicklung einer prophetischen Verkündung. Sie sind es nämlich, welche die entsprechende religiöse ‚Botschaft' systematisieren und darüber entscheiden, welche Schriften und mündlichen Überlieferungen in den heiligen Kanon aufgenommen werden und welche nicht. Überdies betreiben sie die Entwicklung der ethischen Prophetie hin zu einer *Buchreligion*, die auch zur Grundlage eines entsprechenden Bildungssystems werden kann, in dem die Herrschaft des Priestertums auf Dauer gestellt wird. Mittel hierfür sind unter anderem die ‚Predigt' als eine Art von „Kollektivbelehrung" sowie die ‚Seelsorge' als eine „religiöse Pflege der Individuen"[196]. Letztere ist es auch, welche die Macht des Priestertums bis in die Regulierung des alltäglichen Lebens der ‚Laien' ermög-

---

192 Ebd., S. 367 ff.; vgl. ferner Weber, „Einleitung", MWG I/19, S. 84-127.
193 Weber, „Religiöse Gemeinschaften", MWG I/22-2, S. 203.
194 Ebd., S. 188 f.
195 Vgl. diesbezüglich auch Stefan Breuer, *Max Webers tragische Soziologie*, Tübingen 2006, S. 13 ff.
196 Weber, „Religiöse Gemeinschaften", MWG I/22-2, S. 214. Zu Webers typologischer Unterscheidung zwischen dem ‚Priester' und dem ‚Propheten' siehe auch Bernhard Lang, „Prophet, Priester, Virtuose", in: *Max Webers „Religionssystematik"*, a.a.O., S. 167-191.

licht. Weber sieht allerdings in den permanenten ‚kasuistischen' Stellungnahmen der Priester und ‚Seelsorger' zu den Problemen der alltäglichen Lebensführung die Gefahr, dass durch diese „Veralltäglichung der prophetischen Anforderungen" jene innere Einheit einer sinnhaften Stellungnahme zur Welt zerbricht, welche die Prophetie kennzeichne, wodurch der „gesinnungsethische Charakter der Religiosität" zwangsweise zurücktrete und dabei der „Verfall" oder die „Verknöcherung" der Prophetie unvermeidlich sei.[197]

Nicht jede religiöse Ethik verkörpert Weber zufolge eine ‚Erlösungsreligion'. Überdies unterscheiden sich die verschiedenen Erlösungsreligionen gemäß der jeweils vorherrschenden inhaltlichen Vorstellung, von was man eigentlich ‚erlöst' sein möchte und in welcher Form dies geschehen könnte. Ferner gebe es rationale Ethiken ohne Erlösungsbedürfnis, aber auch Erlösungslehren ohne eine personalistische Gottesvorstellung. Der erste Fall trifft Weber zufolge auf den Konfuzianismus zu, der zweite dagegen auf den Buddhismus.[198] Ihn interessieren dabei insbesondere der Einfluss der verschiedenen Erlösungsvorstellungen auf die alltägliche Lebensführung in den einzelnen ‚Kulturreligionen', zu dem ja auch das ökonomische Verhalten der Menschen gehört. Mit diesen typologischen religionssoziologischen Unterscheidungen entwickelt Weber einen kulturvergleichenden Bezugsrahmen, den er auch in seinen Aufsätzen über die Wirtschaftsethik der Weltreligionen gebraucht. Dagegen stellen die dort vorgenommenen wirtschafts- und sozialgeschichtlichen Vergleiche eine Weiterentwicklung von begrifflichen Bestimmungen dar, die Weber bereits in der dritten Auflage seines Beitrages über die „Agrarverhältnisse im Altertum" von 1909 zum *Handwörterbuch der Staatswissenschaft* ausgearbeitet hat.[199] Doch bleiben wir zunächst bei der entsprechenden ‚Religionssystematik'. Die ihr zugrundeliegende Typologie der verschiedenen Erlösungswege ist insofern relevant, als sie Aufschluss über

---

197 Weber, „Religiöse Gemeinschaften", MWG I/22-2, S. 215-217. Bereits in seinen beiden Aufsätzen über die ‚protestantische Ethik' und den ‚Geist' des Kapitalismus hat Weber die enorme Bedeutung der Seelsorge für die ethische Regulierung des alltäglichen Lebens in der europäischen Neuzeit betont. Nicht religiöse Dogmen seien es gewesen, welche die ‚Macht' der Religion kennzeichnen, sondern das ‚intime' Gespräch zwischen einem ‚religiösen Virtuosen' und einem ‚religiösen Laien'. Die ‚Sorge um sich selbst' ist hierbei also gar nicht so ‚individualistisch' gedacht, wie Weber oft unterstellt wird.

198 Ebd., S. 301.

199 Vgl. Weber, *Zur Sozial- und Wirtschaftsgeschichte des Altertums* (MWG I/6). Siehe hierzu auch Luigi Capogrossi Colognesi, *Max Weber und die Wirtschaft der Antike*, Göttingen 2004; ferner Hinnerk Bruhns, „Agrarverhältnisse im Altertum", in: *Max Weber-Handbuch. Leben – Werk – Wirkung*, hrsg. von Hans-Peter Müller und Steffen Sigmund, Stuttgart / Weimar 2014, S. 173-177.

3.1 Webers ,systematische' Religionssoziologie

jenes ‚Tableau' gibt, in dem Weber zufolge sich der ‚logische Ort' der einzelnen Erlösungsreligionen befindet. Deshalb hat diese typologische Vorgehensweise Webers insbesondere in der soziologischen Rezeption seines Werkes so viel Aufmerksamkeit gefunden, da mit ihr offensichtlich auch ‚systematische' Ansprüche verbunden sind, die bis heute eine soziologische ‚Theorie' beziehungsweise eine ‚theoretische Soziologie' kennzeichnen.[200]

Weber stellt vier verschiedene religiöse Erlösungswege einander gegenüber. Der erste stellt die Erlösung durch ‚eigene Werke' dar, der zweite dagegen die Erlösung durch ‚fremde Werke'. Der dritte Erlösungsweg betrifft die Erlösung durch den ‚Glauben', während dem vierten Erlösungsweg die Vorstellung einer ‚Prädestinationsgnade' zugrunde liegt. Letztere stellt im Unterschied zu den drei zuerst genannten Varianten einen höchst ‚unbrüderlichen' *Gnadenpartikularismus* dar, während die übrigen Erlösungswege prinzipiell allen Menschen offenstehen und insofern durch einen ‚universalistischen' Charakter gekennzeichnet sind. Zu der Vorstellung, dass man durch eigene ‚Werke' erlöst werden könne, zählt Weber rituelle Kulthandlungen und Zeremonien, soziale Leistungen sowie die ‚Selbstvervollkommnung' als Heilsmethodik, die er wiederum in eine ‚asketische' und eine ‚mystische' Richtung untergliedert. Letztere Unterscheidung ist insofern von Bedeutung, als Weber anhand des Gegensatzes von *Askese* und *Mystik* den prinzipiellen Unterschied zwischen der ‚okzidentalen' und der ‚orientalischen' Form der Erlösungswege und der mit ihnen verbundenen Art der Frömmigkeit deutlich zu machen versucht. Hinsichtlich der Erlösung durch ‚fremde Werke' unterscheidet Weber ferner drei Arten von ‚Gnade', nämlich die Sakramentsgnade, die charismatische Gnadenspendung sowie die Anstaltsgnade. Diese religiösen Gnadenvorstellungen haben seiner Meinung nach einen höchst unterschiedlichen Einfluss auf die Entstehung einer ‚rationalen' Form der Wirtschaftsethik gehabt, wie sie für die verschiedenen Richtungen des ‚asketischen Protestantismus' kennzeichnend sei. Insofern dient seine ‚Religionssystematik' auch dem Ziel, die universalgeschichtliche Eigenart der puritanischen Art der Frömmigkeit deutlich zu machen und sie von den anderen großen ‚Kulturreligionen' wie dem Hinduismus und Buddhismus, dem Konfuzianismus und Taoismus, dem Judentum und dem Islam sowie den verschiedenen Erscheinungsformen des okzidentalen Christen-

---

200 Zum Begriff der ‚theoretischen Soziologie', deren disziplinäres Existenzrecht im Unterschied zur ‚theoretischen Physik' immer noch umstritten ist, zumal in der Soziologie bis heute keine klaren Abgrenzungen zwischen der ‚Soziologischen Theorie' und der Sozialphilosophie beziehungsweise ‚Social Theory' existieren, siehe auch John C. McKinney und Edward A. Tiryakian (Hrsg.), *Theoretical Sociology. Perspektives and Developments*, New York 1970.

tums abzugrenzen.[201] Überdies ist es Weber zufolge möglich, diese Religionen und die durch sie geprägten Kulturkreise auch hinsichtlich der sie jeweils bestimmenden sozialen Schichten und Klassen eindeutig voneinander abzugrenzen. So sagt er in seinem religionssoziologischen Kapitel von *Wirtschaft und Gesellschaft* zusammenfassend: „Will man die Schichten, welche Träger und Propagatoren der sog. Weltreligionen waren, schlagwörtlich zusammenfassen, so sind dies für den Konfuzianismus der weltordnende Bürokrat, für den Hinduismus der weltordnenden Magier, für den Buddhismus der weltdurchwandernde Bettelmönch, für den Islam der weltunterwerfende Krieger, für das Judentum der wandernde Händler, für das Christentum aber der wandernde Handwerksbursche, sie alle nicht als Exponenten ihres Berufes oder materieller ‚Klasseninteressen', sondern als ideologische Träger einer solchen Ethik oder Erlösungslehre, die sich besonders leicht mit ihrer sozialen Lage vermählt."[202]

Ein Grundgedanke, den Weber mit diesen kulturvergleichenden Gegenüberstellungen verfolgt, ist dabei das unterschiedlich stark ausgeprägte Spannungsverhältnis zwischen ‚religiöser Ethik' und ‚Welt' in den einzelnen ‚Kulturreligionen', das natürlich auch mit diesen verschiedenen sozialen Klassen und Gruppen zusammenhängt. Dieses Spannungsverhältnis kann ihm zufolge jedoch nicht auf einen sozial-ökonomischen Sachverhalt zurückgeführt werden. Denn während eine rituelle oder Gesetzesreligion auf einer ‚Stereotypierung', das heißt einer sich immer wiederholenden gleichmäßigen Befolgung einzelner religiöser Normen beruht, zeichnen sich gesinnungsethische Formen der Religion durch eine ‚sinnhafte' Gesamtbeziehung der Lebensführung auf das jeweils angestrebte Heilsziel aus. Die mit ihr verbundene zunehmende ‚Verinnerlichung' der Normenbefolgung in Gestalt der Ausbildung einer entsprechenden ‚Gesinnung' könne dabei unter bestimmten Umständen sogar eine ‚revolutionierende' Wirkung haben und dadurch auch zu einer Steigerung der ‚Eigengesetzlichkeit' der anderen menschlichen Lebensbereiche und der mit ihnen verbundenen ‚Wertsphären' wie der Ökonomie, der Politik, der Sexualität und Erotik sowie der Wissenschaft und Kunst führen. Dabei komme insbesondere der *weltablehnenden* Form der religiösen Ethik aufgrund der „Spannungen, welche sie in die Beziehungen zur Welt hineinträgt", ein „starkes dynamisches Entwicklungsmoment" zu, deren Bedeutung durchaus mit jenen Umwälzungen und Veränderungen des menschlichen Lebens verglichen

---

201 Weber, „Religiöse Gemeinschaften", MWG I/22-2, S. 305 ff. Siehe hierzu auch Wolfgang Schluchter, *Religion und Lebensführung*, Band 2, Frankfurt am Main 1988, S. 557 ff.

202 „Religiöse Gemeinschaften", MWG I/22-2, S. 282 f.; vgl. auch Weber, „Einleitung", MWG I/19, S. 86 f.

3.1 Webers ‚systematische' Religionssoziologie

werden könne, welche durch bestimmte Erscheinungsformen der ‚Herrschaft' bewirkt würden.[203] Insofern sind Religion und Herrschaft in einer besonderen Art und Weise eng miteinander verbunden, wovon übrigens unter anderem auch bereits Karl Marx und Friedrich Nietzsche überzeugt gewesen sind. Im Unterschied zu Marx und Nietzsche betont Weber jedoch den Eigensinn der Religion sowie die Eigengesetzlichkeit der Religionsentwicklung, die ihm zufolge weder aus den politischen noch den ökonomischen Verhältnissen erklärt werden kann, auch wenn zwischen diesen Lebenssphären natürlich viele historische ‚Wechselwirkungen' festzustellen sind. Doch einen diesbezüglichen klassentheoretischen oder herrschaftssoziologischen Reduktionismus lehnt Weber wie bereits gesagt unmissverständlich ab.

Dies wird auch in seiner Auseinandersetzung mit der von Nietzsche vertretenen Ansicht deutlich, dass das Verhältnis der großen Erlösungsreligionen zur ‚Welt' durch ein ‚Ressentiment' gegenüber der Welt der Reichen und Mächtigen gekennzeichnet sei. Denn Weber lehnt es ab, die Geltung dieses Theorems im Hinblick auf *alle* Erlösungsreligionen zu verallgemeinern. Zum Beispiel sei die buddhistische Vorstellung der Erlösung von den Leiden dieser Welt durch kein ‚Ressentiment' gegenüber der bestehenden politischen und sozialen Ordnung geprägt. Jedoch gesteht Weber zu, dass es diesbezüglich sehr wohl ein fast unlösbares Problem geben würde, mit dem sich alle uns bisher bekannten Erlösungsreligionen intensiv auseinandergesetzt hätten, nämlich das Problem des *Leidens* beziehungsweise genauer gesprochen des *Sinns* des menschlichen Leidens. Nietzsche zufolge war dieses Problem für die bisherige Menschheit von dermaßen großer Bedeutung, dass sie im Zweifelsfall lieber das ‚Nichts' gewollt habe als das ‚Nicht-Wollen', was übrigens eine sehr ‚vornehme' Umschreibung des von Weber im Rahmen seiner religionssoziologischen Schriften betonten Gegensatzes zwischen einer asketischen und einer mystischen Form der Weltablehnung darstellt.[204] Mit diesem Sinn-Problem haben sich Weber zufolge übrigens nicht nur die Priester und Propheten, sondern auch die „priesterfreie Philosophie" auseinandergesetzt. Dabei handele es sich um eine ‚metaphysische' Fragestellung, mit der sich alle großen Religionsstifter und philosophische Ethiker intensiv beschäftigt hätten, nämlich um die sogenannte

---

203 „Religiöse Gemeinschaften", MWG I/22-2, S. 370. Weber hat in diesem Zusammenhang vor allem die ‚charismatische' Form der Herrschaft im Auge, ferner das Spannungsverhältnis zwischen politischer und hierokratischer Herrschaft. Vgl. ders., „Staat und Hierokratie", MWG I/22-4, S. 579 ff.

204 Friedrich Nietzsche, *Zur Genealogie der Moral. Eine Streitschrift*, in: Sämtliche Werke. Kritische Studienausgabe, hrsg. von Giorio Colli und Mazzino Montinari, München 1980, Band 5, S. 245 ff (hier S. 412); vgl. ferner Weber, „Religiöse Gemeinschaften", MWG I/22-2, S. 305 ff.

Theodizee beziehungsweise um das Problem einer logisch konsequenten und insofern intellektuell überzeugenden Rechtfertigung alles Glücks und Unglücks dieser Welt.[205]

Hier kommt bei Weber tatsächlich so etwas wie eine ‚klassentheoretische' Fragestellung ins Spiel, mit der er allerdings in einer höchst großzügigen Art und Weise umgeht, indem er verallgemeinernd von den „positiv Privilegierten" und den „negativ Privilegierten" spricht.[206] Vor ihm ist übrigens noch kein intellektuell ernst zu nehmender Sozialtheoretiker auf die Idee gekommen, die politisch Ohnmächtigen und sozial Deklassierten ebenfalls als ‚privilegiert' zu bezeichnen. Diese Begrifflichkeit gebraucht Weber in diesem Zusammenhang jedoch unter anderem auch in einem *heilsgeschichtlichen* Sinn. Denn vor allem im Christentum und Judentum herrscht die Auffassung vor, dass eines Tages die vormals ‚Letzten' dereinst die ‚Ersten' sein werden. Dazu haben sie übrigens gar nichts persönlich beigetragen. Denn es handelt sich diesbezüglich um eine ‚Gnade' beziehungsweise um ein heilsgeschichtliches ‚Privileg' oder genauer gesprochen um ein ‚göttliches Geschenk'. Doch wie ist das weltliche Glück der Reichen und Mächtigen einerseits sowie dieses ‚Glück im Unglück' der negativ privilegierten Schichten andererseits philosophisch und religiös zu rechtfertigen?

Weber zufolge stellt dies das zentrale Problem jeder *Theodizee* dar, bezüglich dem es seiner Meinung nach zumindest in rein ‚logischer' Hinsicht im Prinzip nur drei wirklich ‚konsequente' Lösungen gibt: nämlich die indische ‚Karman'-Lehre beziehungsweise der sogenannte „Seelenwanderungsglaube", die zarathustrische Religion sowie die calvinistische Vorstellung der ‚Prädestinations-Gnade'.[207] Im

---

205 Ebd., S. 194. Zu Webers Nietzsche-Rezeption und -Kritik siehe auch Wilhelm Hennis, *Max Webers Fragestellung. Studien zur Biographie des Werkes*, Tübingen 1987, S. 167 ff.; Klaus Lichtblau, *Kulturkrise und Soziologie um die Jahrhundertwende. Zur Genealogie der Kultursoziologie in Deutschland*, Frankfurt am Main 1996, S. 126 ff.; ferner Hubert Treiber „Max Weber as a reader of Nietzsche – remarks on a German discussion", in: *The Foundation of the Juridico-Political*, hrsg. von Ian Bryan, Peter Langford und John McGarry, Abingson / New York 2016, S. 165-184.

206 Weber, „Religiöse Gemeinschaften", MWG I/22-2, S. 257 ff; vgl. ders., „Einleitung", MWG I/19, S. 88 ff.

207 Weber, „Religiöse Gemeinschaften", MWG I/22-2, S. 290 ff.; siehe ferner ders., „Die Wirtschaftsethik der Weltreligionen. Einleitung", MWG I/19, S. 95 sowie ders., „Zwischenbetrachtung. Theorie der Stufen und Richtungen religiöser Weltablehnung", MWG I/19, S. 520 ff. Wenn Weber in seinen verschiedenen religionssoziologischen Schriften wiederholt von dem ‚Gebot der Konsequenz' spricht, so meint er diesbezüglich eine rein ‚logische' Konsequenz, von der in der Realität natürlich gewisse ‚Abweichungen' festzustellen sind, da ja nicht alle Menschen so ‚konsequent' wie ein am Lehrbuch der formalen Logik orientierter Syllogismus oder eine am römischen

Rahmen dieses ethisch-religiösen Rechtfertigungsproblems kommen dabei diejenigen sozialen Schichten ins Spiel, die sich Weber zufolge primär für eine ‚logische' Lösung solcher fundamentalen Menschheitsprobleme von ‚Berufs' wegen zuständig fühlen, nämlich die sogenannten ‚Intellektuellen'. Von dieser Kategorie macht Weber ebenfalls einen sehr großzügigen Gebrauch. Denn zu den ‚Intellektuellen' gehören seiner Ansicht nach zum einen sowohl die Priester und Propheten, zum anderen aber auch die Philosophen und verschiedene Arten von ‚Laien-Intellektuelle' wie zum Beispiel sozial deklassierte Wanderprediger. Es handelt sich bei all diesen Intellektuellen also um sogenannte ‚Sinnstifter', die etwas einen ‚Sinn' geben möchten, das im Grunde genommen gar keinen Sinn hat, nämlich das ‚Leben' im Allgemeinen sowie die zahlreichen Ungerechtigkeiten und das damit verbundene ‚Leiden' innerhalb des menschlichen Lebens im Besonderen.[208]

‚Gerechtigkeit' ist bekanntlich ein hohes menschliches Gut. Doch wo kommt die Vorstellung eigentlich her, dass es in der ‚Welt' beziehungsweise im menschlichen Leben grundsätzlich ‚gerecht' zugehen soll, was ja offensichtlich im Widerspruch zu den faktischen Verhältnissen steht? In Bezug auf die Prophetie sagt Weber, dass für den ‚Prophet' das Leben und die Welt „einen bestimmten systematisch einheitlichen ‚Sinn' [habe] ... Die Struktur dieses ‚Sinnes' kann höchst verschieden sein, und er kann logisch heterogen scheinende Motive zu einer Einheit zusammenschmieden."[209] Was auch immer die rein psychologischen ‚Motive' sein mögen, welche die Prophetie zu einer Einheit zusammenschweißt: Fest steht, dass Weber damit nicht nur eine Aufgabe der ‚ethischen', sondern auch der ‚exemplarischen' Prophetie umschrieben hat. Denn die dabei zu lösende Aufgabe betrifft im Prinzip alle religiösen Konzeptionen der ‚Welt' als „eines ‚Kosmos', an wel-

---

Recht orientierte ‚Kodifizierung' sind, bei dem die einzelnen Richter nur noch wie ‚Subsumtionsautomaten' an der Rechtsprechung mitwirken. Siehe hierzu auch die entsprechenden Ausführungen im folgenden Kapitel dieser Einführung in Max Webers Werk.

208 Zu Webers Gebrauch des Begriffs des ‚Intellektuellen' vgl. Gangolf Hübinger, „Intellektuelle, Intellektualismus", in: *Max Webers „Religionssystematik"*, a.a.O., Tübingen 2001, S.297-313. Siehe hierzu auch Hans G. Kippenberg, „Intellektuellen-Religion", in: *Die Religion von Oberschichten. Religion – Profession – Intellektualismus*, hrsg. von Peter Antes und Donate Pahnke, Marburg 1989, S. 181-201; ferner Ahmad Sadri, *Max Weber's Sociology of Intellectuals*, Oxford 1992. Zu einem entsprechenden Verständnis der Religionssoziologie als „Intellektuellen-Soziologie" beziehungsweise Soziologie der Intellektuellen siehe auch Wolfgang Eßbach, *Religionssoziologie 1: Glaubenskrieg und Revolution als Wiege neuer Religionen*, Paderborn 2014, S. 23 ff.

209 Weber, „Religiöse Gemeinschaften", MWG I/22-2, S. 193.

chen nun die Anforderung gestellt wird, daß er ein irgendwie ‚sinnvoll' geordnetes Ganze bilden müsse"[210].

Dem entspricht auch Webers Feststellung, dass das ‚Glück' *legitim* sein möchte. Dies läuft darauf hinaus, dass in den Augen der ‚positiv Privilegierten' die bestehende Welt und die sie kennzeichnenden politischen und sozialen Verhältnisse die beste aller möglichen Welten darstellt. Die ‚negativ Privilegierten' sehen dies verständlicherweise etwas anders, weshalb sie eher einer intellektuellen Konstruktion zuneigen, die ihnen die bestehende Welt einigermaßen erträglich macht, nämlich der *Jenseitsglaube*. Durch die Entstehung der monotheistischen Gottesvorstellungen wird dieser Jenseitsglaube insofern gefördert, als es nun scheinbar einen ‚göttlichen' Ansprechpartner gibt, den man in Fragen der Gerechtigkeit beziehungsweise der ‚Rechtfertigung' zu Rate ziehen kann. Und falls sich dieser einem individuellen ‚Gebet' zu entziehen versucht, gibt es ja noch kompetente Gesprächspartner, die diesbezüglich gern die Aufgabe der Vermittlung übernehmen, nämlich die sogenannten ‚Intellektuellen' beziehungsweise die religiösen und philosophischen ‚Sinnstifter', zu denen Weber zufolge wie gesagt auch die Priester und Propheten gehören. Denn diese würden eine ‚innere Not' beziehungsweise ein entsprechendes intellektuelles Bedürfnis empfinden, dass die Welt als Ganzes irgendwie einen sinnvollen ‚Kosmos' darstellt. Eine solche ‚innere Not' ist Weber zufolge jedoch nicht eindeutig klassenmäßig zuzuordnen, da sie von den verschiedensten Arten von ‚Intellektuellen' empfunden wird. Insofern handelt es sich um ein Sinnproblem, dessen Lösung an höchst unterschiedliche Adressaten gerichtet ist, nämlich die ‚positiv Privilegierten' einerseits und die ‚negativ Privilegierten' andererseits. Dadurch werden unterschiedliche Erlösungsvorstellungen und Erlösungswege generiert, welche die verschiedenen Religionen bis heute kennzeichnen.

Doch dies bedeutet nicht, dass es Weber in seinen religionssoziologischen Schriften ausschließlich um dieses Theodizee-Problem gegangen sei. Denn ihn interessieren vielmehr die „höchst eigenwillige Eigengesetzlichkeit des Religiösen" beziehungsweise die „Konflikte der Eigengesetzlichkeiten der einzelnen Lebenssphären gegenüber dem religiösen Postulat"[211]. Dabei gerät die Religion zumindest innerhalb des ‚okzidentalen Rationalismus' zunehmend in eine Schieflage, weil ihr nun selbst allmählich der Charakter des ‚Irrationalen' zugesprochen wird. Dadurch erleidet sie zum einen das gleiche Schicksal wie die Magie, die ursprünglich als ein höchst rationales Handeln den menschlichen Alltag zu regeln versucht hat

---

210 Ebd.
211 Ebd., S. 168 und 369. Siehe hierzu auch Webers „Zwischenbetrachtung", MWG I/19, S. 479 ff.

3.1 Webers ‚systematische' Religionssoziologie

und dann der irrationalen ‚Zauberei' verdächtigt worden ist. Zum anderen findet Weber zufolge zumindest innerhalb des okzidental geprägten Rationalisierungs- und Modernisierungsprozesses eine folgenschwere Ausdifferenzierung zwischen dem menschlichen ‚Erleben' und ‚Handeln' statt, die hierbei zunehmend in einen Gegensatz zueinander getreten seien. Denn während das menschliche *Handeln* unter Bezugnahme auf die entsprechenden subjektiven ‚Motive' der Handelnden prinzipiell verstehbar und insofern auch erklärbar sei, treffe dies auf das menschliche *Erleben* und insbesondere das ‚mystische Erlebnis' nicht zu, weil dieses grundsätzlich „inkommunikabel" sei. Und dies gelte auch für das moderne religiöse ‚Erlebnis', weil es nicht mehr eindeutig durch die jeweiligen religiösen Traditionen bestimmt werde.[212] Die zunehmende ‚Irrationalisierung' des subjektiven religiösen Erlebens in der Gegenwart steht Weber zufolge also nicht nur im Widerspruch zu den Rationalisierungstendenzen in den verschiedenen gesellschaftlichen Bereichen des primär formal-rational orientierten Handelns, sondern bildet deren ‚logisches' Pendant, was sich auch in Webers scheinbar paradoxen Diagnose der okzidental geprägten ‚Moderne' niederschlägt.[213]

Max Weber hatte ursprünglich vor, im Rahmen des von ihm redaktionell betreuten *Grundriß der Sozialökonomik* auch einen Beitrag über „Wirtschaft und Kultur" beizusteuern, den er zugleich als eine „Kritik des historischen Materialismus" verstanden wissen wollte.[214] Viele Weber-Interpreten haben angenommen, dass Weber dieses Programm mit seiner ‚Religionssystematik', das heißt dem religionssoziologischen Kapitel von *Wirtschaft und Gesellschaft* eingelöst habe. Doch daran kann mit guten Gründen gezweifelt werden. Zumindest ist Webers Religionssoziologie nicht mit der von ihm geplanten ‚Soziologie der Kulturinhalte' identisch. Zwar stellt seine ‚systematische' Religionssoziologie einen bemerkenswerten Beitrag zur Ausarbeitung einer ‚inhaltlichen Soziologie' dar, wie er sie bereits 1908 in Abgrenzung zu der von Georg Simmel begründeten Richtung der ‚formalen Soziologie' gefordert hat. Ferner beruht sie auf dem Gegensatz zwischen

---

212 Vgl. Weber, „Über einige Kategorien der verstehenden Soziologie" [1913]. MWG I/12, S. 392; ders."Zwischenbetrachtung", MWG I/19, S. 515; ferner ders., „Soziologische Grundbegriffe", MWG I/23, S. 149 f. Siehe hierzu auch Manfred Hettling, „Das Unbehagen in der Erkenntnis und das ‚Erleben'", in: Simmel Newsletter 7 (1997), S. 49-65. Johannes Weiß schließt daraus zurecht, dass ‚Rationalität' und ‚Kommunikabilität' für Weber zwei Seiten ein und derselben Medaille sind. Vgl. Johannes Weiß, *Vernunft und Vernichtung. Zur Philosophie und Soziologie der Moderne*, Opladen 1993, S. 198 ff.

213 Siehe hierzu auch die entsprechenden Ausführungen im letzten Kapitel dieser Einführung in Webers Werk.

214 Vgl. Weber, „Stoffverteilungsplan" [1910], MWG I/24, S. 146.

der ‚religiösen Ethik' einerseits und der ‚Welt' andererseits, der bereits im Zentrum seiner Studien über das komplexe Beziehungsverhältnis zwischen dem ‚kapitalistischen Geist' und dem ‚kapitalistischen System' steht. Nur wird im Rahmen seiner Religionssoziologie der Bereich des religiösen Lebens viel weiter gefasst und die Beschränkung auf die Geschichte des westeuropäischen und nordamerikanischen Protestantismus aufgegeben. Überdies wird die historische Entstehung und Entwicklung der Religion nun in einem theoretischen Bezugsrahmen analysiert, der am Vorbild der zu Webers Zeit weit verbreiteten ‚Entwicklungsgeschichte' orientiert ist und der zugleich eine universalgeschichtliche Betrachtungsweise nahelegt.[215] Diese kennzeichnet sowohl seine religionssoziologischen Schriften als auch seinen Beitrag zur Rechts- und Herrschaftssoziologie und hat ihn weltberühmt gemacht. Im Folgenden wird es deshalb darum gehen, die historischen Wechselwirkungen beziehungsweise ‚Wahlverwandtschaften' zwischen Religion, Recht und Herrschaft sowie die universalgeschichtliche Eigenart der ‚okzidentalen Stadt' zu verdeutlichen, die im Zentrum der Vorkriegsfassung von *Wirtschaft und Gesellschaft* stehen.

3.2 Die Entwicklungsbedingungen des Rechts

Max Weber hatte zum Recht ein besonders ‚intimes' Verhältnis. Dies kommt unter anderem darin zum Ausdruck, dass er Rechtswissenschaft studiert hat, 1889 mit einer rechtshistorischen Arbeit über die Entwicklung des Solidaritätsprinzips und des Sondervermögens in den mittelalterlichen italienischen Städten promovierte und 1891 mit einer Arbeit über die Bedeutung der römischen Agrargeschichte für das Staats- und Privatrecht habilitiert worden ist. Er hatte ferner eine abgeschlossene juristische Ausbildung und wäre insofern imstande gewesen, beruflich auch als Anwalt vor Gericht tätig zu sein, was er anlässlich einiger privater rechtlichen Auseinandersetzungen zeitweise ja auch getan hat. Bereits in seiner Dissertation legte er großen Wert auf die Feststellung, dass nicht nur dem römischen Recht, sondern auch der germanischen Rechtstradition eine erhebliche Bedeutung für die Schaffung von ‚Rechtsinstituten' zukomme, die später auch für die Entwicklung des modernen Kapitalismus eine große Bedeutung haben sollten. Das heißt konkret, dass vor allem mittelalterliche Juristen in Europa die rechtlichen Grundlagen für spezifisch moderne kapitalistische Handels- und Betriebsformen

---

215 Siehe diesbezüglich Guenther Roth, „Rationalization in Max Weber's Developmental History", in: *Max Weber, Rationality and Modernity*, hrsg. von Sam Whimster und Scott Lash, London 1987, S. 75-91.

geschaffen haben, noch bevor überhaupt ein nennenswerter praktischer Bedarf für diese bestand, da es zu dieser Zeit den ‚modernen', industriell geprägten Kapitalismus ja noch gar nicht gegeben hat.[216]

Weber zufolge ist dies ein einschlägiges Beispiel dafür, dass die historische Entwicklung des Rechts primär eigenen ‚Gesetzen' folgt und ebenso wie die Religion nicht auf deren funktionale Bedeutung für die kapitalistische Entwicklung reduziert werden darf. Wir haben es in beiden Fällen vielmehr mit gesellschaftlichen Ordnungen und Mächten zu tun, die in einem höchst komplizierten und spannungsreichen Verhältnis zur jeweils vorherrschenden Wirtschaftsordnung stehen und natürlich auch durch diese in mannigfacher Weise beeinflusst werden. Keinesfalls darf daraus aber der Schluss gezogen werden, dass es letztlich die wirtschaftlichen Verhältnisse seien, denen in gesamtgesellschaftlicher Hinsicht ein entwicklungsgeschichtliches Primat zukomme, was bekanntlich ja die Auffassung des von Marx und Engels vertretenen ‚Historischen Materialismus' ist. Weber geht es in seinen Arbeiten, die dem Recht gewidmet sind, ferner nicht um eine rein rechtsgeschichtliche oder gar rechtsdogmatische Betrachtungsweise, sondern um ein spezifisch *soziologisches* Verständnis des Rechts. Bereits in seiner Auseinandersetzung mit dem österreichischen Rechts- und Sozialphilosophen Rudolf Stammler von 1907 unternimmt er den Versuch, das juristische Rechtsverständnis strikt von einem soziologischen Begriff des Rechts abzugrenzen. Dasselbe Ziel verfolgt Weber auch in seinen umfangreichen Redebeiträgen, die er 1910 während des ersten deutschen Soziologentages in Frankfurt am Main anlässlich zweier Vorträge zur Diskussion gestellt hat, die zum einen das Verhältnis von Wirtschaft und Recht und zum anderen das Verhältnis von Rechtswissenschaft und Soziologie zum Gegenstand hatten.[217]

Als Weber um 1910 seine Arbeit am *Grundriß der Sozialökonomik* aufnimmt, plant er für seinen eigenen Beitrag zu diesem Handbuch dann unter anderem zwei Kapitel, die zum einen das allgemeine Verhältnis zwischen der Rechts- und der Wirtschaftsordnung und zum anderen die historischen Entwicklungsbedingungen des Rechts zum Gegenstand haben. Diese noch vor dem Ersten Weltkrieg entstandenen und von ihm mehrfach überarbeiteten rechtssoziologischen Kapitel sind nach seinem Tod von seiner Witwe in der von ihr besorgten Ausgaben von *Wirtschaft und Gesellschaft* publiziert worden, ohne den inneren Zusammenhang zwi-

---

216 Vgl. Max Weber, *Zur Geschichte der Handelsgesellschaften im Mittelalter* [1889], MWG I/1.
217 Vgl. ders., „‚R. Stammlers ‚Überwindung' der materialistischen Geschichtsauffassung" [1907]. MWG I/7, S. 487 ff.; ders.; „Wirtschaft und Recht" [1911], ebd., S. 264 ff.; ferner ders., „Rechtswissenschaft und Soziologie" [1911], ebd., S. 278 ff.

schen ihnen zu berücksichtigen. Johannes Winckelmann hat dann beide Kapitel in einer Separatausgabe von Max Webers ‚Rechtssoziologie' zusammen veröffentlicht und mit einer werkgeschichtlich aufschlussreichen Einleitung versehen.[218] Innerhalb der Max-Weber-Gesamtausgabe sind diese im Teilband „Recht" der Vorkriegsfassung von *Wirtschaft und Gesellschaft* zum ersten Mal in einer historisch-kritischen Fassung erschienen.[219] Jedoch handelt es sich im Fall von Webers ‚Rechtssoziologie' um zwei auffallend unterschiedliche Manuskriptbestände. Während nämlich der erste Teil, das heißt das Kapitel „Die Wirtschaft und die Ordnungen" das allgemeine Verhältnis von Recht und Wirtschaft zum Gegenstand hat, werden in dem wesentlich umfangreicheren zweiten Teil die „Entwicklungsbedingungen des Rechts" in einer historisch-komparativen Weise erörtert. Es handelt sich im letzteren Fall dabei um die gleiche Vorgehensweise, wie sie auch dem religionssoziologischen Kapitel von *Wirtschaft und Gesellschaft* zugrunde liegt.[220] Das Kapitel „Die Wirtschaft und die Ordnungen" fällt im Vergleich dazu gewissermaßen aus der Reihe, weil es nicht historisch-komparativ, sondern allgemein-soziologisch angelegt ist. Es entspricht in seinem ganzen Duktus eher Webers sogenanntem ‚Kategorienaufsatz' von 1913, dem ebenfalls primär ein grundbegrifflicher und insofern kein historisch-vergleichender Anspruch zugrunde liegt.[221] Ferner nimmt Weber in „Die Wirtschaft und die Ordnungen" eine statische Analyse des Rechts vor, in „Die Entwicklungsbedingungen des Rechts" dagegen eine dynamische Analyse, die auf einer entwicklungsgeschichtlichen Konstruktion beruht. Hier wiederholt sich also die methodische Unterscheidung zwischen ‚Statik' und ‚Dynamik', die ja der gesamten Vorkriegsfassung von *Wirtschaft und Gesellschaft* zugrunde liegt.

Webers Rechtssoziologie unterscheidet sich jedoch trotz der auffallenden Parallelen zu seiner Religionssoziologie in einem zentralen Punkt von dem religionssoziologischen Kapitel von *Wirtschaft und Gesellschaft*. Denn während er sich im

---

218 Siehe Johannes Winckelmann, „Max Webers Soziologie des Rechts", in: Max Weber, *Rechtssoziologie*. Aus dem Manuskript herausgegeben und eingeleitet von Johannes Winckelmann, 2. Auflage Neuwied am Rhein und Berlin 1967, S. 15-49.

219 Vgl. Max Weber, „Die Wirtschaft und die Ordnungen", MWG I/22-3, S. 191 ff.; ferner ders., „Die Entwicklungsbedingungen des Rechts", ebd., S. 274 ff.

220 Siehe hierzu auch Hubert Treiber, „‚Wahlverwandtschaften' zwischen Webers Rechts- und Religionssoziologie", in: *Zur Rechtssoziologie Max Webers. Interpretation, Kritik, Weiterentwicklung*, hrsg. von Stefan Breuer und Hubert Treiber, Opladen 1984, S. 6-68.

221 Vgl. Weber, „Über einige Kategorien der verstehenden Soziologie", MWG I/12, S. 389 ff. Siehe hierzu ferner den fünften Teil der vorliegenden Einführung in Webers Werk.

3.2 Die Entwicklungsbedingungen des Rechts

letzteren Fall weigert, bereits vorab den Begriff der ‚Religion' zu definieren, liegt seiner Rechtssoziologie ein formal-soziologischer Begriff des Rechts zugrunde, den er in dem Kapitel „Die Wirtschaft und die Ordnungen" ausführlich diskutiert und unter anderem strikt von den Begriffen ‚Sitte' und ‚Konvention' abgrenzt. Er macht dabei ausgiebigen Gebrauch von den soziologischen Kategorien, die er 1913 in seinem Aufsatz „Über einige Kategorien der verstehenden Soziologie" erstmals einem größeren Publikum vorstellt und die er ganz offensichtlich erst nachträglich in die Typoskript-Fassung dieses ersten Teils seiner Rechtssoziologie handschriftlich einarbeitet. Im zweiten Teil seiner Rechtssoziologie hat die Terminologie seines Kategorienaufsatzes dagegen nicht im gleichen Ausmaß Eingang gefunden. Dafür stellt dieser aufgrund der juristischen Fachsprache, von der Weber hier ausgiebigen Gebrauch macht, und aufgrund seiner höchst sprunghaften historisch-kasuistischen Vorgehensweise eine andere Art der Herausforderung für den Leser dar als der ‚systematische' Anspruch des ersten Teils seiner Rechtssoziologie. Doch zunächst geht es um die Klärung der Frage, worin Weber zufolge überhaupt der Unterschied zwischen einer ‚Rechtsordnung' und einer ‚Wirtschaftsordnung' sowie die soziologische Eigenart des Rechts besteht, bevor wir auf seine Analyse der ‚Entwicklungsbedingungen' des Rechts etwas ausführlicher eingehen.[222]

Zentral ist für Weber dabei die strikte Unterscheidung zwischen einem juristischen und einem soziologischen Verständnis des Rechts. Während die *Rechtswissenschaften* nämlich ausschließlich an dem normativen Sinn eines Rechtssatzes und seiner logischen Stimmigkeit innerhalb eines dogmatischen Systems von Rechtssätzen interessiert seien, frage die *Soziologie* dagegen danach, welche konkreten Bedingungen faktisch gegeben sein müssen, damit eine juristische Norm die Chance hat, im alltäglichen Handeln der Menschen überhaupt berücksichtigt zu werden und insofern nicht nur in einem normativen, sondern auch in einem empirischen Sinne ‚gilt'. Die Geltung einer Rechtsordnung wird im zweiten Fall dabei an der Wahrscheinlichkeit beziehungsweise der „Chance" bemessen, dass

---

222 Vgl. zum Folgenden auch Wolfgang Schluchter, *Die Entwicklung des okzidentalen Rationalismus. Eine Analyse von Max Webers Gesellschaftsgeschichte*, Tübingen 1979, S. 122 ff.; Werner Gephart, *Gesellschaftstheorie und Recht. Das Recht im soziologischen Diskurs der Moderne*, Frankfurt am Main 1993, S. 419 ff.; Siegfried Hermes, „Das Recht einer ‚soziologischen Rechtslehre'. Zum Rechtsbegriff in Max Webers Soziologie des Rechts", in: Rechtstheorie 35 (2004), S. 195-231; François Chazel, „Max Weber's ‚Rechtssoziologie' im Lichte der Max Weber Gesamtausgabe", in: Zeitschrift für Rechtssoziologie 33 (2012-13), Heft 1, S. 151-173; ferner Hubert Treiber, *Max Webers Rechtssoziologie – eine Einladung zur Lektüre*, Wiesbaden 2017.

die ihr unterworfenen Menschen „bestimmte Ordnungen als geltend *subjektiv* ansehen und praktisch behandeln, also ihr eigenes Handeln an ihnen orientieren"[223]. Die sinnhafte Orientierung des menschlichen Handelns an einer Rechtsnorm ist Weber zufolge für ihre empirische ‚Geltung' entscheidend, nicht aber deren faktische Befolgung durch den Handelnden. Denn es reicht schon aus, dass bei einem rechtsabweichenden Verhalten eines Menschen von diesem bereits vorab prinzipiell in Erwägung gezogen wird, dass es sich hierbei um einen Verstoß gegenüber einer bestimmten normativen Erwartung rechtlichen Charakters handelt, der bestimmte Sanktionen nach sich ziehen kann. Dagegen ist für die empirische Geltung einer Wirtschaftsordnung das entscheidende Merkmal, dass sie auf einem *Interessenausgleich* bezüglich der Verfügungsgewalt über die wirtschaftlich relevanten Güter und Dienstleistungen beruht. Dieser Interessenausgleich muss nicht unbedingt rechtlich normiert sein. Entscheidend ist in diesem Fall vielmehr, dass es ein ‚Einverständnis' der ökonomischen Akteure darüber gibt, ob die Existenz einer bestimmten Form der Wirtschaftsordnung für sie von Vorteil ist oder aber nicht. Wenn die Rechts- und die Wirtschaftsordnung einer Gesellschaft dennoch in enger Weise aufeinander bezogen sind, dann betrifft dies insofern nicht den dogmatischen Gehalt einer Rechtsordnung, sondern deren Relevanz für das alltägliche Handeln der Menschen, das heißt die statistische Wahrscheinlichkeit, dass diese sich an ihr tatsächlich in einem nennenswerten Umfang sinnhaft orientieren. Dies bedeutet aber nicht, dass sie dieser auch tatsächlich in ihrem konkreten Handeln Folge leisten. Vielmehr gibt es Weber zufolge höchst unterschiedliche Gründe beziehungsweise „Motive der Fügsamkeit", warum sie dies in einem Fall machen und in dem anderen nicht. Aus welchen ‚Motiven', das heißt „psychologischen Thatbeständen" die Mitglieder einer Rechtsgemeinschaft diesen Rechtszwang befolgen, ist dabei für den von Weber vertretenen ‚formalen' soziologischen Begriff des Rechts völlig unerheblich.[224] Auch hier verwendet er also eine Form/Inhalt-Unterscheidung, die in Übereinstimmung mit den Grundsätzen der von Georg Simmel vertretenen Richtung einer ‚formalen Soziologie' steht. Während Simmel die entsprechenden ‚Inhalte' allerdings ganz aus dem Bereich der Soziologie ausgeschlossen wissen wollte, kommt diesen Weber zufolge nicht nur für die Religion, sondern auch für die empirische Geltung des Rechts und die historische

---

223 Weber, „Die Wirtschaft und die Ordnungen", MWG I/22-3, S. 191. Siehe hierzu auch Weyma Lübbe, „Der Normgeltungsbegriff als probabilistischer Begriff. Zur Logik des soziologischen Normbegriffs", in: Zeitschrift für philosophische Forschung 44 (1990), S. 583-602.

224 Weber, „Die Wirtschaft und die Ordnungen", MWG I/22-3, S. 192 f., 196 und 199 f.

3.2 Die Entwicklungsbedingungen des Rechts

Rechtsentwicklung eine erhebliche Bedeutung zu, auf die im Folgenden noch einzugehen sein wird. Weber sagt ferner bezüglich der empirischen Geltung des Rechts, dass es nicht entscheidend sei, ob die Menschen dabei dem Gefühl einer subjektiven ‚Rechtspflicht' folgen oder aber aus ‚Gewohnheit' so handeln, als gebe es eine entsprechende Rechtsordnung. Im letzteren Fall folgen sie einer Tradition, die Weber im Anschluss an die einschlägige Fachliteratur seiner Zeit als eingelebte *Sitte* bezeichnet.[225] Dieser kommt ihm zufolge jedoch kein ‚normativer' Charakter zu, weil die Existenz einer Sitte nur auf Einübung und Gewohnheit des entsprechenden menschlichen Verhaltens beruhe. Die Geltung einer Rechtsnorm oder einer Konvention bestehe dagegen darin, dass bei ihrer Missachtung irgendeine Art von Missbilligung durch Dritte zu erwarten ist. Im Fall einer bloßen *Konvention* kann dies zum Beispiel der Ausschluss aus einem Verein sein, im Falle des *Rechts* dagegen eine strafrechtliche Sanktionierung. Für die faktische Geltung des Rechts ist im Unterschied zur Konvention insofern ein ‚Rechtszwang' charakteristisch, für dessen Durchsetzung die Existenz eines entsprechenden „Zwangsapparates" erforderlich ist. Dieser ist aber nicht an die Existenz einer zentralen politischen Zwangsgewalt wie den neuzeitlichen Territorialstaat in Europa gebunden, sondern kann zum Beispiel auch durch bestimmte Mitglieder einer ‚Sippe' ausgeübt werden, die dann die Funktion der ‚Polizei' und des ‚Richters' sowie gegebenenfalls auch des ‚Henkers' übernehmen.[226]

Auch wenn die Entwicklung des Rechts einer weitgehenden „Eigengesetzlichkeit" folgt[227], ist diese Weber zufolge dennoch in vielerlei Hinsicht mit der jeweils geltenden Wirtschaftsordnung verknüpft. Zwar sei ein ‚staatlicher' Erzwingungsapparat für das Funktionieren einer Wirtschaft nicht unbedingt erforderlich. Und auch das Bürgerliche Gesetzbuch, das im Deutschen Reich am 1. Januar 1900 in Kraft getreten ist, sei mit verschiedenen Wirtschaftsordnungen vereinbar. So kann sich Weber durchaus vorstellen, dass das moderne Privatrecht zum Beispiel auch in einer sozialistischen Wirtschaftsordnung weiter gelten würde, wenn bei vertragsmäßig geregelten staatlichen Enteignungen dabei die privaten Eigentumsrechte respektiert und entsprechende materielle Entschädigungen an die betreffenden

---

225 Siehe Wilhelm Wundt, *Ethik. Eine Untersuchung der Tatsachen und Gesetze des sittlichen Lebens*, Stuttgart 1886; Rudolph von Ihering, *Der Zweck im Recht*, Band 2, Leipzig 1886, Kapitel 1; Friedrich Nietzsche, *Zur Genealogie der Moral*, a.a.O., besonders S. 293 ff.; ferner Ferdinand Tönnies, „Die Sitte" [1909], in: ders. *Studien zu Gemeinschaft und Gesellschaft*, a.a.O., S. 131 ff.
226 Vgl. Weber, „Die Wirtschaft und die Ordnungen", MWG I/22-3, S. 210 ff.
227 Weber, „Die Entwicklungsbedingungen des Rechts", MWG I/22-3, S. 292.

Besitzer gewährt werden. Allerdings sei die moderne, auf privatem Kapitalbesitz beruhende Wirtschaftsordnung ohne die Existenz eines ‚staatlich garantierten' Rechts völlig unvorstellbar, da nur dieses in der Lage sei, jenes Maß an Sicherheit und Berechenbarkeit zu gewährleisten, das eine primär auf Kontrakten und privaten Investitionen beruhende Volkswirtschaft benötige. Weber geht sogar so weit zu behaupten, dass die Entstehung einer zentralistischen Staatsgewalt, wie sie in Europa durch den modernen Staat verkörpert werde, ihrerseits durch die fortschreitende Marktentwicklung bedingt gewesen sei. Insofern sind ihm zufolge die „universelle Herrschaft der *Markt*vergesellschaftung" und die Existenz einer „universalistischen Zwangsanstalt" untrennbar miteinander verbunden.[228]

Die sogenannte moderne ‚Herrschaft des Kapitals', die Karl Marx in das Zentrum seines Werkes gestellt hat, ist gemäß Weber also nur die eine Seite der Medaille. Denn die andere stelle das staatliche Gewaltmonopol dar, das sich in Europa im Laufe der letzten Jahrhunderte zu einer politisch ‚legitim' gewordenen Form der Herrschaft entwickelt habe. Nicht zufällig entsprächen das moderne Recht und der moderne bürokratische Verwaltungsapparat ihrer Struktur nach einer ‚rationalen' Form des Wirtschaftens, wie dies beim ‚modernen Kapitalismus' der Fall sei, und teilten mit diesem den Charakter der ‚formalen Rationalität' und der dadurch möglich gewordenen ‚Berechenbarkeit'. Ob die gesamte Rechtsentwicklung in universalgeschichtlicher Hinsicht allerdings selbst einer Logik der zunehmenden ‚Rationalisierung' im Sinne einer *formalen* ‚Systematisierung' beziehungsweise Kodifizierung folgt, stellt dagegen eine völlig andere Frage dar. Denn Weber zufolge ist ‚Rationalität' ein höchst vieldeutiger Begriff. Insofern sind naturgemäß auch sehr unterschiedliche Formen der ‚Rationalisierung' des Rechts vorstellbar, zumal Weber ausdrücklich zwischen der ‚Generalisierung' und der ‚Systematisierung' des Rechts unterscheidet. Bei der *Generalisierung* der Rechtsprechung finde nämlich eine „Reduktion der für die Entscheidung des Einzelfalles maßgebenden Gründe auf eine oder mehrere ‚Prinzipien'" statt, während es sich bei der *Systematisierung* um ein „äußeres Schema der Ordnung des Rechtsstoffes" handele. Letztere stehe mit der „synthetischen ‚Konstruktions-Arbeit'" nicht selten in einem Spannungsverhältnis.[229]

---

228 Weber, „Die Wirtschaft und die Ordnungen", ebd., S. 247; vgl. ferner Weber, „Marktgemeinschaft", MWG I/22-1, S. 193 ff.

229 Weber, „Die Entwicklungsbedingungen des Rechts", MWG I/22-3, 301-303. Die Vieldeutigkeit des Begriffs des ‚Rationalismus' und der ‚Rationalisierung' hat Weber übrigens bereits in seinen Aufsätzen über die ‚protestantische Ethik' und den ‚Geist' des Kapitalismus von 1904-05 hervorgehoben. Und bei dieser programmatischen Feststellung ist es dann auch 1920 geblieben (vgl. MWG I/9, S. 176 f. sowie MWG I/18, S. 208).

3.2 Die Entwicklungsbedingungen des Rechts

Dies wirft die Frage auf, warum gerade in England, das ja als Mutterland des modernen industriellen Kapitalismus gilt, bis heute eine völlig andere Rechtstradition existiert als auf dem europäischen Kontinent und warum das auf ‚Rationalität' im Sinne von logischer Systematisierung beruhende römische Recht auf den britischen Inseln nie Fuß fassen konnte. Insofern gibt es hinsichtlich dieser unterschiedlichen Rechtsentwicklungen ein sogenanntes ‚England-Problem', wenn man eine gesamtgesellschaftliche Rationalisierung mit ‚formaler Rationalisierung' gleichsetzt, wie dies zumindest in der Sekundärliteratur oft der Fall ist, obwohl dies Weber nachweislich nie behauptet hat. Denn das würde ja im Widerspruch zu dem historisch belegbaren Tatbestand stehen, dass der moderne rationale Betriebskapitalismus, der grundsätzlich auf rechtliche ‚Berechenbarkeit' angewiesen ist, ausgerechnet in einem Land entstanden ist, dessen Rechtstradition gemessen an dem Römischen Recht weniger ‚rational' zu sein scheint und in einer bestimmten Hinsicht Weber zufolge sogar ‚irrationale', nämlich *dezisionistische* Züge trägt, wie dies bei jedem primär auf die spezifische Eigenart von Einzelfällen und die Souveränität der jeweiligen richterlichen Entscheidung ausgerichteten Recht gegeben sei.[230]

Um diesen scheinbaren Widerspruch aufzulösen, müssen wir etwas weiter ausholen und Webers vergleichende rechtsgeschichtliche Untersuchungen mit einbeziehen, wie er sie im zweiten Teil seiner Rechtssoziologie vorgenommen hat, die in der Max-Weber-Gesamtausgabe im Teilband ‚Recht' unter dem Titel „Die Entwicklungsbedingungen des Rechts" veröffentlicht worden sind. Nur so können wir verstehen, in welcher Hinsicht sich die okzidentale Entwicklungsgeschichte des Rechts und die Entwicklung der wirtschaftlichen Verhältnisse in Europa seit dem ausgehenden Mittelalter entsprechen und in welcher nicht. Denn es ist ja nicht so, dass dort der Einfluss des Rechts auf die Wirtschaft im Laufe des fortschreitenden „Rationalisierungs- und Vergesellschaftungsprozesses"[231] zugenommen hat. Vielmehr ist Weber zufolge das Gegenteil der Fall. Zum einen sei nämlich in komple-

---

[230] Auf dieses ‚England-Problem' hat übrigens der marxistische Philosoph Georg Lukács bereits 1923 aufmerksam gemacht, als er im Rahmen seiner Auseinandersetzung mit Max Weber auf die Eigenart der englischen Rechtsentwicklung hinwies. Da sich diese prinzipiell einem eindimensionalen Verständnis von ‚Rationalisierung' entzieht, ist sie von Lukács für seine ‚verdinglichungskritische' Zwecke bezeichnenderweise für irrelevant erklärt worden, ohne dies näher zu begründen. Vgl. Georg Lukács, *Geschichte und Klassenbewußtsein* [1923], Neuwied und Berlin 1968, S. 187. Siehe hierzu auch David Trubek, „Max Weber on Law and the Rise of Capitalism", in: Wisconsin Law Review (1972), S. 720-753. Trubek hat sich in diesem Aufsatz ausführlich mit dem ‚England-Problem' in Webers Werk auseinandergesetzt (vgl. dort besonders S. 746 ff.). Zu der sich daran anschließenden rechtswissenschaftlichen Diskussion siehe auch Treiber, *Max Webers Rechtssoziologie*, a.a.O., S. 70 ff.

[231] Weber, „Die Wirtschaft und die Ordnungen", S. 241.

xen modernen Volkswirtschaften die Umgehung von bestehenden Gesetzen viel einfacher geworden als in früheren Zeiten. Und zum anderen sei es heute einfach nicht mehr möglich, die auf dem Markt erfolgenden Preisbildungen in einer Weise rechtlich zu normieren, wie dies im Mittelalter noch durch das kanonische Recht und seine ethisch-religiös geprägte Vorstellung eines ‚gerechten Preises' versucht worden ist.[232] In welchem Verhältnis steht also die ‚Eigengesetzlichkeit' der Rechtsentwicklung zu den Erwartungen und Bedürfnissen der verschiedenen ‚Marktinteressenten'? Auch wenn Weber dabei den Schwerpunkt seiner Untersuchungen auf die Entwicklungsgeschichte des Rechts in Europa seit der römischen Antike bis in die Gegenwart legt, bezieht er doch auch die historischen Besonderheiten der primär religiös geprägten Rechtsentwicklung in verschiedenen außereuropäischen Kulturkreisen mit ein. Nur so kann er nämlich deutlich machen, dass allein im römisch geprägten ‚Okzident' allmählich eine ‚Säkularisierung' der Rechtsschöpfung und Rechtsfindung stattgefunden hat, wodurch das auch in Europa einstmals vorherrschende ‚heilige' beziehungsweise sakrale Recht zunehmend verdrängt worden ist und dort heute nur noch in Form des Kirchenrechts weiter existiert.

Um diese Besonderheit der okzidentalen Rechtsentwicklung zu verdeutlichen, verwendet Weber eine ganze Reihe von grundbegrifflichen Unterscheidungen, die zum einen bis heute in den Rechtswissenschaften üblich sind und die er zum anderen im Rahmen seiner rechtssoziologischen Untersuchungen selbst eingeführt hat. Zu den ersteren gehören unter anderem die gängige Unterscheidung zwischen dem subjektiven und dem objektiven Recht sowie dem Privatrecht und dem öffentlichem Recht, zu den letzteren dagegen die von Weber vorgenommene Unterscheidung zwischen dem ‚formalen Recht' und dem ‚materialen Recht'. Auch die letztere Unterscheidung hat insofern eine semantische Entsprechung zu einem heute noch in den Rechtswissenschaften üblichen Sprachgebrauch, als diese ja ebenfalls zwischen dem ‚formellen' und dem ‚materiellen' Recht unterscheidet. Nur sind beide Unterscheidungen offensichtlich nicht identisch. Denn während das *formelle Recht* regelt, wie jemand durch einen angedrohten oder durchgeführten Gerichtsprozess ‚zu seinem Recht kommen' kann, bestimmt das *materielle Recht* dagegen, worin die einzelnen Rechtssubjekte gemäß der jeweils geltenden Rechtsordnung prinzipiell ‚Recht haben' und worin nicht. Es geht dabei um den Gegensatz zwischen dem ‚Recht an sich' und dem ‚Recht für sich', der in der westlich geprägten Welt Jahrhunderte lang den ‚Kampf ums Recht' bestimmt hat.[233]

---

232 Ebd., S. 241 und 243 f.
233 Vgl. Rudolf von Ihering, *Der Kampf um's Recht*, Wien 1872. Siehe hierzu auch Trubek, „Max Weber on Law and the Rise of Capitalism", a.a.O., S. 729 ff.; ferner Treiber, *Max*

3.2 Die Entwicklungsbedingungen des Rechts

Die von Weber eingeführte Unterscheidung zwischen dem *formalen Recht* und dem *materialen Recht* bezieht sich dagegen auf einen anderen Gesichtspunkt. Es geht dabei nämlich um die Frage, in welcher Hinsicht die Rechtsschöpfung und die Rechtsfindung jeweils ‚rationalisiert' beziehungsweise ‚sublimiert' werden können. Diesbezüglich stehen Weber zufolge prinzipiell zwei Möglichkeiten zur Verfügung. Entweder geschieht dies nämlich in einer ‚empirischen' Art und Weise, wobei grundsätzlich von der Besonderheit eines Einzelfalles ausgegangen wird und dann eine einmal getroffene richterliche Entscheidung die weitere Rechtsprechung bestimmt. Oder man geht ‚subsumtionslogisch' vor, indem man einen konkreten Fall ausgehend von einer generellen Norm beurteilt, die wiederum Teil eines im Prinzip lückenlosen Systems von ‚Rechtssätzen' ist, das auf deduktivem Weg erschlossen werden kann.[234] Diese Form der ‚Rechtslogik' ist Weber zufolge das Kennzeichen der kontinentaleuropäischen Rechtsentwicklung, die als Folge der Rezeption und Weiterentwicklung des Römischen Rechts gemessen am Grad ihrer Systematisierung beziehungsweise ‚Kodifizierung' sowohl im ‚Code Napoléon' beziehungsweise *Code civil* als auch im preußisch-deutschen *Bürgerlichen Gesetzbuch* von 1900 ihren eindrucksvollsten Niederschlag gefunden hat. Insofern kann Weber auch zwischen einer ‚formalen' und einer ‚materialen' Rationalität des Rechts unterscheiden. Erstere kennzeichne die kontinentaleuropäische ‚Rechtslogik', letztere dagegen das angelsächsische ‚Common Law', das auf bereits in der Vergangenheit getroffenen richterlichen Entscheidungen beruht, die in der aktuellen Rechtsprechung als ‚Präjudizien' berücksichtigt werden müssen. Dabei komme dem jeweiligen Richter ein erheblicher Entscheidungsspielraum zu, während er im ersten Fall als ein reiner „Subsumtionsautomat" agieren würde.[235]

Webers Rechtssoziologie, a.a.O., S. 34 ff.

234 Vgl. Weber, „Die Entwicklungsbedingungen des Rechts", MWG I/22-3, S. 301 ff., 475 f., 511 und 514. Siehe diesbezüglich ferner Schluchter, *Die Entwicklung des okzidentalen Rationalismus*, a.a.O., S. 146 ff.

235 Ebd., S. 299 ff., 304 f. und 511. Warum Weber diese für seine Rechtssoziologie sprachlich relevante Unterscheidung zwischen dem ‚formalen' und dem ‚materialen Recht' eingeführt hat, liegt vermutlich daran, dass die Begriffe ‚formelles' und ‚materielles Recht' in der deutschen Sprache seiner Zeit bereits vergeben waren. Insofern musste er einen zwar ähnlich klingenden, in inhaltlicher Hinsicht aber doch davon abweichenden Sprachgebrauch einführen, um sein zentrales rechtssoziologisches Anliegen zu unterstreichen: nämlich die von dem formalen und materialen Charakter des Rechts ausgehende Gegenüberstellung von verschiedenen Arten und Richtungen der ‚Rationalisierung' des Rechts. Im Italienischen verwendet man für die Unterscheidung zwischen dem ‚formellen' und dem ‚materiellen' Recht die Begriffe ‚diritto formale' und ‚diritto materiale', im Französischen dagegen ähnlich wie im Deutschen die Begriffe ‚droit formel' und ‚droit matériel', während man im Englischen diesbezüglich vom ‚adjective

Weber grenzt darüber hinaus vier ‚Entwicklungsstufen' des Rechts beziehungsweise „theoretisch konstruierte Rationalitätsstufen" der Rechtsentwicklung voneinander ab: nämlich erstens die „charismatische Rechtsoffenbarung" durch „Rechtspropheten"; zweitens die empirische Rechtsschöpfung und Rechtsfindung durch sogenannte „Rechtshonoratioren"; drittens die Rechtsoktroyierung durch „theokratische Gewalten" und weltliche „Patrimonialfürsten"; sowie viertens die systematische Rechtssatzung durch die „Rechtsgebildeten". Er behauptet jedoch nicht, dass diese rein logisch konstruierte Reihenfolge überall in der Welt historisch zur Geltung gekommen sei. Denn die faktische Reihenfolge der Rechtsentwicklung könne in den einzelnen Regionen und Kulturkreisen durchaus von diesen theoretisch konstruierten „Rationalitätsstufen" abweichen.[236] Doch welches sind eigentlich die *historischen Ursprünge* des Rechts? Gibt es überhaupt so etwas wie ein ‚archaisches' Stadium der Rechtsentwicklung, das noch *vor* der Epoche der „charismatischen Rechtsoffenbarung" liegt? Immerhin gebraucht Weber selbst die Bezeichnung „primitives Recht", um ein besonders frühes Stadium der Rechtsfindung zu kennzeichnen, das ihm zufolge offensichtlich noch *vor* dem „prophetischen Zeitalter" der Rechtsoffenbarung existiert hat.[237]

In religionsgeschichtlicher Hinsicht geht seiner Ansicht nach dem Prophetentum ein ‚magisches Zeitalter' voraus, das durch einen umfassenden ‚Symbolismus' geprägt sei und dem die verschiedenen Propheten den Krieg erklärt hätten. Insofern bezeichnet in diesem Fall die aufkommende Prophetie zugleich eine ‚Entzauberung der Welt', weil innerhalb der verschiedenen heilsgeschichtlichen Offenbarungen die ‚Zauberer' beziehungsweise Magier sowie das rein symbolische Denken keine entscheidende Bedeutung mehr haben würden. In seiner Rechtssoziologie gelingt Weber die Unterscheidung zwischen den Zauberern, Priestern und Propheten jedoch nicht so eindeutig wie in seiner Religionssoziologie, da er ihnen allen ‚rechts-charismatische' Qualifikationen zuspricht. Hierbei wird nicht ganz klar, zu welchem Zeitpunkt eigentlich die Epoche der ‚magischen' Rechtsfindung ihr Ende findet und durch das ‚prophetische Zeitalter' abgelöst wird. Überdies findet Weber zufolge eine zunehmende ‚Säkularisierung des Rechts' erst *nach* der ‚Entzauberung der Welt' durch die Prophetie statt, weil in dieser „cha-

---

law' und ‚substantive law' spricht. Auch wenn sich Weber scheinbar dem italienischen Sprachgebrauch anschließt, so verwendet er die Begriffe ‚formales Recht' und ‚materiales Recht' doch anders als dies bei der italienischen Unterscheidung zwischen dem ‚diritto formale' und dem ‚diritto materiale' der Fall ist. Denn letztere entspricht in semantischer Hinsicht der in den deutschsprachigen Rechtswissenschaften üblichen Unterscheidung zwischen dem ‚formellen' und dem ‚materiellen' Recht.

236 Vgl. Weber, „Die Entwicklungsbedingungen des Rechts", S. 617 f.
237 Ebd., S. 287 und 443.

rismatischen Epoche der Rechtsschaffung und Rechtsfindung" ja selbst ein *heiliges* Recht, und eben kein profanes Recht gestiftet wird. Der von ihm verwendete Begriff der *Säkularisierung* bezieht sich insofern ausdrücklich auf die Zurückdrängung des „heiligen Rechts" durch „positiv gesatztes Recht", von der übrigens auch die prophetische Form der Rechtsschöpfung beziehungsweise ‚Rechtsoffenbarung' betroffen ist.[238]

Doch welches sind die ‚vorhistorischen', das heißt nicht schriftlich überlieferten ‚Ursprünge' des Rechts? Und sind diese ebenfalls bereits ‚heilig' oder nicht – ein Begriff, den Weber im Rahmen seiner religionssoziologischen Schriften übrigens noch weitgehend vermieden hat, in seiner Rechtssoziologie dagegen an zentraler Stelle gebraucht, wenn er von einem ‚heiligen Recht' beziehungsweise einem ‚sakralen Recht' spricht? Hier greift Weber auf Überlegungen zurück, die er bereits in seinen Texten über die verschiedenen Formen der menschlichen ‚Gemeinschaften' angestellt hat. Bezüglich der Frage nach den Ursprüngen des Rechts spielt der Gegensatz zwischen der uneingeschränkten Hausherrschaft einerseits und der primär verwandtschaftlich geprägten Sippe andererseits eine zentrale Rolle. Während ihm zufolge die Hausherrschaft allenfalls sakralen Schranken unterliegt und insofern durch eine willkürliche Herrschaft des jeweiligen ‚Hausherren' geprägt ist, seien „die Anfänge einer juristischen Behandlung" dagegen in dem auf einem „Sühne- und Beweisvertrag" beruhenden Schiedsverfahren zwischen den einzelnen *Sippen* zu finden.[239] Bei diesem fehle jedoch noch der moderne Begriff der subjektiven „Schuld" sowie die Feststellung des durch eine frevelhafte „Gesinnung" bestimmten Schuldgrades. Jedes Unrecht sei daher ausschließlich ein „sühnepflichtiges Delikt", das es zu ‚rächen' gilt. Hierbei kann die jeweils angemessene Form der Rache wiederum Gegenstand von Verhandlungen zwischen den beiden Konfliktparteien, in diesem Fall also zwischen unterschiedlichen Sippen sein, um dauerhafte Fehden zwischen ihnen zu vermeiden.[240] Ausgehend vom ‚Prinzip der Rache' habe sich dann allmählich so etwas wie ein „Kriminalverfahren" beziehungsweise ein *Prozess* entwickelt, der „an feste Formen und Regeln gebunden war". Der Prozess sei aber das älteste „Rechtsgeschäft" gewesen, „weil er auf einem Contrakt – Sühnevertrag – beruht"[241]. Dies führte Weber zufolge dazu, dass alle rechtlichen ‚Obligationen' ursprünglich „Delikt-Obligationen", und

---

238 Ebd., S. 455, 466 und 504.
239 Ebd., S. 283.
240 Ebd., S. 287.
241 Ebd., S. 294 und 448.

nicht „Contraktobligationen" gewesen seien; denn letztere wären vielmehr „durchweg zuerst deliktartig konstruiert worden"[242].

Hier kommt also unübersehbar das *Vertragsprinzip* ins Spiel, das innerhalb der schrankenlosen Hausherrschaft noch keine Rolle spielt und das neben dem *Herrschaftsprinzip* dennoch von so großer universalgeschichtlicher Bedeutung ist, dass Weber diesbezüglich verallgemeinernd sogar von einer „Kontraktgesellschaft" spricht. Dabei hat er im Anschluss an Ferdinand Tönnies übrigens nicht nur die ‚moderne' Gesellschaft, sondern offensichtlich ‚die Gesellschaft' schlechthin im Unterschied zur ‚Gemeinschaft' im Auge.[243] Denn der neuzeitliche Begriff der ‚Gesellschaft' leitet sich von dem römischen Wort *societas* ab, das ursprünglich nichts Anderes als eine privatrechtliche Organisationsform eines Gesellschaftsvermögens bezeichnet.[244] Dies bedeutet jedoch nicht, dass Weber innerhalb seiner Rechts- und Herrschaftssoziologie nun endgültig in das weltanschauliche Lager der sogenannten ‚Vertragstheoretiker' übergewechselt ist. Denn diese neuzeitlichen europäischen Denker haben ja nicht nur die ‚Gesellschaft', sondern sogar den ‚Staat' auf einen ursprünglichen ‚Vertrag' zwischen prinzipiell freien und gleichen Bürgern zurückzuführen versucht, um den jeweiligen Leviathan beziehungsweise Imperator rechtlichen Regeln zu unterwerfen. Hierbei sind diese Gesellschafts- und Staats-Verträge von den maßgeblichen Vertragstheoretikern nach sogenannten ‚vernünftigen', das heißt nach von ihnen selbst konstruierten intellektuellen Maßstäben konstruiert worden. Demgegenüber vertritt Weber die Auffassung, dass ‚Herrschaft' zwar vertragsrechtlich begrenzbar ist, jedoch auf keinen ‚Vertrag' zurückgeführt werden könne. Vielmehr stellen ihm zufolge die autoritäre ‚Herrschaft' einerseits und die freiwillige ‚Vereinigung' beziehungs-

---

242 Ebd., S. 290, 294 und 448.

243 Ebd., S. 310. Bei Tönnies sind der ‚Tausch' und der ‚Vertrag' das eigentliche Kennzeichen der ‚Gesellschaft'. Auf entsprechende Jahreszahlen wartet man bei solchen ‚sozialphilosophischen' Überlegungen naturgemäß vergebens. Vgl. ders. *Gemeinschaft und Gesellschaft*, a.a.O., S. 179 ff.

244 Manfred Riedel unterscheidet diesbezüglich zwischen zwei verschiedenen Wurzeln des neuzeitlichen Gesellschaftsbegriffs, nämlich zwischen einer *moralphilosophischen* und einer *juristischen* Betrachtungsweise desselben: „Neben dem moralphilosophischen Sinn des Begriffs steht, relativ unverbunden [...] eine spezifisch rechtliche Bedeutung, ‚societas' als Terminus der Jurisprudenz. ‚Gesellschaft' heißt hier in der Regel die durch Vertrag (*consensus, pactum*) begründete Vereinigung zweier oder mehrerer Personen zu wechselseitiger Förderung ihrer – wirtschaftlichen oder sonstigen – Zwecke, unterschieden von ‚*collegium*' (= Vereinigung, die nicht, wie die *societas*, auf eine bestimmte Zeit, sondern für immer konstituiert wird) und ‚*communio*' (= vertragslose Sachgemeinschaft)." Vgl. Riedel, Artikel „Gesellschaft und Gemeinschaft", a.a.O., S. 811.

3.2 Die Entwicklungsbedingungen des Rechts

weise ‚Vereinbarung' andererseits zwei nicht aufeinander zurückführbare Formen der Vergesellschaftung dar. Nicht zufällig bestimmt der Gegensatz zwischen ‚Staat' und ‚Gesellschaft' seit der europäischen Neuzeit das ‚westliche' Denken.[245] Weber macht in diesem Zusammenhang von einer Unterscheidung Gebrauch, die bereits von dem britischen Juristen, Rechtshistoriker und Anthropologen Henry Sumner Maine vorgenommen worden ist und die auch Ferdinand Tönnies übernommen hat, nämlich die zwischen einem traditionellen rechtlichen *Status* und einem freiwillig vereinbarten *Kontrakt*.[246] Weber nimmt diese begriffliche Unterscheidung wie immer in einer höchst eigenwilligen Form auf, indem er diese gewissermaßen unterläuft, da er die sogenannten *Statuskontrakte* von den eigentlichen *Zweckkontrakten* abgrenzt. Der Vorteil von Webers Terminologie ist der, dass er damit deutlich machen kann, dass der *pactus* beziehungsweise die „freie Vereinbarung" viel älter ist als dies offensichtlich der berühmte britische Denker angenommen hat, auf den sich Weber dabei bezieht. Weber spricht diesbezüglich sogar von dem „Anfang von allem".[247] Doch Anfang von was? Hier hat er wieder die historische Entstehung des ‚Prozessrechtes', also dem heutigen ‚formellen Recht' im Auge. Denn aus den „Sühneverträgen" zwischen den Sippen habe sich der „Schiedsvertrag" entwickelt. Und auf diesem würden die späteren ‚Prozessverträge' beruhen, auf die wiederum „die ältesten Typen der privatrechtlichen Verträge" zurückzuführen seien.[248] Dadurch habe sich aber auch der Charakter der „freien Vereinbarung" verändert. Denn die älteren Status-Kontrakte, zu denen Weber auch alle „Verbrüderungsverträge" zählt, beruhten ihm zufolge noch auf *magischen* Zeremonien, durch welche die davon betroffenen Personen so etwas wie eine neue ‚Seele' erhalten hätten. Aus ursprünglich ‚Fremden' seien in diesem Fall nämlich dauerhaft ‚Brüder' geworden, was ihren sozialen Status naturgemäß nachhaltig verändert hat, weil sie nun auch Mitglied einer ihnen ursprünglich fremden Sippe oder Kriegerkaste geworden sind. Dabei sei der *Eid* als „eine der

---

245 Siehe hierzu auch Dolf Sternberger, *Herrschaft und Vereinbarung*, Frankfurt am Main 1986, besonders S. 39 ff. und 54 ff.
246 Vgl. Henry Sumner Maine, *Ancient Law. Its Connection With the Early History of Society, and Its Relation to Modern Ideas*, New York 1864. Bei H. S. Maine ist diese grundbegriffliche Unterscheidung zugleich mit der entwicklungsgeschichtlichen Vorstellung verbunden, "that the movement of the progressive societies has hitherto been a movement from Status to Contract" (ebd., S. 165). Siehe hierzu auch Ferdinand Tönnies, „Status und contractus. Eine sozialpolitische Betrachtung" (1892), in: ders., *Studien zu Gemeinschaft und Gesellschaft*, a.a.O., S. 71 ff.
247 Weber, „Die Entwicklungsbedingungen des Rechts", S. 310 ff. und 314.
248 Ebd., S. 314.

universellsten Formen aller Verbrüderungsverträge" anzusehen.[249] Demgegenüber verkörpere der *Tausch* den „Archetypus aller bloßen Zweck-Contracte". Da ihm jeder „magische Formalismus" fehle, sei er in Form des Marktrechtes allmählich unter einen „sakralen Schutz" gestellt worden. Dies setze allerdings voraus, dass in historischer Hinsicht bereits die „Göttervorstellung" neben die Magie getreten sei, da vorher gewissermaßen noch eine „Garantielosigkeit des Tausches" existiert habe. Überdies habe der Gebrauch des Geldes im Rahmen von Tauschgeschäften die juristische Regelung des Tausches begünstigt, wodurch dem „Geldkontrakt" eine erhebliche Bedeutung zugekommen sei. Weber bezeichnet diesen sogar ausdrücklich als den „Archetypus des Zweckkontrakts". Ferner sei dieser ein wichtiges „Mittel der Rechtsprofanierung" geworden, da er die „Ausschaltung des magischen oder sakramentalen Charakters von Rechtsakten" ermöglicht habe, auch wenn der Tausch ursprünglich selbst auf einen ‚sakralen Schutz' angewiesen gewesen sei.[250]

Wir sehen also, dass Weber ähnlich wie in seiner Religionssoziologie auch im Falle der geschichtlichen Entwicklung des Rechts der Überwindung des ‚magischen Zeitalters' eine besondere historische Bedeutung zuspricht und diese in beiden Fällen mit der Entstehung von spezifischen Göttervorstellungen verbindet. In seiner Rechtssoziologie verweist er diesbezüglich vor allem auf entsprechende ‚Funktionsgötter', die innerhalb einer göttlichen Pantheon-Bildung für die Wahrung der Rechtsgeschäfte zuständig seien. Dem Übergang vom Polytheismus zum Monotheismus scheint seiner Meinung nach dabei zumindest für die Rechtsentwicklung keine entscheidende Bedeutung zugekommen zu sein. Dies führt uns zu der Frage, wer oder was zumindest in Teilen dieser Welt im Falle der Rechtsschöpfung und Rechtsprechung eigentlich zur Überwindung der Magie beigetragen haben könnte. Anders gesprochen: Wie sind in einer durch uralte Rechtsverständnisse und Rechtspraktiken geprägten Gesellschaft überhaupt rechtliche ‚Neuerungen' möglich, ohne dass diese die überlieferte soziale Ordnung grundsätzlich in Frage stellen? Oder anders gefragt: „Wie kam Bewegung in eine träge Masse derart kanonisierter ‚Gewohnheiten'?"[251] Einem entsprechenden ‚neuen Recht' kann Weber zufolge auf verschiedene Art und Weise Geltung verschafft werden. Zum einen ist hier an erster Stelle ein „unbemerkter Bedeutungswandel" in der Rechtsinterpretation zu nennen, der allmählich zu dauerhaften rechtlichen Neuerungen führt. Zum anderen kann dies aber auch durch ein „neuartiges Handeln" geschehen, das ebenfalls zu einem Bedeutungswandel des geltenden Rechts oder

---

249 Ebd., S. 317.
250 Ebd., S. 318-320.
251 Ebd., S. 434.

3.2 Die Entwicklungsbedingungen des Rechts

gar zu einer Neuschaffung von Recht führt, wobei an diesem „rechtsumbildenden Handeln" verschiedene Arten von Personen beteiligt sein können. In beiden Fällen würden sich die entsprechenden „Erfindungen" allmählich auf dem Weg der Nachahmung und der Auslese verbreiten.[252]

Hier befinden wir uns allerdings immer noch auf einer *magischen* Stufe der ‚Rechtsoffenbarung'. Diese ist Weber zufolge durch das Vorherrschen von ‚Gottesurteilen' wie dem Loos und dem Zweikampf bei der Rechtsfindung sowie den hohen Stellenwert des Urteilspruchs durch ein Orakel geprägt. Allmählich habe sich dann der ursprünglich ‚irrationale' Charakter des Orakels zugunsten der ‚rationalen' Diskussion von Entscheidungen abgeschwächt. Auch betont Weber den magischen Charakter des Beweisrechtes in dieser „Frühzeit" der Rechtsentwicklung. Dies komme zum Beispiel in dem Erfordernis zum Ausdruck, bei der zu stellenden Frage an das Orakel die ‚richtigen' magischen Formulierungen zu gebrauchen, die streng durch die ‚Heiligkeit der Tradition' festgelegt seien.[253] Entscheidend für umfassende rechtliche Neuerungen ist Weber zufolge jedoch das „prophetische Zeitalter" der Rechtsschöpfung gewesen, bei dem die Oktroyierung „neuer Regeln" auf dem Weg einer „neuen charismatischen Offenbarung" erfolgt sei. Weber vertritt diesbezüglich sogar die Auffassung, dass diese Form der Rechtsoffenbarung „das urwüchsige revolutionierende Element gegenüber der Stabilität der Tradition" und insofern zwar nicht die ‚Mutter aller Schlachten', jedoch „die Mutter aller ‚Satzung' des Rechts" gewesen sei, wobei er zugleich auf die Bedeutung der hierfür „charismatisch Qualifizierten" hinweist.[254] Hier besteht also eine gewisse Parallele zur *ethischen* Prophetie, die in Webers religionssoziologischen Untersuchungen eine zentrale entwicklungsgeschichtliche Rolle spielt. Während dort die typologische Unterscheidung zwischen dem Zauberer, dem Priester und dem Propheten streng eingehalten worden ist, bleibt diese innerhalb seiner Rechtssoziologie jedoch merkwürdig unbestimmt. Dies hat zur Konsequenz, dass ihm zufolge offensichtlich auch im ‚prophetischen' Zeitalter der Rechtsoffenbarung der magische Charakter der Rechtsfindung nicht grundsätzlich beseitigt worden ist. Vielmehr lebt dieser Weber zufolge bis in die Gegenwart fort, wobei er unter anderem auf die Bedeutung von feierlichen Formeln innerhalb eines Gerichtsprozesses sowie auf den Stellenwert der ‚Jury', das heißt der ‚Geschworenen' im englischen Rechtsprozess hinweist, die dort zu einer Institutionalisierung von

---

252 Ebd., S. 435 f.
253 Ebd., S. 441 ff.
254 Ebd., S. 443 und 446.

grundsätzlich ‚irrationalen', weil prinzipiell nicht rechtfertigungsbedürftigen Entscheidungen geführt habe.[255]

Eine konsequente ‚Entzauberung der Welt' findet Weber zufolge im Bereich der Rechtsentwicklung also offensichtlich nicht statt. Vielmehr bleibe das Recht in seinem ‚prophetischen Zeitalter' weiterhin an „Zaubermittel" gebunden, weshalb die Arbeitsteilung zwischen dem Magier, dem Priester und dem Propheten dort nicht ganz so eindeutig wie im Falle des Aufkommens der Prophetie innerhalb der Religionsgeschichte zu sein scheint. Nicht zufällig spricht Weber neben den „Weisen" beziehungsweise dem „Weistum" auch den „Zauberern" die Fähigkeit zur „charismatischen Offenbarung neuer Gebote" zu, während dies im Falle der Religion ausschließlich den Propheten vorbehalten geblieben ist.[256] Dabei stellt sich die Frage, welche entwicklungsgeschichtliche Bedeutung Weber zufolge eigentlich den *Priestern* bei der ‚Rechtspflege' zukommt. In seiner Religionssoziologie hatte er unter anderem auf deren Rolle bei der Pflege des Kultus sowie auf ihre Bedeutung für eine ‚logische' Systematisierung der durch die Propheten verkündeten neuen Glaubensinhalte hingewiesen. Auch innerhalb der Wahrung der Rechtstradition komme ihnen eine stabilisierende Funktion zu, die ein allmähliches Zurücktreten der Magie begünstige, was zur Entstehung von gänzlich neuen Traditionen führe, die dann sowohl schriftlich als auch mündlich an die kommenden Generationen überliefert würden.[257]

Diesem sowohl durch die „Heiligkeit der Tradition" als auch durch die „alte charismatische Rechtsprophetie" geprägten ‚heiligen Recht' stehen zwei gesellschaftliche Institutionen gegenüber. Diese haben Weber zufolge im Laufe der Zeit zu einer „Säkularisierung des Denkens über das Geltendsollende, speziell seine Emanzipation von der magisch garantierten Tradition" geführt.[258] Die eine Instanz, die zu einer „Säkularisierung der Rechtssatzung" geführt habe, stelle die freiwillige *Vereinbarung* zwischen autonomen Rechtssubjekten dar. Die andere Instanz, welche diese Säkularisierung im Laufe der Zeit bewirkt habe, seien dagegen „kriegerische Umwälzungen" gewesen. Hierbei habe der jeweilige Kriegsfürst entweder autokratisch oder aber mit Zustimmung seiner bisherigen ‚Kriegskameraden' neues Recht geschaffen, das für sein eigenes Herrschaftsgebiet fortan Geltung beansprucht. Sein *imperium*, so nennt Weber diese Verfügungsgewalt über

---

255 Ebd., S. 447 ff.
256 Weber spricht in diesem Zusammenhang sogar von einem „Charisma der Rechtsweisheit", um die Gleichrangigkeit zwischen den ‚Weisen' und den ‚Zauberern' einerseits sowie den eigentlichen ‚Propheten' andererseits hervorzuheben (ebd., S. 460).
257 Ebd., S. 454 f.
258 Ebd., S. 466.

ein bestimmtes Territorium durch einen fürstlichen ‚Imperator', einen städtischen Magistrat oder einen hohen Verwaltungsbeamten, sei dabei im Unterschied zur absoluten Herrschaftsgewalt eines ‚Hausherren' meist durch eine ‚stillschweigende' Zustimmung seiner Untertanen gefestigt worden, die Weber im Anschluss an Ferdinand Tönnies als ‚Einverständnis' bezeichnet.[259] Es gibt ihm zufolge also neben der *theokratischen* Form der Schaffung und Systematisierung von allgemein verbindlichen Rechtsnormen und Rechtssatzungen noch zwei weitere Formen der Schöpfung von ‚gesatztem Recht', die im Laufe der Zeit eine ‚Säkularisierung' des vormals als ‚heilig' geltenden Rechts bewirkt haben: nämlich die freiwillige *Vereinbarung* zwischen unabhängigen ‚Rechtsgenossen' einerseits sowie die herrschaftsmäßige *Oktroyierung* von neuen Rechtsinstituten andererseits. In beiden Fällen gilt dabei der Grundsatz, dass die ‚Willkür' das überlieferte ‚Landrecht' beziehungsweise das sogenannte ‚Gewohnheitsrecht' bricht.[260]

Von dieser ‚Willkür' ist im Laufe der europäischen Geschichte sowohl in den mittelalterlichen Städten als auch von den verschiedenen Fürsten der neuzeitlichen Territorialstaaten ausführlich Gebrauch gemacht worden. Deshalb nimmt Weber eine grundbegriffliche Unterscheidung vor, die diesem historischen Sachverhalt Rechnung trägt und die unter anderem auch in seinem sogenannten ‚Kategorienaufsatz' von 1913 ihren Niederschlag gefunden hat. Eine ‚gesatzte Ordnung' kann nämlich entweder *vereinbart* oder aber *oktroyiert* worden sein, wobei die zweite Variante übrigens sowohl die theokratische als auch die weltlich-imperiale Form der Entstehung von neuen geltenden Rechtssatzungen kennzeichnet. Im Fall einer freiwillig vereinbarten Rechtsordnung haben wir es dabei mit einem vertraglich geregelten, das heißt einer ‚Einigung' zwischen den daran beteiligten souveränen Rechtssubjekten zu tun. Im Falle der Oktroyierung einer ‚gesatzten Ordnung' existiert Weber zufolge dagegen ein ‚Einverständnis' der durch diese willkürliche Rechtsoktroyierung betroffenen Untertanen darüber, dass die entsprechende Satzung ‚legitim' sei. Eine solche oktroyierte *Satzung* stelle dabei eine „Schöpfung

---

259 Ebd., S. 455 und 467 ff.; vgl. Tönnies, *Gemeinschaft und Gesellschaft*, a.a.O. S. 146 f.; zu Webers schillerndem Gebrauch des Begriffs ‚Einverständnis' siehe Lichtblau, *Zwischen Klassik und Moderne*, a.a.O., S. 279 ff.

260 Vgl. hierzu Wilhelm Ebel, *Die Willkür. Eine Studie zu den Denkformen des älteren deutschen Rechts*, Göttingen 1953. Tönnies hat übrigens in den ersten beiden Auflagen seines Hauptwerkes selbst den Begriff ‚Willkür' gebraucht, in der dritten Auflage von 1920 diesen jedoch durch den des ‚Kürwillens' ersetzt. Er begründete diesen Schritt damit, dass nur so deutlich gemacht werden könne, dass es sich dabei um einen von ihm „freigebildeten Begriff" handeln würde, was im Gebrauch des Begriffs ‚Willkür' nachweislich nicht der Fall ist, da dieser dem mittelalterlichen Stadtrecht in Europa entstammt. Vgl. ders., *Gemeinschaft und Gesellschaft*, a.a.O., S. 67.

objektiven Rechts" dar, während der freiwillig geschlossene *Vertrag* dagegen eine „Schöpfung subjektiver Rechte" beinhalte.[261] Zu welcher der beiden zuletzt genannten Kategorien dabei eine *vertraglich vereinbarte Satzung* gehört, teilt uns Weber in diesem Zusammenhang allerdings leider nicht mit. Auf dieses Manko seiner Rechtssoziologie werden wir noch im Rahmen der Erörterung seiner Herrschaftssoziologie zu sprechen kommen. In dieser kommt nämlich der *Vertrag* beziehungsweise eine freiwillige Vereinbarung als Legitimität stiftende Quelle einer gesatzten Ordnung paradoxerweise überhaupt nicht vor. Dies hat im Rahmen der einschlägigen Sekundärliteratur aus guten Gründen zu entsprechenden Irritationen geführt. Vermutlich liegt dies daran, dass für Weber ‚Herrschaft' kein Gebilde des ‚subjektiven' Rechts beinhaltet, sondern trotz aller ‚Willkür' der jeweils Herrschenden ein Gebilde des ‚objektiven' Rechts darstellt beziehungsweise dieses überhaupt erst ‚schafft'.

Weber hat im Rahmen seiner Rechtssoziologie verschiedene Versuche zu einer Systematisierung des von ihm behandelten umfangreichen historischen Materials unternommen, die nicht deckungsgleich sind. Einen haben wir bereits genannt. Er betrifft die von ihm vorgenommene Unterscheidung zwischen vier theoretisch konstruierten Rationalitätsstufen der Rechtsentwicklung, zu denen er die charismatische Rechtsoffenbarung durch Rechtspropheten, die empirische Rechtsschöpfung und Rechtsfindung durch Rechtshonoratioren, die Rechtsoktroyierung durch theokratische Gewalten und das weltliche *imperium* sowie die systematische Rechtssatzung durch Rechtsgebildete zählt. Eine weitere Systematisierungsmöglichkeit, auf die Weber in seiner Rechtssoziologie verweist, betrifft die Unterscheidung folgender ‚Entwicklungsstufen' des Rechts: erstens die charismatische Rechtsoffenbarung durch Zauberer sowie ‚Weise' beziehungsweise Rechtspropheten, zweitens das *imperium* und drittens die Rechtsschöpfung durch vereinbarte oder oktroyierte Satzung. Als soziale Trägerschichten der Rechtsentwicklung nennt er die Rechtspropheten, die Rechtshonoratioren, verbeamtete Träger der Rechtspflege sowie private Fürsprecher und ‚Anwälte' der Rechtsinteressenten.[262] Als mögliche Formen der Professionalisierung der Rechtslehre erwähnt er dagegen die Rechtspraxis der englischen Richter und Rechtsanwälte, die seit dem Mittelalter institutionalisierte Universitätsausbildung der Juristen auf dem europäischen Kontinent, die Priesterschulen sowie die Mitwirkung verschiedener Honoratiorenschichten bei der Rechtsfindung.[263] Ferner gibt es ihm zufolge drei „große Weltrechte", nämlich

---

261 Vgl. Weber, „Die Entwicklungsbedingungen des Rechts", S. 552 ff.; siehe dort ferner S. 381.
262 Ebd., S. 617 f., 454 ff. und 474.
263 Ebd., S. 476 ff., 484 ff. und 491 ff.

3.2 Die Entwicklungsbedingungen des Rechts

das *angelsächsische* Recht, das *gemeine römische* Recht sowie das Recht des *code civil*.²⁶⁴ Darüber hinaus unterscheidet er auch noch zwischen drei „konsequenten" Legitimitätsformen des Rechts, wobei er die religiöse Offenbarung von Recht, die „autoritäre Heiligkeit der Tradition und ihrer Träger" sowie das sogenannte ‚Naturrecht' aufführt.²⁶⁵ Dies erinnert in gewisser Weise an Webers Religionssoziologie, in der er drei „konsequenteste" Lösungen des Theodizee-Problems einander gegenübergestellt hat. Nur sind diese offensichtlich nicht mit den drei ‚konsequenten' Legitimationsformen des Rechts identisch, woraus erneut ersichtlich wird, dass es keine Punkt-für-Punkt-Entsprechung zwischen seiner Rechts- und Religionssoziologie gibt.²⁶⁶

Mit dem *Naturrecht* spricht Weber eine Rechtstradition an, die sich einer ausschließlich auf die formale Rationalisierung des Rechts beschränkten Betrachtungsweise grundsätzlich entzieht. Denn in ihr kommen auch ‚inhaltliche' Erwägungen wie zum Beispiel bestimmte Gerechtigkeitsvorstellungen ins Spiel. Diese sind zum einen durch spezifisch religiöse Traditionen geprägt und zum anderen auch philosophisch begründet worden. Manche sprechen in diesem Fall sogar ausdrücklich von einem ‚Vernunftrecht'. Aus diesem Grund hat Weber von Anfang an zwei unterschiedliche Formen des Rechts einander gegenübergestellt, nämlich das *formale Recht* sowie das *materiale Recht*, die wiederum den Ausgangspunkt zweier unterschiedlicher Formen der Rationalisierung des Rechts bilden: nämlich der formalen und der materialen Rationalisierung des Rechts. Er sieht dabei einen unvermeidlichen Widerspruch zwischen dem „abstrakten Formalismus der Rechtslogik" und dem „Bedürfnis nach Erfüllung materialer Postulate durch das Recht" gegeben. Dieser sei prinzipiell nicht lösbar, weil hier unterschiedliche ‚Rechtswelten' beziehungsweise ‚Rechtskulturen' aufeinanderstoßen würden. Denn während im ersten Fall bereits eine radikale Trennung zwischen *Recht* und *Ethik* vollzogen worden ist, sei dies bei der naturrechtlichen Tradition nicht der Fall. Trotz

---

264 Ebd., S. 592 ff.
265 Ebd., S. 595 ff.
266 Dies hat die Herausgeber des Teilbandes „Recht" der Vorkriegsfassung von *Wirtschaft und Gesellschaft* vorschnell zur Annahme verleitet, dass es in Webers Rechtssoziologie überhaupt keine Entsprechung zu den drei ‚konsequentesten Lösungen' des Theodizee-Problems gibt. Dies trifft so allerdings nicht zu. Denn natürlich hat Webers Unterscheidung zwischen den drei ‚konsequenten' Lösungen des Legitimationsproblems des Rechts den gleichen Stellenwert im Rahmen seiner Rechtssoziologie wie die drei ‚konsequentesten' Lösungen des Theodizee-Problems im Rahmen seiner Religionssoziologie. Nur dass wie bereits gesagt diese verschiedenen ‚Lösungen' weder in sachlicher noch in historischer Hinsicht deckungsgleich sind. Vgl. demgegenüber Werner Gephart und Siegfried Hermes, Einleitung zu MWG I/22-3, S. 80 f.

der hierbei erfolgten „Säcularisierung des Denkens" stehe das neuzeitliche und moderne Naturrecht deshalb noch in der theokratisch und patrimonialfürstlich geprägten Tradition der Rechtsbildung, die primär auf „praktisch-utilitaristischen und ethischen Anforderungen" beruhe.[267] Überdies weist Weber auf den Einfluss der täuferischen Sekten der Neuzeit sowie der europäischen Aufklärung des 17. und 18. Jahrhunderts auf die Proklamation der allgemeinen Menschenrechte hin. Dabei seien in den individualistischen Vertragstheorien sowohl die Vertragsfreiheit als auch die allgemeinen Freiheitsrechte wesentliche Bestandteile des modernen Naturrechts geworden. Dies laufe zum einen auf eine philosophische Rechtfertigung des Prinzips der freien Konkurrenz hinaus, dem zufolge ein gesetzlicher Arbeiterschutz als grundsätzlich abzulehnender „Eingriff in die Vertragsfreiheit" angesehen werde.[268] Zum anderen sieht Weber auch im modernen Sozialismus eine „steigende Herrschaft materialer Naturrechtsdogmen" gegeben. Diese stoße allerdings zunehmend auf die Skepsis der sozialistisch geprägten zeitgenössischen Intelligenz, welche sich von den ‚großen Erzählungen' des evolutionistischen Denkens abzugrenzen beginne und damit die gesamte naturrechtliche Tradition in Frage stelle. Dadurch werde vorläufig ein Vordringen des „Rechtspositivismus" begünstigt, demzufolge das formal korrekt gesatzte Recht als ‚legitim' gilt und insofern keiner außerjuristischer Anleihen im Sinne einer philosophischen Begründung und religiösen Absicherung der Rechtsschöpfung sowie der Rechtsfindung mehr bedarf.[269]

Webers Einschätzung der Situation des Rechts zu seiner Zeit bleibt dabei in einer merkwürdigen Art und Weise ambivalent. Denn zum einen konstatiert er ein scheinbar unaufhaltsames Vordringen des positiv gesatzten Rechts sowie des damit verbundenen Rechtspositivismus. Zum anderen diagnostiziert er als Folge der modernen „Berufsdifferenzierung" sowie von „materialen Interessen" eine zunehmende „Partikularisierung des Rechts", die im Widerspruch zum logischen Ideal eines systematisch geordneten Rechts steht. Dadurch sei ein unaufhebbarer Konflikt zwischen der ‚Rechtslogik' einerseits und den entsprechenden Erwartungen der „privaten Rechtsinteressenten" andererseits gegeben. Nicht zufällig entstehe allmählich wieder die Sehnsucht nach einem „überpositiven Recht", das an die Stelle des alten Naturrechts treten könnte. Weber nennt in diesem Zu-

---

267 Weber, „Die Entwicklungsbedingungen des Rechts", MWG I/22-3, S. 511 f. und 514. Zur philosophischen Bedeutung der naturrechtlichen Tradition siehe auch Ernst Bloch, *Naturrecht und menschliche Würde*, Frankfurt am Main 1961.
268 Weber, „Die Entwicklungsbedingungen des Rechts", MWG I/22-3, S. 598 f., 600 und 608.
269 Ebd., S. 609 ff.

sammenhang sowohl das Vordringen der katholischen Soziallehre als auch die Konjunktur von ‚Wertlehren', die durch den Neukantianismus geprägt seien. Es handelt sich ihm zufolge dabei um eine „Flucht in das Irrationale", bei der er unter anderem auch eine Parallele zur zeitgenössischen „Irrationalisierung des Religiösen" feststellen zu können meint.[270]

Weber sieht in diesen zeitgenössischen Tendenzen eine fundamentale Bedrohung der „Herrschaft des ‚Fachmenschentums'", die darauf zurückzuführen sei, dass zunehmend soziologische, ethische und ökonomische Argumente „an die Stelle juristischer Begriffe treten"[271]. Dieses Thema wird er in seinem berühmten Vortrag über *Wissenschaft als Beruf* wieder aufgreifen, den er am 17. November 1917 in München gehalten hat und der geradezu eine Apotheose des ‚Fachmenschentums' darstellt. Weber einseitig als einen ‚Rationalisierungstheoretiker' zu verstehen, wie dies heute in der Sekundärliteratur meist der Fall ist, verkennt jedoch die Komplexität des Problems, mit dem wir es hierbei zu tun haben und auf das wir noch im Schlusskapitel der vorliegenden Einführung in sein Werk ausführlich eingehen werden. Dies wird auch in Webers Umgang mit dem von ihm selbst verursachten ‚England-Problem' deutlich. Denn zum einen entspricht ihm zufolge ein ‚rational', und das heißt in diesem Falle *systematisch* kodifiziertes Recht in idealer Weise den Bedürfnissen der privaten ‚Rechtsinteressenten' nach einer Berechenbarkeit ihrer Chancen für eine dauerhafte profitable Investition. Zum anderen weist er selbst ausdrücklich darauf hin, dass der moderne Kapitalismus nicht nur in seiner Entstehungszeit, sondern auch noch in der Gegenwart mit dem angelsächsischen Recht besser bedient sei als durch die kontinentale ‚Rechtslogik'. Denn letztere diene primär den Eigeninteressen eines akademischen Berufsstandes, der sich zunehmend von der Realität entfernt habe, während das angelsächsische Recht ein Produkt von ‚Praktikern', das heißt von Richtern und Rechtsanwälten sei. Diese hätten in Übereinstimmung mit den verschiedensten Rechtsinteressenten das noch aus dem Mittelalter stammende ‚Common Law' gleichsam ‚organisch' weiterentwickelt, wobei nicht das ‚Rechtssystem' beziehungsweise die ‚Rechtslogik', sondern der empirische Einzelfall im Mittelpunkt stehe.[272] Doch eine richterliche Entscheidung, die primär auf einen konkreten Fall ausgerichtet ist, gilt Weber grundsätzlich als ‚irrational', da sie nicht logisch verallgemeinerbar sei, sondern nur in Form von Präjudizien die weitere Rechtsprechung bestimmen könne. Der moderne Kapitalismus kommt also offensichtlich mit einem ‚irrationalen Recht' besser zurecht als mit der kontinental-

---

270 Ebd., S. 615 ff., 622, 629 und 631.
271 Ebd., S. 638.
272 Ebd., S. 631 ff.

europäischen Rezeption und Weiterentwicklung des römischen Rechts. Ist dieser deshalb vielleicht doch nicht so ‚rational', wie Weber es angenommen hat, indem er ihn zusammen mit dem formal-rationalen Recht in eine lange Tradition des ‚okzidentalen Rationalismus' gestellt hat?[273] Denn zumindest in praktischer Hinsicht scheint die kontinentaleuropäische ‚Rechtslogik' dem angelsächsischen ‚Rechtsdezisionismus' unterlegen zu sein. Dies muss jedoch ihren rein ‚akademischen' Wert bezüglich einer logischen Systematisierung der verschiedenen Rechtsnormen nicht schmälern, da wir uns hier ja in einem ‚Elfenbeinturm', aber nicht unbedingt in der ‚Realität' befinden.

3.3 Die Typologie der Herrschaftsformen

Weber hat sowohl in seinen Gemeinschaftstexten als auch in seiner Religions- und Rechtssoziologie wiederholt darauf hingewiesen, dass im Rahmen seines Beitrages zum *Grundriß der Sozialökonomik* der Analyse der verschiedenen Herrschaftsformen eine besondere Bedeutung zukomme. Entsprechend eng sind in der Vorkriegsfassung von *Wirtschaft und Gesellschaft* diese Texte inhaltlich miteinander verbunden, worauf auch die Herausgeberin des Teilbandes „Herrschaft" der Max-Weber-Gesamtausgabe hinweist.[274] Doch worum geht es in diesem Band? Weber selbst hat diesbezüglich nicht nur von einer „Analyse der Herrschaft", sondern auch von einer „Kasuistik der Herrschaftsformen" gesprochen. Ferner wollte er seinen diesbezüglichen Beitrag als eine „soziologische Staats- und Herrschaftslehre" verstanden wissen.[275]

Doch ‚Herrschaft' ist Weber zufolge ein viel weiter gefasster Begriff als der Begriff des ‚Staates'. Denn Herrschaft wird zum Beispiel auch in einer Hausgemeinschaft ausgeübt. Jedoch geht Weber davon aus, dass im Laufe der Zeit eine zunehmende Monopolisierung der physischen Gewaltanwendung durch den ‚politischen Verband' sowie eine Hierarchisierung der verschiedenen Herrschaftsverbände durch die ‚politische Gewalt' festzustellen seien. Dies bedeutet jedoch nicht,

---

273 Vgl. Webers „Vorbemerkung" von 1920 zu seinen *Gesammelten Aufsätzen zur Religionssoziologie*, MWG I/18, S. 101 ff.

274 Vgl. Edith Hanke, Einleitung zu MWG I/22-4, S. 1-91. Siehe ferner ders., „Max Webers Rechts- und Herrschaftssoziologie. Anmerkungen zu einem komplizierten Verhältnis angesichts der Neuedition in der Max Weber-Gesamtausgabe", in: *Recht als Kultur? Beiträge zu Max Webers Soziologie des Rechts*, hrsg. von Werner Gephart und Daniel Witte, Frankfurt am Main 2017, S. 439-456.

275 Weber, „Religiöse Gemeinschaften", MWG I/22-2, S. 194; siehe ferner Webers Brief an seinen Verleger Paul Siebeck vom 30. Dezember 1913 in MWG II/8, S. 450.

3.3 Die Typologie der Herrschaftsformen

dass er die verschiedenen Strukturformen der Herrschaft beziehungsweise die in ihnen zum Ausdruck kommenden Herrschaftstypen in ein entwicklungsgeschichtliches Schema hineinzupressen versucht. In dieser Hinsicht unterscheidet sich Webers Herrschaftssoziologie in auffallender Weise von seiner Religionssoziologie, die ja von der Existenz verschiedener aufeinander folgenden Stufen der religiösen Entwicklung ausgeht. Dagegen entzieht sich seine Rechtssoziologie aufgrund der Doppeldeutigkeit des Begriffs der rechtlichen ‚Rationalisierung' und des damit verbundenen ‚England-Problems' ohnehin einer eindeutigen entwicklungslogischen Konstruktion. Ferner gibt Weber in seiner Herrschaftssoziologie bereits zu Beginn seiner Erörterungen eine formale Definition dessen an, was er eigentlich unter einer ‚Herrschaft' verstanden wissen möchte. Dies unterscheidet seine diesbezügliche Vorgehensweise ebenfalls von seiner ‚systematischen' Religionssoziologie, in der er es peinlich vermieden hat, bereits zu Beginn seiner Ausführungen anzugeben, was er eigentlich unter ‚Religion' versteht. Zwar sagt Weber, dass ‚Herrschaft' kein Begriff sei, der sich auf einen „konkreten Inhalt" beziehen würde. Und auch eine „umfassende Kasuistik aller Formen, Bedingungen und Inhalte des ‚Herrschens'" sei unmöglich[276]. Was versteht er also unter ‚Herrschaft'? Und in welcher Weise macht er sie in der Vorkriegsfassung von *Wirtschaft und Gesellschaft* einer historisch-soziologischen Analyse zugänglich?[277]

An dieser Stelle kommt der Begriff ‚Macht' ins Spiel. Denn Weber zufolge ist Herrschaft ein „Sonderfall von Macht". Insofern bedeutet auch Herrschaft die „Möglichkeit, den eigenen Willen dem Verhalten anderer aufzuzwingen"[278]. Doch damit unterscheidet sich die Ausübung von Herrschaft noch nicht von den verschiedenen Erscheinungsformen einer reinen Machtanwendung, zu der ja auch die sogenannte ‚ökonomische Macht' gehört. Weber stellt deshalb zwei Typen von Herrschaft einander gegenüber. Die eine nennt er „Herrschaft kraft Interessenkonstellation", zu der er auch die Ausnutzung von Monopolstellungen auf ökonomischen Märkten zählt. Die andere bezeichnet er dagegen als „Herrschaft kraft Autorität", die durch eine „Befehlsgewalt und Gehorsamspflicht" gekennzeichnet sei.[279] Da Weber es vorzieht, den Begriff der Herrschaft im Sinne einer „autoritären Befehlsgewalt" zu verwenden, spricht er im Fall der ökonomischen Machtausübung auch von „Machtformen kraft Interessenkonstellation"[280]. Diese Formu-

---

276 Weber, „Herrschaft", MWG I/22-4, S. 126 und 129.
277 Siehe hierzu auch Stefan Breuer, *„Herrschaft" in der Soziologie Max Webers*, Wiesbaden 2011, besonders S. 5 ff.
278 Weber, „Herrschaft", MWG I/22-4, S. 128.
279 Ebd., S. 129.
280 Ebd., S. 135.

lierung ist insofern präziser, als sie auf den fundamentalen Unterschied zwischen einer reinen ‚Marktmacht' einerseits und einem Herrschaftsverhältnis andererseits hinweist, das zugleich mit dem Anspruch auf ‚Legitimitäts-Geltung' auftritt. Denn im Unterschied zu einer kräftemäßig überlegenen Macht ist Weber zufolge jede Herrschaft auf ein Minimum an ‚Einverständnis' zwischen den Herrschenden und den Beherrschten angewiesen. Er spricht deshalb auch von einer allgemein anerkannten ‚Autorität' des jeweiligen Machthabers, die nicht nur in seiner faktischen ‚Macht', sondern primär in seinem persönlichen Ansehen und in seiner ‚Legitimität' begründet sei. Ausgehend von den verschiedenen Erscheinungsformen der ‚Herrschaftsgeltung' kann Weber dann eine präzise Definition von Herrschaft vornehmen, die den soziologischen Begriff der ‚Befehlsgewalt' mit dem juristischen Verständnis von ‚Ordnung' miteinander verbindet. Die sich aus diesen verschiedenen Überlegungen ergebende verbindliche Definition von ‚Herrschaft' lautet ihm zufolge: „Unter ‚Herrschaft' soll hier also der Tatbestand verstanden werden: daß ein bekundeter Wille (‚Befehl') des oder der ‚Herrschenden' das Handeln anderer (des oder der ‚Beherrschten') beeinflussen will und tatsächlich in der Art beeinflußt, daß dies Handeln, in einem sozial relevanten Grade, so abläuft, als ob die Beherrschten den Inhalt des Befehls, um seiner selbst willen, zur Maxime ihres Handelns gemacht hätten (‚Gehorsam')."[281]

Im Unterschied zu einer reinen Machtausübung beziehungsweise Gewaltanwendung beruht ein Herrschaftsverhältnis also auf einer prinzipiellen Zustimmung der Beherrschten zu dem an sie gerichteten Herrschaftsanspruch, auch wenn die subjektiven Motive für die Akzeptanz sehr unterschiedlich sein können.[282] Weber ist jedoch nicht an diesen Motiven interessiert, sondern an dem Faktum, dass es eine solche Zustimmung tatsächlich in einem mehr oder weniger großen Umfang gibt. Im Rahmen dieser allgemeinen Definition des Begriffs ‚Herrschaft' unterscheidet er dann zwischen drei verschiedenen ‚Prinzipien' der Geltung einer „Befehlsgewalt". Diese kann nämlich zum einen auf ‚*rationalen Regeln*' beruhen, die entweder frei vereinbart oder aber oktroyiert worden sind. Zum anderen kann sie auf der persönlichen Autorität eines Menschen beruhen. Weber nennt diesbezüglich wiederum zwei verschiedene Möglichkeiten. Denn diese persönliche Autorität kann entweder in der „Heiligkeit der *Tradition*" oder aber im „Glauben" an das *Charisma* einer Person begründet sein. Ausgehend von diesen drei Prinzipien der möglichen Legitimierung einer Herrschaftsordnung leitet er drei „'reine' Grund-

---

281 Ebd., S. 135.
282 Siehe hierzu auch Peter Baumann, „Die Motive der Fügsamkeit bei Max Weber: eine Rekonstruktion", in: Zeitschrift für Soziologie 22 (1993), S. 355-370.

3.3 Die Typologie der Herrschaftsformen

typen der Herrschaftsstruktur" ab, und zwar die *bürokratische*, die *patriarchalische* und die *charismatische* Form der Herrschaft.[283]

Weber geht in seinen weiteren Ausführungen dann von dem seiner Meinung nach geläufigsten und ‚rationalsten' Typus der Herrschaft aus, der ihm zufolge durch die moderne bürokratische Erscheinungsform der Verwaltung repräsentiert wird. Diesen Typus stellt er an den Anfang seiner Analyse der verschiedenen Herrschaftsformen, um einen entsprechenden Vergleich zwischen diesen unterschiedlichen Herrschaftsformen zu ermöglichen. Es handelt sich dabei also nicht um die Unterstellung einer *entwicklungsgeschichtlichen* Reihenfolge dieser Herrschaftsformen, sondern um begriffliche Unterscheidungen, denen eine rein *typologische* Bedeutung zukommt. Doch die bürokratische Herrschaftsform ist nicht die einzige Form der Verwaltung, die Weber in diesem Zusammenhang ausdrücklich hervorhebt. Denn neben der ‚bürokratischen' gibt es ihm zufolge ja auch noch die ‚demokratische' Form der Verwaltung. Auch diese gilt ihm „nicht etwa als typischer historischer Ausgangspunkt einer ‚Entwicklungsreihe', sondern lediglich als ein typologischer Grenzfall", den er in der Vorkriegsfassung von *Wirtschaft und Gesellschaft* bei seiner Analyse der verschiedenen Herrschaftsformen ebenfalls entsprechend berücksichtigt. Dies bedeutet, dass Weber ursprünglich nicht nur der bürokratischen Form der Verwaltung im Rahmen seiner Analyse der verschiedenen Herrschaftsformen eine heuristische Sonderstellung hat zukommen lassen, sondern auch der „unmittelbar demokratischen Verwaltung". Insofern ist ‚Verwaltung' beziehungsweise ‚Organisation' der typologische Oberbegriff, der von ihm dann in die bürokratische und die demokratische Form der Verwaltung weiter ausdifferenziert wird.[284]

Zumindest bezüglich der entwicklungsgeschichtlichen Reihenfolge dieser verschiedenen Formen der *Verwaltung* hat Weber zu diesem Zeitpunkt noch eine klare Vorstellung. Denn während ihm zufolge die Bürokratie die ‚modernste' Art der Herrschaftsausübung darstellt, gelte dies nicht für die demokratische Form der Verwaltung. Diese sei vielmehr uralt. In diesem Punkt schließt sich Weber der Auffassung von Otto von Gierke an, der ausgehend von der germanischen Rechts- und Verwaltungstradition ‚Herrschaft' und ‚Genossenschaft' als zwei gleichwertige Formen der Organisation sozialer Gebilde verstanden hat.[285] Während die bürokratische Form der Herrschaft in Webers Augen ein unentrinnbares Schicksal der Menschheit darstellt, gelte dies jedoch nicht für die demokratische Form der Verwaltung. Denn diese habe zum einen die Tendenz, im Laufe der Zeit „in eine

---

283 Weber, „Herrschaft", MWG I/22-4, S. 148
284 Ebd., S. 139-141.
285 Vgl. Gierke, *Das deutsche Genossenschaftsrecht*, a.a.O.

Herrschaft der ‚Honoratioren' überzugleiten"[286]. Und zum anderen verändere sich der Begriff der Demokratie, wenn sich diese in eine „Massenverwaltung" verwandele. Hier spielt Weber auf Robert Michels Untersuchungen über die oligarchischen Tendenzen innerhalb der sozialdemokratischen Partei Deutschlands an, welche dort zunehmend zu einer Diktatur der Minderheit über die Mehrheit geführt habe.[287] Dies ist offensichtlich auch der Grund, warum Weber die Demokratie im Unterschied zur Bürokratie nicht als eine eigenständige Form von Herrschaft ansieht, obwohl er dies durchaus hätte machen können. Nicht zufällig weist er darauf hin, dass eine ‚rationale Satzung' sowohl durch eine freiwillige Vereinbarung als auch durch eine Oktroyierung zustande gekommen sein kann. In Webers Augen stellt jedoch die bürokratische Form der Herrschaft die effizienteste und insofern zukunftsträchtigste Herrschaftsform dar, ohne die auch die moderne Massendemokratie nicht funktionieren könne. Aus diesem Grund behandelt er bereits in der ersten Fassung der von ihm entwickelten Herrschaftstypologie die Demokratie nicht als eigenständige Herrschaftsform, auch wenn er dort immer wieder auf die verschiedensten historischen Erscheinungsformen der Demokratie eingeht.[288]

Den ‚reinsten' Typus der bürokratischen Herrschaft stellt Weber zufolge das moderne Berufsbeamtentum kontinentaleuropäischer Prägung dar. Dieses sei ein Produkt des ‚modernen Staates' und entspreche am besten dem ‚modernen' Kapitalismus, der prinzipiell auf Berechenbarkeit und insofern auf den Ausschluss bürokratischer Willkür angewiesen sei. Auch eine moderne kapitalistische Unternehmung stelle ab einer bestimmten Größenordnung einen bürokratischen ‚Betrieb' dar. Das eigentliche Vorbild für Webers diesbezügliche Begriffsbildung ist jedoch nicht die privatwirtschaftlich organisierte kapitalistische Unternehmung, sondern die amtliche ‚Behörde' eines modernen Verwaltungsstaates. Diese sei durch das Prinzip der Amtshierarchie geprägt und auf Beamte angewiesen, die eine entsprechende Fachschulung genossen haben. Deren Amtsführung folge festen Regeln, die nicht auf den Einzelfall bezogen sind, sondern generell gelten. Die Wahrnehmung solcher Ämter erfordere ‚Disziplin' und stelle insofern einen ‚Beruf' mit spezifischen Anforderungen dar. Zu diesen zählen unter anderem das Bestehen zahlreicher Fachprüfungen sowie eine ‚Amtstreuepflicht', die bis heute den öffentlichen Dienst in der Bundesrepublik Deutschland kennzeichnet. Ferner sei

---

286 Weber, „Herrschaft", MWG I/22-4, S. 141.
287 Ebd., S. 144. Vgl. diesbezüglich Robert Michels, *Zur Soziologie des Parteiwesens in der modernen Demokratie. Untersuchungen über die oligarchischen Tendenzen des Gruppenlebens*, Leipzig 1911.
288 Zu Webers Auseinandersetzung mit der ‚Demokratie' in seiner Herrschaftssoziologie siehe auch Breuer, *Max Webers tragische Soziologie*, a.a.O., S. 112 ff.

3.3 Die Typologie der Herrschaftsformen

diesbezüglich eine strikte Trennung zwischen dem privaten Eigentum der Beamten und dem öffentlichen Eigentum sowie das ausdrückliche Verbot der Bestechlichkeit für zu erbringende verwaltungsmäßige Leistungen eine unabdingbare Notwendigkeit. Dafür erhielten diese ein festes Gehalt und genössen eine spezifisch ‚ständische Ehre'. Ferner werde der typische Beamte von einer übergeordneten behördlichen Instanz ‚ernannt', was ein dauerhaftes Dienstverhältnis begründet, das nicht beliebig aufgekündigt werden kann. Dadurch werde eine lebenslange ‚Stellung' begründet, die entsprechende Altersbezüge mit einschließt, damit auch nach dem ‚aktiven' Dienst eine standesgemäße Lebensführung sichergestellt ist.[289]

Der entscheidende Vorteil der bürokratischen Herrschaft besteht Weber zufolge in deren organisatorischen Effizienz und technischen Überlegenheit gegenüber den anderen Herrschaftsformen und deren ‚Verwaltung'. Jedoch führe sie zu einer Nivellierung der ökonomischen und sozialen Unterschiede der jeweiligen ‚Untertanen'. Insofern sei sie eine typische Begleiterscheinung der modernen Massendemokratie, die sich dadurch von der demokratischen Selbstverwaltung kleinerer sozialer Verbände wie zum Beispiel den Vereinen unterscheide. Sie leite ferner zunehmend die Herrschaft eines ‚Fachmenschentums' ein, das sich grundsätzlich vom Bildungsideal der älteren Honoratiorenschichten unterscheide. Deshalb spricht Weber in diesem Zusammenhang auch von einem „Kampf des ‚Fachmenschen'-Typus gegen das alte ‚Kulturmenschentum'", der „alle intimsten Kulturfragen" durchdringe.[290] Ihm zufolge ist die bürokratische Form der Herrschaft dabei ein „spätes Entwicklungsprodukt". Denn je weiter wir in die Menschheitsgeschichte zurückblicken, „desto typischer wird für die Herrschaftsformen das Fehlen der Bürokratie und des Berufsbeamtentums überhaupt". Weber sieht deshalb in der bürokratischen Form der Herrschaft das Symptom eines unaufhaltsamen „Vormarsch[es] des *Rationalismus*" in allen Lebensbereichen, wodurch sich auch die entsprechenden ‚Wahlverwandtschaften' zwischen dem modernen Kapitalismus und der modernen Bürokratie erklären würden.[291] In seinen späteren Schriften sieht Weber die ‚Herrschaft des Kapitals' und des freien Unternehmertums dagegen durch die ‚Herrschaft der Bürokratie' bedroht. Diesbezüglich hat sich Weber zu einer bis heute heftig umstrittenen entwicklungsgeschichtlichen Diagnose hinreißen lassen. Doch gilt dies auch für die historische Reihenfolge zwischen den von ihm aufgestellten ‚reinen' Typen der Herrschaft? Oder herrscht hier eine andere ‚Logik', die sich solchen entwicklungsgeschichtlichen Schematisierungen grundsätzlich entzieht?

---

289 Weber, „Bürokratismus", MWG I/22-4, S. 157 ff.
290 Ebd., S. 233.
291 Ebd., S. 234

Um diese Frage zu beantworten, müssen wir auf einige ältere Strukturformen der Herrschaft eingehen. Dass diese tatsächlich den ‚Anfang' beziehungsweise den historischen Ausgangspunkt einer universalgeschichtlichen Entwicklungsreihe der verschiedenen Herrschaftsformen darstellen, ist von Weber allerdings nie behauptet worden. Denn er bringt noch eine weitere Herrschaftsform ins Spiel, die im prinzipiellen Widerspruch zu jeder dauerhaften sozialen und politischen Strukturbildung gerichtet ist, nämlich das *Charisma* beziehungsweise die charismatische Form der Herrschaft. Diese Herrschaftsform entzieht sich ihm zufolge einer eindeutigen entwicklungsgeschichtlichen Zuordnung. Denn charismatische Persönlichkeiten können zum einen die etablierten Herrschaftsformen herausfordern und zum Einsturz bringen. Zum anderen stellen sie selbst den Ausgangspunkt neuer Entwicklungsreihen dar, die traditionsbildend wirken können. Und auch die ‚rationalste' Form der Herrschaft, nämlich die moderne Bürokratie, ist Weber zufolge auf einen charismatischen Führer angewiesen, der nicht Berufsbeamter, sondern kraft familiärer Herkunft oder als demokratisch gewählter Politiker der eigentliche politische Entscheidungsträger ist, auf den alle hierarchischen Ketten zugespitzt sind. Weber vertritt ferner die Ansicht, dass die plebiszitäre Form der ‚Führerdemokratie' das ideale Pendant der bürokratischen Form der Herrschaft sei. Das heißt, dass die moderne Demokratie ihm zufolge selbst auf eine charismatische Führerschaft angewiesen ist. Doch welches ist die eigentliche ‚traditionale' Form der Herrschaft, von der sich die anderen Herrschaftsformen zumindest in typologischer Hinsicht eindeutig abgrenzen lassen?

An dieser Stelle führt Weber den Begriff des ‚Patrimonialismus' beziehungsweise die *patrimoniale* Form der Herrschaft ein. Diese ist ihm zufolge aus dem Schoß der patriarchalischen Hausherrschaft erwachsen. Deshalb gebraucht Weber die Begriffe ‚patriarchal' und ‚patrimonial' oft synonym, was sie aber nicht sind. Denn nur ein ‚Patrimonium' ist zugleich patriarchal und patrimonial, nicht aber die ursprüngliche Form der Hausherrschaft, die nur patriarchal strukturiert ist. Gemeinsam sei beiden, dass ihre ‚Legitimität' auf der „Heiligkeit der Tradition" beruhe. Diese würde eine schrankenlose Willkür des ‚Herrschers' prinzipiell ausschließen, wobei Weber neben dem Brauchtum und entsprechenden sittlichen Vorstellungen auch sakralrechtliche Normen erwähnt, die das verhindert hätten. Er sieht dabei in der patriarchalischen Herrschaft die „formal konsequenteste Strukturform einer auf Traditionsheiligkeit ruhenden Autorität" gegeben.[292] Was kommt dann aber bei der patrimonialen Form der Herrschaft gegenüber der patriarchalen Hausherrschaft als weiteres Unterscheidungsmerkmal hinzu? Hier greift Weber auf Überlegungen zurück, die er bereits in seinen Ausführungen über

---

292 Weber, „Patrimonialismus", MWG I/22-4, S. 247 ff. und 252.

3.3 Die Typologie der Herrschaftsformen

die ‚Hausgemeinschaft' angestellt hat. Denn diese beinhalte prinzipiell zwei verschiedene Entwicklungsmöglichkeiten. Zum einen könne aus ihr ein *Oikos* entstehen. Unter diesem Begriff versteht Weber im Anschluss an Karl Rodbertus den autoritär geleiteten Großhaushalt eines Fürsten, der noch auf dem naturalwirtschaftlichen ‚Bedarfsdeckungsprinzip' beruht.[293] Und zum anderen sei aus dieser ursprünglichen Hausgemeinschaft im Laufe der europäischen Neuzeit aufgrund entsprechender vermögensrechtlicher Regelungen auch der kapitalistische ‚Betrieb' entstanden, der in der modernen börsennotierten kapitalistischen Unternehmung seinen prägnantesten Ausdruck gefunden habe.[294]

In diesem Zusammenhang interessiert Weber jedoch vor allem jene Herrschaftsform, die auf dem Boden des ‚Oikos' entstanden ist, nämlich die patrimoniale Form der Herrschaft. Dieser „Spezialfall patriarchaler Herrschaftsstruktur" zeichne sich durch eine „Dezentralisation der Hausgemeinschaft" aus, da sich durch die Vergabe von Land an Hausangehörige des Herrn in der Regel relativ selbständige neue ‚Hausherrschaften' herausbilden können.[295] Daraus kann wiederum eine spezifische Form der Grundherrschaft entstehen, die Weber als *Feudalismus* bezeichnet und die primär auf dem Lehenswesen beruht, auf das noch einzugehen sein wird. Weber grenzt die patrimoniale Form der Herrschaft ferner von der eigentlichen ‚politischen Herrschaft' ab, da es sich im ersten Fall um eine Herrschaft über eigene Hausangehörige handelt, im zweiten Fall dagegen um die Herrschaft eines Fürsten über andere Hausherren, die nicht seiner Hausgewalt unterworfen sind. Es handelt sich im letzteren Fall also um eine freiwillige ‚Gefolgschaft' beziehungsweise um ‚freie' Untertanen, die Weber auch als *extrapatrimonial*, das heißt ‚politisch' Beherrschte versteht, wobei diesen prinzipiell ein ‚Kündigungsrecht' bei dieser Art von Herrschaftsbeziehung zustehen würde.[296]

Diese Unterscheidung zwischen den ‚häuslichen' und den ‚politischen' Untertanen eines Patrimoniums hat auch Konsequenzen für die patrimoniale Form der *Verwaltung*. Denn die entsprechenden Ämter können sowohl an patrimoniale als

---

293 Siehe diesbezüglich Johann Karl Rodbertus, „Untersuchungen auf dem Gebiete der Nationalökonomie des klassischen Alterthums II", in: Jahrbücher für Nationalökonomie und Statistik 4 (1865), S. 341-427, besonders S. 345 ff.
Weber, „Patrimonialismus", MWG I/22-4, S. 254 und 257. Zu Webers Gebrauch des Begriffs ‚Patrimonialismus' siehe auch Siegfried Hermes, *Soziales Handeln und Struktur der Herrschaft. Max Webers historische Soziologie am Beispiel des Patrimonialismus*, Berlin 2003. Vgl. ferner Breuer, *„Herrschaft" in der Soziologie Max Webers*, a.a.O., S. 8 ff.
294 Weber, „Patrimonialismus", MWG I/22-4, S. 254.
295 Ebd., S. 254 und 257.
296 Ebd., S. 261, 264 und 274.

auch an extrapatrimoniale ‚Beamte' vergeben werden. Gemeinsam ist ihnen, dass der entsprechende Fürst für ihre materielle Versorgung zuständig ist, wodurch der ursprünglich rein häuslich gedachten Tischgemeinschaft eine „weitreichende symbolische Bedeutung" zukomme.[297] Durch die Dezentralisierung der patrimonialen Herrschaft infolge der Vergabe von Pfründen und Lehen werde diese häusliche Gemeinschaft zwischen dem Fürsten und seinen Beamten jedoch allmählich aufgelöst. Denn vermittels dieser Vergabe eines verbindlichen Rechts auf ein bestimmtes Amt kann sich der entsprechende ‚Verwaltungsbeamte' nun relativ selbständig vom fürstlichen Haushalt ökonomisch versorgen, wobei dieses Recht allerdings jederzeit von seinem Herrn widerrufen werden kann. Die entsprechende ‚Banngewalt' beziehungsweise das *imperium* bleibt also weiterhin in fürstlicher Hand. Die entsprechende ‚Willkür' des jeweiligen Fürsten wird Weber zufolge jedoch zum einen durch die ‚heilige Macht der Tradition' in ihre Schranken verwiesen. Hiervon profitieren auch die patrimonialen Untertanen, die weiterhin direkt der fürstlichen Hausgewalt unterstehen. Besser gestellt sind diesbezüglich allerdings die ‚freien', das heißt die ‚politischen' Beamten. Denn diese genießen darüber hinaus auch ‚genossenschaftliche' Rechte, die ihnen viel weitergehende individuelle Handlungsspielräume ermöglichen. Von ihnen droht deshalb dem Fürsten die größte Gefahr, zumal diese ‚politischen' Untertanen von ihm das Recht auf Selbstversorgung mit eigenen Waffen eingeräumt bekommen haben. Sie können ihm dadurch relativ selbständig und gleichberechtigt gegenübertreten, was erneut seine Willkür einschränkt und insofern seine Macht zunehmend begrenzt. Eine weitere Gefahr droht dem Fürsten ferner von jener ‚Honoratiorenschicht', an die er seine hohen Verwaltungsämter zunächst leihweise als ‚Pfründe' vergeben hat, wenn es dieser Schicht gelingt, sich diese Ämter und die damit verbundenen Privilegien auf Dauer anzueignen und an ihre eigenen Nachkommen zu vererben. Aus der Entwicklung dieser „ständischen Territorialkörperschaften" können sich dann allmählich politische Strukturen entwickeln, wie sie auch für den ‚modernen Staat' der europäischen Neuzeit charakteristisch seien.[298] Denn auch diesem habe ursprünglich ein Bündnis zwischen einem Patrimonialfürsten und einer ständisch geprägten Honoratiorenschicht zugrunde gelegen, die über eigene grundherrliche Rechte verfügte. Als Folge der zunehmenden verfassungsmäßigen Verrechtlichung der Beziehungen zwischen dem Fürsten und seinen Untertanen sei dann im Laufe der Zeit die moderne Form der politischen Gewaltenteilung entstanden.

In Webers Darstellung der patrimonialen Form der Herrschaft kommt dem *Feudalismus* eine relativ eigenständige Bedeutung zu, weshalb er ihn im Rahmen

---

297 Ebd., S. 295.
298 Ebd., S. 343.

3.3 Die Typologie der Herrschaftsformen

der ersten Fassung seiner Herrschaftssoziologie in einem eigenen Abschnitt ausführlich erörtert. Diese Herrschaftsform ist primär durch die Vergabe von Lehen an ‚Vasallen' gekennzeichnet, die dem Fürsten auf der Basis kontraktlicher Regelungen und feudaler Ehrbegriffe treu ergeben sind. Da Weber zufolge die Lehensbeziehung auf einem ‚extrapatrimonialen' Verhältnis zwischen dem ‚Herrn' und seinen Vasallen beruht, stellt sie für ihn einen ‚Grenzfall' des Patrimonialismus dar.[299] Kennzeichen von ‚echten' Lehensbeziehungen seien zum einen eine freie ‚Volksgenossenschaft' zwischen Fürst und Vasallen trotz deren hierarchischer Schichtung und zum anderen ein freies Kontraktverhältnis zwischen ihnen, das die feudale Ordnung strukturell von den patrimonialen Abhängigkeitsbeziehungen unterscheide. Der Feudalismus stelle insofern eine *ständische* Erscheinungsform des Patrimonialismus dar, die zunehmend in Gegensatz zu dem *patriarchalen* Patrimonialismus trete.[300] Da die Entstehung feudaler Herrschaftsstrukturen eng mit der germanischen Heeresorganisation zur Zeit der großen Völkerwanderungen verbunden sei, hätten sie ursprünglich auf einer *charismatischen* Form der ‚Gefolgschaft' beruht, die im Grunde genommen nie ganz zum Erliegen gekommen sei. Dies erkläre auch, warum die feudalen Standesgenossen ihrem Fürsten mit relativ großer Selbständigkeit gegenübertreten konnten. Entscheidend für ihre Beziehung sei jedoch ein Treue- und Pietätsverhältnis, das auch als ‚Veralltäglichung' einer ursprünglich rein charismatisch begründeten Form der Herrschaft verstanden werden kann.

An dieser Stelle kommt in Webers Herrschaftssoziologie also ein Begriff ins Spiel, der uns bereits im Rahmen der Erörterung seiner Rechts- und Religionssoziologie begegnet ist, nämlich das *Charisma*. Dort gebrauchte er diesen Begriff vor allem im Hinblick auf die Eigenart der ‚ethischen' Prophetie und eine spezifische Form der ‚Rechtsoffenbarung', nämlich die charismatische Rechtsoffenbarung. In Webers Herrschaftssoziologie stellt das Charisma jedoch das eigentliche Zentrum dar, um das die anderen Herrschaftsformen ständig kreisen und in dessen Bann sie gezogen werden. Denn die charismatische Form der Herrschaft entzieht sich zum einen jeder entwicklungsgeschichtlichen Zuordnung, da sie aufgrund ihrer ‚Außeralltäglichkeit' im Gegensatz zu jenen legitimen ‚Ordnungen' steht, die entweder auf der ‚Heiligkeit der Tradition' oder aber auf ‚rationalen Satzungen' beruhen. Zum anderen können aufgrund ihrer eigenen historischen Entwicklungsdynamik neue Formen der Herrschaft wie zum Beispiel der Feudalismus oder die plebiszitäre Form der Demokratie entstehen, die eine ‚alltägliche' Form der politischen und sozialen Ordnung darstellen. Weber betont deshalb zum einen

---

299 Ebd., S. 369 f.
300 Weber, „Feudalismus", MWG I/22-4, S. 384 und 411.

den ‚revolutionären' Charakter jedes Charismas, sofern es sich gegen die Macht der Tradition und bürokratisch bedingte Versteinerungen der bestehenden Verhältnisse richtet. Und zum anderen weist er darauf hin, dass wir es aufgrund der periodisch wiederkehrenden Veralltäglichung und Versachlichung der charismatischen Form der Herrschaft mit einer „typisch sich wiederholenden Entwicklung" zu tun haben, welche die Frage, wer „zuerst da war – die Tradition oder das Charisma – im Grunde genommen unbeantwortbar macht.[301]

Wir haben es in diesem Fall also offensichtlich mit Konstanten der menschlichen Geschichte zu tun, die zum einen in einem extremen Spannungsverhältnis zueinanderstehen und die zum anderen auch historisch nahtlos ineinander übergehen können. Doch wodurch unterscheidet sich die charismatische Form der Herrschaft strukturell von der traditionalen und der modernen bürokratischen Erscheinungsform der Herrschaft? Das zentrale Unterscheidungskriterium ist hierbei der Gegensatz zwischen dem ‚Alltäglichen' und dem ‚Außeralltäglichen'. Denn das Charisma ist Weber zufolge das Außeralltägliche schlechthin. Insofern gleicht es einem ‚Wunder' beziehungsweise dem ‚Heiligen', das Weber zufolge ja ebenfalls durch seine ‚Außeralltäglichkeit' gekennzeichnet ist. Nur ist dem Charisma darüber hinaus eigentümlich, dass ihm im Grunde genommen überhaupt nichts ‚heilig' ist. Denn es sprenge „in seinen höchsten Erscheinungsformen Regel und Tradition überhaupt und stülpt alle Heiligkeitsbegriffe geradezu um. Statt der Pietät gegen das seit alters Übliche, deshalb Geheiligte, erzwingt es die innere Unterwerfung unter das noch nie Dagewesene, absolut Einzigartige, deshalb Göttliche". Insofern sei das Charisma „die spezifisch ‚schöpferische' revolutionäre Macht der Geschichte"[302].

Kennzeichen für die charismatische Form der Herrschaft ist Weber zufolge eine bedingungslose Gefolgschaft der Anhänger eines außergewöhnlichen Anführers, die nicht durch einen äußeren Zwang, sondern durch eine innere ‚Gesinnung' der charismatisch ‚Beherrschten' gekennzeichnet sei. Diese Treue zum jeweiligen Anführer ende jedoch, wenn ihm dauerhaft der Erfolg verwahrt bleibt, wobei dies sowohl gescheiterte kriegerische Eroberungen als auch das sinkende Glück bei der Jagd betreffen kann. Denn ‚Jagd' und Krieg' sind Weber zufolge eng miteinander verwandt. In wirtschaftlicher Hinsicht würden charismatische Formen der Herrschaft deshalb dem Güterkommunismus zuneigen. Privatbesitz sei ihnen verpönt und eine rationale Form des Wirtschaftens ebenso, was jede Form von

---

301 Weber, „Charismatismus", MWG I/22-4, S. 468 und 491. Siehe diesbezüglich auch Breuer, *„Herrschaft" in der Soziologie Max Webers*, a.a.O., S. 25 ff.

302 Weber, „Umbildung des Charisma", MWG I/22-4, S. 482; vgl. ferner „Weber", Charismatismus", MWG I/22-4, S. 468.

3.3 Die Typologie der Herrschaftsformen

‚Rechenhaftigkeit' ausschließen würde. Man lebt von dem Augenblickserfolg, und wenn die Vorräte erschöpft sind, geht man erneut auf die Jagd oder zieht in den Krieg. Insofern verkörpere das Charisma „geradezu *die* Macht der Unwirtschaftlichkeit" und stelle deshalb auch kein dauerhaftes ‚institutionelle' Gebilde dar.[303] Jeder Versuch, es zu verstetigen, verändert nämlich strukturell die charismatische Herrschaft und nähert sie dabei wieder der traditionalen oder der bürokratischen Form der Herrschaft an. Dies betrifft vor allem die möglichen Formen der Regelung der *Nachfolge* eines charismatischen Führers, wenn dieser das Zeitliche gesegnet hat. Denn gerade bei diesem institutionell kaum lösbaren Problem „beginnt unvermeidlich zuerst die Einmündung in die Bahn von Satzung und Tradition"[304].

Bezüglich der Bestimmung des Nachfolgers eines charismatischen Führers gibt es verschiedene Möglichkeiten. Entweder regelt dieser selbst seine Nachfolge. Oder die Nachfolge wird durch eine entsprechende Erbfolgeregelung dauerhaft festgelegt. Eine dritte Möglichkeit besteht darin, sich nach einer ‚Inkarnation' des verstorbenen Herrschers umzusehen, das wie im Falle des Auffindens des neuen tibetischen Dalai Lama in der Regel die Aufgabe von Priestern und Mönchen ist. Entscheidend sei dabei, dass alle diese Nachfolgeregelungen auf das ‚Einverständnis' der Beherrschten angewiesen sind. Insofern ist es Weber zufolge letzten Endes die ‚Gefolgschaft' eines verstorbenen charismatischen Führers, die über die Akzeptanz einer vorgeschlagenen Nachfolgeregelung entscheidet. Durch die Festschreibung solcher Nachfolgeregelungen könnten dann zum Beispiel Institutionen wie die unterschiedlichen Erscheinungsformen des Kaiser- und Königtums, aber auch plebiszitäre Formen der Demokratie entstehen. Letztere beruhen Weber zufolge auf dem „Charisma der Rede", wobei die Nähe zum ‚Demagogentum' von ihm ausdrücklich betont wird. Nicht zufällig ist ‚Demos' das griechische Wort für das ‚Volk', das ohnehin ein starkes Bedürfnis danach hat, von wem auch immer ‚geführt' zu werden. Insofern bleibt Weber zufolge die Möglichkeit einer ‚führerlosen Demokratie' ein frommer Wunsch, weshalb er dazu neigt, die verschiedenen demokratischen Herrschaftsformen grundsätzlich dem Typus der *charismatischen* Herrschaft zuzuordnen.[305]

Was das ‚Schicksal' der charismatischen Form der Herrschaft betrifft, unterscheidet Weber zwischen ihrer *Veralltäglichung* und ihrer *Versachlichung*. Beide hängen eng miteinander zusammen.[306] Die Veralltäglichung des Charismas ist mit seiner Institutionalisierung in Gestalt einer dauerhaften rechtlichen, religiösen, so-

---

303 Ebd., S. 464 sowie Weber, „Umbildung des Charisma", MWG I/22-4, S. 486.
304 Weber, „Umbildung des Charisma", MWG I/22-4, S. 492.
305 Ebd., S. 499 ff. und 505.
306 Ebd., S. 517 ff.

zialen und politischen Einrichtung verbunden. Dadurch verändert sich naturgemäß auch ihr Charakter. Denn aus einer ursprünglich rein ‚persönlichen Gnadengabe' wird es nun zu einer Eigenschaft, die entweder in Gestalt einer Erbfolgeregelung auf andere Personen übertragbar oder aber mit der Wahrnehmung eines ‚Amtes' wie zum Beispiel den Bischofsitz in Rom und einer entsprechenden ‚Kür' verbunden ist. Weber hat für diesen zweiten Fall der Verstetigung einer charismatischen Herrschaft den Begriff des ‚Amtscharismas' eingeführt, um damit zugleich eine entsprechende strukturelle Veränderung des ursprünglich rein persönlich begründeten Charismas eines begnadeten Religionsstifters zum Ausdruck zu bringen. Heute würden wir diesbezüglich von einer dauerhaften ‚Institutionalisierung' seines Charismas und der mit diesem verbundenen Heilsbotschaft sprechen.[307] Doch damit ist eine ursprünglich rein persönliche ‚Gnadengabe' endgültig in ein ‚Amt' verwandelt worden, das im Prinzip von jedem wahrgenommen werden kann. Voraussetzung hierfür ist allerdings eine entsprechende Erziehung und Bildung, die bezüglich der Nachfolgeregelung einer ‚weltlichen' Macht naturgemäß anders geartet ist als bei der Nachfolge einer ‚geistlichen' Macht. Denn herrscht im ersten Fall primär eine ritterliche und militärische Form der Erziehung vor, so ist die priesterliche Form der Erziehung vor allem durch das Studium von heiligen Schriften und ihre kompetente Auslegung in theologischen und rechtlichen Auseinandersetzungen gekennzeichnet. Dies begründet Weber zufolge ein dauerhaftes Spannungsverhältnis zwischen dem *imperium* und dem *sacerdotium*, das er in Gestalt des Konfliktes zwischen dem ‚Staat' und der ‚Hierokratie', das heißt verschiedener historischer Erscheinungsformen der politischen und der priesterlichen Herrschaft ausführlich beschreibt.[308]

Dass Weber im Rahmen seiner Herrschaftssoziologie wie schon viele politische Denker vor ihm eher einer *zyklischen* als einer entwicklungsgeschichtlichen beziehungsweise heilsgeschichtliche Geschichtsbetrachtung zuneigt, zeigt auch seine klare Absage an naive Vorstellungen bezüglich der Möglichkeit eines politischen ‚Fortschrittes' innerhalb der Geschichte der Menschheit. Denn das Cha-

---

307 Ebd., S. 526 ff. Weber nimmt dabei Bezug auf Rudolph Sohm, von dem er den Begriff des ‚Charismas' übernommen hat und der diesen Begriff zum ersten Mal im Hinblick auf die Entstehung des Papsttums gebraucht hat. Sohm sprach diesbezüglich von einer „charismatischen Organisation" der urchristlichen Gemeinde. Vgl. Rudolph Sohm, *Kirchenrecht*, Band 1: *Die geschichtlichen Grundlagen*, Leipzig 1892, S. 26. Siehe hierzu auch Jean-Philippe Heurtin, „Weber as a Reader of Rudolph Sohm, and the Incomplete Concept of ‚Office Charisma'", in: Max Weber Studies 19.1 (2019), S. 11-42.

308 Vgl. Weber, „Staat und Hierokratie", MWG I/22-4, S. 579 ff. Siehe diesbezüglich auch Vatro Murvar, „Max Weber's Concept of Hierocracy. A Study in the Typology of Church-State Relationship", in: Sociological Analysis 28 (1967), Nr. 2, S. 69-84.

risma lauert überall. So gebe es charismatische Herrschaftsformen „keineswegs lediglich auf primitiven Entwicklungsstufen, wie denn überhaupt die drei Grundtypen der Herrschaftsstruktur nicht einfach hintereinander in eine Entwicklungslinie gestellt werden können, sondern miteinander in der mannigfachsten Art kombiniert auftreten". Jedoch sei es das Schicksal des Charismas, „mit zunehmender Entwicklung institutioneller Dauergebilde zurückzutreten"[309]. Dies schließt jedoch nicht aus, dass immer wieder neue charismatische Bewegungen entstehen und die Welt, wie wir sie kennen, fundamental in Frage stellen. Denn auch das Charisma ist wie das Prinzip der Kausalität kein Fiaker, in den man beliebig ein- und aussteigen kann. Ist es nämlich erst einmal entfesselt, so kann es jederzeit wieder aufflackern, auch wenn der entsprechende soziale ‚Enthusiasmus' zeitweise zum Erliegen gekommen sein sollte.[310]

3.4 Die Eigenart der mittelalterlichen Stadt des Okzidents

Max Weber hatte in der ersten Fassung seiner Herrschaftssoziologie drei ‚reine' Typen der Herrschaft voneinander unterschieden, nämlich die patriarchalische, die charismatische und die bürokratische Form der Herrschaft. Als ‚Geltungsgründe' dieser drei ‚legitimen' Herrschaftsformen nannte er im ersten Fall die ‚Heiligkeit der Tradition', im zweiten Fall die persönliche Autorität eines Menschen und im dritten Fall eine satzungsmäßige Form der Ordnung, die entweder auf dem Weg der Vereinbarung oder aber auf dem Weg der Oktroyierung zustande gekommen sein kann. Da Weber den Begriff der Herrschaft im Sinne einer autoritären Befehlsgewalt verstanden wissen wollte, hat er die vertragsmäßige Form der Vereinbarung und die mit ihr zustande gekommene ‚Einung' als vierten möglichen Geltungsgrund von Herrschaft aus dem von ihm verwendeten Begriff der ‚legitimen Herrschaft' ausgeschlossen. Diese Form der Begriffsbildung ist jedoch keineswegs logisch zwingend, da ihm zufolge ja auch aus einer freiwillig zustande gekommenen Einigung eine satzungsmäßige Ordnung entstehen kann, die zugleich mit einer autoritären Befehlsgewalt verbunden ist. Dieser Form von Herrschaft hat Weber durchaus Rechnung getragen, und zwar im Rahmen einer Typologie der

---

309 Weber, „Umbildung des Charisma", MWG I/22-4, S. 513.
310 Vgl. diesbezüglich Guenther Roth, *Politische Herrschaft und persönliche Freiheit. Heidelberger Max Weber-Vorlesungen 1983*, Frankfurt am Main 1987, S. 137 ff. Zum Spannungsverhältnis zwischen einer zyklischen und einer heilsgeschichtlichen Vorstellung von Geschichte siehe auch Karl Löwith, *Weltgeschichte und Heilsgeschehen. Die theologischen Voraussetzungen der Geschichtsphilosophie*, 6. Auflage Stuttgart 1973.

verschiedenen *städtischen* Herrschaftsformen, die ebenfalls einen integralen Bestandteil der Vorkriegsfassung von *Wirtschaft und Gesellschaft* darstellt.[311] Weber hat seine diesbezügliche Studie über die Stadt sogar ausdrücklich als Teil seiner Herrschaftssoziologie verstanden wissen wollen. Dies geht aus der inhaltlichen Gliederung seiner zu diesem Zeitpunkt weitgehend fertiggestellten Herrschaftssoziologie hervor, die 1914 in der „Einteilung des Gesamtwerkes" (gemeint ist der *Grundriß der Sozialökonomik*) angegeben worden ist. In dieser ist sein Essay über die Stadt unter dem Titel „Die nichtlegitime Herrschaft. Typologie der Städte" aufgeführt.[312] Doch was hat Weber dazu veranlasst, einen weiteren Herrschaftstypus einzuführen, der offensichtlich ebenfalls untrennbar mit dem Problem der ‚Legitimität' von Herrschaft verbunden ist? Und haben wir es hierbei vielleicht sogar mit einer eigenständigen Herrschaftsform zu tun, die von ihm nur deshalb als ‚illegitim' bezeichnet worden ist, weil sich diese in die von ihm entwickelte Typologie der drei legitimen Formen von Herrschaft nicht bruchlos einfügt?

Dies wäre jedoch eine sehr vordergründige Betrachtungsweise der damit angesprochenen Problematik. Denn Weber neigte dazu, Begriffe in einer Form zu untergliedern, die wir heute so wohl kaum mehr vornehmen würden. Dies betrifft zum Beispiel den Begriff der ‚Privilegierten', unter den er ja sowohl die ‚positiv Privilegierten' als auch die ‚negativ Privilegierten' verstanden wissen möchte. Warum sollte er also nicht unter den Begriff der ‚Herrschaft' sowohl ‚legitime' als auch ‚nicht legitime' Erscheinungsformen von Herrschaft zusammenfassen?[313] In grundbegrifflicher Hinsicht spricht ja nichts dagegen, ‚Herrschaft' als Oberbegriff zu gebrauchen und diesen dann in eine ‚legitime' und eine ‚nicht legitime' Form der Herrschaft weiter auszudifferenzieren. Zu den ‚nicht legitimen' Formen der Herrschaft zählt Weber neben der antiken Tyrannis vor allem die Jahrhunderte währende Autonomie der mittelalterlichen Städte in Italien, Frankreich, Deutschland und England. Doch warum? Haben wir es hierbei ebenfalls mit einer ‚ille-

---

311 Vgl. hierzu Song U Chon, *Max Webers Stadtkonzeption. Eine Studie zur Entwicklung des okzidentalen Bürgertums*, Göttingen 1985; ferner Hinnerk Bruhns, *Max Webers historische Sozialökonomie – L'économie de Max Weber entre histoire et sociologie*, Wiesbaden 2014, S. 1-85. Siehe diesbezüglich auch die einzelnen Beiträge in Christian Meier (Hrsg.), *Die okzidentale Stadt nach Max Weber*, München 1994 sowie Hinnerk Bruhns und Wilfried Nippel (Hrsg.), *Max Weber und die Stadt im Kulturvergleich*, Göttingen 2000.

312 Vgl. Weber, „Einteilung des Gesamtwerkes", MWG I/24, S. 169.

313 Zur Problematik der von Weber vorgenommenen Art der Begriffsbildung siehe auch Kari Palonen, „Die Umstrittenheit der Begriffe bei Max Weber", in: *Die Interdisziplinarität der Begriffsgeschichte*, hrsg. von Gunter Scholtz, Hamburg 2000, S. 145-158.

3.4 Die Eigenart der mittelalterlichen Stadt des Okzidents

gitimen' Usurpation von Macht wie bei einer Tyrannei innerhalb eines antiken griechischen Stadtstaates zu tun? Immerhin gebraucht Weber den Begriff der ‚Usurpation' auch im Hinblick auf die Entstehung der Städteautonomie im europäischen Mittelalter.[314]

Um die universalgeschichtliche Eigenart der europäischen Stadt des Mittelalters zu verdeutlichen hat Weber zum einen die Stadtentwicklung im ‚Okzident' und ‚Orient' in den letzten zweieinhalbtausend Jahren miteinander verglichen. Ferner stellt er in diesem Zusammenhang die antike und mittelalterliche Stadtentwicklung in Europa einander gegenüber. Und überdies bezieht er die Entwicklung der mittelalterlichen Städte in Italien und Nordeuropa sowie in England in diesen komplexen Vergleich mit ein, um daraus eine entsprechend differenzierte Stadttypologie zu entwickeln. Ziel dieser vergleichenden Studie ist es, eine Antwort auf die Frage zu geben, warum nur im ‚Okzident' eine relativ autonome Stadtgemeinde und ein städtisches Bürgertum entstanden ist, das weitreichende politische und ökonomische Privilegien für sich in Anspruch nehmen konnte. Es geht also letztlich um die Frage, woher eigentlich jenes *Bürgertum* stammt, das nördlich der Alpen sowie auf den britischen Inseln im Zeitalter der Reformation erneut eine so große Rolle spielen sollte, auch wenn im Laufe des 16. und 17. Jahrhunderts diese relativ autonomen Städte ihre einstmalige politische Bedeutung aufgrund des Machtzuwachses der neuzeitlichen europäischen Territorialstaaten unwiderruflich verloren haben. Weber verbindet mit seiner Untersuchung über die Stadt zugleich die weitreichende These, dass bereits im europäischen Mittelalter die Grundlagen für die Entstehung des modernen Kapitalismus sowie des modernen Staates geschaffen worden seien. Hierbei handelt es sich um institutionelle und verfassungsmäßige Voraussetzungen der Entwicklung der modernen Gesellschaft, die bereits lange vor der ‚gesinnungsethischen' Revolution des protestantischen Bürgertums im europäischen Reformationszeitalter entstanden sind. Es geht Weber also in seiner Abhandlung über die Stadt um die ‚Geburt' des vorreformatorischen Bürgertums in Europa sowie um dessen universalgeschichtliche Sonderstellung. Denn nur so könne erklärt werden, warum gerade das europäische Bürgertum im Laufe der Neuzeit eine zentrale Rolle bei der Entstehung der modernen Demokratie und des modernen industriellen Kapitalismus gespielt habe.[315]

Um die Voraussetzungen für die Entwicklung einer allgemeinen Typologie der Städte im Orient und Okzident zu klären, führt Weber auch eine Reihe von wichti-

---

314 Vgl. Weber, „Die Stadt", MWG I/22-5, besonders S. 124 ff., 133 ff. und 139 f. Zur ausführlichen Diskussion des Begriffs der ‚nichtlegitimen Herrschaft' siehe Breuer, *Max Webers tragische Soziologie*, a.a.O., S. 149 ff.
315 Vgl. hierzu die Einleitung von Wilfried Nippel zu „Die Stadt", MWG I/22-5, S. 2-43.

gen geografischen Bedingungen an, aus denen sich seiner Meinung nach zum Teil die Unterschiede in den Stadtentwicklungen erklären lassen. Hierbei schließt er an Ausführungen an, die er bereits in der dritten, wesentlich erweiterten Fassung seines Beitrages über die „Agrarverhältnisse im Altertum" für das *Handwörterbuch der Staatswissenschaft* gemacht hatte.[316] So ist es für ihn zum Beispiel von erheblicher Bedeutung, ob wir es bei entsprechenden Stadtgründungen mit einer „Küstenkultur" wie in der griechisch-römischen Antike oder aber mit einer „Stromufer- und Bewässerungskultur" zu tun haben, wie dies in der ägyptischen und der vorderasiatischen Antike der Fall gewesen sei. Ferner stellt Weber die mittelalterlichen „Seestädte" Italiens den „industriellen Binnenstädten" von Frankreich, Deutschland und England einander gegenüber. Überdies unterscheidet er zwischen einer „Konsumentenstadt" und einer „Produzentenstadt", einer „Fürstenstadt" und einer „Händlerstadt" sowie einer „Rentnerstadt" und einer „Beamtenstadt" und so weiter.[317] Allerdings kommt er zu dem Schluss, dass eine weitergehende Kasuistik in diesem Fall nicht sinnvoll sei, da die meisten der von ihm untersuchten Städte ohnehin ‚Mischtypen' darstellen würden. Stattdessen konzentriert er sich im Unterschied zu einer an rein ökonomischen Kriterien orientierten Städtetypologie, wie sie sein Kollege Werner Sombart entwickelt hat, primär auf die politische und verfassungsmäßige Eigenart der okzidentalen Stadt der Antike und des Mittelalters.[318] Für uns sind in diesem Zusammenhang vor allem Webers Ausführungen über die Eigenart der okzidentalen Stadt des europäischen Mittelalters von Belang. Denn nur diese hat er aufgrund ihrer spezifischen politischen und verfassungsmäßigen Besonderheit innerhalb einer feudalen und patrimonialen Umwelt als eine ‚illegitime' Form der Herrschaft bezeichnet.

Nicht alle der in Webers Typologie aufgeführten Städte stellen eine *Gemeinde* dar. Denn zu den Merkmalen einer ‚Stadtgemeinde' gehören ihm zufolge eine Stadtbefestigung und ein eigener Marktplatz, eine eigene Gerichtsbarkeit, ein korporationsrechtlicher Verbandscharakter sowie eine damit partiell verbundene verwaltungsmäßige Autonomie. Hierbei handelt es sich um neuartige Privilegien eines städtischen Bürgertums, die zugleich den politischen Charakter der europäischen Stadt des Mittelalters kennzeichnen. Der Sache nach beinhaltet dies sogar

---

316 Siehe diesbezüglich Luigi Capogrossi Colognesi, „Von den ‚Agrarverhältnissen' zur ‚Stadt'", in: *Max Weber und die Stadt im Kulturvergleich*, a.a.O., S. 92-106.

317 Vgl. Weber", Die Stadt", MWG I/22-5, S. 58 ff.

318 Ebd., S. 67 und 72 ff.; siehe auch Werner Sombart, *Der moderne Kapitalismus*, Leipzig 1902, Band 2, S. 187 ff.; ferner ders., „Der Begriff der Stadt und das Wesen der modernen Städtebildung", in: Archiv für Sozialwissenschaft und Sozialpolitik 25 (1907), S. 1-9.

3.4 Die Eigenart der mittelalterlichen Stadt des Okzidents

eine „*revolutionäre* Neuerung", nämlich die „Durchbrechung des Herrenrechts". Nicht zufällig war im europäischen Mittelalter die Ansicht weit verbreitet, dass ‚Stadtluft frei mache'.[319] Diese städtische Emanzipation von der autoritären Befehlsgewalt feudaler Herren und patrimonialer Stadtfürsten führte Weber zufolge zum einen zu spezifisch ‚ständischen' Gemeinsamkeiten der Stadtbürger und zum anderen zu ihrer rigiden Abgrenzung von denjenigen Adeligen, die außerhalb der Stadtmauern lebten. Denn diese hätten die Existenz eines autonomen Bürgerverbandes bedroht, da sie die feudale Ansicht vertreten haben, dass es keinen ‚herrenlosen' Grund und Boden geben könne beziehungsweise geben dürfe. Überdies widerspreche ihre ‚ritterliche' Art der Lebensführung dem nüchternen Geschäftssinn eines städtischen Bürgertums, dessen Ethos der Lebensführung sich grundlegend vom Glücksrittertum und der Verschwendungssucht feudaler Grundherren unterschieden habe.

In Webers Augen ist dabei die Art und Weise von entscheidender Bedeutung, wie im mittelalterlichen Italien und Nordeuropa diese historisch spezifische Form der militärischen und verwaltungsmäßigen Autonomie der Städte zustande gekommen ist. Ihm zufolge liegt dieser nämlich eine *conjuratio* beziehungsweise eine ‚Eidverschwörung' gegenüber den ursprünglichen Stadtherren zugrunde, vermittels der sich zentrale bürgerliche Schichten wie die Handwerker und die Kaufleute zu einer eigenständigen ‚Kommune' zusammengeschlossen haben. Dies sei jedoch kein einmaliger Akt wie bei der Gründung der Schweizer Eidgenossenschaft gewesen, die ja ebenfalls auf einer Schwurverbrüderung der einzelnen Schweizer Kantone beruht. Vielmehr hätten wir es im Falle der Konstitution einer autonomen Stadtgemeinschaft im europäischen Mittelalter mit einer ganzen Serie von ‚Usurpationen' zu tun, welche deren eigenständige Machtstellung im Konzert der feudalen und patrimonialen Abhängigkeitsbeziehungen zu festigen vermochten. Weber sieht darin eine ‚illegitime' und insofern zugleich ‚revolutionäre' Form der Machtergreifung zum Ausdruck kommen, da diese sich grundlegend von den ‚legitimen' Formen der Herrschaft unterscheide. Denn sie beruhe auf einem kultischen Akt der ‚Verbrüderung', der sich gegen die bisherige ständische Herrschaft der einzelnen Sippen und adeligen Geschlechter in den mittelalterlichen Städten Europas gerichtet habe. Zentrales historisches Vorbild für diese spezifische Form der Verbrüderung ist ihm zufolge dabei der ‚Tag von Antiochien', über den Paulus im *Neuen Testament* berichtet, dass Petrus dort einmal eine Tischgemeinschaft beziehungsweise ein Abendmahl praktiziert habe, bei dem sowohl jüdische Christen als auch nichtjüdische Christen gleichberechtigt beteiligt waren. Dabei seien zum ersten Mal ethnische und rituelle Schranken bei der historischen Konstitution des

---

319 Weber, „Die Stadt", MWG I/22-5, S. 84 ff. und 105.

Christentums durchbrochen und dessen prinzipiell universalistischer Erlösungsanspruch nachhaltig unterstrichen worden. Weber spricht an einer anderen Stelle seines Werkes diesbezüglich sogar von der „Konzeptionsstunde des ‚Bürgertums' des Occidents, wenn auch dessen Geburt, in den revolutionären ‚conjurationes' der mittelalterlichen Städte, erst mehr als ein Jahrtausend später erfolgte"[320]. Dies bedeutet konkret, dass ihm zufolge ohne ein gemeinsames Abendmahl eine solche Form der „Eidbrüderschaft" und ein auf ihr beruhendes „mittelalterliches Stadtbürgertum" gar nicht möglich gewesen wäre.[321]

Wir sehen also, dass Weber hier erneut eine Verbindung zu seinen religionssoziologischen Schriften herstellt. Seine Studie über die Eigenart der okzidentalen Stadt des Mittelalters ist darüber hinaus von einer erheblichen rechtssoziologischen Bedeutung. Denn sie zeigt auf, wie sich die mittelalterlichen Städte in Teilen Europas zu eigenständigen rechtlichen Korporationen weiterentwickeln und dabei längere Zeit ihren feudalen und patrimonialen Widersachern erfolgreich trotzen konnten. Dass sie später zunehmend in die Herrschaftssphäre der neuzeitlichen Territorialstaaten gerieten und schließlich ein integraler, also nicht mehr ‚autonomer' Teil derselben geworden sind, hat viele historische Gründe, auf die an dieser Stelle nicht weiter eingegangen werden kann. Tatsache ist jedoch, dass Weber in der von ihm entwickelten Typologie der Städte zum ersten Mal eine gegenüber den feudalen und patrimonialen ‚Gewalten' eigenständige Legitimationsform der politischen und administrativen Herrschaft ausführlich behandelt hat. Diese spezifisch städtische Form der Herrschaft wird von ihm nur deshalb als ‚illegitim' bezeichnet, weil sie zu dieser Zeit gemessen an den ‚Legitimitäts'-Vorstellungen der damaligen feudalen und patrimonialen Gewalten als ‚illegitim' angesehen worden ist. Doch dies erklärt nicht, warum Weber im Rahmen seiner Typologie der ‚legitimen' Herrschaftsformen diesen ‚vierten Fall' ohne zwingenden Grund als eigenständigen Typus begrifflich ausgeschlossen hat.

Dass dieser ‚vierte Fall' dennoch die ganze Zeit wie ein Damoklesschwert über seiner Herrschaftssoziologie schwebte, zeigt auch sein Vortrag über die „Probleme der Staatssoziologie", den Weber am 25. Oktober 1917 in Wien gehalten hat und der nur durch einen entsprechenden Zeitungsbericht dokumentiert ist. Denn in diesem Vortrag erwähnt er selbst einen *„vierten Legitimitätsgedanken"*, den er

---

320 Max Weber, „Die Wirtschaftsethik der Weltreligionen. Hinduismus und Buddhismus", MWG I/20, S. 96 f.
321 Weber, „Die Stadt", MWG I/22-5, S. 23 und 111 f.; siehe hierzu auch Thomas Schmeller, „Das paulinische Christentum und die Sozialstruktur der antiken Stadt. Überlegungen zu Webers ‚Tag von Antiochien'", in: *Max Weber und die Stadt im Kulturvergleich*, a.a.O., S. 107-118.

3.4 Die Eigenart der mittelalterlichen Stadt des Okzidents

erneut eng mit der Eigenart der mittelalterlichen Stadt des Okzidents verbindet. Diese Legitimitätsvorstellung liege jener Form der Herrschaft zugrunde, „welche wenigstens offiziell ihre eigene Legitimität aus dem Willen der Beherrschten ableitet"[322]. Ist also zumindest die *kommunale* Erscheinungsform der Demokratie vielleicht doch jener Fels in der Brandung, der Webers Typologie der legitimen Herrschaftsformen dauerhaft Paroli zu bieten vermag und der deshalb bis zuletzt wie ein Stein in seinem Magen lag? Immerhin gehörte Weber selbst der ‚bürgerlichen Klasse' an, worauf er größten Wert gelegt hat. Was spricht also dagegen, sein Werk unter anderem auch als einen bemerkenswerten Beitrag zu einer Analyse der historisch-soziologischen Eigenart der spezifisch *bürgerlichen* Form der legitimen Herrschaft – nämlich der *Demokratie* – anzusehen? Nicht zufällig hat Weber in den verschiedenen Fassungen seines ‚Sekten-Aufsatzes' die aus der täuferischen Bewegung hervorgegangenen ‚Basis'-demokratischen Errungenschaften der US-amerikanischen *Gemeinden* so pathetisch beschrieben.[323]

---

322 Weber, „Probleme der Staatssoziologie", MWG I/22-4, S. 755. Hierbei handelt es sich um das Zitat aus einem Zeitungsbericht über Webers Wiener Vortrag, der uns leider nur in dieser Form überliefert worden ist.

323 Vgl. Max Weber, „‚Kirchen' und ‚Sekten' in Nordamerika. Eine kirchen- und sozialpolitische Skizze" [1906], MWG I/9, S. 435 ff.; ferner ders., „Die protestantischen Sekten und der Geist des Kapitalismus" [1920], MWG I/18, S. 493 ff. Siehe hierzu auch Stephen Kalberg, *Searching for the Spirit of American Democracy. Max Weber's Analysis of a Unique Political Culture, Past, Present, and Future*, Boulder, Colorado / London 2014.

Webers ‚späte Soziologie' 4

4.1 Verstehende Soziologie

Im November 1913 veröffentlicht Max Weber seinen berühmten Aufsatz „Über einige Kategorien der verstehenden Soziologie", der in der Weber-Forschung als ‚Kategorienaufsatz' bezeichnet wird.[324] Diesem Aufsatz kommt eine besondere werkgeschichtliche Bedeutung zu. Denn in ihm stellt Weber zum ersten Mal sein Verständnis von Soziologie als einer ‚verstehenden' Wissenschaft öffentlich zur Diskussion. Als Publikationsort wählt er bewusst die kulturphilosophische Zeitschrift *Logos*, um deutlich zu machen, dass es sich dabei um eigenständige methodologische Überlegungen sowie um neue Formen der soziologischen Begriffsbildung handelt, die in keinem unmittelbaren Bezug zu dem von ihm redaktionell betreuten *Grundriß der Sozialökonomik* stehen. Zwar gibt es einige inhaltliche Anknüpfungspunkte zwischen Webers Kategorienaufsatz und seinem eigenen *Grundriß*-Beitrag, das heißt zur Vorkriegsfassung von *Wirtschaft und Gesellschaft*, an der er zu diesem Zeitpunkt intensiv arbeitet. Und auch auf das Problem des Verstehens und der kausalen Zurechnung ist Weber bereits in seinen früheren methodologischen Schriften ausführlich eingegangen, welche die Logik der historischen Erkenntnis zum Gegenstand haben.[325] Wirklich ‚neu' an dem Kategorienaufsatz von 1913 ist jedoch Webers Versuch, seine methodologischen

---

[324] Vgl. Max Weber „Über einige Kategorien der verstehenden Soziologie", MWG I/12, S. 389 ff.

[325] Siehe hierzu den ersten Teil der vorliegenden Einführung in Webers Werk.

Überlegungen nun auch für die Grundlegung der von ihm vertretenen Richtung der Soziologie heranzuziehen. Doch haben wir es dabei tatsächlich mit demselben soziologischen Projekt zu tun, wie es in der Vorkriegsfassung von *Wirtschaft und Gesellschaft* zum Ausdruck kommt? Oder handelt es sich diesbezüglich um zwei verschiedene Varianten von Webers ‚Soziologie', wobei die eine methodologisch begründet ist, die andere dagegen nicht? Denn auffallend ist, dass Weber seit 1913 bis zu seinem Tod auch seinen *Grundriß*-Beitrag als ‚seine Soziologie' bezeichnet – allerdings ohne die Präzisierung, dass es sich dabei um eine ‚verstehende Soziologie' handelt.[326]

Webers Kategorienaufsatz ist in zwei Teile untergliedert, nämlich in einen methodologischen Teil und in einen Teil, in dem er zentrale Kategorien seiner verstehenden Soziologie erläutert. Im Umkreis der Max-Weber-Gesamtausgabe ist dabei bis heute kontrovers geblieben, welches in werkgeschichtlicher Hinsicht eigentlich der ‚ältere' dieser beiden Teile sein könnte, da sich Weber diesbezüglich höchst vieldeutig geäußert hat.[327] Jedoch ist diese Frage im Grunde genommen müßig. Denn wir müssen davon ausgehen, dass er 1913 *beide* Teile des Kategorienaufsatzes auf den neuesten Stand seiner diesbezüglichen Überlegungen gebracht und eng aufeinander abgestimmt hat. Insofern gibt dieser Aufsatz Webers Konzeption einer ‚verstehenden Soziologie' wieder, wie er sie zu diesem Zeitpunkt zum ersten Mal öffentlich vertritt. Doch worum geht es ihm in diesem programmatischen Aufsatz, dessen methodologischer Teil er dann auch der Nachkriegsfassung von *Wirtschaft und Gesellschaft* zugrunde legt, während seine soziologischen

---

326 In seinem Brief an Paul Siebeck vom 3. November 1913 erwähnt Weber, dass er endlich seinen eigenen Beitrag zum *Grundriß der Sozialökonomik* zu einer „Soziologie" ausgearbeitet habe. Im Brief an Siebeck vom 6. November 1913 gebraucht Weber ferner zum ersten Mal den Ausdruck „meine Soziologie" für die Vorkriegsfassung von *Wirtschaft und Gesellschaft*. Er fügt jedoch zugleich einschränkend hinzu, dass er diese eigentlich „nie so *nennen* könnte" (MWG II/8, S. 344 und 349). Dennoch hat dies Weber bis zu seinem Tod wiederholt getan, wobei er den Ausdruck „meine Soziologie" in seiner Korrespondenz mit dem Verlag sowohl für die Vorkriegsfassung als auch die Nachkriegsfassung von *Wirtschaft und Gesellschaft* gebraucht hat. Dies steht im Widerspruch zu der von den Herausgebern der Max-Weber-Gesamtausgabe gewählten Titelvergabe für diese beiden Fassungen von *Wirtschaft und Gesellschaft*. Denn mit dieser Titulierung wird suggeriert, dass es sich nur bei der Nachkriegsfassung von *Wirtschaft und Gesellschaft* um eine „Soziologie" handeln würde, bei der Vorkriegsfassung dagegen nicht. Doch um was dann? Darüber sind sich die Herausgeber dieser Gesamtausgabe leider nie einig geworden.

327 Vgl. diesbezüglich Johannes Weiß, Werner Gephart und Siegfried Hermes sowie Wolfgang Schluchter in den Einleitungen zu MWG I/12, S. 64 ff. und 384 ff., MWG I/22-3, S. 179 ff. sowie MWG I/24, S. 55 ff.

4.1 Verstehende Soziologie

Grundbegriffe von 1920 offensichtlich nicht mit der in seinem Kategorienaufsatz gebrauchten Terminologie identisch sind? Stellen die von ihm 1913 erläuterten Kategorien seiner verstehenden Soziologie also nur eine werkgeschichtliche Übergangserscheinung dar, die spätestens durch die Veröffentlichung seiner „Soziologischen Grundbegriffe" obsolet geworden ist?

Zunächst fällt auf, dass Weber in seinem Kategorienaufsatz die Begriffe ‚menschliches Verhalten' und ‚menschliches Handeln' weitgehend synonym gebraucht. Beide sind ihm zufolge durch ihre sinnhafte Orientierung gekennzeichnet, wobei Weber zum einen den subjektiv gemeinten Sinn des Handelnden anspricht, und zum anderen den ‚objektiven' Sinn eines entsprechenden Handlungszusammenhangs, der durch den Forscher gemäß bestimmter logischer Kriterien konstruiert wird. Das ‚Verstehen' der möglichen Motive des Handelnden müsse dabei durch die üblichen Methoden der ‚kausalen Zurechnung' kontrolliert werden, um zu einer „verständlichen Erklärung" eines konkreten Handlungsablaufes zu gelangen. Die größte Evidenz komme dabei der „zweckrationalen Deutung" zu.[328] Es ist jedoch nicht selbstverständlich, dass einer zweckrationalen Deutung eines Handlungsablaufes eine größere heuristische Bedeutung als zum Beispiel einer ‚wertrationalen' Deutung zukommt. Überdies sagt Weber ausdrücklich, dass wir auch menschliche Affekte und den durch diese verursachten ‚typischen' Ablauf eines Geschehens verstehen könnten. Er vertritt dennoch die Absicht, dass sowohl in der Geschichtswissenschaft als auch in der verstehenden Soziologie, zu der er übrigens auch die ‚Sozialökonomik' zählt, eine zweckrationale Deutung des menschlichen Handelns die geeignetste ‚idealtypische' Form einer Handlungserklärung sei, um damit zugleich „die Tragweite des Zweck*ir*rationalen abschätzen zu können"[329].

Hier greift Weber auf Überlegungen bezüglich der Eigenart der idealtypischen Form der Begriffsbildung zurück, die er bereits in seinem ‚Objektivitätsaufsatz' von 1904 ausführlich dargestellt hat. Neu ist dagegen seine Unterscheidung zwischen „subjektiver Zweckrationalität" und „objektiver Richtigkeitsrationalität". Je mehr beide idealerweise zusammenfallen würden, desto weniger bedürfe es sogenannter ‚psychologischer' Formen des Verstehens eines Menschen und der daraus abgeleiteten Erklärungen seines Handelns.[330] Doch was versteht Weber unter einer ‚objektiven Richtigkeitsrationalität' beziehungsweise unter einem entsprechenden ‚*Richtigkeitstypus*'? Hier greift er auf Überlegungen zurück, die er bereits 1906 in seiner Auseinandersetzung mit dem Berliner Althistoriker Edu-

---

328 Weber, „Über einige Kategorien der verstehenden Soziologie", MWG I/12, S. 391.
329 Ebd., S. 394.
330 Ebd., S. 396 f.

ard Meyer angestellt hat. Es geht dabei um den Unterschied zwischen einer ‚zufälligen' und einer ‚adäquaten' Verursachung. Denn nur im Falle einer Koinzidenz des empirischen Ablaufs eines menschlichen Handelns mit der ‚objektiven Richtigkeitsrationalität' eines vom Forscher unterstellten ‚sinnhaft adäquaten' Kausalzusammenhanges sei ein Höchstmaß an rationaler Deutung dieses Handelns möglich. Dies unterscheide die verstehende Soziologie von der Psychologie und der Psychopathologie, die zwischen dem ‚Verstehen' und dem ‚Erklären' bestimmter abnormer Symptome eines menschlichen Verhaltens keine Vermittlungsmöglichkeit sehen würden. Die verstehende Soziologie sei dagegen durchaus in der Lage, die kausale Bedeutung von schlechthin ‚unverständlichen' Bestandteilen eines menschlichen Motivationsablaufs, das heißt die „kausal relevanten Irrationalitäten" gemessen an dem jeweiligen ‚Richtigkeitstypus' festzustellen und bei einer Handlungserklärung zu berücksichtigen.[331]

Mit seiner methodologischen Festlegung auf das ‚Verstehen' und das dadurch mögliche kausale ‚Erklären' des menschlichen Verhaltens und Handelns ist von Weber zugleich eine Vorentscheidung darüber getroffen worden, welches der eigentliche Gegenstand der von ihm begründeten Richtung der verstehenden Soziologie ist. Dieser sei nämlich ausnahmslos „das Einzelindividuum und sein Handeln als unterste Einheit, als ihr ‚Atom'". Daraus folgt logisch zwingend die Schlussfolgerung, dass auch alle makrosoziologischen Gebilde wie zum Beispiel der ‚Staat', der ‚Feudalismus' und die ‚Genossenschaft' auf das „Handeln der beteiligten Einzelmenschen" zu reduzieren beziehungsweise darauf zurückzuführen seien.[332] Dies hat Weber in der Vorkriegsfassung von *Wirtschaft und Gesellschaft* allerdings nachweislich nicht getan, auch wenn er dort an manchen Stellen entsprechende Formulierungen offensichtlich im Laufe der verschiedenen Bearbeitungsstufen dieses Textkonvoluts nachträglich eingearbeitet hat.[333]

---

[331] Ebd., S. 398 und 401. Weber spielt dabei auf Diskussionen innerhalb der Psychoanalyse und Psychiatrie seiner Zeit an, wobei der Gedankenaustausch mit seinen beiden Heidelberger Kollegen Jaspers und Gruhle eine zentrale Rolle spielt. Zum Begriff des ‚Verstehens' in der Psychiatrie vgl. Karl Jaspers, *Allgemeine Psychopathologie. Ein Leitfaden für Studierende, Ärzte und Psychologen*, Berlin 1913, besonders S. 12 ff. und 145 ff.; siehe diesbezüglich ferner Hans W. Gruhle, „Die Bedeutung des Symptoms in der Psychiatrie. Eine Übersicht", in: Zeitschrift für die gesamte Neurologie und Psychiatrie 16 (1913), S. 465-486. Vgl. auch Sabine Frommer und Jörg Frommer, „Der Begriff des psychiatrischen Verstehens bei Max Weber", in: Psychologie und Geschichte 2 (1990), Heft 1, S. 37-44; ferner dies., „Max Webers Bedeutung für den Verstehensbegriff in der Psychiatrie", in: Der Nervenarzt 61 (1990), S. 397-401.

[332] Weber, „Über einige Kategorien der verstehenden Soziologie", MWG I/12, S. 404.

[333] Dies gilt zum Beispiel für seine Rechtssoziologie. Aber auch andere Manuskripte der Vorkriegsfassung von *Wirtschaft und Gesellschaft* sind davon in unterschiedlichem

4.1 Verstehende Soziologie

Von entscheidender Bedeutung für seine ‚verstehende Soziologie' ist jedoch die Art und Weise, wie Weber nun mit den von ihm gehassten ‚Kollektivbegriffen' umzugehen gedenkt. Wichtig ist in diesem Zusammenhang sein Hinweis, dass man dabei auf die *juristische* Form der Bildung solcher Begriffe zurückgreifen könne, um sie dann entsprechend soziologisch umzuformulieren.[334] Dies hat zur Konsequenz, dass sich alle Kollektivbegriffe, die Weber in den letzten drei Kapiteln seines Kategorienaufsatzes ausführlich behandelt, auf die sogenannte ‚Geltungssphäre' beziehen, wobei Weber die ‚Geltung' solcher Begriffe allerdings in einem rein empirischen Sinne verstanden wissen möchte. Er versucht dabei dem rechts- und staatswissenschaftlichen Ordnungsverständnis seiner Zeit eine spezifisch *soziologische* Deutung zu geben, indem er die Orientierung des menschlichen Handelns an einer oder mehreren bestehenden ‚Ordnungen' zugleich als zentrale Form der Handlungskoordinierung ansieht, da ja auch zahlreiche andere Menschen ihr Handeln an diesen Ordnungen sinnhaft orientieren. Insofern schließt er damit an Überlegungen an, die er bereits im ersten Teil seiner Rechtssoziologie, das heißt im Kapitel „Die Wirtschaft und die Ordnungen" angestellt hat.[335]

Weber führt in diesem Zusammenhang unterschiedliche Formen der sinnhaften Orientierung des menschlichen Verhaltens und Handelns ein, die ihm zufolge von großer Bedeutung für das Verstehen einer Handlung sind. Er erwähnt dabei zum einen ausdrücklich den Unterschied zwischen einem ‚wertorientierten' und einem ‚erwartungsorientierten' Handeln. Zum anderen stellt er in seinem Kategorienaufsatz zwei verschiedene Arten der sozialen Ordnung einander gegenüber. Die eine Form der Ordnung ist dadurch gekennzeichnet, dass sie auf einer ‚Satzung' beruht. Diese kann entweder durch eine freiwillige Vereinbarung oder aber durch eine Oktroyierung zustande gekommen sein. Die zweite Form der Ordnung beruhe dagegen auf einem ‚Einverständnis' zwischen den sich an ihr orientierenden Menschen, dass diese ‚Ordnung' so beschaffen sei, *als ob* sie ebenfalls auf einer Satzung beruhen würde, obwohl dies nachweislich nicht der Fall ist. Insbesondere der Begriff des ‚Einverständnisses' hat im Rahmen der Weber-Forschung dabei wiederholt zu Irritationen geführt, da Weber diesen Begriff sowohl von einem „Einverstandensein" im Sinne eines allgemeinen Konsensus als auch von einer

---

Ausmaß betroffen.

334 Vgl. diesbezüglich auch Werner Gephart, „Juristische Ursprünge in der Begriffswelt Max Webers – oder wie man den juristischen Begriffen einen soziologischen Sinn unterschiebt", in: Rechtshistorisches Journal 9 (1990), S. 343-362.

335 Hierbei muss allerdings berücksichtigt werden, dass Weber in diesen ersten Teil seiner Rechtssoziologie einen Großteil seiner Kategorien der verstehenden Soziologie von 1913 erst nachträglich eingearbeitet hat. Siehe hierzu auch den editorischen Bericht zu „Die Wirtschaft und die Ordnungen", MWG I/22-3, S. 175 ff.

„stillschweigenden Vereinbarung" strikt abgrenzt.[336] Um seinen Gebrauch des Begriffs ‚Einverständnis' zu verstehen, müssen wir deshalb die begriffliche Struktur berücksichtigen, die dem Kategorienaufsatz zugrunde liegt. Diese kann dabei entweder gemäß der *logischen* Unterscheidung zwischen einer ‚Gattung' und einer ‚Art' oder aber in einem *entwicklungsgeschichtlichen* Sinn verstanden werden. Für beide Lesarten gibt es Anhaltspunkte in Webers Kategorienaufsatz.

Ausgangspunkt der entsprechenden terminologischen Unterscheidungen ist dabei der Begriff des *Gemeinschaftshandelns*, den Weber als Oberbegriff für zwei verschiedene Varianten des menschlichen Verhaltens gebraucht, nämlich für das *Gesellschaftshandeln* und das *Einverständnishandeln*. Unter dem ‚Gemeinschaftshandeln' versteht er ein menschliches Handeln, das „subjektiv sinnhaft auf das Verhalten anderer Menschen bezogen wird". Es handelt sich dabei genauer gesagt um eine sinnhafte Orientierung an den „*Erwartungen* eines bestimmten Verhaltens Anderer" sowie um die „für den Erfolg des eigenen Handelns (subjektiv) geschätzten Chancen". Zentral ist dabei der „Grad der Wahrscheinlichkeit, daß diese Erwartungen mit *Recht* gehegt werden."[337] Weber unterscheidet an dieser Stelle also zwischen den subjektiven Erwartungen eines Menschen und der objektiven Möglichkeit, dass diese Erwartungen nicht enttäuscht werden. Alles ‚zweckrationale' Handeln sei an solchen Erwartungen orientiert. Daneben bestehe aber auch die Möglichkeit, dass ein Handelnder an den *Eigenwert* seiner Handlungen im Sinne einer wie auch immer verstandenen Pflichterfüllung glaubt. Sein Handeln ist in diesem Fall dann nicht *erwartungsorientiert*, sondern *wertorientiert*. Hierdurch bleibt es aber weiterhin kausal zurechenbar, sofern dem entsprechenden Forscher die Werte bekannt sind, an denen sich dieses Handeln orientiert.[338]

Ist ein Gemeinschaftshandeln ‚subjektiv zweckrational' an dem Bestehen einer Ordnung orientiert, deren Satzung ihrerseits rein zweckrational zustande gekommen ist, spricht Weber dagegen von einem *Gesellschaftshandeln* beziehungsweise einem ‚vergesellschafteten' Handeln. Der ‚rationale Idealtypus' dieser Form der Vergesellschaftung sei dabei der *Zweckverein*.[339] Hierbei haben wir es nicht mehr mit einer flüchtigen Begegnung, sondern mit einem dauerhaften sozialen Gebilde zu tun, das insofern auch nicht mehr von der Mitgliedschaft und der Anwesenheit bestimmter Personen abhängig ist. Entscheidend sei in diesem Zusammenhang nur, dass es immer wieder neue Personen gibt, die Mitglieder eines solchen Vereins geworden sind, weil sie sich dessen Zwecksetzung selbst zu eigen

---

336 Weber, „Über einige Kategorien der verstehenden Soziologie", MWG I/12, S. 435.
337 Ebd., S. 406.
338 Ebd., S. 407.
339 Ebd., S. 408 und 412.

gemacht haben, auch wenn diese im Laufe der Zeit einen ‚Bedeutungswandel' erfahren haben sollte, der den daran Beteiligten vielleicht gar nicht bewusst ist.

Zur Verdeutlichung dieser Begriffsbildung stellt Weber dem Zweckverein einen ‚isolierten' *Tausch* gegenüber, um die entsprechenden Unterschiede hervorzuheben. Letzterer verfolge in der Regel zwar ebenfalls rationale Zielsetzungen, er stelle jedoch kein dauerhaftes soziales Gebilde dar. Es handelt sich dabei auch nicht um eine Massenerscheinung, wie sie auf voll ausgebildeten Märkten üblich ist, sondern um eine Vereinbarung zwischen zwei Personen. Da diese Vereinbarung implizit einen ‚Vertrag' darstellt, erfüllt sie alle Kriterien, die Ferdinand Tönnies als Kennzeichen einer ‚Gesellschaft' im Unterschied zu einer ‚Gemeinschaft' angesehen hat. Anders verhält es sich Weber zufolge jedoch bei Tauschverhältnissen auf einem *Markt*. Denn an diesen sind unbestimmt viele Personen beteiligt. Und hier kommt eine Figur ins Spiel, die von erheblicher sozialtheoretischer Bedeutung ist, nämlich die Kategorie des ‚Dritten'. Weber macht von diesem ‚Dritten' in seinem Kategorienaufsatz ausführlichen Gebrauch, um eine Vereinbarung beziehungsweise einen ‚Vertrag' zwischen zwei Menschen von einer ‚einverständnismäßigen' Form der sozialen Ordnung abzugrenzen. Im letzteren Fall wird vorausgesetzt, dass auch ‚Dritte' diese Form der friedlichen Vereinbarung akzeptieren und sich in ihrem Handeln an ihr orientieren. Doch was versteht Weber in diesem Zusammenhang eigentlich unter einem ‚Einverständnis' – ein Begriff, den er übrigens nachweislich von Tönnies übernommen hat?[340]

An dieser Stelle geht Weber ausführlich auf die Funktionsweise des *Geldes* innerhalb einer ‚Marktgemeinschaft' ein. Die Eigenart des Geldgebrauches vergleicht er dabei mit dem Gebrauch einer *Sprache* innerhalb einer ‚Sprachgemeinschaft'. Denn in beiden Fällen bestehe deren empirische ‚Geltung' darin, dass unbestimmt viele Dritte sowohl das Geld als auch eine bestimmte Sprache als Austauschmittel beziehungsweise als Mittel der Verständigung akzeptieren. In diesem Fall haben wir es also mit einer Form der Ordnung zu tun, die so geartet ist, *als ob* eine zweckrational gesatzte Ordnung vereinbart beziehungsweise oktroyiert worden wäre. Weber benutzt diese ‚als ob'-Konstruktion, um deutlich zu machen, dass sowohl die Sprache als auch das Geld zumindest in ihrer Entstehungszeit keine ‚gesatzte' Form der Ordnung darstellen und sich dieser Ordnungsform aus guten Gründen prinzipiell entziehen. Hätte man dies zum Beispiel bei der letzten deutschen ‚Rechtschreibereform' von 2000 berücksichtigt, wäre uns vermutlich viel Ärger erspart geblieben und es würde vielleicht auch heute noch eine einigermaßen gut funktionierende deutsche Rechtschreibung und Grammatik existieren.

---

340 Vgl. Ferdinand Tönnies, *Gemeinschaft und Gesellschaft*, a.a.O., S. 146 f.; siehe diesbezüglich auch Lichtblau, *Zwischen Klassik und Moderne*, a.a.O., S. 279 ff.

Denn zum Zeitpunkt der Entstehung der Sprache und des Geldes gab es ja weder Kultusministerkonferenzen noch internationale Finanzgremien, die in den letzten Jahrzehnten den Gebrauch der Sprache und des Geldes immer stärker zu ‚regeln' beziehungsweise zu ‚regulieren' versucht haben. Nicht zufällig liegt deshalb bis heute sowohl die Entstehung des Geldes als auch der Sprache im Dunkeln.

Diese ‚als ob'-Konstruktion liegt auch Webers Begriff des *Einverständnishandelns* zugrunde. Denn unter einem ‚Einverständnis' versteht er die Wahrscheinlichkeit, dass trotz des Fehlens einer vereinbarten oder oktroyierten satzungsmäßigen Ordnung die Menschen in bestimmten Fällen sich so verhalten würden, ‚als ob' sie es hierbei ebenfalls mit einer solchen Form der Ordnung zu tun hätten. Doch woher stammt dieser ‚Glaube'? Ist er in irgendeiner Weise ‚rational' begründet? Oder haben wir es hierbei mit einem ‚irrationalen' Phänomen zu tun? Die Antwort auf diese Frage wird dadurch nicht erleichtert, dass Weber diesen ‚Glauben' auch einem ‚Herrschafts-Einverständnis' zugrunde liegen sieht. Denn damit wird der Unterschied zwischen einer Herrschaft, die auf einer autoritären Befehlsgewalt beruht, und einem Machtverhältnis, das wie im Falle einer Monopolstellung auf einem ökonomischen Markt auf einer reinen Interessenkonstellation beruht, bis zur Unkenntlichkeit verwischt.[341] Interessant ist auch, dass Weber dabei die Frage nach den vorherrschenden Motiven und Interessen der daran beteiligten Akteure von einem formalsoziologischen Begriff der ‚Herrschaft' abgrenzt und in den Bereich einer „inhaltlichen Soziologie" verweist.[342] Hier wiederholt sich also eine begriffliche Unterscheidung, die bereits seinen um 1910 entstandenen Manuskripten über die verschiedenen Gemeinschaftsformen zugrunde liegt und die im Widerspruch zu seinem 1913 skizzierten Programm einer ‚verstehenden Soziologie' steht. Denn ob sich jemand zweckrational oder wertrational verhält, hat ja wohl auch etwas mit den entsprechenden ‚Inhalten' beziehungsweise ‚Motivlagen' zu tun.[343]

---

341 Vgl. Weber, „Über einige Kategorien der verstehenden Soziologie", MWG I/12, S. 422 ff.

342 Ebd., S. 426.

343 Vielleicht spricht diese von Weber hier erneut in Anspruch genommene Unterscheidung zwischen einer ‚formalen' und einer ‚inhaltlichen' Soziologie ja dafür, dass die Abschnitte V-VII seines Kategorienaufsatzes von 1913 tatsächlich auf einer ursprünglichen Fassung beruhen, der noch die von Georg Simmel vorgenommene soziologische Form/Inhalt-Unterscheidung zugrunde liegt. Zu Webers Auseinandersetzung mit dem Werk von Simmel siehe auch die Einleitung von Johannes Weiß zu MWG I/12, S. 17 ff.; vgl. ferner Lichtblau, *Zur Eigenart der kultur- und sozialwissenschaftlichen Begriffsbildung*, a.a.O., S. 173 ff.

4.1 Verstehende Soziologie

Weber hat in seinem Kategorienaufsatz den ‚Zweckverein' als Beispiel einer ‚rationalen' Form der Vergesellschaftung der Sprach- und Marktgemeinschaft gegenübergestellt, die auf einem rätselhaften ‚Einverständnis' bezüglich des Gebrauchs einer bestimmten Sprache und des Geldes als einem allgemein gültigen Zahlungsmittel beruhen. Ausgehend von dieser begrifflichen Unterscheidung stellt er sinngemäß die ‚Anstalt' einem ‚Verband' gegenüber. Auch *Anstalten* beruhen auf einer ‚Satzung'. Im Unterschied zur Satzung eines Zweckvereins beruht diese in der Regel allerdings auf keiner Vereinbarung, sondern auf einer hierokratischen oder obrigkeitsstaatlichen Oktroyierung. Überdies wird man in einen Verein nicht ‚hineingeboren', sondern man tritt ihm in der Regel freiwillig bei. Anders sieht dies dagegen bei jener „Strukturform der politischen Gemeinschaft" aus, die man heute als *Staat* bezeichnet. Denn in einen solchen wird man in der Regel ‚hineingeboren'. Man kann dann aber ab einem bestimmten Alter selbst entscheiden, ob man diesem weiter angehören möchte oder aber eher Mitglied einer anderen politischen Gemeinschaft wie zum Beispiel dem sogenannten ‚islamischen Staat' werden möchte. Auch die Mitgliedschaft in einer *Kirche*, die Weber im Unterschied zu einer ‚Sekte' ebenfalls als eine Anstalt begreift, erwirbt man normalerweise durch Geburt. Man kann aus ihr aber in der Regel ebenfalls austreten, sobald man ein bestimmtes Alter erreicht hat, und dann entweder konfessionslos weiterleben oder aber Mitglied einer anderen religiösen Gemeinschaft werden.

Anders verhält es sich Weber zufolge dagegen mit einem *Verband*. Dieser beruhe nämlich nicht auf einer ‚Satzung', sondern auf einem ‚Einverständnis'. Allerdings sind in diesem Fall Zwangsmitgliedschaften ebenfalls üblich, wie man der Liste der Verbände entnehmen kann, die Weber in diesem Zusammenhang aufführt. Zu dieser gehören nämlich auch eine patriarchalisch geleitete Hausgemeinschaft sowie das Herrschaftsgebiet eines Fürsten, sofern dieses noch primär auf dessen ‚Charisma', nicht aber auf einer ‚Satzung' beruht. Auch religiöse Gemeinschaften zählt Weber zu diesem Typus, sofern sie sich noch nicht zu einer ‚Kirche' zusammen geschlossen haben oder zusammengeschlossen worden sind, sondern auf einem affektiven Verhältnis zwischen einem Propheten und seiner Gemeinde beruhen, wobei auch in diesem Fall der Übergang von solchen ‚Verbänden' in eine ‚Anstalt' flüssig sei.[344] Dies verleitet ihn allerdings dazu, den Unterschied zwischen einer ‚Anstalt' und einem ‚Verband' zu verwischen. Denn an dieser Stelle argumentiert er nicht mehr typologisch, sondern *entwicklungsgeschichtlich*. So ist ihm zufolge das ‚Verbandshandeln' in der Regel historisch älter als das ‚Anstaltshandeln'. Dem entspricht, dass Weber die Anstalt zugleich als einen „partiell

---

344 Weber, „Über einige Kategorien der verstehenden Soziologie", MWG I/12, S. 432 f.

rational geordneten Verband" ansieht.[345] Indem er die Kategorie der *Herrschaft* ebenfalls in diese Skala der gleitenden Übergänge miteinbezieht, haben wir allerdings ein weites Spektrum der Motive zur Auswahl, warum sich jemand einem Herrschaftsanspruch unterwerfen könnte oder aber nicht. An dieser Stelle greift Weber nämlich ausdrücklich auf die entsprechenden ‚Motivlagen' zurück. Neben der Furcht und dem Zittern vor den jeweils Herrschenden erwähnt er in diesem Zusammenhang erneut die Möglichkeit, dass auch ein Herrschaftsverhältnis auf einem entsprechenden ‚Einverständnis' beruhen kann. Dieses versteht er in dem Sinn, „daß die Gehorchenden aus *dem* Grunde gehorchen, weil sie die Herrschaftsbeziehung als für sich ‚verbindlich' auch *subjektiv* ansehen." In diesem Fall hätten wir es dann mit einem entsprechenden „*Legitimitäts-Einverständnis*" zu tun.[346]

Doch diese Formulierung ist insofern höchst problematisch, als Weber den Begriff des ‚Einverständnisses' nun auch auf einen Bereich überträgt, der dafür gar nicht vorgesehen war, nämlich auf den Bereich der ‚legitimen' Herrschaft. Denn der Begriff des ‚Einverständnisses' ist von ihm ursprünglich ausschließlich für jene Fälle eingeführt worden, in denen eine bestimmte *Vereinbarung* auch von ‚Dritten' akzeptiert wird, die an dem Zustandekommen dieser Vereinbarung oder des entsprechenden Vertrages gar nicht beteiligt waren. Und dieser ‚Fall' kommt in Webers Typologie der ‚legitimen' Herrschaftsformen ja gar nicht vor! An dieser Stelle möchte Weber allerdings nicht weiter auf die ‚eigentlichen' Problemen einer „soziologischen Verbands- und Anstaltstheorie" eingehen, was schade ist, weil dies uns bezüglich eines besseren Verständnisses seiner entsprechenden Begriffsbildung sicherlich weitergeholfen hätte. Stattdessen verabschiedet er sich in seinem Kategorienaufsatz von diesen ‚logischen' Problemen mit der offensichtlich ebenfalls entwicklungsgeschichtlich zu verstehenden Bemerkung, dass allgemein eine „Rationalisierung der Ordnungen einer Gemeinschaft" im Sinne einer „immer weitergreifende(n) zweckrationale(n) Ordnung des Einverständnishandelns durch Satzung und insbesondere eine immer weitere Umwandlung von Verbänden in zweckrational geordnete Anstalten" zu konstatieren sei. Der damit verbundene „Fortschritt der gesellschaftlichen Differenzierung und Rationalisierung" bestünde dann darin, Ordnungen, die ursprünglich auf einem ‚Einverständnis' beruhten, durch eine Form der Ordnung zu ersetzen, die auf einer ‚Satzung' beruhen.[347]

---

345 Ebd., S. 434.
346 Ebd., S. 437.
347 Weber, „Über einige Kategorien der verstehenden Soziologie", MWG I/12, S. 437 und 439.

Doch was bleibt dann von dem ‚Legitimitäts-Einverständnis' einer als vorbildlich vorgestellten Art des Herrschaftsverhältnisses außer der Effizienz eines ‚bürokratischen Apparates' noch übrig, zumal Weber die Kategorie der Herrschaft an dieser Stelle offensichtlich als eine *verbandsmäßige* und nicht als eine ‚anstaltsmäßige' Form der Ordnung verstanden wissen wollte? Denn sonst hätte er für diese den Begriff des ‚Einverständnisses' gar nicht in Anspruch genommen, da in seinen Augen die bürokratische Form der Herrschaft ja die ‚rationalste' Herrschaftsform darstellt. Und was ist mit dem ‚Einverständnis' der Mitglieder einer nicht durch ‚Satzungen' regulierten Marktgemeinschaft? Verschwindet dieses ebenfalls in dem Schmelztiegel der satzungsmäßigen bürokratischen Ordnung? Oder gibt es diesbezüglich etwas, das Weber letztlich dann doch vor einer solchen radikalen Schlussfolgerung abgehalten hat? Um diese Frage zu beantworten, müssen wir die endgültige Fassung seiner soziologischen Grundbegriffe berücksichtigen, die er kurz vor seinem Tod ausgearbeitet hat und die bereits 1921 in der sogenannten ‚ersten Lieferung' von *Wirtschaft und Gesellschaft* posthum erschienen ist. Denn nur so können wir klären, wo im Laufe der Zeit eigentlich die zahlreichen ‚Einverständnisse' geblieben sind, die Weber sowohl in seinem Kategorienaufsatz von 1913 als auch in bestimmten Teilen der Vorkriegsfassung von *Wirtschaft und Gesellschaft* auffallend oft erwähnt hat.

4.2 Webers ‚Soziologische Grundbegriffe'

Als Max Weber nach dem Ersten Weltkrieg damit beginnt, seinen Beitrag zum *Grundriß der Sozialökonomik* noch einmal völlig neu auszuarbeiten, steht er unter anderem auch vor dem Problem, wie er diesbezüglich eigentlich mit seinem Kategorienaufsatz von 1913 umgehen soll. Denn in diesem hatte er zum ersten Mal den Versuch unternommen, sowohl die methodologischen Grundlagen seiner verstehenden Soziologie zu skizzieren als auch deren zentralen Begriff zu definieren. Auch in diesem Fall entschließt er sich für die Ausarbeitung eines völlig neuen Textes, der in der ersten Lieferung der Nachkriegsfassung von *Wirtschaft und Gesellschaft* 1921 unter dem Titel „Soziologische Grundbegriffe" erschienen ist.[348] Wie seinen Kategorienaufsatz hat Weber auch diesen Text in zwei Teile unter-

---

348 Weber hatte vor, die Nachkriegsfassung von *Wirtschaft und Gesellschaft* in verschiedenen ‚Lieferungen' zu veröffentlichen. Außer der ‚ersten Lieferung' von 1921 ist es aufgrund seines unerwartet frühen Todes leider nicht mehr gekommen. Seine Witwe hat sich deshalb dafür entschieden, diese ‚erste Lieferung' dann 1922 zusammen mit der Vorkriegsfassung von *Wirtschaft und Gesellschaft* zu veröffentlichen, die sie zu ihrer eigenen Überraschung im Nachlass ihres Mannes gefunden hat.

gliedert, nämlich in einen methodologischen und in einen grundbegrifflichen Teil. Während die methodologischen Grundlagen seiner verstehenden Soziologie dabei weitgehend unverändert geblieben sind, gilt dies jedoch nicht für den grundbegrifflichen Teil. Denn diesem liegt eine völlig andere ‚Systematik' als dem Kategorienaufsatz von 1913 zugrunde. Auch habe er „die Terminologie tunlichst vereinfacht und daher auch mehrfach verändert, um möglichst leicht verständlich zu sein"[349]. Ob ihm dies tatsächlich gelungen ist, darüber streiten sich bis heute die Geister. Denn auch die Lektüre seiner „Soziologischen Grundbegriffe" stellt aufgrund der Komplexität der von ihm dabei vorgenommenen begrifflichen Differenzierungen eine enorme Herausforderung für den Leser dar. Daran ändert auch nichts der Umstand, dass Weber diese in siebzehn mehr oder weniger übersichtliche Paragraphen untergliedert und mit ausführlichen Erläuterungen versehen hat, um eine streng ‚lehrbuchhafte' Darstellungsform seines Grundriß-Beitrages zu erreichen. Auch den anderen drei Kapiteln von *Wirtschaft und Gesellschaft*, die Weber nach dem Ersten Weltkrieg völlig neu geschrieben hat und die ebenfalls 1921 in dieser ‚ersten Lieferung' der Neufassung seines Grundriß-Beitrages erschienen sind, liegt diese für einen soziologischen Text ungewöhnliche Darstellungsform zugrunde. Offensichtlich spielt bei ihrer Wahl unter anderem der Umstand eine Rolle, dass Weber eine juristische Fachausbildung genossen hat, bevor er allmählich zu einem ‚Soziologen' geworden ist. Und außerdem hat er nie verhehlt, dass die Erreichung des begrifflichen Präzisionsgrades der Rechtswissenschaften das eigentliche Ziel seiner ‚verstehenden Soziologie' sei, auch wenn diese im Unterschied zur Jurisprudenz natürlich keine ‚dogmatische', sondern eine ‚empirische' Disziplin darstellen würde.[350]

Wie schwer seine 1921 erschienenen „Soziologischen Grundbegriffe" auch für jene Personen zu verstehen gewesen sind, die Max Weber sehr nahestanden, zeigt eine Äußerung von Marianne Weber. Diese hatte nach dem unerwartet frühen Tod ihres Mannes die schwierige Aufgabe übernommen, in Absprache mit Webers Verlag eine Edition von *Wirtschaft und Gesellschaft* vorzubereiten, in der auch die Manuskripte aus dem Nachlass von Max Weber aufgenommen werden sollten. So schreibt sie in ihren 1948 erschienenen *Lebenserinnerungen*: „Im Winter [1920/21] versammelte sich allwöchentlich eine kleine Gemeinde von Schülern um Webers verlassenen Schreibtisch. Sie können keinen anderen Kult treiben als

---

349 Weber, „Soziologische Grundbegriffe", in: MWG I/23, S. 147.

350 Weber zählt in diesem Zusammenhang die Soziologie und die Geschichtswissenschaften zu den „empirischen Wissenschaften vom Handeln", während er die Jurisprudenz, die Logik, die Ethik sowie die Ästhetik als „dogmatische" Disziplinen ansieht. Vgl. ebd., S. 149.

sich Bruchstücke aus seinen Werken zu deuten und verstehend anzueignen. Wie herbe es ist! Es versagt sich gefühlsmäßiger Hingabe und dem Bedürfnis nach Erbaulichkeit. Es verlangt nüchterne Wachheit, Anspannung des Denkens bis zum Schmerz. Vor allem die fremdartige soziologische Begriffslehre muß Satz um Satz erschlossen werden, obwohl die Definitionen sehr prägend sind, aber sie umfassen und verdichten einen unser Wissen und unsere Vorstellungskraft überfordernden Gehalt. Wir umrätseln ihre Klarheit. Die Begriffe sind wie eine Zeichensprache der Wirklichkeit – Erleuchtung für den Kundigen. Jeder von uns trägt sein Lichtchen herzu. Hier und da tut sich ein Spalt auf in dem Begriffs-Gequader."[351]

Heute wissen wir besser als seine Witwe, welche Ziele Weber eigentlich mit der Ausarbeitung seiner „Soziologischen Grundbegriffe" verfolgt hat. Denn in diesen unternimmt er den beeindruckenden Versuch, bestimmten Kollektivbegriffen, wie sie in den Rechts- und Staatswissenschaften seiner Zeit üblich gewesen sind, einen spezifisch soziologischen Sinn abzugewinnen. Damit verlieren diese allerdings jenen Heiligenschein, der sie in der Regel in den normativen Disziplinen umgibt und sie gleichsam wie aus einer ‚anderen Welt' kommend erscheinen lässt. Man kann diesbezüglich auch von einer ‚Ernüchterung' sprechen, die Weber uns in seinen „Soziologischen Grundbegriffe" zumutet, auch wenn ihm wertrationale Formen der Handlungsorientierung durchaus nicht fremd gewesen sind und diese auch in der endgültigen Fassung seiner verstehenden Soziologie eine wichtige Rolle spielen. Der Schlüssel für diese am römischen Privatrecht orientierte ‚soziologische Entzauberung' der überlieferten staats- und kirchenrechtlichen Kollektivbegriffe ist dabei der Begriff der *Handlung*, der sowohl ein „äußeres oder innerliches Tun" eines Menschen als auch dessen „Unterlassen oder Dulden" mit einschließt.[352] Dieses ‚Handeln' ist Weber zufolge dadurch gekennzeichnet, dass mit ihm immer ein ‚subjektiv gemeinter Sinn' verbunden ist, an dem sich die Handelnden orientieren. Das gelte für ein reines menschliches *Verhalten* nicht, weil es nicht sinnhaft orientiert sei und sein Verlauf auch ‚instinktiv', das heißt rein ‚reaktiv' bedingt sein kann. Ausgehend von dem Begriff des Verhaltens lässt sich also keine verstehende Soziologie ausarbeiten, auch wenn dem menschlichen Verhalten ebenfalls eine erhebliche soziologische Bedeutung zukommt. Nur ist dies nicht Gegenstand einer ‚verstehenden' Soziologie. Dasselbe gilt Weber zufolge auch für ein rein ‚nachahmendes' Verhalten sowie bestimmte Massenphänomene wie zum Beispiel eine durch ein unerwartetes Gewitter bedingte ‚Panik' während eines Open-Air-Konzertes. Auch dieser fehle die sinnhafte Bezogenheit auf das Verhalten anderer Menschen, weshalb sie Weber als ein rein massenpsychologisches

---

351 Marianne Weber, *Lebenserinnerungen*, Bremen 1948, S. 124 f.
352 Weber, „Soziologische Grundbegriffe", MWG I/23, S. 149.

Phänomen ansieht. Solche Phänomene können zwar soziologisch relevant sein. Sie gehören aber nicht zum Gegenstandsbereich einer verstehenden Soziologie, wie Weber sie vertritt.[353]

Anders sieht es dagegen mit dem Begriff des *sozialen Handelns* aus. Denn diese Form des Handelns ist Weber zufolge dadurch gekennzeichnet, dass es gemäß „seinem von dem oder den Handelnden gemeinten Sinn nach auf das Verhalten *anderer* bezogen wird und daran in seinem Ablauf orientiert ist"[354]. Das heißt hier findet insofern eine begriffliche Abgrenzung vom ‚reinen Handeln' statt, als dieses definitionsgemäß ja nicht an dem Verhalten ‚anderer', das heißt zugleich auch unbestimmt vieler ‚Dritter' sinnhaft orientiert ist. Denn sonst wäre es bereits ein ‚soziales Handeln'. Hierunter versteht Weber kein ‚karitatives' Handeln, wie man vielleicht annehmen könnte, sondern eine sinnhafte Orientierung an dem Verhalten anderer Menschen. Diese kann unter bestimmten Umständen auch von karitativer Art sein, muss es aber nicht. Dies festzustellen sei Aufgabe einer ‚inhaltlichen Soziologie', die an der Feststellung der Motive interessiert ist, die dem Handeln und dem sozialen Handeln der Menschen zugrunde liegen. Ein ‚reines' Handeln liegt zum Beispiel vor, wenn jemand Holz hackt. Dieses ist zwar in der Regel zweckrational orientiert, stellt aber an sich noch kein ‚soziales Handeln' dar. ‚Sozial' wird dieses Holz hacken erst dann, wenn damit zum Beispiel eine Hilfestellung für einen Menschen verbunden ist, dem man gern die Arbeit abnimmt und den man beim Hacken im Auge hat. Auch das ‚wirtschaftliche Handeln' stellt Weber zufolge erst dann ein ‚soziales Handeln' dar, wenn es nicht nur einem ‚privaten' Zweck folgt, den man mit rationalen Mitteln zu realisieren versucht, sondern wenn es sinnhaft auf das Verhalten ‚Dritter' bezogen ist.[355]

Weber stellt in diesem Zusammenhang vier prinzipiell mögliche Arten der sinnhaften Orientierung des menschlichen Handelns einander gegenüber. Diese Orientierungen betreffen selbstverständlich auch das soziale Handeln. Zum einen ist es möglich, dass ein Handeln rein *zweckrational* bedingt ist. In diesem Fall orientiert sich der Handelnde an der Erwartung, dass sich bestimmte äußere Gegenstände oder andere Menschen in einer bestimmten Art und Weise verhalten. Das zweckrationale Handeln ist also prinzipiell ‚erwartungsorientiert', ein Begriff, den Weber auch bereits in seinem Kategorienaufsatz von 1913 verwendet hat. Fer-

---

353 Ebd., S. 173-175. Weber grenzt sich in diesem Zusammenhang von den entsprechenden Arbeiten zweier französischer Soziologen ab, die zu dieser Zeit weit über Frankreich hinaus bekannt gewesen sind. Vgl. Gabriel Tarde, *Les lois de l'imitation*, Paris 1890; ferner Gustave Le Bon, *Psychologie des foules*, Paris 1895.
354 Weber, „Soziologische Grundbegriffe", MWG I/23, S. 149.
355 Ebd., S. 173.

ner beruht es auf einer ‚rationalen' Wahl von Mitteln zur Erreichung eines vorgegebenen Zweckes. Zum anderen kann ein Handeln aber auch rein *wertrational* bedingt sein. Dies trifft zu, wenn der Handelnde von dem Eigenwert eines bestimmten Verhaltens unabhängig von dessen möglichen Erfolg oder Misserfolg überzeugt ist. Auch diesen Begriff hat Weber bereits in seinem Kategorienaufsatz verwendet. Drittens kann das Verhalten eines Menschen *affektuell*, das heißt emotional bedingt sein. Und viertens kann es *traditional*, das heißt durch „eingelebte Gewohnheit" bestimmt sein. Diese beiden letzten Typen stellen Grenzfälle von Webers verstehender Soziologie dar, da es in beiden Fällen oft sehr schwer ist, die subjektiven Motive zu erkennen, welche bestimmte Menschen zu einem solchen Verhalten veranlasst haben könnten. Weber nimmt diese Grenzfälle dennoch in die endgültige Fassung seiner ‚Motivtafel' der sinnhaften Orientierung des Handelns mit auf, weil es grundsätzlich nicht ausgeschlossen sei, dass wir auch in diesen beiden Fällen entsprechende subjektive Motive empirisch feststellen und insofern auch ‚verstehen' können.[356]

Bis an diese Stelle hat Weber rein handlungstheoretisch beziehungsweise ‚zivil'- und ‚strafrechtlich' argumentiert.[357] Dies ändert sich jedoch mit der von ihm vorgenommenen Einführung des Begriffs der *sozialen Beziehung*, zu dem es übrigens keine unmittelbare Entsprechung in seinem Kategorienaufsatz von 1913 gibt. Mit diesem Begriff erhöht sich nun wesentlich die Komplexität von Webers Argumentationsweise. Denn bei dem Zustandekommen und der Aufrechterhaltung

---

356 Ebd., S. 175-177. Bei dieser von Weber ausgearbeiteten Handlungstypologie handelt es sich selbstverständlich um rein ‚idealtypische' begriffliche Unterscheidungen. Das heißt ihnen kommt ausschließlich eine ‚heuristische' Bedeutung zu, da in der ‚Empirie' die entsprechenden Grenzen zwischen den einzelnen Typen der sinnhaften Orientierung des Handelns ‚flüssig' sind. Weber betont dabei ausdrücklich, dass neben diesen von ihm vorgenommenen begrifflichen Unterscheidungen selbstverständlich auch andere Formen der Begriffsbildung möglich sind. Entscheidend sei in diesem Zusammenhang, was man als Forscher eigentlich ‚erkennen' will. Und davon hänge letztlich die Wahl der entsprechenden Begriffe und Methoden ab. Diese Ansicht hat Weber übrigens bereits in seinem ‚Objektivitäts-Aufsatz' von 1904 vertreten (vgl. MWG I/7, S. 142 ff.)

357 Weber hat seine Handlungstheorie ‚juristisch konstruiert'. Dafür spricht schon die Wertung des ‚Unterlassens' als ein ‚Handeln', das ja bekanntlich auch von strafrechtlicher Relevanz ist. Von den vier möglichen Arten der sinnhaften Orientierung des menschlichen Handelns, die Weber erwähnt, ist nur ein Typus uneingeschränkt strafrechtlich zurechnungsfähig, nämlich das ‚zweckrationale' Handeln. Das ‚traditionale', ‚affektive' und das ‚wertrationale' Handeln wird dagegen in der Regel bei der Erwägung möglicher ‚mildernden Umstände' berücksichtigt, sofern dieses ein strafrechtlich relevantes Handeln ‚motiviert' und in seinem konkreten Ablauf mitbestimmt hat.

einer sozialen Beziehung sind grundsätzlich *verschiedene* Handelnde beteiligt. Zwar betont Weber, dass wir es auch in diesem Fall mit rein subjektiven Formen der Handlungsorientierung zu tun haben. Allerdings ist sein Begriff der sozialen Beziehung nicht auf die Beteiligung von nur zwei Personen beschränkt, sondern nach oben hin prinzipiell offen. Denn auch soziale Gebilde wie zum Beispiel der ‚Staat', die ‚Kirche' oder politische Klassen und Parteien lassen sich als soziale Beziehungen verstehen. Insofern umfasst sein Begriff der sozialen Beziehung sowohl reine Zweierbeziehungen als auch soziale Kollektive mit unbestimmt vielen Mitgliedern. Es komme dabei primär auf den ‚Sinn' an, den die daran beteiligten Personen mit einer sozialen Beziehung verbinden, nicht jedoch auf ihre Anzahl. Denn die entsprechende Definition lautet: „Soziale ‚Beziehung' soll ein seinem Sinngehalt nach aufeinander gegenseitig *eingestelltes* und dadurch orientiertes Sichverhalten mehrerer heißen."[358]

Im Unterschied zu seinem Kategorienaufsatz von 1913 geht Weber an dieser Stelle auf das Problem des ‚Dritten' sowie auf die Relevanz von ‚Drittwirkungen' nicht weiter ein. Denn dort hatte er einen Tausch, der zwischen zwei Personen stattfindet, strikt von dem Geschehen auf einem Markt abgegrenzt, an dem unbestimmt viele Menschen beteiligt sind. Die damit verbundene begriffliche Unterscheidung zwischen dem ‚Gesellschaftshandeln' und dem ‚Einverständnishandeln' wird in seinen "Soziologischen Grundbegriffen" deshalb hinfällig. Entscheidend sind ihm zufolge nun vielmehr die jeweiligen *Perspektiven*, von denen aus die an ihr beteiligten Personen eine bestimmte soziale Beziehung betrachten. Weber sieht in diesem Zusammenhang ein „Mindestmaß von Beziehung des *beider*seitigen Handelns aufeinander" als Begriffsmerkmal einer sozialen Beziehung an. Der entsprechende ‚Inhalt' könne dabei höchst verschieden sein.[359] Keinesfalls sei jedoch vorausgesetzt, dass die daran Beteiligten mit dieser Beziehung den *gleichen* Sinngehalt verbinden. Denn diese kann in perspektivenmäßigen Hinsicht sowohl ‚einseitig' als auch ‚beiderseitig' sein. Im ersten Fall verbinden die an ihr beteiligten Personen mit ihrem Handeln einen verschiedenen Sinn, im zweiten Fall dagegen nicht. Eine soziale Beziehung, die vollständig auf einer *gegenseitigen* sinnentsprechenden Einstellung beruht, ist Weber zufolge allerdings die absolute Ausnahme beziehungsweise ein theoretischer Grenzfall. Überdies kann sich der Sinngehalt einer sozialen Beziehung im Laufe der Zeit verändern. So kann sich ein

---

358 Weber, „Soziologische Grundbegriffe", MWG I/23, S. 177. Zum Status der ‚sozialen Beziehung' in Webers „Soziologischen Grundbegriffen" siehe auch Rainer Greshoff, „‚Soziales Handeln' und ‚Ordnung' als operative und strukturelle Komponenten sozialer Beziehungen", in: *Max Webers ‚Grundbegriffe'*, a.a.O., S. 258-291.

359 Weber, „Soziologische Grundbegriffe", MWG I/23, S. 177.

ursprüngliches Liebesverhältnis zwischen zwei Personen zunehmend in ein Treue- und Dankbarkeitsverhältnis verwandeln.[360] Ob es sich dann allerdings noch um dieselbe soziale Beziehung oder aber um eine ‚neue' Beziehung handelt, ist Weber zufolge unerheblich und nur eine Frage des entsprechenden Sprachgebrauchs.

Interessant ist auch, wie er nun die Begriffe ‚Vergemeinschaftung' und ‚Vergesellschaftung' definiert, die in seinem Kategorienaufsatz von 1913 neben dem Begriff des ‚Einverständnishandelns' noch von zentraler Bedeutung gewesen sind. Denn von entsprechenden ‚Einverständnissen' spricht Weber in seinen „Soziologischen Grundbegriffen" nicht mehr, obwohl die damit gemeinte Sache dort natürlich immer noch eine Rolle spielt. Nicht zufällig geht er erneut ausführlich auf die Eigenart des Geld- und Sprachgebrauchs ein. Doch da die ‚Vergemeinschaftung' und die ‚Vergesellschaftung' von ihm nun nicht mehr als eine Form des sozialen Handelns, sondern jetzt als eine Form der sozialen Beziehung aufgefasst werden, verändern sich deren jeweiligen Definitionen. Unter einer *Vergemeinschaftung* versteht Weber nämlich nun eine soziale Beziehung, die „auf subjektiv *gefühlter* (affektueller oder traditionaler) *Zusammengehörigkeit* der Beteiligten beruht", unter einer *Vergesellschaftung* dagegen eine soziale Beziehung, die „auf rational (wert- oder zweckrational) motiviertem Interessen*ausgleich* oder auf ebenso motivierter Interessen*verbindung* beruht"[361].

Damit nähert sich Weber noch stärker dem entsprechenden Sprachgebrauch von Ferdinand Tönnies an als dies in der Vorkriegsfassung von *Wirtschaft und Gesellschaft* sowie in seinem Kategorienaufsatz von 1913 der Fall gewesen ist. Mit diesen neuen Begriffsbestimmungen schafft er ferner die Mehrdeutigkeiten aus der Welt, die mit seinem ursprünglichen Gebrauch des Begriffs ‚Gemeinschaft' und dessen Komposita verbunden sind. Auch der Begriff der ‚Vergesellschaftung' wird von ihm nicht mehr auf den Spezialfall einer ‚anstaltsmäßigen' Form der Vergesellschaftung beschränkt. Denn nun umfasst dieser auch den rationalen Interessenausgleich auf einem Markt, den er in seinem Kategorienaufsatz von 1913 noch als Paradebeispiel einer ‚Einverständnisgemeinschaft' angesehen hatte. Auch verändert sich nun Webers Gebrauch des Begriffs ‚Ordnung', da er diesen im Unterschied zu seinem Kategorienaufsatz von 1913 nicht mehr auf den Spezialfall einer ‚satzungsmäßigen' Ordnung beschränkt. An dessen Stelle tritt vielmehr eine differenzierte Typologie der *Verbände*, die im Mittelpunkt seiner „Soziologischen

---

360 Vgl. Georg Simmel, „Exkurs über Treue und Dankbarkeit", in: ders., *Soziologie. Untersuchungen über die Formen der Vergesellschaftung* [1908], a.a.O., S. 652-670.

361 Weber, „Soziologische Grundbegriffe", MWG I/23, S. 194 f. Siehe diesbezüglich auch Lichtblau, *Die Eigenart der kultur- und sozialwissenschaftlichen Begriffsbildung*, a.a.O., S. 281 ff.

Grundbegriffe" steht.[362] Um dieser Veränderungen in Webers Sprachgebrauch nachvollziehen zu können, müssen wir deshalb zunächst klären, was er in diesem Zusammenhang eigentlich unter einer ‚Ordnung' versteht.

Kurz vor seinem Tod schreibt Weber einen viel zitierten Brief an seinen Jugendfreund Heinrich Rickert, dass es im Grunde genommen nur zwei Begriffe beziehungsweise Unterstellungen seien, mit denen man bei der Grundlegung einer ‚*Staats*soziologie' auskomme. Die eine Unterstellung betrifft die Annahme, dass es immer Menschen geben würde, die von der *Vorstellung* der ‚Geltung' einer Ordnung überzeugt seien. Und die andere betrifft die Annahme, dass immer irgendwelche Menschen da seien, die „als ‚Leiter' oder ‚Verwaltungsstab' [...] ihr Handeln darauf einstellen: diese ‚Ordnung' als *empirisch* ‚geltend' *durchzusetzen*"[363]. Für die Veröffentlichung der Vorkriegsfassung seines Beitrages zum *Grundriß der Sozialökonomik* hatte Weber ursprünglich den Titel „Die Wirtschaft und die gesellschaftlichen Ordnungen und Mächte" vorgesehen. Unter einer ‚Ordnung' verstand er damals unter anderem die Rechts-, die Wirtschafts- und die Sozialordnung einer Gesellschaft.[364] In seinen „Soziologischen Grundbegriffen" spielt der Begriff ‚Ordnung' ebenfalls eine zentrale Rolle. Doch welche? Und wie geht er nun mit dem Spannungsverhältnis zwischen ‚Faktizität' und ‚Geltung' um, das in diesem Begriff zum Ausdruck kommt?[365]

Weber trifft in diesem Zusammenhang eine grundsätzliche Entscheidung, die heute noch umstritten ist. Denn er gebraucht den Ordnungsbegriff jetzt primär für den Fall des Vorliegens einer *legitimen Ordnung*. Seine ursprüngliche Unterscheidung zwischen einer Rechtsordnung, einer Wirtschaftsordnung und einer sozialen Ordnung wird dadurch zwar nicht hinfällig. Jedoch erfüllt nur eine Rechtsordnung das Kriterium der ‚Legitimität', nicht aber eine Wirtschaftsordnung oder gar eine soziale Ordnung. Um diesem Dilemma Rechnung tragen zu können, führt Weber einen weiteren Begriff ein, der für dieses Grundproblem seiner verstehenden Soziologie von zentraler Bedeutung ist, nämlich den Begriff der *Regelmäßigkeit* des Ablaufs bestimmter Formen des sozialen Handelns. Die Vieldeutigkeit des Begriffs ‚Regel' hatte Weber bereits in seiner Auseinandersetzung mit dem österreichischen Rechts- und Sozialphilosoph Rudolph Stamm-

---

362 Vgl. hierzu die Einleitung der Bandherausgeber zu MWG I/23, S. 38 f.
363 Brief von Max Weber an Heinrich Rickert vom 26. April 1920, MWG II/10, S. 1040.
364 Vgl. Max Weber, „Die Wirtschaft und die Ordnungen", MWG I/22-3, S. 191 ff.; ferner ders., „'Klassen', ‚Stände' und ‚Parteien'", MWG I/22-1, S. 252 ff.
365 Siehe hierzu auch Jürgen Habermas, *Faktizität und Geltung. Beiträge zur Diskurstheorie des Rechts und des demokratischen Rechtsstaats*, Frankfurt am Main 1992, besonders S. 90 ff.

ler hervorgehoben.[366] Dies ist offensichtlich auch der Grund, warum er für seine Darstellungszwecke nun den Begriff der ‚Regelmäßigkeit' bevorzugt. Denn mit diesem ist grundsätzlich keine normative Geltungsvorstellung verbunden, da es solche Regelmäßigkeiten ja auch in der ‚Natur', und nicht nur in der sozialen Welt gibt. Im letzteren Fall handele es sich um „*Typen* des Ablaufs von Handeln", das auf einem „gleichartig *gemeinten Sinn*" beruht.[367] Dies sei sowohl beim Vorliegen eines *Brauches*, der Existenz einer *Sitte* als auch in einer durch eine gemeinsame *Interessenlage* bedingten Regelmäßigkeit des sozialen Handelns der Fall. Im Unterschied zur *Konvention* und dem *Recht* werde bei der Sitte allerdings nicht verlangt, dass man diese befolge. Sie stellt in Webers Augen also nichts ‚Geltendes' dar, weil ihre Nichteinhaltung im Unterschied zu einem Verstoß gegen eine ‚geltende Konvention' oder gar einem ‚geltenden Recht' keine Sanktionen zur Folge habe. Nun kann man sich natürlich darüber streiten, ob es tatsächlich sinnvoll ist, den Begriff der ‚Sitte' in der von Weber vorgeschlagenen Weise zu gebrauchen. Denn zumindest in ‚vormodernen', das heißt *traditionalen* Gesellschaften, die es ja auch heute noch weltweit zur Genüge gibt, hat die ‚Sitte' offensichtlich eine weit darüber hinaus gehende Bedeutung. Hierauf weist übrigens auch Tönnies in einer einschlägigen Studie hin, welche die entwicklungsgeschichtliche Eigenart der Sitte zum Gegenstand hat, die Weber nachweislich bekannt war, da er über diese mit Tönnies korrespondiert hat. Und auch Nietzsches Diktum von der „Sittlichkeit der Sitte" hätte ihm eigentlich zu denken geben müssen.[368]

Doch dies ist in diesem Zusammenhang nicht von entscheidender Bedeutung. Denn viel wichtiger ist Webers Platzierung des Geschehens auf einem *Markt* innerhalb seiner „Soziologischen Grundbegriffe". Denn gerade auf ökonomischen Märkten entstünden „Gleichartigkeiten, Regelmäßigkeiten und Kontinuitäten der Einstellung und des Handelns, welche sehr oft weit stabiler sind, als wenn Handeln sich an Normen und Pflichten orientiert, die einem Kreise von Menschen tatsächlich für ‚verbindlich' gelten"[369]. Das heißt nicht nur die subjektive Orientierung

---

366 Vgl. Weber, „R. Stammlers ‚Überwindung' der materialistischen Geschichtsauffassung", MWG I/7, S. 487 ff.

367 Weber, „Soziologische Grundbegriffe", MWG I/23, S. 179 f.

368 Vgl. Tönnies, *Studien zu Gemeinschaft und Gesellschaft*, a.a.O., S. 131 ff.; siehe ferner Nietzsche, *Zur Genealogie der Moral*, a.a.O., S. 293. Immerhin trägt Weber Nietzsches Ansicht Rechnung, dass überall „das tatsächlich Hergebrachte" der „Vater des Geltenden" gewesen sei (MWG I/23, S. 180).

369 Weber, „Soziologische Grundbegriffe", MWG I/23, S. 181. Zur ökonomischen Funktion von Märkten siehe auch Richard Swedberg, „The Role of the Market in Max Weber's Work", in: Theory and Society 29 (2000), S. 373-384; ferner Gertraude Mikl-Horke, „Der Markt bei Max Weber und in der neuen Wirtschaftssoziologie", in:

des menschlichen Handelns an Normen und Pflichten trägt wesentlich zur Stabilität einer Gesellschaft bei, sondern auch eine rein zweckrationale Orientierung an bestimmten ‚Interessen', sofern auch zahlreiche ‚Dritte' dies in einem nennenswerten Umfang machen. Warum Weber im Unterschied zu vielen heutigen Wirtschaftswissenschaftlern die dadurch zustande kommenden Regelmäßigkeiten nicht als ‚Ordnungen' beziehungsweise ‚Institutionen' bezeichnet, liegt offensichtlich daran, dass er nun den Ordnungsbegriff zwar nicht ausschließlich, aber doch primär in Bezug auf das Vorliegen einer ‚legitimen Ordnung' gebraucht. Doch zwingend ist dies nicht. Und zweckmäßig auch nicht unbedingt.[370]

Immerhin nimmt Weber in diesem Zusammenhang eine grundbegriffliche Unterscheidung zwischen einer ‚Ordnung' im Allgemeinen und einer ‚legitimen Ordnung' im Besonderen vor, auch wenn diese Unterscheidung in seinen entsprechenden Ausführungen keine große Rolle spielt. Eine ‚Ordnung' liegt ihm zufolge nämlich bereits dann vor, „wenn das Handeln an angebbaren ‚Maximen' (durchschnittlich und annähernd) orientiert wird". Von einer ‚geltenden' Ordnung könne man dagegen erst dann sprechen, „wenn diese tatsächliche Orientierung an jenen Maximen mindestens *auch* (also in einem praktisch ins Gewicht fallenden Maß) deshalb erfolgt, weil sie als irgendwie *für* das Handeln geltend: verbindlich oder vorbildlich, angesehen werden"[371]. Der Begriff der ‚Geltung' einer Ordnung ist für Weber also mit der Existenz einer ‚legitimen' Ordnung identisch. Diese würde auf einem entsprechenden ‚Legitimitätsglauben' beruhen, der wie alle Glaubensvorstellungen nicht sachlich begründet sein muss. Entscheidend sei vielmehr ausschließlich die ‚Vorstellung', dass wir es im konkreten Fall mit einer *legitimen Ordnung* zu tun haben. Diese kann emotional, wertrational, religiös oder durch eine bestimmte Interessenlage ‚garantiert' sein. Die ‚legitime Geltung' einer Ordnung könne dieser ferner durch die Tradition, einen affektuellen Bezug zu dieser Ordnung, einen wertrationalen Glauben sowie durch eine positive Satzung, an deren *Legalität* geglaubt wird, zugeschrieben werden. Die heute geläufigste Legitimitätsform sei dabei der ‚Legalitätsglaube, das heißt „die

---

Wirtschaftssoziologie nach Max Weber, hrsg. von Andrea Maurer, Wiesbaden 2010, S. 97-117.

370 Siehe hierzu auch Friedrich A. von Hayek, *Freiburger Studien. Gesammelte Aufsätze*, Tübingen 1969, S. 32 ff. und 161 f. (hier insbesondere die Fußnote 7). Zur Bedeutung der modernen ‚institutionellen Ökonomik' vgl. auch Douglas C. North, *Institutions, Institutional Change and Economic Perormance*, Cambridge 1990; Oliver Williamson, „The New Institutional Economics: Taking Stock, Looking ahead", in: Journal of Economic Literature 38 (2000), S. 595-613; ferner Neil Fligstein, *Die Architektur der Märkte*, Wiesbaden 2011, besonders S. 39 ff.

371 Weber, „Soziologische Grundbegriffe", MWG I/23, S. 183.

4.2 Webers ‚Soziologische Grundbegriffe'

Fügsamkeit gegenüber *formal* korrekt und in der üblichen Form zustandegekommenen Satzungen", wobei der Unterschied zwischen einer ‚paktierten' und einer oktroyierten Satzung nur eine untergeordnete Bedeutung spiele.[372] Entscheidend sei vielmehr, dass es einen entsprechenden ‚Zwangsapparat' gibt, der dafür Sorge trägt, dass eine Ordnung nicht nur ‚legitim' ist, weil die ihr Unterworfenen an deren Legitimität glauben, sondern dass diese auch faktisch ‚gilt' und sich insofern jeder bei ihrer Nichteinhaltung an den entsprechenden Sanktionsdrohungen ‚sinnhaft' orientieren kann.[373]

Krönender Abschluss von Webers „Soziologischen Grundbegriffen" ist seine sogenannte ‚Verbandstheorie'. In seinem Kategorienaufsatz von 1913 hatte er diese noch als eine „soziologische Verbands- und Anstaltstheorie" angekündigt. Zu diesem Zeitpunkt waren für ihn der ‚Verband' und die ‚Anstalt' allerdings noch zwei völlig verschiedene Begriffe. Denn während er den ‚Verband' damals noch als eine ‚Einverständnis-Gemeinschaft' verstanden wissen wollte, ordnete er die ‚Anstalt' von Anfang an dem Bereich einer *satzungsmäßigen* Form der Vergesellschaftung zu.[374] Mit dem Wegfall der Kategorie des ‚Einverständnisses' ergibt sich für Weber nun die Möglichkeit eines völlig neuen Arrangements seiner ‚makrosoziologischen' Grundbegriffe. Denn nun avanciert der ‚Verband' zum Oberbegriff einer Vielzahl von sozialen Beziehungen, die neben der Anstalt und dem Verein unter anderem auch die sogenannten „Herrschaftsverbände" umfasst. Zu letzteren zählt Weber den ‚Betriebsverband', den ‚politischen Verband' sowie den ‚hierokratischen Verband'. Dies entspricht seiner Unterscheidung zwischen einer *kapitalistischen Unternehmung*, dem *modernen Staat* sowie der *Kirche*. Letztere lässt sich wiederum von der ‚freiwilligen Vereinigung' der *Sekte* abgrenzen, da im Unterschied zu einem Verein beziehungsweise einer Sekte Weber zufolge auch die Kirche eine Zwangsanstalt darstellt.[375]

Wir sehen also, dass sich diese Begriffspyramide im Prinzip beliebig weiter ausdifferenzieren lässt. Von hier aus hätte Weber auch mühelos Bezüge zu der von ihm geplanten Neufassung seiner *Rechts-* und *Religionssoziologie* herstellen können, was er in seinen „Soziologischen Grundbegriffen" selbst angedeutet hat. Aber auch zu den beiden ‚Bindestrichsoziologien', die neu auszuarbeiten ihm noch kurz

---

372 Ebd., S. 191.
373 Zu den damit verbundenen fachlichen und weltanschaulichen Kontroversen siehe auch Weyma Lübbe, *Legitimität kraft Legalität. Sinnverstehen und Institutionenanalyse bei Max Weber und seinen Kritikern*, Tübingen 1991.
374 Vgl. Weber, „Über einige Kategorien der verstehenden Soziologie", MWG I/12, S. 433 ff.
375 Ebd., S. 204-215.

vor seinem Tod gegönnt war, nämlich der *Wirtschafts-* und der *Herrschaftssoziologie,* gibt es entsprechende Bezüge. Ihnen wollen wir uns in den beiden folgenden Kapiteln zuwenden, bevor wir ein Resümee über das Verhältnis von Geschichte und Soziologie in Webers Werk ziehen. Denn es ist auffallend, dass dieses in jeder Hinsicht beeindruckende Werk von dem Spannungsverhältnis zwischen diesen beiden Disziplinen in einer Art und Weise lebt, die es nach wie vor als aktuell erscheinen lässt. Denn die Geschichte holt uns immer wieder ein. Darüber sollten uns auch die verschiedenen Proklamationen eines sogenannten ‚posthistorischen Zeitalters' nicht hinwegtäuschen, auch wenn Weber in seinen pessimistischsten Stunden selbst dazu geneigt hat, sich an diesem Schwanengesang auf die Geschichte zu beteiligen.[376] Sah er doch im modernen Zeitalter überall eine Gefahr der ‚mechanischen Versteinerung' gegeben. Und auch die ethisch-religiöse Form der Prophetie erschien ihm nicht mehr als anschlussfähig, obwohl bestimmte Erscheinungen in der Gegenwart das genaue Gegenteil beweisen.[377] Allerdings war Webers Glaube an die prinzipiell nicht zu bändigende Kraft des ‚Charismas' so stark, dass er es bis zuletzt nicht ausgeschlossen hat, dass eines Tages auch neue enthusiastische Bewegungen entstehen und über den Erdball hinwegfegen könnten. Diese Möglichkeit nicht nur aus historischen, sondern auch theoretischen Gründen zumindest in Erwägung gezogen zu haben, ist ein zentraler Bestandteil von Webers intellektuellem Vermächtnis, das die bleibende Bedeutung seines Werkes nachhaltig unterstreicht.

4.3 Die ‚Wirtschaftssoziologie'

Die nach dem Ersten Weltkrieg entstandene Neufassung von *Wirtschaft und Gesellschaft* enthält auch ein umfangreiches Kapitel, das den Titel „Soziologische Grundkategorien des Wirtschaftens" trägt. Dieses Kapitel wird in der Sekundärliteratur als Max Webers ‚Wirtschaftssoziologie' bezeichnet.[378] Zu ihm gibt es in

---

376 Zum Begriff des ‚Posthistoire' siehe Lichtblau, *Zwischen Klassik und Moderne,* a.a.O., S. 71 ff.

377 Vgl. diesbezüglich Gilles Kepel, *Die Rache Gottes. Radikale Moslems, Christen und Juden auf dem Vormarsch,* München 1991.

378 Vgl. Richard Swedberg, *Max Weber and the Idea of Economic Sociology,* Princeton, N.J. 1998. Swedberg beschränkt sich in seiner Untersuchung nicht auf die ‚eigentliche' Wirtschaftssoziologie Webers, sondern bezieht unter anderem auch Webers Aufsätze über die Wirtschaftsethik der Weltreligionen sowie seine Vorlesung „Abriß der universalen Sozial- und Wirtschaftsgeschichte" mit ein, die er im Wintersemester 1919/20 in München gehalten hat.

4.3 Die ‚Wirtschaftssoziologie'

der Vorkriegsfassung von *Wirtschaft und Gesellschaft* zumindest vom Umfang her gesehen keine vergleichbaren Ausführungen, sodass man diesbezüglich auch nicht von einer ‚zweiten' oder ‚überarbeiteten' Fassung seiner Wirtschaftssoziologie sprechen kann. Ganz aus dem heiteren Himmel sind Webers „Soziologische Grundkategorien des Wirtschaftens" dennoch nicht gefallen. Denn zum einen hat er bereits vor der Jahrhundertwende im Rahmen der von ihm in Freiburg und Heidelberg wahrgenommenen Professuren regelmäßig Vorlesungen über „Allgemeine (‚theoretische') Nationalökonomie" gehalten, von denen zahlreiche Unterlagen erhalten geblieben sind, die Weber in diesem Zusammenhang verwendet hat. Aus diesen Vorlesungsnotizen wollte er übrigens ein nationalökonomisches Lehrbuch erstellen, wozu er allerdings nicht gekommen ist. Immerhin hat er im Sommersemester 1898 einen Privatdruck an seine Heidelberger Studenten verteilt, der den Titel „Die begrifflichen Grundlagen der Volkswirtschaftslehre" trägt und der ebenfalls erhalten geblieben ist.[379] Auch enthält bereits die Vorkriegsfassung von *Wirtschaft und Gesellschaft* ein Kapitel, das man als den ersten genuin wirtschaftssoziologischen Beitrag Webers ansehen kann, nämlich das Kapitel „Wirtschaftliche Beziehungen der Gemeinschaften im allgemeinen". Dieses Kapitel stellt gewissermaßen den Vorläufer von Webers „Soziologischen Grundkategorien des Wirtschaftens" dar, auch wenn es unter anderem aufgrund seines viel geringeren Umfanges mit Webers eigentlicher Wirtschaftssoziologie nicht zu vergleichen ist.[380]

Wie seine „Soziologischen Grundbegriffe" sind auch Webers „Soziologische Grundkategorien des Wirtschaftens" durchgängig in Paragraphen mit entsprechenden begrifflichen Erläuterungen gegliedert. Und auch der sprachliche Duktus ist derselbe geblieben. Das heißt wir haben es hierbei ebenfalls mit dem Versuch einer streng ‚lehrbuchhaften' Darstellung zu tun. Diese bezieht sich jetzt allerdings nicht mehr auf Grundprobleme der *Allgemeinen Soziologie*, sondern der *Wirtschaftssoziologie*. Damit ist zum einen eine Abgrenzung von der abstrakten *Wirtschaftstheorie* verbunden, die Weber deshalb vornimmt, weil es ihm ja nur um „gewisse allereinfachste soziologische Beziehungen innerhalb der Wirtschaft" geht. Und zum anderen weist er darauf hin, dass er auf Fragen, die sich auf die *dynamischen* Aspekte der wirtschaftlichen Entwicklung beziehen, vorerst nicht ein-

---

379 Vgl. Max Weber, „Grundriß zu den Vorlesungen über Allgemeine (theoretische') Nationalökonomie", MWG III/1, S. 89 ff.; ferner ders., „Erstes Buch. Die begrifflichen Grundlagen der Volkswirtschaftslehre", ebd., S. 122 ff.

380 Vgl. Max Weber, „Wirtschaftliche Beziehungen der Gemeinschaften im Allgemeinen", MWG I/22-1, S. 71 ff.

gehen könne.³⁸¹ Auch in seiner Wirtschaftssoziologie orientiert sich Weber also an der Unterscheidung zwischen ‚Statik' und ‚Dynamik', die ja bereits der gesamten Vorkriegsfassung von *Wirtschaft und Gesellschaft* zugrunde liegt und die wie bereits erwähnt von Auguste Comte stammt. Das von Weber in diesem Zusammenhang angekündigte Versprechen, im Fortgang seiner Ausführungen auch „auf die Entwicklungsstufen und Entwicklungsbedingungen der Wirtschaft" einzugehen, hat er allerdings nicht in seiner *Wirtschaftssoziologie* eingelöst, sondern in seiner Vorlesung über *Wirtschaftsgeschichte*, die er im Wintersemester 1919/20 in München gehalten hat und die ebenfalls im Rahmen der *Max-Weber-Gesamtausgabe* ausführlich dokumentiert worden ist.³⁸²

Weber behandelt in dem Kapitel „Soziologische Grundkategorien des Wirtschaftens" zum einen die unterschiedlichen Formen des haushaltsmäßigen und des erwerbsmäßigen Wirtschaftens. Er stellt dabei der haushaltsmäßigen Art der Geldrechnung die Kapitalrechnung eines Wirtschaftsbetriebes gegenüber, der am Prinzip der ‚Rentabilität' orientiert ist. Ferner erörtert er ausführlich das Verhältnis der verschiedenen Wirtschaftsverbände zu den „primär *außer*wirtschaftlich orientierten Verbänden", das heißt vor allem zu den *politischen* Verbänden. Dabei kommt seinen Ausführungen über die unterschiedlichen Arten der Finanzierung politischer Verbände eine besondere Bedeutung zu.³⁸³ Ferner ist Weber an den Auswirkungen der Geld- und Finanzverfassung einer Wirtschaft auf den jeweiligen Handlungsspielraum der einzelnen Wirtschaftsverbände sowie auf die spezifische Art der Rationalisierung ihres wirtschaftlichen Handelns interessiert. Diese Fragen werden dann im dritten Kapitel der Nachkriegsfassung von *Wirtschaft und*

---

381 Weber, „Soziologische Grundkategorien des Wirtschaftens", MWG I/23, S. 216. Zu Webers Verhältnis zur ‚Wirtschaftstheorie' seiner Zeit siehe auch Christoph Morlok, *Rentabilität und Versorgung. Wirtschaftstheorie und Wirtschaftssoziologie bei Max Weber und Friedrich von Wieser*, Wiesbaden 2013. Morlok vertritt dabei die These, dass Weber in seinem Kapitel „Soziologische Grundkategorien des Wirtschaftens" das nachgeholt habe, was er sich ursprünglich von Friedrich von Wiesers Beitrag zum *Grundriß der Sozialökonomik* erhofft hat, nämlich eine systematische Verbindung der abstrakten ökonomischen Wirtschaftstheorie mit der Wirtschaftssoziologie.

382 Weber, „Soziologische Grundkategorien des Wirtschaftens", MWG I/23, S. 440. Zu Webers Münchener Vorlesung „Abriß der universalen Sozial- und Wirtschaftsgeschichte" von 1919/20 vgl. die Ausführungen im letzten Teil dieser Einführung in sein Werk.

383 Weber, „Soziologische Grundkategorien des Wirtschaftens", MWG I/23, S. 428. Siehe diesbezüglich auch Hinnerk Bruhns, „Steuer und Staat bei Max Weber", in: *Fiskus – Verfassung – Freiheit. Politisches Denken der öffentlichen Finanzen von Hobbes bis heute*, hrsg. von Sebastian Huhnholz, Baden-Baden 2018, S. 233-251.

4.3 Die ‚Wirtschaftssoziologie'

Gesellschaft weiter erörtert, das die verschiedenen Formen der legitimen Herrschaft zum Gegenstand hat.[384]

Im Folgenden soll auf zwei Aspekte von Webers Wirtschaftssoziologie etwas näher eingegangen werden. Der eine betrifft ihr Verhältnis zu seinen „Soziologischen Grundbegriffen" und der andere die Übernahme einer begrifflichen Unterscheidung, die er bereits in seiner Rechtssoziologie vorgenommen hat, nämlich die Unterscheidung zwischen ‚formaler' und ‚materialer Rationalität'. Doch betrachten wir zunächst den ersten Punkt. Auch bei der Definition des *wirtschaftlichen Handelns* geht Weber von der sinnhaften Orientierung des menschlichen Handelns aus. Dieses *kann* ein ‚soziales Handeln' sein, *muss* es aber nicht. Entscheidend sei vielmehr der ‚Sinn', den die wirtschaftenden Menschen mit ihrem Tun verbinden. Und einen wirtschaftlichen Sinn verbindet auch Robinson Crusoe mit dem Gartenbau auf seiner Insel, ohne dass damit eine sinnhafte Orientierung an dem Verhalten anderer Menschen verbunden ist. Es ist kein Zufall, dass die abstrakte Wirtschaftstheorie eine ausgeprägte Neigung zu sogenannten ‚Robinsonaden" hat, wenn es darum geht, Grundzüge des wirtschaftlichen Handelns zu erläutern. Jedoch haben wir es erst dann, wenn Robinsons späterer ‚Diener' *Freitag* auf der Bühne erscheint, mit der Möglichkeit eines ‚sozialen Wirtschaftens' zu tun, die im Zentrum einer spezifisch soziologischen Betrachtungsweise wirtschaftlicher Vorgänge steht. Doch zwingend ist eine solche Betrachtungsweise nicht. Und sie wird auch heute noch von vielen Wirtschaftstheoretikern nicht als notwendig angesehen.[385]

Weber unterscheidet in diesem Zusammenhang zwischen ‚wirtschaftlich orientiertem Handeln', dem ‚Wirtschaften' und der ‚Wirtschaft'. *Wirtschaftlich orientiert* sei ein menschliches Handeln dann, wenn es „seinem gemeinten Sinne nach an der Fürsorge für einen Begehr nach Nutzleistungen orientiert ist". Diese Orientierung betrifft selbstverständlich auch die „Knappheit der Mittel" in Bezug auf einen vorgegebenen Zweck. Das *Wirtschaften* bezeichne demgegenüber die friedliche Ausübung einer Verfügungsgewalt, „welche zweckrational, also *planvoll*, wirtschaftlich orientiert ist". *Wirtschaft* bezeichnet gemäß Webers Sprachgebrauch dagegen ein ‚autokephal', das heißt von Anderen unabhängiges geordnetes kontinuierliches Wirtschaften, während er den Begriff des *Wirtschaftsbetriebes*

---

384 Vgl. hierzu die Einleitung der Bandherausgeber von „Wirtschaft und Gesellschaft. Soziologie" in MWG I/23, S. 52 ff.

385 Siehe zu dieser Kontroverse auch die einschlägige Aufsatzsammlung von Hans Albert, *Marktsoziologie und Entscheidungslogik. Zur Kritik der reinen Ökonomik*, Tübingen 1998.

im Hinblick auf ein ‚betriebsmäßig' geordnetes Wirtschaften gebraucht.[386] Wirtschaftlich ‚orientiert' kann auch ein reiner Raubkrieg sein. Da Weber ähnlich wie der Nationalökonom und Soziologe Franz Oppenheimer jedoch der Meinung ist, dass es sich hierbei um ein ‚politisches Mittel' handelt, das dem ökonomischen Denken fremd sei, scheidet er alle Formen der Gewaltanwendung aus dem Begriff der ‚Wirtschaft' aus.[387] Allerdings vertritt Weber die Ansicht, dass es in der Vergangenheit durchaus einen ‚politischen Kapitalismus' gegeben habe, der sich in vielerlei Hinsicht vom ‚modernen', das heißt dem industriellen Kapitalismus unterscheide. Kennzeichen dieser spezifisch ‚modernen' Form des Kapitalismus sei unter anderem der ‚rationale' kapitalistische Betrieb, die ‚voluntaristische' Organisation der menschlichen Arbeit sowie der Geld- und Kapitalmarkt. Dies sind auch zentralen Merkmale des modernen Kapitalismus, die Weber in seiner berühmten „Vorbemerkung" zu seinen *Gesammelten Aufsätzen zur Religionssoziologie* hervorgehoben hat.[388]

Doch welche Bedeutung kommt eigentlich der Unterscheidung zwischen der ‚formalen' und der ‚materialen' Rationalität in Webers Wirtschaftssoziologie zu, die er ja ganz offensichtlich aus seiner Rechtssoziologie übernimmt, auch wenn er diese begriffliche Differenzierung nun in einem etwas modifizierten Sinn gebraucht? Als *formale Rationalität* eines ‚Wirtschaftens' versteht er „das Maß der ihm technisch möglichen und von ihm wirklich angewendeten *Rechnung*". Es handelt sich hierbei also um das Prinzip der ‚Rechenhaftigkeit', das in einem gewissen Umfang zugleich ein Mindestmaß an ‚Berechenbarkeit' des wirtschaftlichen Verhaltens von Personen garantiert, die in einer rationalen Weise ‚rechnen' können. Als *materiale Rationalität* versteht er dagegen den Grad, in welchem die Güterversorgung bestimmter Menschengruppen unter dem Gesichtspunkt bestimmter „wertender Postulate" geregelt wird. Ihm zufolge fallen die formale

---

386 Weber, „Soziologische Grundkategorien des Wirtschaftens", MWG I/23, S. 216 ff.
387 Ebd., S. 218 f. Weber bezieht sich an dieser Stelle ausdrücklich auf den Sprachgebrauch von Oppenheimer. Siehe diesbezüglich den programmatischen Aufsatz von Franz Oppenheimer, „Skizze der sozial-ökonomischen Geschichtsauffassung" [1903], in: ders., *Schriften zur Soziologie*, hrsg. von Klaus Lichtblau, Wiesbaden 2015, S. 25-77 (hier besonders S. 51 ff. und 64 ff.).
388 Weber „Soziologische Grundkategorien des Wirtschaftens", MWG I/23, S. 381. Vgl. ferner Webers „Vorbemerkung" in MWG I/18, S. 101 ff. Zu Webers Verständnis des ‚modernen Kapitalismus' siehe auch Johannes Berger, „Rationaler Kapitalismus – welthistorische Neuerung und kulturelle Zumutung", in: Trivium. Revue franco-allemande de sciences humaines et sociales – Deutsch-französische Zeitschrift für Geistes- und Sozialwissenschaften 28 (2018), Schwerpunktheft *Capitalisme – Kapitalismus* (https://journals.openedition.org/trivium/5675).

4.3 Die ‚Wirtschaftssoziologie'

Rationalität im Sinne einer entsprechenden Art der Kapitalrechnung sowie die materiale Rationalität, die in Gestalt bestimmter ethischer Postulate zum Ausdruck kommen, prinzipiell auseinander. Weber betont dabei ausdrücklich, dass der Begriff der ‚materialen' Rationalität vieldeutig ist. Denn in ihm kommen höchst unterschiedliche ethische, politische, utilitaristische, ‚hedonische', ständische und egalitäre Forderungen zum Ausdruck. Der entsprechende Wertmaßstab sei dabei entweder *wertrational* oder aber „*material* zweckrational" ausgerichtet. Überdies erwähnt Weber neben einer entsprechenden „materialen Kritik des Wirtschafts*ergebnisses*" auch noch die Möglichkeit einer *ethischen, asketischen* sowie *ästhetischen* Kritik der jeweils vorherrschenden Wirtschafts*gesinnung* und der durch sie geprägten Wirtschafts*mittel*.[389]

Was Weber unter dem Begriff der *Wertrationalität* versteht, wissen wir bereits. Doch was meint er damit, wenn er unter den Begriff der *Zweckrationalität* neben deren ‚formalen' Rationalität überdies auch noch eine ‚materiale' Form der Zweckrationalität subsumiert? Wird hier nicht endgültig alles auf den Kopf gestellt? Oder gibt es auch für diese Art der Begriffsbildung sachliche Gründe? Das *Geld* beziehungsweise die „*Geld*rechnung" ist in Webers Augen das „formal rationalste Mittel der Orientierung wirtschaftlichen Handelns". Dieses sei jedoch an bestimmte „*materiale* Bedingungen" geknüpft, zu denen Weber unter anderem auch den „Markt*kampf*" sowie die „Marktfreiheit im Sinn der Abwesenheit sowohl oktroyierter und ökonomisch irrationaler wie voluntaristischer und ökonomisch rationaler (d.h. an Marktchancen orientierter) Monopole" versteht. Eine wirklich ‚strenge' Kapitalrechnung habe ferner ein Mindestmaß an „Betriebsdisziplin" sowie die Existenz eines entsprechenden „Herrschaftsverhältnisses" zur Voraussetzung.[390] Dies entspricht Webers Grundüberzeugung, dass nicht nur

---

389 Weber, „Soziologische Grundkategorien des Wirtschaftens", MWG I/23, S. 251 f. Bezüglich der ‚ästhetischen' Kapitalismuskritik seiner Zeit hat Weber offensichtlich die aus der Arts- and Crafts-Bewegung hervorgegangenen zeitgenössischen Bemühungen hinsichtlich einer Reform des Kunsthandwerkes im Auge, die 1907 zur Gründung des Deutschen Werkbundes geführt haben. Auch in den Schriften von Georg Simmel und Werner Sombart finden sich Ansatzpunkte zu einer ‚ästhetischen Kritik' am modernen Kapitalismus. Siehe diesbezüglich Lichtblau, *Kulturkrise und Soziologie um die Jahrhundertwende*, a.a.O., S. 232 ff. Zu einer neueren Version dieser ‚ästhetischen Kritik' am modernen Kapitalismus vgl. ferner Luc Boltanski und Ève Chiapello, „Die Rolle der Kritik für die Dynamik des Kapitalismus: Sozialkritik versus Künstlerkritik", in: *Welten des Kapitalismus. Institutionelle Alternativen in der globalisierten Ökonomie*, hrsg. von Max Miller, Frankfurt / New York 2005, S. 285-321.

390 Weber, „Soziologische Grundkategorien des Wirtschaftens", MWG I/23, S. 252 und 286.

der politische und der hierokratische Verband, sondern auch der *kapitalistische Betrieb* durch eine entsprechende Befehlsgewalt gekennzeichnet ist. Eine wirkliche ‚Freiheit' findet dann allenfalls noch auf dem ‚Markt' statt, wobei dies für den sogenannten ‚Arbeitsmarkt' allerdings nur höchst eingeschränkt gilt. Denn hier herrscht in der Regel das Prinzip „Hire and fire" beziehungsweise „Friss oder stirb". Darauf hat bereits Karl Marx hingewiesen und diesen Tatbestand zum Ausgangspunkt seiner Theorie der Mehrwertproduktion, das heißt der Ausbeutung der Arbeiter durch ‚das Kapital' gemacht.[391]

Doch dies ist in Webers Augen nur eine spezifische Erscheinungsform der prinzipiell möglichen Kritik an der kapitalistischen Produktionsweise. Denn neben dieser ‚gesinnungsethischen' beziehungsweise ‚wertrationalen' Variante der Kapitalismuskritik gibt es ihm zufolge ja auch noch die Möglichkeit, die kapitalistische Produktionsweise an einem anderen Wertmaßstab zu messen, nämlich dem der ‚Effizienz' beziehungsweise ihrer angeblichen Überlegenheit gegenüber anderen Wirtschaftsformen. Und in diesem Sinn gebraucht Weber den etwas unglücklich geratenen Begriff *„material zweckrational"*, den er im Rahmen seiner Rechtssoziologie übrigens noch nicht verwendet hat. Hier haben wir es also mit einer weiteren begrifflichen Differenzierung zu tun, die Weber nur im Rahmen seiner Wirtschaftssoziologie vorgenommen hat, um unterschiedliche Möglichkeiten einer ‚Kritik' am modernen Kapitalismus zu verdeutlichen. Die eine Variante dieser Kritik könnte man noch als ‚immanent' bezeichnen, die andere dagegen nicht, da sie auf Wertmaßstäben beruht, die dem modernen Kapitalismus prinzipiell fremd sind. Warum Weber beiden Varianten dieser Kritik eine ‚materiale Rationalität' zugesprochen hat, ist allerdings nicht ganz einsichtig. Doch dies hat er ja bereits in seiner Rechtssoziologie in Bezug auf das sogenannte ‚Naturrecht' getan, wodurch sein Begriff der ‚Rationalisierung' höchst vieldeutig geworden ist. Ist dies aber nicht genau das, was er damit erreichen wollte, nämlich die vermeintliche Eindeutigkeit von komplexen historischen Entwicklungsprozessen grundsätzlich in Frage zu stellen?

4.4 Die zweite Fassung der Herrschaftssoziologie

Wir haben gesehen, dass Weber in seinen „Soziologischen Grundbegriffen" die Kategorien seiner verstehenden Soziologie von 1913 durch eine völlig neue Begriffssystematik ersetzt hat. Dagegen unterscheidet sich die zweite Fassung sei-

---

391 Vgl. Karl Marx, *Das Kapital. Kritik der politischen Ökonomie*, Band 1, a.a.O., S. 181 ff.

4.4 Die zweite Fassung der Herrschaftssoziologie

ner Herrschaftssoziologie nicht substantiell von deren ursprünglichen Fassung. Zwar hat er auch diese begrifflich überarbeitet und darüber hinaus stark gekürzt, was auf deren ‚juristische' Darstellungsweise in Form von Paragraphen und entsprechenden ‚Kommentaren' beziehungsweise sachlichen Erläuterungen zurückzuführen ist. Inhaltlich hat Weber jedoch keine wesentlichen Änderungen mehr an seiner Herrschaftssoziologie vorgenommen. Neu hinzugekommen sind allerdings einige Ausführungen, die sowohl die Eigenart der modernen Demokratie als auch den damit verbundenen Stellenwert der politischen Parteien betreffen. Wir beschränken uns im Folgenden auf die von Weber im Rahmen seiner Herrschaftssoziologie vorgenommenen grundbegrifflichen Veränderungen sowie auf die Frage, in welcher Weise er hierbei die Eigenart der modernen Demokratie im Rahmen seiner Herrschaftstypologie berücksichtigt hat.[392]

Weber definiert in der zweiten Fassung seiner Herrschaftssoziologie den Begriff der Herrschaft als eine autoritäre Befehlsgewalt und grenzt diesen dabei von den Begriffen ‚Macht' und ‚Einfluss' ab. Denn letztere seien für die Grundlegung seiner Herrschaftssoziologie zu unspezifisch, um das ‚Wesen' eines Herrschaftsverhältnisses zu kennzeichnen, nämlich dessen prinzipieller ‚Legitimitäts'-Anspruch. Damit kommen zugleich ‚inhaltliche' Aspekte ins Spiel, die Georg Simmel noch aus dem Geltungsbereich der von ihm vertretenen Variante einer ‚formalen Soziologie' ausgeschlossen hat. Diese betreffen zum einen die verschiedenen ‚Motive', warum sich jemand überhaupt einem an ihn gerichteten Herrschaftsanspruch unterwirft, und zum anderen die ‚Legitimitätsgeltung' eines solchen Herrschaftsanspruchs. Weber stellt in diesem Zusammenhang vier verschiedene „Motive der Fügsamkeit" einander gegenüber, welche dem Verhalten der ‚Beherrschten' gegenüber der ‚Obrigkeit' und dem Verhältnis eines ‚Verwaltungsstabes' zu seinem ‚Herrn' zugrunde liegen können. Es handelt sich dabei um die von ihm in seinen „Soziologischen Grundbegriffen" aufgeführten sinnhaften Orientierungen des menschlichen Handelns, nämlich um die Bedeutung der Tradition beziehungsweise der jeweils vorherrschenden Sitte, die emotionale Bindung der Beherrschten beziehungsweise der Mitglieder eines Verwaltungsstabes an ihren Herrn, ihre persönliche Interessenlage sowie ihre wertrationalen Motive.[393]

---

392 Zu den markantesten Unterschieden zwischen der ersten und der zweiten Fassung von Webers Herrschaftssoziologie vgl. die Einleitung von Edith Hanke zu MWG I/22-4, S. 84 ff.; siehe diesbezüglich auch Breuer, *„Herrschaft" in der Soziologie Max Webers*, a.a.O., S. 5-24.

393 Weber, „Die Typen der Herrschaft", MWG I/23, S. 449 f.; vgl. ferner Baumann, „Die Motive der Fügsamkeit bei Max Weber", a.a.O.

All dies reicht Weber zufolge jedoch nicht aus, um ein Herrschaftsverhältnis dauerhaft zu stabilisieren. Denn da dieses ja immer auch einen spezifischen *Legitimitätsanspruch* beinhaltet, bedürfe es darüber hinaus eines entsprechenden „Legitimitätsglaubens" der Beherrschten.[394] In diesem Fall handelt es sich jedoch nicht mehr um rein ‚psychologische' Motive, sondern um einen ‚sozialen Glauben', der unterschiedlich begründet und gerechtfertigt sein kann. Weber stellt in diesem Zusammenhang drei ‚reine' Typen der *legitimen Herrschaft* einander gegenüber, die auf verschiedene Möglichkeiten der „Legitimitätsgeltung" Bezug nehmen, nämlich die „legale", die „traditionale" und die „charismatische" Herrschaft. Die *legale* Form der Herrschaft beruht ihm zufolge auf dem Glauben an die „Legalität der gesatzten Ordnungen", die *traditionale* Form der Herrschaft auf dem „Alltagsglauben an die Heiligkeit von jeher geltenden Traditionen", und die *charismatische* Form der Herrschaft auf der außeralltäglichen Hingabe an einen „charismatisch qualifizierten *Führer*"[395].

Was hat sich im Vergleich zur Vorkriegsfassung von Webers Herrschaftssoziologie in grundbegrifflicher Hinsicht eigentlich überhaupt geändert? Immerhin fällt auf, dass er jetzt sehr viel stärker zwischen der persönlichen Autorität eines charismatischen ‚Führers' und der Macht der ‚Tradition' unterscheidet. Denn in der Vorkriegsfassung seiner Herrschaftssoziologie hat er diese beiden Typen der legitimen Herrschaft noch unter dem Begriff der ‚persönlichen Autorität' zusammengefasst und einer Form der Herrschaft gegenübergestellt, die auf ‚rationalen Regeln' beruht. Ferner verändern sich die begrifflichen Bezeichnungen für die „Grundtypen der Herrschaftsstruktur". Denn statt dem Begriff der „bürokratischen Herrschaft" verwendet Weber nun den Begriff der *legalen* Herrschaft und statt dem Begriff der „patriarchalischen Herrschaft" den Begriff der *traditionalen* Herrschaft, während er den Begriff der *charismatischen* Herrschaft in der alten Form beibehält.[396] Nur kommt diesbezüglich jetzt viel stärker die ‚Führer-Semantik' als in der Vorkriegsfassung seiner Herrschaftssoziologie zum Zug. Diese Semantik mag zeitbedingt sein, da innerhalb der akademischen Generation, die durch die deutsche Jugendbewegung der Jahrhundertwende geprägt worden ist und Ende 1918 von den Schützengräben in die Hörsäle zurückkehrte, die Sehnsucht nach einem neuen ‚Führer' außergewöhnlich stark ausgeprägt gewesen ist.[397] Allerdings hat Weber den Begriff des ‚Führers', den er für charismatische Persönlichkeiten jeglicher Art gebraucht hat, als einen ‚wertfreien' Begriff verstanden wissen wollen. Da

---

394 Weber, „Die Typen der Herrschaft", MWG I/23, S. 450 und 502.
395 Ebd., S. 450 und 453 f.
396 Ebd., S. 453; siehe diesbezüglich ferner Weber, „Herrschaft", MWG I/22-4, S. 148.
397 Vgl. Lichtblau, *Kulturkrise und Soziologie um die Jahrhundertwende*, a.a.O., S. 420 ff.

4.4 Die zweite Fassung der Herrschaftssoziologie

jedoch in der ersten Hälfte des 20. Jahrhunderts in Europa höchst unangenehme Erfahrungen mit solchen ‚Führer-Persönlichkeiten' gemacht worden sind, verbietet sich heute ein unkritischer Gebrauch dieser Art von Begrifflichkeit. Dennoch hat diese ‚Führer'-Semantik einen großen Einfluss auf Webers Verständnis von ‚Demokratie' gehabt, das der Nachkriegsfassung seiner Herrschaftssoziologie zugrunde liegt. Deshalb soll auf sein diesbezügliches Demokratieverständnis an dieser Stelle kurz eingegangen werden.[398]

In der ersten Fassung seiner Herrschaftssoziologie ist Weber ausgehend von dem ‚Idealtypus' der bürokratischen Verwaltung unter anderem auch auf die Eigenart der „unmittelbar demokratischen Verwaltung" eingegangen. Diese habe in historischer Hinsicht die Tendenz gehabt, „in eine Herrschaft der ‚Honoratioren' überzuleiten", weshalb ihn die sogenannte ‚Demokratie' vor dem Ersten Weltkrieg noch nicht besonders interessiert hat.[399] Überdies verändert sich seiner Meinung nach der Begriff der Demokratie, wenn wir es mit einer modernen ‚Massenverwaltung' zu tun haben. Auf diesen Aspekt geht Weber dann in der Nachkriegsfassung seiner Herrschaftssoziologie sowie in seinen politischen Schriften ein, die der damaligen Zeitgeschichte gewidmet sind. Darüber hinaus wird von ihm die ‚Demokratie' jetzt ausdrücklich der *charismatischen* Form der Herrschaft zugeordnet. Ihn interessiert dabei primär die ‚plebiszitäre' Erscheinungsform der Demokratie, deren Wurzeln er in der ‚Demagogie' der antiken griechischen Demokratie gegeben sieht. Dies ermöglicht ihm, auch den Spezialfall einer ‚führerlosen Demokratie' in Erwägung zu ziehen. Doch was ist damit eigentlich gemeint?

In der Nachkriegsfassung seiner Herrschaftssoziologie behandelt Weber die demokratische Form der Herrschaft sowohl unter dem Gesichtspunkt der „herrschaftsfremden Umdeutung des Charisma" als auch unter dem Gesichtspunkt der „herrschaftsfremden Verbandsverwaltung und Repräsentanten-Verwaltung".[400] Für unsere Zwecke ist dabei nur der erste Gesichtspunkt von werkgeschichtlicher Relevanz. Denn hier kommen neue Töne ins Spiel, die manche Interpreten seines Werkes dazu verleitet haben, Weber geistesgeschichtlich in die Nähe der ‚Konservativen Revolution' der 1920er Jahre oder gar der nationalsozialistischen Machtergreifung von 1933 zu verorten.[401] Doch ist dies gerechtfertigt? Wenn man die entsprechenden Passagen der Nachkriegsfassung von Webers Herrschaftssoziologie liest, hat man in der Tat den Eindruck, es hierbei mit einem ausgereiften

---
398 Siehe auch Breuer, *Max Webers tragische Soziologie*, a.a.O., S. 112 ff.
399 Vgl. Weber, „Herrschaft", MWG I/22-4, S. 139-144; ferner ders., „Die Typen der Herrschaft", MWG I/23, S. 573 ff.
400 Vgl. Weber, „Die Typen der Herrschaft", MWG I/23, S. 533 ff. und 573 ff.
401 Siehe zum Beispiel Georg Lukács, *Die Zerstörung der Vernunft*, Berlin 1954, S. 474 ff.

Konzept zu tun zu haben, das den Nationalsozialisten gewissermaßen das Drehbuch für ihre Form der ‚Machtergreifung' vorgegeben hat. Allerdings beziehen sich Webers diesbezügliche Ausführungen auf völlig andere Erscheinungsformen einer ‚plebiszitären' Form der Demokratie, wie sie seiner Meinung nach vor allem im britischen Königreich sowie in den Vereinigten Staaten von Amerika existieren würden.[402] Überdies kann ihm zufolge der charismatische ‚Herrscher' in bestimmten Fällen selbst zum Spielball der durch ihn vermeintlich ‚Beherrschten' werden. Zum Beispiel sieht Weber die Verfallsform des demokratischen Herrschaftsprinzips dann gegeben, wenn der „kraft Eigencharisma legitime Herr" selbst zu einem „Herren von Gnaden der Beherrschten" wird. Bei dieser ‚Einkapselung' eines entsprechenden Herren spielen sowohl sein eigener Verwaltungsstab als auch die Priesterschaft sowie verschiedene ständische Schichten, die Weber als ‚Honoratioren' zu bezeichnet pflegt, eine zentrale Rolle. Der jeweilige ‚Herr' sei nun der *„frei gewählte Führer"*[403]. Das heißt, dass in diesem Fall sogenannte ‚freie Wahlen' stattfanden, die zu einer vorübergehenden „*Anerkennung* charismatischer Rechts*weisungen* durch die Gemeinde" und damit zugleich zur ‚Unfreiheit' des jeweiligen politischen ‚Führers' geführt haben. Der Streit um das „‚richtige' Recht" habe dann im Laufe der Zeit zu sogenannten „legalen" Vorstellungen des Rechts geführt, deren wichtigste historische Übergangserscheinung die *plebiszitäre* Form der Herrschaft darstelle. Diese habe ihren Höhepunkt im „Parteiführertum" moderner demokratischer Staaten gefunden. Hierbei handele es sich um die „Ableitung der Legitimität der Herrschaft aus dem (formal und der Fiktion nach) freien Vertrauen der *Beherrschten*"[404].

Wird das Prinzip der demokratischen Wahl einmal auf den jeweiligen Herren angewendet, so gibt es diesbezüglich keine Schranken mehr. In diesem Fall haben wir es Weber zufolge nämlich mit einer ‚herrschaftsfremden Umdeutung des Charismas' zu tun, die den Weg zu einer *plebiszitären* Erscheinungsform der Demokratie ebnet. Doch auch diese zählt Weber noch zu den charismatischen Herrschaftsformen, was ja nicht selbstverständlich ist. Ihm zufolge stellt nämlich die

---

402 Zu einer differenzierten Betrachtungsweise von Webers plebiszitärer Demokratietheorie siehe Karl Löwenstein, „Max Weber als ‚Ahnherr' des plebiszitären Führerstaates", in: Kölner Zeitschrift für Soziologie und Sozialpsychologie 13 (1961), S. 275-289; Wolfgang J. Mommsen, *Max Weber und die deutsche Politik 1890-1920*, 2., überarbeitete und erweiterte Auflage Tübingen 1974, S. 416 ff.; ders., *Max Weber. Gesellschaft, Politik, Geschichte*, Frankfurt am Main 1974; ferner Stefan Breuer, *Bürokratie und Charisma. Zur politischen Soziologie Max Webers*, Darmstadt 1994, S. 144 ff.

403 Weber, „Die Typen der Herrschaft", MWG I/23, S. 533

404 Ebd., S. 533 f.

4.4 Die zweite Fassung der Herrschaftssoziologie

„plebiszitäre Demokratie" den wichtigsten Typus der „Führer-Demokratie" dar, da es sich hierbei um eine ‚demagogische' Form der Herrschaft handele. Beispiele hierfür seien sowohl die antiken griechischen ‚Tyrannen' und ‚Demagogen' als auch Diktatoren wie Oliver Cromwell, Robespierre und Napoleon I. in der europäischen Neuzeit.[405] Diese höchst problematische Ahnengalerie lässt sich mühelos weiterfortsetzen. Zu ihr gehören nämlich auch Lenin, den Weber in diesem Zusammenhang übrigens ebenfalls ausdrücklich erwähnt, aber auch Adolf Hitler, Stalin und Mao Tse Dung, die er deshalb nicht erwähnt, weil ihm diese Personen schlichtweg noch nicht bekannt gewesen sind. Entscheidend ist jedoch, dass er den entsprechenden ‚Führer'-Typus in begrifflicher Hinsicht präzis gezeichnet hat. In Abgrenzung von diesem ‚autoritären' Herrschafts-Typus hat sich seiner Meinung nach im Laufe der Zeit dann auch die Vorstellung einer „führerlosen Demokratie" herausgebildet, wie sie unter anderem von den europäischen Anarchisten des 19. und 20. Jahrhunderts vertreten worden ist. Beide Erscheinungsformen der Demokratie bestätigen Weber zufolge den prinzipiell „utopischen Einschlag aller Revolutionen"[406]. Einer seiner berühmtesten soziologischen Schüler hat dann daraus den Schluss gezogen, dass sich ‚Ideologie' und ‚Utopie' nur hinsichtlich ihrer zeitlichen Ausrichtung unterscheiden würden und dass man aus der Verfallsgeschichte des ‚utopischen Bewusstseins' die Entstehung der verschiedenen politischen Strömungen der europäischen Neuzeit erklären könne.[407]

Dies mag man glauben oder auch nicht. Fest steht jedoch, dass Weber mit beiden Fassungen seiner Herrschaftssoziologie einen theoretischen Bezugsrahmen geschaffen hat, der uns auch heute noch die verschiedenen fundamentalistischen Strömungen innerhalb der europäischen Neuzeit etwas besser zu verstehen ermöglicht. Fest steht überdies, dass er in der zweiten Fassung seiner Herrschaftssoziologie die sogenannte ‚Demokratie' nur noch als Anhängsel der charismatischen Form der Herrschaft ansieht. Endgültig vorbei sind also die Zeiten des wehrhaften europäischen Bürgertums in den mittelalterlichen Städten sowie ihrer ‚demokratischen' Selbstbestimmungsrechte. Und auch die von Weber ursprünglich als ‚vierter Legitimitätstyp' angesehene Schwurverbrüderung dieses städtischen Bürgertums spielt nun keine Rolle mehr. Stattdessen erwähnt er in seiner Aufzählung der zentralen politischen Strukturen des ‚Okzidents' unter anderem die „parlamentarische Repräsentation mit voluntaristischem Interessenbetrieb der Politik", die „plebiszitäre Parteiorganisation" sowie den ‚modernen' Gedanken

---

405 Ebd., S. 535 f.
406 Ebd., S. 538.
407 Vgl. Karl Mannheim, „Das utopische Bewußtsein" [1929], in: ders., *Ideologie und Utopie*, 5. Auflage Frankfurt am Main 1969, S. 169-225.

einer „rationalen Repräsentation durch Interessenvertreter".[408] Doch stellt dies nicht eine Schwundstufe der ursprünglichen Vorstellung von Demokratie dar, wie sie in der griechischen Antike entstanden ist? Immerhin ist mit dieser Vorstellung ja nicht die Herrschaft von sogenannten ‚Lobbyisten', sondern eine ‚Herrschaft des Volkes' gemeint gewesen.[409] Doch zu dieser ist es aus hier nicht zu erörternden Gründen bis heute leider äußerst selten gekommen. Dabei spielt unter anderem auch die Zahl der Einwohner eines ‚politischen Gemeinwesens' eine wichtige Rolle. Webers Verdienst besteht in diesem Zusammenhang darin, uns verständlich gemacht zu haben, aus welchen Gründen diese ‚reine' Form der Demokratie bisher noch so gut wie nie einen dauerhaften Bestand hatte und warum sich diesbezüglich vermutlich auch in Zukunft nichts daran ändern wird.

---

408 Weber, „Die Typen der Herrschaft", MWG I/23, S. 591.
409 Siehe hierzu auch Christian Meier, *Entstehung des Begriffs „Demokratie". Vier Prolegomena zu einer historischen Theorie*, Frankfurt am Main 1970; ders., *Die Entstehung des Politischen bei den Griechen*, Frankfurt am Main 1980, S. 91 ff.; ferner Christian Meier und Paul Veyne, *Kannten die Griechen die Demokratie? Zwei Studien*, Berlin 1988.

Das Spannungsverhältnis zwischen Geschichte und Soziologie in Webers Werk

5.1 Die Wirtschaftsethik der Weltreligionen

Max Weber hatte sich nach der Jahrhundertwende in seinen ersten methodologischen Schriften primär mit Grundlagenproblemen der modernen Geschichtswissenschaft auseinandergesetzt. Erst vergleichsweise spät bemühte er sich auch um eine ‚logische' Fundierung der von ihm vertretenen Richtung der verstehenden Soziologie. Ein Meilenstein auf diesem Weg stellt dabei sein ‚Kategorienaufsatz' von 1913 dar, den er vor allem in terminologischer Hinsicht mit der Vorkriegsfassung von *Wirtschaft und Gesellschaft* kompatibel zu machen versucht hat. Als eigentlicher Höhepunkt dieser Bemühungen können jedoch seine „Soziologische Grundbegriffe" angesehen werden, die Weber kurz vor seinem Tod in ihre endgültige Fassung gebracht hat. Stand in seinen frühen methodologischen Schriften noch primär die ‚Geschichtslogik' beziehungsweise die Eigenart der historischen Erkenntnis im Mittelpunkt, so ist es jetzt eindeutig die *Soziologie*, die im Zentrum seiner methodologischen Überlegungen steht. Nur noch an zwei Stellen seiner „Soziologischen Grundbegriffe" bringt Weber das spannungsreiche Verhältnis zwischen Geschichtswissenschaft und Soziologie zur Sprache. Zwar zählt er nicht nur die Soziologie, sondern auch die Geschichtsschreibung zu den „empirischen Wissenschaften vom Handeln"[410]. Der Unterschied zwischen diesen beiden Disziplinen bestehe jedoch darin, dass die Soziologie „*Typen*-Begriffe" bilde und „*generelle* Regeln des Geschehens" festzustellen versuche. Demgegenüber strebe

---
410 Weber, „Soziologische Grundbegriffe", MWG I/23, S. 149.

die Geschichtswissenschaft „die kausale Analyse und Zurechnung *individueller, kultur*wichtiger, Handlungen, Gebilde, Persönlichkeiten" an. Dies bedeutet jedoch nicht, dass diese beiden Zielrichtungen unvereinbar miteinander sind. Denn die von Weber vertretene Richtung der verstehenden Soziologie bildet ihre Begriffe und sucht ihre Regeln ja „vor allem *auch* unter dem Gesichtspunkt: ob sie damit der historischen kausalen Zurechnung der kulturwichtigen Erscheinungen einen Dienst leisten kann"[411].

Diese Ausführungen sind insofern von Bedeutung, als Weber sich auch noch nach dem Ersten Weltkrieg sowohl als Historiker als auch als Soziologe verstanden hat. Ferner kann man aus guten Gründen bezweifeln, dass im Laufe der Zeit tatsächlich eine schwerpunktmäßige Gewichtsverlagerung von seinen historischen Erkenntnisinteressen hin zu seinen soziologischen Forschungen stattgefunden hat. Denn Weber führte bis zu seinem Tod historische Forschungen durch. Dies betrifft nicht nur zeitgeschichtlich relevante Themen, sondern auch sein nachhaltiges Interesse an der Religionsgeschichte. Damit stellt sich die Frage, welcher Status diesbezüglich eigentlich seinen verschiedenen Aufsätzen über die Wirtschaftsethik der Weltreligionen zukommt, die er seit 1915 im *Archiv für Sozialwissenschaft und Sozialpolitik* zu veröffentlichen beginnt und dann zusammen mit seinen Protestantismus-Studien in seinen *Gesammelten Aufsätzen zur Religionssoziologie* in überarbeiteter und erweiterter Form aufnimmt.[412] Es geht dabei zum einen darum, das Verhältnis zwischen Webers Studien über die ‚protestantische Ethik' und den ‚Geist' des Kapitalismus' einerseits und seinen Aufsätzen über die Wirtschaftsethik der Weltreligionen andererseits zu klären. Zum anderen muss auch das Verhältnis zwischen Webers ‚systematischer' Religionssoziologie, wie sie uns in der Vorkriegsfassung von *Wirtschaft und Gesellschaft* überliefert worden ist, und seinen Arbeiten über die Wirtschaftsethik der Weltreligionen zur Sprache gebracht werden. Denn nur so können wir verstehen, welcher disziplinäre Anspruch seinen Aufsätzen über die Wirtschaftsethik der Weltreligionen zugrunde liegt und welche werkgeschichtliche Bedeutung diesen überhaupt zukommt.

Was Weber unter einer ‚Wirtschaftsethik' versteht, wissen wir bereits. Denn diese war ja zentraler Gegenstand seiner beiden Protestantismus-Aufsätze von 1904-05, die wir bereits ausführlich erörtert haben. In der berühmten „Einleitung" zu seinen Aufsätzen über die Wirtschaftsethik der Weltreligionen fasst er die für ihn zentralen Gesichtspunkte noch einmal prägnant zusammen. Er weist darauf hin, dass es ihm dabei nicht um die „ethische Theorie theologischer Kompendien"

---

411 Ebd., S. 169 f.
412 Siehe hierzu auch die Beiträge in dem von Thomas C. Erstman herausgegebenen Sammelband *Max Weber's Economic Ethic of the World Religions*, Cambridge 2017.

5.1 Die Wirtschaftsethik der Weltreligionen

gehe, sondern um „die in den psychologischen und pragmatischen Zusammenhängen der Religionen gegründeten *praktischen Antriebe zum Handeln*", wobei in diesem Fall das *ökonomische* Verhalten der Menschen eine zentrale Rolle spielt.[413] Doch was versteht Weber eigentlich unter einer ‚Weltreligion'? Und wie viele gibt es ihm zufolge von diesen? Auch in dieser Hinsicht vertritt er einen höchst pragmatischen Standpunkt. Denn als ‚Weltreligionen' versteht er jene religiösen oder religiös bedingten „Systeme der Lebensreglementierung [...], welche besonders große *Mengen* von Bekennern um sich zu scharen gewußt haben"[414]. Zu diesen zählt er die konfuzianische, die hinduistische, die buddhistische, die christliche sowie die islamische ‚religiöse Ethik'. Ferner fügt Weber dieser überschaubaren Liste noch das ‚Judentum' hinzu, auch wenn es zumindest zahlenmäßig mit diesen fünf großen Weltreligionen eigentlich nicht in einem Atemzug genannt werden kann. Dennoch sprechen ihm zufolge zwei Gründe dafür, das Judentum in diese Liste der ‚Weltreligionen' mit aufzunehmen. Der eine betrifft seine historische Bedeutung für die Entstehung des Christentums und des Islam und der andere seine weltweite Verbreitung aufgrund verschiedener Migrationsbewegungen des jüdischen Volkes seit der Zerstörung des zweiten Jerusalemer Tempels durch die Römer.[415]

Was das Verhältnis zwischen seinen Protestantismus-Studien und seinen Aufsätzen über die Wirtschaftsethik der Weltreligionen betrifft, scheint dieses auf den ersten Blick völlig eindeutig zu sein. Denn Weber schreibt am 22. Juni 1915 an seinen Verleger Paul Siebeck, dass diese Aufsätze „die allgemeine Durchführung der Methode" beinhalten würden, welche er zum ersten Mal in seinen Protestantismus-Studien verwendet habe.[416] Doch diese Äußerung ist in mehreren Hinsichten problematisch. Denn zum einen geht Weber in diesen Studien von undefinierten Grundbegriffen aus, in seinen Aufsätzen über die Wirtschaftsethik der Weltreligionen dagegen nicht, wie seine Einleitung von 1915 zu dieser Aufsatzfolge zeigt. Zum anderen geht Weber in diesen Aufsätzen explizit kulturvergleichend vor, in der ersten Fassung seiner Protestantismus-Studien dagegen nicht. Erst in der zweiten Fassung dieser Studien hat er dann Ergänzungen vorgenommen, die entsprechende Vergleiche mit außereuropäischen Religionen beinhalten.[417] Und überdies liegt seinen Aufsätzen über die Wirtschaftsethik der Weltreligionen im

---

413 Max Weber, *Die Wirtschaftsethik der Weltreligionen*, „Einleitung", MWG I/19, S. 85.
414 Ebd., S. 83.
415 Ebd., S. 84.
416 Max Weber, Brief an Paul Siebeck vom 22. Juni 1915, MWG II/9, S. 70.
417 Vgl. Lichtblau, *Die Eigenart der kultur- und sozialwissenschaftlichen Begriffsbildung*, a.a.O., S. 205 ff.

Unterschied zu seinen Protestantismus-Studien nicht eine einseitige, sondern eine zweiseitige Form der Kausalbetrachtung zugrunde. Denn nun geht es nicht mehr nur um die Auswirkungen bestimmter religiöser Glaubensvorstellungen auf den ökonomischen ‚Alltag', sondern auch um den Einfluss zahlreicher sozialer Faktoren und kultureller Besonderheiten auf die Entstehung von bestimmten religiösen Glaubensvorstellungen in den einzelnen Weltreligionen. Diese Wechselwirkung zwischen religiösen und weltanschaulichen ‚Ideen' einerseits und den jeweiligen ‚Interessen' der Menschen andererseits bringt Weber erneut in einer einschlägigen Metapher zum Ausdruck. Er schreibt nämlich in der Einleitung seiner Aufsätze über die Wirtschaftsethik der Weltreligionen ausdrücklich: „Interessen (materielle und ideelle), nicht: Ideen, beherrschen unmittelbar das Handeln der Menschen. Aber: die ‚Weltbilder', welche durch ‚Ideen' geschaffen wurden, haben sehr oft als Weichensteller die Bahnen bestimmt, in denen die Dynamik der Interessen das Handeln fortbewegte."[418]

Damit hat Weber ein Forschungsprogramm in Angriff genommen, das er bereits in der ersten Fassung seiner Protestantismus-Studien von 1904-05 als dringend notwendig erachtet hatte, nämlich in seinen zukünftigen Arbeiten über die ‚Wirtschaftsethik' die prinzipielle Gleichwertigkeit und Fruchtbarkeit dieser beiden Richtungen der Kausalanalyse zu berücksichtigen.[419] Doch in welchem Verhältnis stehen seine Aufsätze über die Wirtschaftsethik der Weltreligionen zu dem religionssoziologischen Kapitel von *Wirtschaft und Gesellschaft*? Auffallend ist, dass Weber bereits 1913 die erste Fassung seiner „Einleitung" und „Zwischenbetrachtung" zu dieser Aufsatzfolge geschrieben hat, auch wenn diese von ihm erst seit 1915 nach und nach veröffentlicht wird. Dasselbe gilt für seine umfangreiche Studie über den Konfuzianismus, deren erste Fassung er ebenfalls bereits 1913 ausgearbeitet hat. In dem bereits zitierten Brief an Paul Siebeck spricht er diesbezüglich von „Vorarbeiten und Erläuterungen der systematischen Religions-Soziologie"[420]. An anderer Stelle sagt er, dass diese Aufsätze unter anderem auch die Funktion haben würden, „den religionssoziologischen Abschnitt" der Vor-

---

418 Weber, *Die Wirtschaftsethik der Weltreligionen*, „Einleitung", MWG I/19, S. 101. Siehe hierzu auch Stephen Kalberg, „Ideen und Interessen. Max Weber über den Ursprung außerweltlicher Erlösungsreligionen", in: Zeitschrift für Religionswissenschaft 8 (2000), S. 45-70.
419 Vgl. Weber, „Die protestantische Ethik und der ‚Geist' des Kapitalismus" [1904-05], MWG I/9, S. 423 ff.
420 Weber, Brief an Paul Siebeck vom 22. Juni 1915, MWG II/9, S. 69 f.

5.1 Die Wirtschaftsethik der Weltreligionen

kriegsfassung von *Wirtschaft und Gesellschaft* „zu interpretieren und zu ergänzen (allerdings auch in vielen Punkten durch ihn interpretiert zu werden)"[421]. Wir haben es diesbezüglich also mit einem wechselseitigen Bedingungsverhältnis zu tun, das auch in methodologischer Hinsicht von Bedeutung ist. Denn es geht ja nicht nur darum, entsprechende Ausführungen Webers über den Hinduismus, den Buddhismus oder das antike Judentum in beiden Werken miteinander zu vergleichen, um zu verstehen, was er diesbezüglich eigentlich gemeint haben könnte. Sondern es geht auch darum, in welcher Hinsicht die von ihm in seinen späteren methodologischen Schriften erläuterte ‚soziologische Methode' mit der von ihm in seinen Aufsätzen über die Wirtschaftsethik der Weltreligionen gebrauchten Darstellungsform identisch ist oder aber nicht. Und in dieser Hinsicht gibt es einen bemerkenswerten Unterschied. Denn obwohl Weber im Laufe der Zeit angeblich vollends zur ‚Soziologie' übergewechselt ist, taucht in der Einleitung zu seinen Aufsätzen über die Wirtschaftsethik der Weltreligionen der Begriff des ‚historischen Individuums' überraschenderweise wieder auf. Wir erinnern uns, dass dieser Begriff in Webers ‚Objektivitätsaufsatz' von 1904 eine zentrale Rolle spielt. Dann haben wir gesehen, dass Weber die methodologische Position, die er in diesem programmatischen Aufsatz vertritt, im Laufe der Zeit aus guten Gründen nicht mehr weiterverfolgt hat. Doch dies bedeutet nicht, dass für ihn die Eigenart der historischen Form der Begriffsbildung nun völlig bedeutungslos geworden ist. Denn in seinen Aufsätzen über die Wirtschaftsethik der Weltreligionen spielt sie ja nach wie vor eine große Rolle. Nur hat sich jetzt der logische Status dieser historischen ‚Singularitäten' verändert. Denn nun handelt es sich nicht mehr nur um rein ‚historische', sondern um ‚weltgeschichtliche Individuen', nämlich um die einzelnen ‚Kultur-' beziehungsweise ‚Weltreligionen', die es in ihrer Eigenart zu begreifen gilt. Und dies bedeutet, dass sich solche eigenartigen ‚Individuen' nur im Rahmen eines *universalgeschichtlichen* Vergleiches in Abgrenzung von anderen ‚Individuen' dieser Art wie zum Beispiel dem antiken Judentum begrifflich bestimmen und insofern auch ‚verstehen' lassen.

Damit ist aber nicht nur eine zentrale methodologische Eigenart von Webers Protestantismus-Studien hinfällig geworden, die ihn dazu veranlasst hat, diese älteren Studien in seinen *Gesammelten Aufsätzen zur Religionssoziologie* von 1920-21 deutlich von seinen Aufsätzen über die Wirtschaftsethik der Weltreligionen abzugrenzen. Denn nun taucht ein Problem auf, das seine ‚typologische' Methode der Begriffsbildung schlechthin betrifft. Denn trotz der von ihm gewählten *vergleichenden* Methode der religionssoziologischen Forschung betont Weber ja ausdrücklich, dass er die von ihm ausgewählten „großen Religionen" *individuell*

---

421 Weber, *Die Wirtschaftsethik der Weltreligionen*, „Einleitung", MWG I/19, S. 84.

betrachten möchte. Denn diese würden keine „Kette von Typen" darstellen, bei „denen jeder gegenüber dem andern eine neue ‚Stufe' bedeutet". Sondern sie seien „sämtlich historische Individuen höchst komplexer Art und erschöpfen, alle zusammen genommen, nur einen Bruchteil derjenigen möglichen Kombinationen, welche aus den sehr zahlreichen einzelnen dabei in Betracht kommenden Faktoren denkbarerweise gebildet werden könnten"[422]. Bei seinen Aufsätzen über die Wirtschaftsethik der Weltreligionen handelt es sich also um keine „*systematische* ‚Typologie' der Religionen". Andererseits weist Weber ausdrücklich darauf hin, dass diese auch keine „rein historische Arbeit" darstellen würden. Denn „typologisch" sei die von ihm dabei gewählte Betrachtungsweise zumindest in der Hinsicht, „daß sie das für den Zusammenhang mit den großen Gegensätzen der *Wirtschafts*gesinnung in typischer Art Wichtige an den historischen Realitäten der religiösen Ethiken betrachtet, und Anderes vernachlässigt. [...] Sie muß diejenigen Züge, welche der einzelnen Religion *im Gegensatz* zu anderen eigen *und zugleich* für unsere Zusammenhänge wichtig sind, sehr stark herausheben."[423]

Dies bedeutet, dass Weber in seinen Aufsätzen über die Wirtschaftsethik der Weltreligionen gewissermaßen die Quadratur des Kreises versucht hat. Denn ‚typologisch' gemeint sind sowohl die von ihm in seinen Protestantismus-Studien verwendeten historischen Begriffe wie die ‚protestantische Ethik' und der ‚Geist des Kapitalismus' *als auch* die klassifizierenden Gattungsbegriffe seiner verstehenden Soziologie wie zum Beispiel das ‚Handeln', das ‚soziale Handeln', die ‚soziale Beziehung', die ‚legitime Ordnung', ‚Staat', ‚Hierokratie' und so weiter. Dasselbe trifft auch auf die von ihm begrifflich konstruierten ‚Weltreligionen' zu, die gewissermaßen am Stärksten unter diesem Spagat zwischen ‚Geschichte' und ‚Soziologie' zu leiden haben. Denn Weber sagt ausdrücklich, dass er sich in seinen Aufsätzen über die Wirtschaftsethik der Weltreligionen die Freiheit nehmen würde, gewissermaßen „unhistorisch" zu verfahren, was für seine sogenannte ‚Protestantische Ethik' von 1904-05 nicht zutrifft, da diese ihm zufolge ja einen *kulturgeschichtlichen Aufsatz* darstellt.[424] Das heißt, dass in seinen Aufsätzen

---

422 Ebd., S. 116.
423 Ebd.
424 Weber spricht diesbezüglich ferner von einer „rein historische[n] Darstellung". Dies gilt übrigens für *beide* Fassungen seiner sogenannten ‚Protestantischen Ethik'. Denn er hatte auch 1920 noch nicht das Bedürfnis, irgendetwas zurückzunehmen oder gar zu korrigieren, was er bezüglich des disziplinären Status dieses ‚kulturgeschichtlichen Aufsatzes' 1905 gesagt hat (vgl. MWG I/9, S. 423 und MWG I/18, S. 488). Leider ist diese Botschaft zumindest innerhalb der soziologischen Rezeption der beiden Fassungen seiner Protestantismus-Studien bis heute nicht so richtig angekommen. Wirklich ‚neu' ist dagegen die Art der Abgrenzung seiner Protestantismus-Studien von seinen

5.1 Die Wirtschaftsethik der Weltreligionen

über die Wirtschaftsethik der Weltreligonen „die Ethik der einzelnen Religionen systematisch wesentlich einheitlicher dargestellt wird, als sie es im Fluß der Entwicklung jemals war. Es müssen hier eine Fülle von Gegensätzen, die innerhalb der einzelnen Religionen lebten, von Entwicklungsansätzen und Zweigentwicklungen beiseite gelassen und also die für uns wichtigen Züge oft in einer größeren logischen Geschlossenheit und Entwicklungslosigkeit vorgeführt werden, als sie in der Realität sich vorfanden. [...] Es sind vielmehr stets diejenigen Züge im Gesamtbilde einer Religion unterstrichen, welche für die Gestaltung der *praktischen* Lebensführung in ihren *Unterschieden* gegen andere Religionen die entscheidenden waren."[425]

Dies sind die einzigen Hinweise, die uns Weber bezüglich der von ihm in seinen Aufsätzen über die Wirtschaftsethik der Weltreligionen praktizierten Methode des ‚Kulturvergleichs' gibt. Damit entsteht jedoch eine Schieflage. Denn die Methode der historischen Form der Begriffsbildung, die er in seinen Protestantismus-Studien verwendet hat, ist von ihm in seinem ‚Objektivitätsaufsatz' von 1904 ausführlich beschrieben worden. Die entwicklungsgeschichtliche Darstellungsweise, die er in der Vorkriegsfassung von *Wirtschaft und Gesellschaft* bei seinen Ausführungen über die Religion, das Recht, die Herrschaft und die Stadtentwicklung im Orient und Okzident gebraucht hat, findet dagegen zumindest im grundbegrifflichen Arrangement seines ‚Kategorienaufsatzes' von 1913 eine Entsprechung. Und die gänzlich unhistorische paragraphenmäßige Darstellungsform, die Weber für die von ihm noch kurz vor seinem Tod fertig gestellten vier Kapitel der Nachkriegsfassung von *Wirtschaft und Gesellschaft* gewählt hat, entspricht dem zumindest in seinem ‚späten' soziologischen Werk immer wieder durchscheinenden ‚Typen-Atomismus'.[426] Dagegen gibt es kein methodologisches Pendant zu seinen

---

Aufsätzen über die Wirtschaftsethik der Weltreligionen, wie sie Weber 1920 im ersten Band seiner *Gesammelten Aufsätze zur Religionssoziologie* vorgenommen hat. Denn er sagt dort ausdrücklich, dass er sich seinerzeit dazu entschlossen habe, seine Protestantismus-Studien nicht mehr wie ursprünglich geplant fortzusetzen, sondern „zunächst die Resultate vergleichender Studien über die *universal*geschichtlichen Zusammenhänge von Religion und Gesellschaft niederzuschreiben". Dies geschehe unter anderem deshalb, um seine bisherigen Ausführungen über die ‚protestantische Ethik' und den ‚Geist' des modernen Kapitalismus „ihrer Isoliertheit zu entkleiden und in die Gesamtheit der Kulturentwicklung hineinzustellen" (MWG I/18, S. 491).

425 Weber, *Die Wirtschaftsethik der Weltreligionen*, „Einleitung", MWG I/19, S. 118 f.
426 Der Vorwurf, dass es sich bei Webers Werk um einen „type-atomism" handeln würde, stammt von dem US-amerikanischen Soziologen Talcott Parsons, der in den 1920er Jahren an der Universität Heidelberg mit einer Dissertation über die Kapitalismustheorien von Werner Sombart und Max Weber seinen Doktorgrad erworben hat. Parsons spricht auch von einem „methodological atomism", den er in der idealtypischen

verschiedenen Aufsätzen über die Wirtschaftsethik der Weltreligionen. Relativ einfach lassen sich sowohl die „Einleitung" als auch die „Zwischenbetrachtung" dieser Aufsatzfolge werkgeschichtlich zuordnen. Denn während diese Einleitung eine Kurzfassung seiner ‚systematischen' Religionssoziologie von 1913 beinhaltet, stellt die entsprechende Zwischenbetrachtung nichts anderes als eine erweiterte Fassung des Kapitels „Religiöse Ethik und ‚Welt'" des religionssoziologischen Teils von *Wirtschaft und Gesellschaft* dar.[427] Dies ändert jedoch nichts daran, dass sowohl die „Einleitung" als auch die „Zwischenbetrachtung" zu seinen Aufsätzen über die Wirtschaftsethik der Weltreligionen einen Höhepunkt von Webers universalgeschichtlichen Reflexionen darstellen, auf die noch im Schlusskapitel dieser Einführung in sein Werk eingegangen wird.

Von seinen geplanten Studien über die Wirtschaftsethik der Weltreligionen konnte Weber leider nur die Arbeiten über den Konfuzianismus und den Taoismus, den Hinduismus und den Buddhismus sowie zumindest teilweise auch über das antike Judentum ausarbeiten und für den Druck fertigstellen. Es fehlen von dieser ursprünglich geplanten Aufsatzfolge also die Studien über das Urchristentum, das mittelalterliche Christentum, das orientalische Christentum sowie den Islam. Die Geschichte des neuzeitlichen Protestantismus hat er dagegen bereits in seinen Protestantismus-Studien von 1904-05 ausführlich behandelt. Diese nimmt er dann in seinen *Gesammelten Aufsätzen zur Religionssoziologie* von 1920-21 als Vorspann seiner Studien über die Wirtschaftsethik der Weltreligionen in überarbeiteter und erweiterter Form auf. Seinen entsprechenden Ausführungen über den ‚asketischen Protestantismus' kommt dabei eine besondere Bedeutung zu. Denn Weber verwendet diesen in seinen Studien über die Wirtschaftsethik der Weltreligionen explizit als Vergleichsmaßstab, um die für ihn zentrale Frage zu beantworten, warum nur im Okzident eine ‚rationale' Wirtschaftsethik entstanden ist und dem modernen industriellen Kapitalismus ihren Stempel aufdrücken konnte. Es handele sich dabei um einen ‚ethisch' gefärbten Kapitalismus, dessen historische Eigenart darin bestehe, das in vielen Teilen dieser Welt zu den unterschiedlichsten Zeiten anzutreffende ‚Gewinnstreben' gebändigt und ‚ethisch'

Form der Begriffsbildung von Max Weber begründet sieht. Er spricht Webers methodischer Vorgehensweise dabei die Fähigkeit ab, geschichtliche Prozesse adäquat darstellen zu können. Dessen historischen Ausführungen neigten vielmehr dazu, entweder eine ‚mosaikartige' Darstellung dieser Prozesse vorzunehmen oder sie aber in rigide entwicklungsgeschichtliche Schemata hineinzupressen. Vgl. Talcott Parsons, *The Structure of Social Action* [1937], New York 1968, Band 2, S. 607, 618 und 621.

427 Max Weber, *Die Wirtschaftsethik der Weltreligionen*, „Zwischenbetrachtung: Theorie der Stufen und Richtungen religiöser Weltablehnung", MWG I/19, S. 479 ff.; ferner ders., *Religiöse Gemeinschaften*, MWG I/22-2, S. 367 ff.

reglementiert zu haben. Damit sei der prinzipielle Gegensatz zwischen ‚religiöser Ethik' und ‚Welt' in einer Weise zum Ausgleich gekommen, wie sie in den anderen großen ‚Erlösungsreligionen' nicht festzustellen sei. Aber auch der durch den ‚asketischen Protestantismus' zu einem vorläufigen Abschluss gekommene Prozess der ‚Entzauberung der Welt' habe zumindest in dieser radikalen Form in keinem anderen Kulturkreis stattgefunden. Als Konsequenz dieses Entwicklungsprozesses sei dabei zuerst im *Okzident* die ‚Welt' in einer Weise dem Zugriff der modernen Wissenschaft und Technik ausgesetzt worden, wie dies bisher auf diesem Planeten noch nicht der Fall gewesen ist. Und ohne diese zunehmende wissenschaftliche und technologische Naturbeherrschung wäre auch die Entstehung des modernen Kapitalismus sowie die von ihm bewirkte Industrialisierung gar nicht möglich gewesen.[428]

Um diesen entwicklungsgeschichtlichen Unterschied zwischen dem ‚Okzident' und dem ‚Orient' zu verdeutlichen, blickt Weber weit in den Osten und in dessen Vergangenheit zurück. Er führt zu diesem Zweck einen Kulturvergleich zwischen der „puritanischen Ethik" beziehungsweise der Ethik des ‚asketischen Protestantismus' und der ‚konfuzianischen Ethik' durch, die er verallgemeinernd übrigens auch als „chinesische Ethik" bezeichnet.[429] Dieser Vergleich ist insofern nicht selbstverständlich, als man aus guten Gründen bezweifeln kann, dass es sich beim Konfuzianismus überhaupt um eine ‚Religion' handelt, was Weber übrigens selbst in Frage stellt. Zumindest gibt es in der heutigen Religionswissenschaft weitgehend einen Konsens darüber, dass dieser keine ‚Erlösungsreligion' darstellt. Weber wählt ihn aber dennoch aus mehreren Gründen für diesen Vergleich mit dem asketischen Protestantismus aus. Denn zum einen ist ihm zufolge der Konfuzianismus prinzipiell ‚diesseitig' orientiert, was auch für den asketischen Protestantismus gelte. Nur sei dies letzterer aus zutiefst ethisch-religiösen Gründen, der Konfuzianismus dagegen nicht. Denn dieser beruhe auf der Standesethik einer privilegierten Literaten- und Beamtenschicht, die gar kein Bedürfnis nach einer ‚Erlösung' habe und insofern die Welt bejahe, wie sie ist. Entscheidend ist in diesem Zusammenhang, dass der asketische Protestantismus Weber zufolge auf einem extremen Gegensatz zwischen religiöser Ethik und Welt beruht, der Konfuzianismus dagegen nicht. Vielmehr stelle letzterer eine relativ rationale ‚Anpassung' an die Gegebenheiten dieser Welt dar. Demgegenüber verfolge der pro-

---

428 Weber, „Vorbemerkung", MWG I/18, S. 101 ff.
429 Siehe diesbezüglich auch Eun-Jeung Lee, „Max Weber und der ‚konfuzianische Kapitalismus'", in: Leviathan 23 (1995), S. 517-529; vgl. ferner Christopher Adair-Toteff, „Max Weber on Confucianism versus Protestantism", in: Max Weber Studies 14.1 (2014), S. 79-96.

testantische Puritanismus gerade aufgrund seiner religiösen Ablehnung der Welt das Ziel einer ‚Weltbeherrschung', um diese ‚sündhafte' Welt gemäß ‚ethisch-rationalen' Kriterien umzugestalten und sie so in Übereinstimmung mit seinen religiösen Überzeugungen zu bringen beziehungsweise zu zwingen. Zwar sei auch der konfuzianische ‚Rationalismus' utilitaristisch ausgerichtet. Jedoch sei dieser nicht strikt ‚ethisch' untermauert und insofern auch nicht konsequent durchgeführt worden. Ferner seien im asketischen Protestantismus die letzten Reste der Magie abgestreift worden, im Konfuzianismus dagegen nicht. Vielmehr beruhe dieser auf einem Ahnenkult, der grundsätzliche Schranken für eine ausschließlich an Rentabilitätsgesichtspunkten betriebene Nutzung des Bodens darstellt. Diese Schranken würden sich zum Beispiel bei dem Ausbau von Verkehrswegen geltend machen, dem oft die traditionellen Ruhestätten der Ahnen im Weg gestanden hätten.

Webers Vergleich zwischen dem ‚asketischen Protestantismus' und dem Konfuzianismus beruht also auf mehreren Kriterien, die er im Rahmen seiner Aufsätze über die Wirtschaftsethik der Weltreligionen auch für die anderen von ihm durchgeführten Religionsvergleiche verwendet. Zum einen ist damit die Eigenart der jeweils führenden sozialen Schichten angesprochen. Zum anderen geht es um die Eigenart der jeweiligen Glaubensvorstellungen und bei den sogenannten ‚Erlösungsreligionen' auch um deren jeweilige Vorstellung von ‚Erlösung'. Drittens wird das Verhältnis der einzelnen Religionen zum ‚Rationalismus' ins Auge genommen, wobei dieser von Weber in komparativer Hinsicht mit dem ‚modernen okzidentalen Rationalismus' gleichgesetzt wird. Die Fraglichkeit dieses Vergleichsmaßstabes wird von Weber durchaus kritisch gesehen. Denn er betont ja selbst immer wieder die Vieldeutigkeit des Begriffs des ‚Rationalismus'. Und viertens geht es um das Verhältnis der einzelnen Religionen zur Magie sowie zum ökonomischen Alltag. Diesen Kriterienkatalog arbeitet Weber wie gesagt auch in seinen Studien über den Hinduismus und Buddhismus sowie über das antike Judentum mehr oder weniger konsequent ab.[430] Als Ergebnis kann man festhalten, dass ihn diese vergleichenden Studien über die Wirtschaftsethik der Weltreligionen zur Erstellung eines ‚Tableaus' ermuntert haben, um den „typologischen Ort" der einzelnen Weltreligionen anzugeben.[431] Dabei kommen auch Vergleichsgesichtspunkte ins Spiel, wie sie Weber im religionssoziologischen Teil

---

430 Vgl. Max Weber, *Die Wirtschaftsethik der Weltreligionen. Hinduismus und Buddhismus. Schriften 1916-1920* (= MWG I/20); ders., *Die Wirtschaftsethik der Weltreligionen. Das antike Judentum. Schriften und Reden 1911-1920* (= MWG I/21).

431 Weber, „Zwischenbetrachtung", MWG I/19, S. 480. Weber spricht diesbezüglich auch von einer „schematischen und theoretischen Konstruktion" (ebd., S. 479).

von *Wirtschaft und Gesellschaft*, also in seiner sogenannten ‚Religionssystematik' beziehungsweise seiner ‚systematischen' Religionssoziologie verwendet hat. Zu diesen gehören die Unterscheidung zwischen einer am ‚Diesseits' und einer am ‚Jenseits' orientierten Einstellung zur Welt sowie zwischen einer asketischen und einer mystischen Art der Heilssuche, die sich wiederum in eine ‚innerweltliche' und eine ‚weltflüchtige' Form der Askese und der Mystik beziehungsweise Kontemplation unterteilen lassen.

Insofern macht Weber letzten Endes etwas, das er im Rahmen seiner Studien über die Wirtschaftsethik der Weltreligionen ursprünglich gar nicht gewollt hat, nämlich die Verortung der einzelnen Weltreligionen innerhalb einer theoretisch konstruierten Typologie des *prinzipiell* möglichen Verhältnisses zwischen ‚religiöser Ethik' und ‚Welt'. Dieser systematische Anspruch wird nicht nur im religionssoziologischen Kapitel von *Wirtschaft und Gesellschaft*, sondern auch in der „Einleitung" und in der „Zwischenbetrachtung" seiner Aufsätze über die Wirtschaftsethik der Weltreligionen deutlich. Weber gebraucht in diesem Zusammenhang aber noch weitere ‚systematische' Unterscheidungskriterien, nämlich den Gegensatz zwischen ‚Weltbejahung' und ‚Weltverneinung' einerseits sowie ‚Weltanpassung' und ‚Weltbeherrschung' andererseits. All diese ‚Typen' lassen sich beliebig miteinander kombinieren, wobei nicht immer gewährleistet ist, dass es zu den einzelnen möglichen Typenkombinationen auch empirische Entsprechungen gibt. ‚Weltflüchtig' können zum Beispiel sowohl asketische als auch mystische Erlösungswege sein, ‚weltbeherrschend' dagegen nur die ‚innerweltliche Askese'. Dieses Prädikat kommt Weber zufolge insofern nur dem ‚asketischen Protestantismus' zu. Dies kennzeichne die universalgeschichtliche Eigenart dieser Richtung des Protestantismus. Den Begriff der ‚Weltflucht' führt Weber ein, um die Eigenart der indischen, insbesondere der buddhistischen Vorstellung von Erlösung zu kennzeichnen. ‚Weltflüchtig' können ferner sowohl asketische als auch mystische Wege zur Erlösung sein, müssen es aber nicht. Denn sie können auch ‚innerweltlich' orientiert sein. Im Buddhismus spielt dabei vor allem die mystisch-kontemplative Form der Heilssuche eine zentrale Rolle, die Weber als eine „apathische Ekstase" bezeichnet, während die hinduistischen Asketen sowohl mystische als auch asketische Praktiken miteinander zu kombinieren pflegen. Weber spricht diesbezüglich von einer „hysterisierenden Askese"[432].

Diese Religionsvergleiche bestätigen Weber zufolge die universalgeschichtliche Sonderstellung des ‚asketischen Protestantismus'. Nur wird diese jetzt nicht nur bezüglich der europäischen Reformationsgeschichte aufgezeigt, sondern innerhalb eines ‚systematischen' Vergleichs der Wirtschaftsethik der einzelnen Welt-

---

432 Weber, *Konfuzianismus und Taoismus*, MWG I/19, S. 457 f.

religionen sowie ihrer jeweiligen Gotteskonzeption und der durch sie bedingten Vorstellung von ‚Erlösung'. Dass es Weber nicht vergönnt war, dieses Forschungsprogramm zu einem Abschluss zu bringen, spricht nicht gegen dessen heuristische Fruchtbarkeit. Vielmehr ermöglicht uns der fragmentarische Charakter seines Werkes, der auch seine religionsgeschichtlichen und religionssoziologischen Schriften kennzeichnet, mit Weber zugleich über ihn selbst hinaus zu denken und sich an ihm ‚abzuarbeiten'. Deshalb sollte man sich nicht auf ihn berufen, wenn man diesbezüglich die Schotten dicht zu machen versucht und sein ungeheuer fruchtbares Gedankengut in das Prokrustesbett einer soziologischen Begriffs-Typologie einspannt, die bei verschiedenen Versuchen zu einer ‚Rekonstruktion' seiner Religionssoziologie oft nur vier ‚Felder' umfasst.[433] Denn diese ‚methodische' Vorgehensweise steht nun wirklich in einem krassen Widerspruch zu Webers Grundüberzeugung, dass zwar strenge begriffliche Unterscheidungen in den Kultur- und Sozialwissenschaften zwingend erforderlich sind. Aber sein zweiter Satz lautet diesbezüglich immer wieder, dass solche begrifflichen Abgrenzungen nicht darüber hinwegtäuschen dürfen, dass wir es in der Realität in der Regel mit theoretischen ‚Zwischenstufen' und empirischen Verwischungen von begrifflich konstruierten Unterscheidungen zu tun haben. Insofern ist nicht nur der theoretische, sondern auch der empirische Anspruch von Webers Werk grundsätzlich ernst zu nehmen, wobei zumindest die Vorkriegsfassung von *Wirtschaft und Gesellschaft* streckenweise zu einer reinen ‚Kasuistik' von ‚Einzelfällen' ausgeufert ist.

Eine universalgeschichtliche Sonderstellung nimmt in Webers Augen dabei das antike Judentum ein. Diesem hat er deshalb in seinen *Gesammelten Aufsätze zur Religionssoziologie* einen eigenen Band gewidmet. Anlass dafür war sicherlich zum einen der Umstand, dass sein Kollege Werner Sombart 1911 ein höchst problematisches Buch über die Stellung der Juden innerhalb der Wirtschaftsgeschichte veröffentlicht hat. Sombart versuchte dabei Webers These zu widerlegen, dass es radikale protestantische ‚Dissenters' im England des 17. Jahrhunderts gewesen seien, die dem modernen Kapitalismus zum Durchbruch ver-

---

433 Theoriegeschichtlicher Hintergrund für diese kreuztabellenmäßige Vorgehensweise ist das berühmte AGIL-Schema, das Talcott Parsons Mitte des 20. Jahrhunderts entwickelt hat und mit dem dieser denselben Fehler beging, den er ursprünglich Weber vorgeworfen hat, nämlich zu ‚schematisch' zu verfahren. Siehe hierzu auch den ironisch gemeinten Aufsatz von Niklas Luhmann, „Warum AGIL?", in: Kölner Zeitschrift für Soziologie und Sozialpsychologie 40 (1988), S. 127-139. Eines der prominentesten Beispiele für diese Bevorzugung von sogenannten ‚Vier-Felder-Tafeln', die noch heute in der Soziologie als Darstellungsform sehr beliebt sind, stellt die eindrucksvolle Auseinandersetzung von Jürgen Habermas mit Max Webers Werk dar. Vgl. Habermas, *Theorie des kommunikativen Handelns,* Frankfurt am Main 1981, Band 1, S. 289 ff.

5.1 Die Wirtschaftsethik der Weltreligionen

holfen hätten. Sombart zufolge sind es vielmehr die Juden gewesen, die zuerst den ‚kapitalistischen Geist' in idealtypischer Reinheit verkörpert und insofern auch einen maßgeblichen Beitrag zur Entstehung des modernen Kapitalismus geleistet hätten.[434] Weber ist diesbezüglich völlig anderer Meinung. Zwar bestreitet er nicht die wirtschaftsgeschichtliche Bedeutung der Juden im europäischen Mittelalter und in der Neuzeit. Jedoch beziehe sich diese primär auf den Fernhandel und auf Finanzierungsgeschäfte, nicht aber auf die Entstehung der modernen kapitalistischen Unternehmungen. Diese sei auf völlig andere Ursachen als die ‚jüdische Wirtschaftsethik' zurückzuführen.[435]

Um dies zu untermauern, geht Weber ausführlich auf die Eigenart des jüdischen Glaubens ein. In seinen Buch über das antike Judentum behandelt er die Entwicklung des jüdischen Volkes ausgehend von dessen geschichtlichen Wurzeln hin zu einem rein konfessionellen Verband.[436] Für Webers Fragestellung ist dabei die Entwicklung des Judentums zu einem ‚Pariavolk' innerhalb der Diaspora von zentraler Bedeutung. Denn seiner Ansicht nach haben dessen historisches Schicksal und die dadurch bedingten primär *politisch* geprägten Erlösungsvorstellungen die Juden ihrem eigenen Selbstverständnis nach überhaupt erst zu einem ‚auserwählten' Volk gemacht. Der von Weber in diesem Zusammenhang gebrauchte Begriff des ‚Parias' kennzeichnet ursprünglich eine soziale Gruppe innerhalb der indischen Kastenordnung, die sich in einer besonders prekären Lage befindet. In einem übertragenen Sinn stelle ein ‚Pariavolk' „ein rituell, formell oder faktisch, von der sozialen Umwelt geschiedenes Gastvolk" dar, wobei der Begriff des „Gastvolkes" die eigentümliche Situation des Judentums in der Diaspora kennzeichnen soll.[437] Die von Weber in diesem Zusammenhang betonte Form der sozialen Assi-

---

434 Vgl. Werner Sombart, *Die Juden und das Wirtschaftsleben*, Leipzig 1911.

435 Siehe hierzu auch Michael Spöttel, *Max Weber und die jüdische Ethik. Die Beziehung zwischen politischer Philosophie und Interpretation der jüdischen Kultur*, Frankfurt am Main / Berlin / Bern / New York / Paris / Wien 1997; ferner Martin Eberle, *Verstehende Wirtschaftsethik. Max Webers Studien zum antiken Judentum in theologisch-ethischer Perspektive*, Berlin 2008.

436 Vgl. diesbezüglich Gary A. Abraham, *Max Weber and the Jewish Question. A Study of the Social Outlook of His Sociology*, Urbana / Chicago 1992; ferner Eckart Otto, *Max Webers Studien des Antiken Judentums. Historische Grundlegung einer Theorie der Moderne*, Tübingen 2002.

437 Weber, *Das antike Judentum*, MWG I/21, S. 234 ff. Der Begriff des ‚Pariavolkes' ist übrigens keine Erfindung von Max Weber. Vielmehr wurde dieser bereits zu Beginn des 19. Jahrhunderts von namhaften Vertretern des aufgeklärten Judentums in Europa selbst gebraucht, um damit die besondere Lage ihres Volkes beziehungsweise ihrer Glaubensgenossen in der Diaspora zu umschreiben. Siehe diesbezüglich auch Klaus Lichtblau, „Ressentiment, negative Privilegierung, Parias", a.a.O., S. 291 ff.

milation und sozialen Ausschließung betrifft dabei vor allem das *Konnubium* und die *Kommensalität*, das heißt die Frage, wen man heiraten kann und mit wem man die Tischgemeinschaft pflegen darf. Letztere spielt bei der Gewährung der ‚Gastfreundschaft' in allen Kulturen eine zentrale Rolle und stellt in der Terminologie von Talcott Parsons gewissermaßen eine „evolutionäre Universalie" dar.[438]

Nun war das alte Israel bekanntlich kein Teil von Indien. Deshalb ist es natürlich äußerst problematisch, dass Weber den Begriff des ‚Pariavolkes' in einem übertragenen Sinn verwendet, um die wirtschaftliche und soziale Lage des Judentums in der Diaspora zu kennzeichnen. Zentrales Motiv für diese nicht zuletzt aus ‚ideologiekritischen' Gründen bis heute in der Forschung umstrittene Begriffswahl Webers ist für ihn jedoch gewesen, die Vergleichbarkeit zwischen der Situation des Judentums im Exil mit einer rigiden Form der wirtschaftlichen und sozialen Abschließung zu ermöglichen, wie er sie bei seinen Studien über die indische Kastengesellschaft kennengelernt hat. Entscheidend für die entsprechende Wortwahl ist also erneut der von ihm angestrebte interkulturelle Vergleich zwischen den einzelnen Weltreligionen, um die Frage zu beantworten, warum nur auf den britischen Inseln im Laufe der Neuzeit eine ‚rationale' Wirtschaftsethik entstanden ist, der eine ‚methodische' Form der alltäglichen Lebensführung der einzelnen Menschen zugrunde liegt. Und wieder ist es der ‚Tag von Antiochien', der Weber zufolge erklären soll, wodurch sich der ‚Geist' des Christentums grundsätzlich von dem des Judentums unterscheidet. Denn das Christentum vertrete eine universalistische Erlösungsvorstellung, das Judentum dagegen nicht. Symbolischer Ausdruck für diesen universalistischen Anspruch des Christentums sei die Teilnahme aller Gläubigen am gemeinsamen ‚Abendmahl'. Die historische Bedeutung des ‚Tages von Antiochien' bestehe nämlich darin, dass dieser die eigentliche Geburtsstunde des Christentums darstellt, weil Petrus dort zum ersten Mal die Tischgemeinschaft zwischen jüdischen Christen und nichtjüdischen Christen praktiziert haben soll, was in der jüdisch-christlichen Gemeinde in Jerusalem zu erheblichen Kontroversen führte. Deshalb hat sich Petrus im Unterschied zum Apostel Paulus, der über diesen ‚Vorfall' in seinem Brief an die Gallater berichtet, später von dieser Praxis wieder distanziert (vgl. Galater 2, 11-21). Es geht dabei jedoch nicht nur um die ‚Konzeptionsstunde' des europäischen Bürgertums, sondern um ein Grundproblem der Völkerverständigung, nämlich um die friedliche ‚ethnische'

---

438 Vgl. Talcott Parsons, „Evolutionäre Universalien der Gesellschaft", in: *Theorien des sozialen Wandels*, hrsg. Von Wolfgang Zapf, Köln / Berlin 1971, S. 55-74. Zur universellen Bedeutung der ‚Gastfreundschaft', die auch in den ethischen Vorstellungen des Judentums eine wichtige Rolle spielt, siehe die einzelnen Beiträge in dem von Almut Loycke herausgegebenen Sammelband *Der Gast, der bleibt. Dimensionen von Georg Simmels Analyse des Fremdseins*, Frankfurt am Main 1992.

5.1 Die Wirtschaftsethik der Weltreligionen

Assimilation und die damit in der Regel verbundene glaubensmäßige Konversion von ‚Stammesfremden'. Hierbei stellt die Tischgemeinschaft ein ausdrückliches Zeichen der Gastfreundschaft dar, die sich unter bestimmten Umständen sogar zu einer förmlichen ‚Verbrüderung' entwickeln kann. Aber auch das sogenannte *commercium*, das heißt die Frage, mit wem man ökonomische Geschäfte rechtlich verbindlichen Charakters abzuschließen bereit ist, wird von Weber in diesem Zusammenhang ausdrücklich erwähnt.[439]

Eine zentrale Bedeutung kommt im Rahmen des von Weber durchgeführten Kultur- und Religionsvergleichs dabei den wirtschaftlichen Beziehungen der Juden zu ihren eigenen Glaubensbrüdern einerseits und den Glaubensfremden andererseits zu. In seinen Studien über die protestantischen Sekten hat er darauf hingewiesen, dass die Mitglieder der radikalen protestantischen Sekten in der europäischen Neuzeit unter anderem deshalb so erfolgreich gewesen seien, weil sie in ihrem ökonomischen Gebaren keinen Unterschied zwischen den eigenen Glaubensbrüdern und den Glaubensfremden gemacht hätten. Insbesondere sei bei ihnen das ‚Feilschen' um den Preis einer Ware und der damit oft verbundene ‚Wucher' aus ethischen Erwägungen prinzipiell verpönt gewesen. Stattdessen hätten die Vertreter dieser Sekten feste Preise bevorzugt, die es ihnen ermöglicht habe, zu ihren Kunden ein dauerhaftes Vertrauensverhältnis aufzubauen, wobei die konfessionelle Zugehörigkeit dieser Kunden keine Rolle gespielt habe.[440] Die ‚jüdische Wirtschaftsethik' beruht Weber zufolge dagegen auf einem völlig anderen Prinzip. Denn hier gebe es einen ausgeprägten „Dualismus zwischen Binnen- und Außenmoral". Dies bedeute, dass Stammesmitglieder beziehungsweise Glaubensgenossen bei ökonomischen Transaktionen völlig anders behandelt würden als Stammes- und Glaubensfremde. Denn nur im Verhältnis zu Stammes- und Glaubensfremden sei dem frommen Juden ein ethisch unbedenkliches Ausnutzen von Marktchancen zum eigenen Vorteil möglich gewesen, im Verhältnis zu den eigenen Standes- und Glaubensgenossen dagegen nicht.[441]

Weber zieht daraus die Schlussfolgerung, dass aufgrund dieser ‚doppelten Ethik' gläubige Juden nicht dasselbe Problem wie die Puritaner gehabt hätten. Denn aufgrund dieses ethischen Dualismus konnte das Feld der Wirtschaft für den frommen Juden kein Ort der religiösen ‚Bewährung' darstellen, wie dies bei

---

439 Vgl. Weber, *Abriß der universalen Sozial- und Wirtschaftsgeschichte*, MWG III/6, S. 386 ff.
440 Vgl. Weber, „‚Kirchen' und ‚Sekten' in Nordamerika. Eine kirchen- und sozialpolitische Skizze" [1906], MWG I/9, S. 435 ff.; siehe ferner ders., „Die protestantischen Sekten und der Geist des Kapitalismus" [1920], MWG I/18, S. 493 ff.
441 Weber, *Das antike Judentum*, MWG I/21, S. 234 ff. und 701 ff.

den Puritanern der Fall gewesen sei. Zwar waren viele Vertreter dieser beiden Glaubensgemeinschaften in wirtschaftlicher Hinsicht höchst erfolgreich gewesen. Nur betraf dies im Falle der Juden vor allem den Finanzsektor, der ihnen außer den späteren ‚freien Berufen' allein noch übriggeblieben ist, als man ihnen im christlichen Europa die Ausübung eines Handwerkes verboten und sie allmählich erfolgreich aus dem Fernhandel verdrängt hatte, während zahlreiche Puritaner im Laufe der Neuzeit vor allem als wirtschaftliche Unternehmer reüssierten.[442] Ob dies tatsächlich etwas mit Religion zu tun gehabt hat, mag man glauben oder nicht. Max Weber glaubte diesbezüglich daran, auch wenn die Gründe, die er dafür angegeben hat, bis heute umstritten sind.

5.2 Die ‚Wirtschaftsgeschichte'

Max Weber wird am 1. April 1919 zum ordentlichen Professor der „Gesellschaftswissenschaft, Wirtschaftsgeschichte und Nationalökonomie" der staatswirtschaftlichen Fakultät der Universität München berufen. Dies ist nach seinen beiden Professuren in Freiburg im Breisgau und Heidelberg der dritte und letzte Ruf auf eine Professur, den er in seinem Leben annimmt. Im Rahmen des damit verbundenen Lehrauftrages hält er auf Wunsch der Studierenden im Wintersemester 1919/20 eine vierstündige Vorlesung vor großer Hörerschaft, die im Vorlesungsverzeichnis unter dem Titel „Abriß der universalen Sozial- und Wirtschaftsgeschichte" angekündigt wird. Dieser Vorlesung kommt aus verschiedenen Gründen eine besondere werkgeschichtliche Bedeutung zu. Denn zum einen ist sie nur in einer Rekonstruktion durch Dritte überliefert und in dieser Form dann auch in die *Max-Weber-Gesamtausgabe* aufgenommen worden. Es handelt sich dabei um eine Rekonstruktion, die auf der Grundlage von Mit- und Nachschriften dieser Vorlesung vorgenommen worden ist. Zum anderen löst Weber mit dieser Vorlesung ein Versprechen ein, das er im wirtschaftssoziologischen Teil der Nachkriegsfassung von *Wirtschaft und Gesellschaft*, das heißt in seinen „Soziologischen Grundkategorien des Wirtschaftens" gemacht hat. Dort wies er nämlich ausdrücklich darauf hin, dass er hierbei zunächst alle ‚dynamischen' Gesichtspunkte zurückstellen und diese dann zu einem späteren Zeitpunkt behandeln würde. In seiner ‚systemati-

---

442 Siehe diesbezüglich auch Avraham Barkai, „Judentum, Juden und Kapitalismus. Ökonomische Vorstellungen von Max Weber und Werner Sombart", in: Menora. Jahrbuch für deutsch-jüdische Geschichte 5 (1994), S. 25-38; ferner Bernhard K. Quensel, „Der ‚spekulative Paria-Kapitalismus' des Judentums. Max Webers These in wirtschaftsrechtlicher Rekonstruktion", in: Zeitschrift für Altorientalische und Biblische Rechtsgeschichte 11 (2005), S. 214-273.

schen' Wirtschaftssoziologie hat Weber dieses Versprechen allerdings nicht eingelöst.[443]

Umso bemerkenswerter ist es, dass wir über die mehr oder weniger präzise Rekonstruktion einer Münchner Vorlesung verfügen, in der er genau dies getan hat. Diese ist von ihm bezeichnenderweise nicht als Beitrag zur *Wirtschaftssoziologie*, sondern zur *Wirtschafts- und Sozialgeschichte* angekündigt worden. Das heißt sie beinhaltet keinen ‚systematischen' beziehungsweise ‚soziologischen' Anspruch, sondern verfolgt primär *historische* Interessen. Und dennoch kann man gerade dieser Vorlesung eine Erklärungsskizze der Entstehung des modernen Kapitalismus entnehmen, die alle historischen und soziologischen Aspekte zusammenfügt, die in den verschiedensten Teilen seines Werkes mehr oder weniger isoliert neben einander stehen.[444] Überdies reflektiert Weber zu Beginn dieser Vorlesung auch das Verhältnis zwischen der Wirtschaftsgeschichte im engeren Sinne sowie einer wesentlich weiter gefassten Universalgeschichte der menschlichen Kultur. Dies geschieht bezeichnenderweise in Form einer Abgrenzung von dem von Karl Marx und Friedrich Engels vertretenen ‚historischen Materialismus'. Denn Weber sagt ausdrücklich: „Endlich muß noch betont werden, daß Wirtschaftsgeschichte (und vollends die Geschichte der ‚Klassenkämpfe') nicht, wie die *materialistische Geschichtsauffassung* glauben machen will, identisch mit der Geschichte der ganzen Kultur überhaupt ist. Diese ist nicht ein Ausfluß, nicht lediglich eine Funktion jener; vielmehr stellt die Wirtschaftsgeschichte nur einen Unterbau dar, ohne dessen Kenntnis allerdings die fruchtbare Erforschung irgendeines der großen Gebiete der Kultur nicht denkbar ist."[445]

Weber hat diese Vorlesung so strukturiert, dass er in seinen historischen Ausführungen zum einen drei verschiedene historische Entwicklungsstadien des Kapitalismus voneinander abgrenzt. Es handelt sich dabei um den antiken, den mittelalterlichen und den neuzeitlichen Kapitalismus des *Okzidents*. Zum anderen führt er wie gewohnt immer wieder Vergleiche mit der diesbezüglichen Situation im *Orient* durch, um die Frage zu beantworten, warum nur in der ‚westlichen Welt' der moderne industrielle Kapitalismus entstanden ist. Dieser unterscheidet sich ihm zufolge grundlegend von anderen Erscheinungsformen des Kapitalismus, wie sie fast überall in der Welt verbreitet waren beziehungsweise es auch heute noch

---

443 Vgl. die entsprechenden Ausführungen im vierten Teil dieser Einführung in Webers Werk.
444 Randall Collins spricht diesbezüglich von Webers „letzten Theorie des Kapitalismus", was natürlich eine sehr vieldeutige Formulierung darstellt. Vgl. Collins, *Weberian sociological theory*, a.a.O., S. 19 ff.
445 Weber, *Abriß der universalen Sozial- und Wirtschaftsgeschichte*, MWG III/6, S. 95.

sind.⁴⁴⁶ Webers Münchner Vorlesung zur Wirtschafts- und Sozialgeschichte ist dabei von Anfang an auf dieses spezifische historische Erklärungsproblem ausgerichtet, das er dort in einer universalgeschichtlichen Art und Weise behandelt. Zum einen erörtert er in deren „begrifflichen Vorbemerkung" noch einmal zentrale Kategorien, die er im wirtschaftssoziologischen Teil der Nachkriegsfassung von *Wirtschaft und Gesellschaft* dargestellt hat. Im ersten Teil dieser Vorlesung geht er dann ausführlich auf die Bedeutung der „national-deutschen Agrarverfassung" für ein umfassenderes Verständnis der Agrarverfassungen anderer Epochen und Kulturen ein.⁴⁴⁷ Weber bezieht sich dabei unter anderem auf das Verhältnis zwischen Hausgemeinschaft, Sippe, Dorf und Grundherrschaft. Hierbei knüpft er an Ausführungen an, wie er sie bereits in seinen frühen Texten über die verschiedenen Gemeinschaftsformen sowie im Rahmen der beiden Fassungen seiner Herrschaftssoziologie vorgenommen hat. Der zweite Teil dieser Vorlesung hat das Gewerbe und den Bergbau in Europa bis zum Zeitpunkt der modernen kapitalistischen Entwicklung zum Gegenstand.⁴⁴⁸ Im dritten Teil seiner Münchner Vorlesung setzt sich Weber dann mit dem „Güter- und Geldverkehr im vorkapitalistischen Zeitalter" auseinander.⁴⁴⁹ Und im vierten Teil geht er abschließend noch einmal ausführlich auf die Entstehung des modernen Kapitalismus ein.⁴⁵⁰ Diese Erklärungsskizze soll im Folgenden etwas genauer betrachtet werden. Denn sie zeigt uns, dass Weber bis zu seinem Tod mehr oder weniger konsequent ein Forschungsprogramm verfolgt, das er bereits mit seiner 1889 in erweiterter Form erschienenen Berliner Dissertation über die die verschiedenen rechtlichen Formen der Gestaltung von Handelsgesellschaften im europäischen Mittelalter in Angriff genommen hat. Nicht zufällig geht Weber auch auf diese ‚These' in seiner Münchner Vorlesung von 1919/20 ausführlich ein.

Wir haben es in Webers Fall also mit einer werkgeschichtlichen Kontinuität zu tun, die im Nachhinein überraschend zu sein scheint. Denn immer wieder sind ihm in der einschlägigen Sekundärliteratur verschiedene intellektuelle Konversionen unterstellt worden, was der Grund dafür gewesen ist, eine wie auch immer geartete

---

446 Man spricht seit einiger Zeit diesbezüglich auch von ‚Varianten des Kapitalismus', wobei in der Regel nur ein beschränkter Ausschnitt der universalgeschichtlich relevanten ‚Varianten' des Kapitalismus in den Blick gerät. Vgl. Alexander Ebner, „Wirtschaftskulturforschung. Ein sozialökonomisches Forschungsprogramm", in: *Theorie und Geschichte der Wirtschaft. Festschrift für Bertram Schefold*, hrsg. von Volker Caspari, Marburg 2009, S. 121-146.
447 Weber, *Abriß der universalen Sozial- und Wirtschaftsgeschichte*, MWG III/6, S. 98 ff.
448 Ebd., S. 189 ff.
449 Ebd., S. 253 ff.
450 Ebd., S. 317 ff.

5.2 Die ‚Wirtschaftsgeschichte'

‚Einheit' seines Werkes als Mythos zu entlarven. So einfach sollte man es sich allerdings in dieser Angelegenheit nicht machen. Zwar ist es richtig, dass Weber als ‚Methodologe' verschiedene Ansichten vertreten und Erkenntnisinteressen verfolgt hat. Nur gilt dies offensichtlich nicht für seine sachlichen beziehungsweise ‚materialen' Untersuchungen, die tatsächlich eine bemerkenswerte Kontinuität zum Ausdruck bringen. Und nur um die ‚Sache' geht es im Folgenden. Alles andere sind ohnehin nur persönliche Glaubensbekenntnisse, die nicht unbedingt mit den entsprechenden Realitäten, in diesem Fall also der eigenen ‚Praxis' des Schreibens und Vortragens in Übereinstimmung stehen müssen. In Webers Fall haben wir es sogar mit einer auffälligen Diskrepanz zwischen der eigentlichen ‚Sache' und der von ihm gepredigten soziologischen ‚Methode' beziehungsweise zwischen dem ‚Sein' und dem ‚Sollen' zu tun, die er offensichtlich nie ganz in den Griff bekommen hat. Davon betroffen ist auch seine Vorlesung über Wirtschafts- und Sozialgeschichte, die er im Wintersemester 1919/20 an der Universität München gehalten hat, zu der uns kein ‚methodologischer' Leitfaden überliefert worden ist. Vielleicht ist diese Vorlesung ja gerade deshalb so gut bei seinen Münchner Hörerinnen und Hörern angekommen? Immerhin stieß bei diesem Auditorium seine soziologische Begriffslehre, die er kurz nach seiner Berufung im Sommersemester 1919 in seiner Münchner Vorlesung „Die allgemeinsten Kategorien der Gesellschaftswissenschaft" vorgestellt hat, auf wenig positive Resonanz. Dies betrifft höchst wahrscheinlich auch die anspruchsvollen methodologischen Überlegungen, auf die Webers „Soziologische Grundbegriffe" beruhen, die er zu diesem Zeitpunkt gerade in ihre endgültige Fassung bringt. Doch wie sieht eigentlich Webers *historische* Erklärung der Entstehung des modernen okzidentalen Kapitalismus aus, wie er sie in seiner Münchner Vorlesung „Abriß der universalen Sozial- und Wirtschaftsgeschichte" von 1919/20 erstmals vor einem größeren Publikum vorträgt? Hierbei müssen wir zunächst auf seine Definition des ‚modernen' Kapitalismus eingehen, die dieser Vorlesung zugrunde liegt. Anschließend soll gezeigt werden, wie komplex Webers Erklärung der historischen Entstehung des modernen Kapitalismus tatsächlich ist, da diese auf eine Vielzahl unterschiedlicher ‚Voraussetzungen', ‚Entwicklungsstufen' und ‚Entwicklungsprozesse' Bezug nimmt, die bis in die vorderasiatische und europäische Antike zurückreichen und die von ihm überdies auch noch mit den entsprechenden Verhältnissen in Indien und China verglichen werden.

Wie hängen diese verschiedenen Stränge von Webers Münchner Ausführungen jedoch miteinander zusammen? Und lässt sich auf diesem Weg tatsächlich eine historisch gehaltvolle ‚Theorie' des modernen Kapitalismus entwickeln? Erinnern wir uns noch einmal daran, dass Weber in seinen Protestantismus-Studien von 1904-05 und seinen diesbezüglichen ‚Antikritiken' das Verhältnis zwischen zentralen Komponenten des modernen Kapitalismus wiederholt als eine *Wahlverwandtschaft* bezeichnet hat, ohne den metaphorischen Charakter dieses von Goethe im Titel eines seiner Romane verwendeten literarischen Topos überhaupt zu reflektieren. Solange man diese verschiedenen Komponenten als definitorische Bestandteile eines ‚Idealtypus' des modernen Kapitalismus einfach nebeneinander aufzählt, ist dies weiter kein Problem. Wenn man jedoch nach einer Erklärung sucht, in welchem *historischen* Zusammenhang diese verschiedenen Komponenten eigentlich zueinander stehen beziehungsweise wie sie überhaupt zueinander ‚gefunden' haben, dann stellt sich allerdings aus gutem Grund die Frage, welche Art von ‚Logik' in diesen ‚Wahlverwandtschaften' eigentlich zum Ausdruck kommt.[451]

Doch wie definiert Max Weber in dieser Vorlesung überhaupt den Begriff des ‚modernen Kapitalismus', den er von Werner Sombart übernommen hat und immer von den verschiedenen Erscheinungsformen eines wirtschaftlichen ‚Traditionalismus' abzugrenzen bemüht gewesen ist? Weber zufolge handelt es sich hierbei um eine historisch spezifische Erscheinungsform des Kapitalismus, die beinhaltet, dass es nicht nur verschiedene ‚Arten', sondern zugleich „verschiedene Gattungen des Kapitalismus" gibt.[452] Sombart unterscheidet innerhalb der Entwicklung des modernen Kapitalismus in Analogie zu den Entwicklungsphasen eines Organismus drei verschiedene historische Epochen, nämlich den „Frühkapitalismus", den „Hochkapitalismus" und den „Spätkapitalismus", wobei letzterer seiner Meinung nach eines Tages in eine sozialistisch verfasste Wirtschaft übergehen wird. Doch außer dem ‚modernen Kapitalismus' werden in seinem umfangreichen Werk keine weiteren Formen des Kapitalismus erwähnt oder gar ausführlich beschrieben. Das heißt den ‚Kapitalismus' gibt es bei Sombart nur im Singular. Und dieser ist ihm zufolge mit dem ‚modernen Kapitalismus' identisch.[453] Anders verhält es sich dagegen bei Max Weber. Denn dieser unterscheidet in seiner Münchner Vorlesung von 1919/20 zum einen zwischen einem „rationalen Kapitalismus" und einem „irrationalen Kapitalismus". Ferner stellt er dem „neuzeitlichen Kapitalismus" den „antiken" und den „spätmittelalterlichen Kapitalismus" gegenüber. Überdies verwendet Weber den Begriff des „okzidentalen Kapitalismus", was logischerweise beinhaltet, dass es auch ‚nichtokzidentale' Erscheinungsformen des Kapitalismus geben muss. Und nicht zuletzt gebraucht er auch noch den Begriff des „politischen

---

451 Siehe diesbezüglich auch den ersten Teil dieser Einführung in Max Webers Werk.
452 Weber, *Abriß der universalen Sozial- und Wirtschaftsgeschichte*, MWG III/6, S. 366.
453 Vgl. Sombart, *Der moderne Kapitalismus*, Band 1: *Die Genesis des Kapitalismus*, Leipzig 1902, S. 195-217. Siehe hierzu ferner Lichtblau, „Die Faszination des Kapitalismus", a.a.O.

5.2 Die ‚Wirtschaftsgeschichte'

Kapitalismus", um diesen von jenen Formen des Kapitalismus abzugrenzen, die seiner Meinung nach primär auf der friedlichen Nutzung von Tausch- und Gewinnchancen beruhen.[454] Im ersten Fall haben wir es also mit einer Unterscheidung zwischen Formen des Kapitalismus gemäß ihren jeweiligen Rationalitätsgraden zu tun. Im zweiten Fall handelt es sich dagegen um eine epochale Unterscheidung, im dritten Fall um eine geographische und kulturelle Unterscheidung und im vierten Fall um eine Unterscheidung, die sich auf Franz Oppenheimers Gegenüberstellung zwischen dem ‚ökonomischen Mittel' und dem ‚politischen Mittel' der jeweiligen wirtschaftlichen Bedarfsdeckung einer sozialen Gruppe oder der Bevölkerung einer bestimmten Region bezieht.[455]

Auch die allgemeine Definition des Begriffs des modernen Kapitalismus, die Weber seiner Münchner Vorlesung von 1919/20 zugrunde legt, ist relativ komplex. Denn sie bezieht sich auf das begriffliche Verhältnis zwischen dem Kapitalismus ‚im Allgemeinen' und dem spezifisch ‚modernen Kapitalismus', wobei Weber leider wiederholt dazu neigt, diese beiden Begriffe synonym zu gebrauchen.[456] Seine Definition des (modernen) Kapitalismus lautet: „Kapitalismus ist da vorhanden, wo die erwerbswirtschaftliche Bedarfsdeckung einer Menschengruppe auf dem Wege der *Unternehmung* stattfindet, gleichviel um welchen Bedarf es sich handelt, und speziell *rationaler* kapitalistischer Betrieb ist ein Betrieb mit Kapitalrechnung, d.h. ein Erwerbsbetrieb, der seine Rentabilität rechnerisch durch das Mittel der modernen Buchführung und die [...] Aufstellung der Bilanz kontrolliert."[457] Weber nimmt in diesem Zusammenhang also eine Unterscheidung zwischen einer kapitalistischen ‚Unternehmung' im Allgemeinen und einem kapitalistischen ‚Betrieb' im Besonderen vor, die zumindest in der rekonstruierten Fassung seiner Münchner Vorlesung an dieser Stelle nicht weiter erläutert wird. Entscheidend für sein Verständnis des spezifisch „neuzeitlichen Kapitalismus" ist dabei die „*rationale Kapitalrechnung als Norm für alle großen Erwerbsunternehmungen, die sich mit*

---

454 Weber, *Abriß der universalen Sozial- und Wirtschaftsgeschichte*, S. 319 und 366 f.; zum „okzidentalen Kapitalismus" vgl. ebd., S. 349 f., zum „politischen Kapitalismus" siehe dort S. 367.

455 Weber weist an verschiedenen Stellen seines Werkes darauf hin, dass er diese Unterscheidung von Franz Oppenheimer übernommen hat. Vgl. zum Beispiel Weber, „Soziologische Grundkategorien des Wirtschaftens", MWG I/23, S. 218. Zu den von Weber erwähnten historischen Varianten des Kapitalismus siehe auch Hinnerk Bruhns, „Max Weber's Analysis of Capitalism", in: *The Oxford Handbook of Max Weber*, hrsg. von Edith Hanke, Lawrence Scaff und Sam Whimster, Oxford 2019 (DOI 10.1093/oxfordhb/9780190679545.013.2).

456 Vgl. Talcott Parsons, „Kapitalismus bei Max Weber", a.a.O., S. 63 ff.

457 Weber, *Abriß der universalen Sozial- und Wirtschaftsgeschichte*, MWG III/6, S. 318.

Alltagsbedarfsdeckung befassen."[458] Genauer gesagt handelt es sich dabei um eine „Deckung der *Alltagsbedürfnisse* auf kapitalistischem Wege", die nur im Okzident anzutreffen sei und auch dort erst seit der zweiten Hälfte des 19. Jahrhunderts existieren würde.[459] Immerhin haben wir es jetzt mit einer konkreten Zeitangabe zu tun, die aus guten Gründen von Historikern und Historikerinnen im auffallenden Unterschied zu Soziologen und Soziologinnen nicht nur beim Erstellen von sogenannten ‚Zeitdiagnosen', sondern generell für eine historische Bestandsaufnahme welcher Art auch immer als unverzichtbar angesehen wird. In dieser Vorlesung geht Weber sogar noch einen Schritt weiter. Denn er nimmt diesbezüglich eine Periodisierung vor, die sich sinngemäß auch am Schluss seiner beiden Protestantismus-Aufsätze von 1904-05 findet, nämlich: „Damit ist der Zeitpunkt am Ende des Frühkapitalismus und beim Anbruch des eisernen Zeitalters im 19. Jahrhundert erreicht."[460]

Das Eisen ist bekanntlich eine harte Angelegenheit und wurde nicht zufällig von keinem Geringeren als dem damaligen preußischen Ministerpräsidenten Otto von Bismarck in seiner berühmten ‚Blut- und Eisen'-Rede in Anspruch genommen, die er während des preußischen Verfassungskonfliktes am 30. September 1862 vor der Budgetkommission des Berliner Abgeordnetenhauses gehalten hat. Auch Weber war natürlich diese Rede bekannt. Wenn er selbst von einem „eisernen Zeitalter" spricht, so beinhaltet dies jedoch zweierlei. Zum einen nimmt er mit diesem Begriff auf die zunehmende Bedeutung der Eisenproduktion in der zweiten Hälfte

---

458 Ebd., S. 319.
459 Ebd., S. 318.
460 Ebd., S. 396. Es handelt sich dabei um den letzten Satz der veröffentlichten Fassung seiner Münchner Vorlesung vom Wintersemester 1919/20. Vorher hatte Weber bereits ausgeführt: „So ist das Eisen der wichtigste Faktor für die Entwicklung des Kapitalismus geworden, und wie er und Europa ohne diese Entwicklung aussehen würden, wissen wir nicht" (ebd., S. 342 f.). Und dann kommt noch eine merkwürdige Fußnote in der uns überlieferten Rekonstruktion seiner Münchner Ausführungen, die uns einen Blick in die Zukunft eröffnet: „Anderseits muß der Raubbau an den Bodenschätzen auch seine zeitlichen Grenzen haben: das eiserne Zeitalter wird höchstens ein Jahrtausend dauern können" (ebd., S. 343). Wir sehen also, dass nicht erst der *Club of Rome*, sondern bereits Max Weber auf die Endlichkeit der ‚Bodenschätze' dieser Erde hingewiesen hat, zu denen ja auch die fossilen Brennstoffe gehören. Auf diesen Tatbestand wies er übrigens bereits zum Schluss seiner beiden Protestantismus-Aufsätze von 1904-05 hin, um auf ein weiteres mögliche ‚Verfallsdatum' des modernen Kapitalismus aufmerksam zu machen. Hierbei handelt es sich allerdings nicht um die ‚Grenzen des (ökonomischen) Wachstums', sondern um die *Existenz* des modernen Kapitalismus, was ein bedeutender Unterschied ist. Vgl. Weber, „Die protestantische Ethik und der ‚Geist' des Kapitalismus" [1904-05], MWG I/9, S. 422.

des 19. Jahrhunderts in der ‚westlichen Welt' Bezug. Und zum anderen ist damit die Möglichkeit einer radikalen Kulturkritik verbunden. Dies ist auch der Grund, warum er zum Schluss seiner beiden Protestantismus-Aufsätze von einem „stahlharten Gehäuse" spricht, in dem sich die Menschheit seit der endgültigen Etablierung des industriellen Kapitalismus befinden würde.[461] Doch neben der Eisen- und Stahlproduktion sowie dem damit möglich gewordenen Massenkonsum gibt es natürlich noch eine ganze Reihe weiterer Eigenschaften, die Weber zufolge den modernen okzidentalen Kapitalismus kennzeichnen. Er spricht diesbezüglich in seiner Münchner Vorlesung vom Wintersemester 1919/20 übrigens nicht nur von ‚Merkmalen', sondern auch von unabdingbaren historischen ‚Voraussetzungen' des modernen Kapitalismus. Zu diesen zählt er neben der betriebsmäßigen Form der Kalkulation von Kosten und Gewinn unter anderem auch das Privateigentum an Produktionsmitteln, freie Märkte, rationale Technik, rationales Recht, das moderne unternehmerische Bürgertum, die auf Lohnarbeit beruhende ‚freie Arbeit', ein entsprechend „rationales Ethos der Lebensführung" sowie die allgemeine ‚Kommerzialisierung' der wirtschaftlichen Beziehungen durch die Gründung von Aktiengesellschaften und die zunehmende Bedeutung des Finanzsektors für die weitere kapitalistische Entwicklung.[462]

Wir sehen also, dass diese Liste der historischen ‚Voraussetzungen' und der sich daraus ergebenden ‚Eigenarten' des modernen Kapitalismus relativ lang ist. Und sicher könnte man auch noch weitere ‚Voraussetzungen' für die Entstehung und weltweite Durchsetzung des modernen Kapitalismus hinzufügen. Doch was hätten wir in theoretischer Hinsicht damit gewonnen? Denn es gibt doch nur zwei Möglichkeiten: Entweder wir schaffen es, eine konsistente Definition des Begriffs ‚Kapitalismus' vorzunehmen, die einerseits so allgemein sein muss, dass

---

461 Interessanterweise hat sich im Laufe der angelsächsischen Rezeption von Max Webers Werk eine Kontroverse darüber entzündet, warum Talcott Parsons in seiner englischsprachigen Übersetzung der entsprechenden Textstelle der *Protestantischen Ethik* den Ausdruck „iron cage" verwendet hat. Vermutlich hatte Parsons dabei die Ausführungen im Auge gehabt, die Weber zum Schluss seiner Münchner Vorlesung von 1919/20 gemacht hat und deren 1923 erschienene deutschsprachige Fassung ihm zum Zeitpunkt der Anfertigung seiner Heidelberger Dissertation über die Kapitalismustheorien von Werner Sombart und Max Weber bekannt gewesen ist. Siehe diesbezüglich auch Edward A. Tiryakian, "The Sociological Import of a Metaphor: Tracking the Source of Max Weber's 'Iron Cage'", in: Sociological Inquiry 51 (1981), S. 27-33; ferner Peter Baehr, "The 'Iron Cage' and the 'Shell as Hard as Steel': Parsons, Weber, and the Stahlhartes Gehäuse Metaphor in the Protestant Ethic and the Spirit of Capitalism", in: History and Theory 40 (2001), S. 153-169.

462 Weber, *Abriß der universalen Sozial- und Wirtschaftsgeschichte*, MWG III/6, S. 319 f., 349 f., 383 und 507 f.

sie alle historischen Erscheinungsformen desselben zu umfassen in der Lage ist und die andererseits genug Spielraum dafür lässt, auch eine exakte begriffliche Bestimmung des ‚modernen Kapitalismus' vorzunehmen. Oder wir verlieren uns im Dschungel der Vielzahl historischer ‚Voraussetzungen' und der mit ihnen verbundenen Sondergeschichten, die den modernen Kapitalismus angeblich überhaupt erst möglich gemacht haben. Hierbei muss ferner berücksichtigt werden, dass Weber zufolge diese einzelnen Entwicklungsprozesse ja nicht zeitgleich stattgefunden haben, sondern erst im Laufe der europäischen Neuzeit gegenseitig so aufeinander einzuwirken begannen, dass daraus gleichsam wie durch ein ‚Wunder' beziehungsweise in diesem Fall durch eine ‚alchimistische Hochzeit' die moderne, westlich geprägte Welt entstanden ist.[463]

In der rekonstruierten Fassung seiner Münchner Vorlesung von 1919/20 ist es Weber leider nicht gelungen, diesen Spagat zwischen Geschichte und Soziologie in einer überzeugenden Art und Weise zu meistern. Dies zeigen schon die zahlreichen Erscheinungsformen des Kapitalismus, die er begrifflich voneinander unterscheidet. Stattdessen erzählt er uns in einer an sein Vorbild Werner Sombart erinnernden konventionellen Art und Weise, welches Sammelsurium an Faktoren dem modernen Kapitalismus zu seinem historischen Durchbruch verholfen haben könnten und wie sich dieser seit dem Beginn der europäischen Neuzeit entwickelt hat.[464] Viele Ausführungen, die Weber dabei macht, sind in dieser Einführung in sein Werk bereits ausführlich behandelt worden. Dennoch sollen sie der Vollständigkeit halber noch einmal kurz in Erinnerung gerufen werden. Andere Themen seiner Münchner Vorlesung von 1919/20 sind allerdings im Rahmen dieser Einführung bisher noch nicht angesprochen worden. Diese müssen bei der Rekonstruktion seiner historischen Erklärung der Entstehung des modernen Kapitalismus natürlich ebenfalls berücksichtigt werden. Wir werden dabei mehr oder weniger ‚systematisch' vorgehen, um uns nicht im Dickicht dieser komplexen ‚Geschichte' zu verlieren.

Eine der zentralen Voraussetzungen für die Entstehung des modernen Kapitalismus ist Weber zufolge die Möglichkeit einer rationalen Form der *Kapitalrechnung*. Diese setze unter anderem auch eine dauerhafte vermögensrechtliche Trennung zwischen den einzelnen ‚Hausgemeinschaften' einerseits und einem kapitalisti-

---

463 Vgl. hierzu auch Stephen Kalberg, „Max Webers historisch-vergleichende Untersuchungen und das ‚Webersche Bild der Neuzeit': eine Gegenüberstellung", in: *Max Weber heute. Erträge und Probleme der Forschung*, hrsg. von Johannes Weiß, Frankfurt am Main 1989, S. 425-444.

464 Zu Webers diesbezüglichem Verhältnis zu Werner Sombart siehe auch die Einleitung von Wolfgang Schluchter zu MWG III/6, S. 24 ff.

5.2 Die ‚Wirtschaftsgeschichte'

schen ‚Betrieb' andererseits voraus. Denn nur so konnte seiner Ansicht nach ein Sondervermögen im Rahmen der rechtlichen Organisationsform einer *societas*, das heißt einer privatrechtlichen ‚Gesellschaft' entstehen und getrennt von dem Privatvermögen einer Familie als *corpo della compagnia*, das heißt als ‚Kapital' berechnet und verwertet werden. Dieses gehörte dann allerdings nicht mehr nur den Mitgliedern einer bestimmten Hausgemeinschaft. Denn sie teilten es sich nun auch mit familienfremden Anteilseignern, um bestimmte riskante Handelsunternehmungen zu finanzieren. Diese Entstehung eines als ‚Kapital' fungierenden gesellschaftlichen Sondervermögens habe erstmals im 13. Jahrhundert in den norditalienischen Handelsstädten stattgefunden, denen dann im 14. Jahrhundert auch süddeutsche Handelsgesellschaften gefolgt seien.[465] Es handelt sich hierbei allerdings noch um einen reinen *Handelskapitalismus*, was Weber ausdrücklich betont, um nicht die Unterschiede zwischen dieser bereits im europäischen Mittelalter entstandenen Rechtsform eines ‚rationalen Handels' einerseits und dem modernen industriellen Kapitalismus, das heißt dem kapitalistischen ‚Betrieb' andererseits aus dem Auge zu verlieren. Aber zumindest eines haben beide Erscheinungsformen des Kapitalismus gemeinsam. Denn auch die Investitionen der großen Handelsunternehmungen beruhten auf dem Prinzip der ‚Rechenhaftigkeit'. Das heißt sie nahmen ebenfalls eine exakte Kalkulation der entsprechenden Gewinnchancen vor. Ferner fand bei ihnen historisch zum ersten Mal eine spezifisch ‚kapitalistische' Form der Abrechnung zwischen den jeweiligen Kapital-Anteilseignern statt, wodurch sich allmählich der ursprüngliche ‚Hauskommunismus' in den großen Handelsdynastien aufgelöst habe. Man könnte diesen Prozess auch als einen Siegeszug der ‚Gesellschaft' gegenüber der ‚Gemeinschaft' stilisieren und entsprechend dramatisieren, wie dies zum Beispiel Ferdinand Tönnies getan hat.[466] Weber zufolge handelt es sich bei solchen Handelsgesellschaften jedoch noch nicht um dauerhafte kapitalistische ‚Betriebe'. Denn ihre jeweiligen ‚Unternehmungen', die vor allem beim Fernhandel in der Regel mit einem äußerst großen Risiko verbunden gewesen sind, waren zeitlich begrenzt und besaßen eher einen ‚episodischen' Charakter. Dies kann man auch der literarisch überlieferten Reise des venezianischen Kaufmanns Marco Polo nach China in anschaulicher Form entnehmen, die angeblich im 13. Jahrhundert unserer Zeitrechnung stattgefunden haben soll. Max Weber spricht diesbezüglich von einem ‚Abenteurer-Kapitalismus', auch wenn dessen Gewinn-Erwartungen mehr oder weniger ‚rational', das heißt in diesem Fall ‚spekulativ' begründet gewesen seien. Denn ihm zufolge gibt

---

465 Weber, *Abriß der universalen Sozial- und Wirtschaftsgeschichte*, MWG III/6, S. 278 ff. und 498 f.
466 Vgl. Tönnies, *Gemeinschaft und Gesellschaft*, a.a.O., S. 419 ff.

es auch eine ‚rationale' Erscheinungsform der Spekulation, die noch nicht durch Algorithmen gesteuert wird, wie dies heute weltweit der Fall ist.[467]

Weber hat mit diesen Ausführungen noch einmal prägnant die ‚These' zusammengefasst, die er bereits in seiner Dissertation über die Geschichte der mittelalterlichen Handelsgesellschaften in Europa aufgestellt und in seiner Disputation gegenüber keinem Geringeren als den berühmten Berliner Althistoriker Theodor W. Mommsen erfolgreich ‚verteidigt' hat. Wenn man jedoch von europäischen Handelsgesellschaften im Mittelalter spricht, so haben diese einen spezifischen Ort, an dem sie ansässig gewesen sind und mit dem sich Weber bereits lange vor seiner Münchner Vorlesung von 1919/20 ausführlich beschäftigt hat, nämlich die *mittelalterliche Stadt des Okzidents*. Mit diesem Ort ist zugleich die Entstehung eines spezifischen ‚Standes' verbunden, der Weber zufolge für die historische Entwicklung des ‚modernen' Kapitalismus ebenfalls von außerordentlich großer Bedeutung gewesen ist, nämlich das *europäische Bürgertum*. Warum ist diese mittelalterliche Erscheinungsform des europäischen Bürgertums und die mit ihr verbundene ‚Stadtfreiheit' für die Entstehung des okzidentalen Kapitalismus eigentlich so wichtig gewesen, zumal dieses ‚ständische' Bürgertum ja zusammen mit der mittelalterlichen Stadt des ‚Okzidents' zur Zeit der Entstehung der neuzeitlichen europäischen Territorial- und Nationalstaaten zunehmend an historischer Bedeutung verloren hat?

In seiner Münchner Vorlesung von 1919/20 referiert Weber noch einmal die wichtigsten Ergebnisse seiner Studie über die ‚Stadt', die von seiner Witwe 1921 posthum veröffentlicht wurde und dann von ihr auch in der von ihr besorgten Fassung von *Wirtschaft und Gesellschaft* aufgenommen worden ist. Erneut hebt er die Eigenart der okzidentalen Stadt sowie deren Bedeutung für die europäische Wirtschafts- und Sozialgeschichte hervor. Entscheidend ist für ihn dabei zum einen ihre spezifische Wehrverfassung und zum anderen ihr administrativer Sonderstatus als einer Gemeinschaft von politisch gleichgestellten Bürgern.[468] Dann macht er den Unterschied zwischen der antiken und der mittelalterlichen Stadt des Okzidents deutlich. Denn in der „antiken Stadtdemokratie" hätten noch primär „*kriegerische* Erwerbsinteressen" die damals vorherrschende Form einer kapitalistischen Unternehmung bestimmt. Weber spricht diesbezüglich deshalb auch von einem

---

467 Weber, *Abriß der universalen Sozial- und Wirtschaftsgeschichte*, MWG III/6, S. 262 ff. und 276 ff. Zur schillernden Figur des Marco Polo siehe die unterhaltsame Erzählung von Lawrence Bergreen, *Marco Polo. From Venice to Xanadu*, London 2009. Zur angeblichen ‚Rationalität' der modernen Börsenspekulation vgl. auch Webers Schriften und Reden über das Börsenwesen in MWG I/5.

468 Weber, *Abriß der universalen Sozial- und Wirtschaftsgeschichte*, MWG III/6, S. 350-369 und 516-521.

„politischen Kapitalismus", den er als eine ‚irrationale' Erscheinungsform des Kapitalismus ansieht.[469] Die europäische Stadtwirtschaft des Mittelalters beruhe dagegen auf einer friedlichen Ausnutzung von Gewinnchancen im Bereich des Handels und Gewerbes. Sie sei prinzipiell marktorientiert gewesen, auch wenn die Zünfte den Zugang zur gewerbliche Produktion in monopolistischer Weise reguliert hätten. Das eigentliche wirtschafts- und sozialgeschichtliche Vermächtnis der mittelalterlichen Stadt stelle jedoch jene ‚ständische' Erscheinungsform des europäischen Bürgertums dar, wie es im Laufe der Jahrhunderte im Kampf mit dem Feudalismus und den adeligen Geschlechtern entstanden sei und bis zum Beginn der Neuzeit die ‚Städteautonomie' zu behaupten vermocht habe. Dann verlieren sich in Webers Erzählung allerdings die Spuren dieses im Mittelalter entstandenen europäischen Bürgertums, bis dieses ihm zufolge in der europäischen ‚Neuzeit' wie Phönix aus der Asche als ein durch die Reformation ‚geläutertes' und zum Protestantismus konvertiertes Bürgertum wiederauftaucht. Doch dabei handelt es sich nicht mehr um vermögende Kaufleute, sondern primär um ‚kleinbürgerliche' Schichten, die nun zum Motor verschiedener gewerblicher und sonstiger ‚Revolutionen' geworden seien.

Mit der Entstehung der neuzeitlichen Territorialstaaten in Europa wurden die Spielkarten völlig neu gemischt. Denn mit dem Verlust ihrer ehemaligen Militärhoheit, Gerichtshoheit und Gewerbehoheit gerieten dort die Städte zunehmend in den Konkurrenzkampf der einzelnen Nationalstaaten, aus dem Weber zufolge im Laufe der Zeit dann sowohl der „neuzeitlich-abendländische Kapitalismus" als auch ein „nationaler Bürgerstand" hervorgegangen ist. Insofern überrascht es nicht, wenn er behauptet, dass es der „geschlossene nationale Staat" sei, der dem modernen Kapitalismus solange das Überleben sichern wird, bis die einzelnen Nationalstaaten durch ein „Weltreich" welcher Art auch immer abgelöst würden.[470] Der Siegeszug des modernen Kapitalismus ist ihm zufolge also untrennbar mit dem europäischen Staatensystem der Neuzeit verbunden. Es handelt sich dabei nicht um eine ‚gesetzmäßige' Form der Abhängigkeit, sondern um eine Interessen-

---

469 Ebd., S. 364 ff.
470 Ebd., S. 369. Hierbei handelt es sich offensichtlich um eine Anspielung auf das einschlägige ‚wirtschaftspolitische' Werk eines berühmten idealistischen deutschen Philosophen, über den Webers Ehefrau ihre erste wissenschaftliche Abhandlung geschrieben hat. Vgl. Johann Gottlob Fichte, *Der geschlossene Handelsstaat. Ein philosophischer Entwurf als Anhang zur Rechtslehre und Probe einer künftig zu liefernden Politik*, Tübingen 1800. Siehe hierzu auch Marianne Weber, *Fichte's Sozialismus und sein Verhältnis zur Marx'schen Doktrin*, Freiburg im Breisgau und Berlin 1900, besonders S. 16-73. Diese sprach diesbezüglich von ihrer „kleinen Erstlingsschrift" (ebd., S. V).

gemeinschaft beziehungsweise um eine ‚Wahlverwandtschaft' zwischen der staatlichen Bürokratie einerseits und dem modernen kapitalistischen ‚Betrieb' andererseits. Für das Funktionieren dieser Interessengemeinschaft spielt Weber zufolge auf dem europäischen Kontinent die Rezeption und Weiterentwicklung des römischen und kanonischen Rechts eine zentrale Rolle. Denn nur eine prinzipiell berechenbare und insofern ‚formal rationale' Form der Rechtsprechung und Rechtsanwendung gewährleiste den modernen kapitalistischen Unternehmern diejenige Sicherheit, die sie für ihre langfristige Investitionstätigkeit benötigen. Weber greift an dieser Stelle auf Überlegungen zurück, die er bereits im rechtssoziologischen Teil der Vorkriegsfassung von *Wirtschaft und Gesellschaft* ausführlich dargestellt hat. Auf den Widerspruch, der sich daraus ergibt, dass der moderne industrielle Kapitalismus in einem Land entstanden ist, das dieses ‚formal rationale' Recht so gut wie überhaupt nicht kennt beziehungsweise dessen Durchsetzung innerhalb seines Herrschaftsbereiches bisher erfolgreich verhindert hat, nämlich England und die von ihm geprägten angelsächsischen Kolonien, geht Weber an dieser Stelle allerdings erneut nicht weiter ein.[471]

Verhältnismäßig viel Raum nehmen in dieser Münchner Vorlesung Webers Ausführungen über die Entstehung der *fabrikmäßigen* Form der Arbeitsorganisation ein. Dies ist insofern nicht überraschend, als auch bereits Karl Marx und Werner Sombart ausführlich auf die geschichtliche Bedeutung dieser technologischen Revolution hingewiesen haben. Webers Ansicht nach ist die moderne Fabrik nicht aus dem mittelalterlichen Handwerk hervorgegangen, sondern getrennt von diesem entstanden. Denn das Merkmal einer Fabrik sei die „kapitalistische Organisation des Produktionsprozesses, d.h. Organisation spezialisierter und kombinierter Arbeit innerhalb der Werkstätte unter Nutzung stehenden Kapitals mit gleichzeitiger kapitalistischer Rechnung"[472]. Ferner erwähnt Weber als weiteres Kennzeichen der modernen Fabrik, dass sich in diesem Fall sowohl die Werkstatt, das Werkzeug als auch die jeweils verwendeten Rohstoffe und Kraftquellen im Besitz einer einzigen Person befinden würden, nämlich des *kapitalistischen Unternehmers.*[473] Entscheidend sei dabei der frühneuzeitliche *Bergbau* gewesen, der „den Prozeß der kapitalistischen Entwicklung ins Rollen gebracht hat". Denn dort seien in der europäischen Neuzeit zum ersten Mal eine „außermenschliche Kraftquelle" genutzt worden, die natürlich auch bereits in verschiedenen außereuropäischen Imperien wie China, Ägypten und Mesopotamien bei der Regulie-

---

471 Weber, *Abriß der universalen Sozial- und Wirtschaftsgeschichte*, MWG III/6, S. 370 ff.
472 Ebd., S. 228 und 237.
473 Ebd., S. 340.

5.2 Die ‚Wirtschaftsgeschichte'

rung großer Flüsse eine zentrale Rolle gespielt hat, nämlich das Wasser.[474] Aber auch die neuzeitliche *Wissenschaft* und *Technik* seien Voraussetzungen für die Entstehung dieser fabrikmäßigen Form der Arbeitsorganisation gewesen. In diesem Zusammenhang verweist Weber auf die Bedeutung des auf empirischer Erfahrung beruhenden Experiments in der europäischen Renaissance, dessen Entstehung sich nicht der Wissenschaft, sondern der *Kunst* verdanke. Eine bewusste technologische Entwicklung sei jedoch erst im Bergbau erfolgt, wobei eine ‚rationale' Patentgesetzgebung die Voraussetzung für eine systematische Förderung des technologischen Fortschrittes gewesen sei.[475]

Neben der formell ‚freien Arbeit' sowie einer ‚rationalen' betriebswirtschaftlichen Form der Kapitalrechnung und der fabrikmäßigen Arbeitsorganisation spielen natürlich noch eine ganze Reihe weiterer Faktoren eine Rolle, die den modernen Kapitalismus überhaupt erst möglich gemacht haben. Zu diesen zählt Weber im Anschluss an Sombart unter anderem auch die Steigerung der Nachfrage auf den Gütermärkten, bei der sowohl der „politische Bedarf" an Waffen und Uniformen als auch der „Luxusbedarf" der besser gestellten Schichten eine zentrale Rolle gespielt hätten. Aber auch die „Demokratisierung des Luxus", das heißt der moderne Massenkonsum sei diesbezüglich von erheblicher Bedeutung gewesen. Weber spricht diesbezüglich sogar von einer „*entscheidende[n] Wendung für den Kapitalismus*"[476].

Allerdings ist damit seine Aufzählung der ‚Voraussetzungen', die den modernen industriellen Kapitalismus ermöglicht hätten, immer noch nicht an ein Ende gekommen. Denn er erwähnt in diesem Zusammenhang ferner die allgemeine *Kommerzialisierung* der wirtschaftlichen Beziehungen sowie die Bedeutung der ‚rationalen' *Spekulation*, was in der Sekundärliteratur meist übersehen wird. Unter ‚Kommerzialisierung' versteht Weber den allgemeinen Gebrauch von übertragbaren Wertpapieren für die Bestimmung der Vermögensrechte eines Menschen. Hierzu zählt er zum einen die persönlichen Anteilsrechte an einem kapitalistischen Betrieb, deren ‚Wert' seit der Erfindung der Aktiengesellschaft an der Börse mit ihren notorischen Übertreibungen festgelegt und immer wieder neu ‚verhandelt' wird. Und zum anderen erwähnt er in diesem Zusammenhang ‚Rentenpapiere',

---

474 Ebd., S. 234 und 240 ff.
475 Ebd., S. 343 und 348.
476 Ebd., S. 234 f. und 346. Zur Bedeutung des Krieges und des Luxuskonsums für die Expansion der neuzeitlichen Gütermärkte in Europa siehe auch Werner Sombart, *Luxus und Kapitalismus. Studien zur Entwicklungsgeschichte des modernen Kapitalismus*, Band 1, München und Leipzig 1913; ferner ders., *Krieg und Kapitalismus. Studien zur Entwicklungsgeschichte des modernen Kapitalismus*, Band 2, München und Leipzig 1913.

die vor allem in Form von „Staatsschuld- und Hypothekenschuldverschreibungen" ausgegeben und zum Teil ebenfalls an der Börse gehandelt werden.[477] Auf die zuletzt genannten beiden Anlageformen bezieht sich primär Webers abwertender Gebrauch des Begriffs ‚Rentner', was einen gewissen Selbsthass zum Ausdruck bringt, da er aufgrund seiner krankheitsbedingten Berufsunfähigkeit selbst viele Jahre lang von entsprechenden ‚Rentenbezügen' gelebt hat. Mit dem Begriff des ‚Rentners' ist in diesem Fall jedoch kein staatlicher Almosenempfänger gemeint, wie dieser Begriff heute in der Regel in der Bundesrepublik Deutschland gebraucht wird, sondern ein sogenannter ‚Rentier', der primär von der ‚Dividende', nicht aber von einer waghalsigen kapitalistischen Unternehmertätigkeit seinen persönlichen ‚Haushalt' beziehungsweise Konsum finanziert. In diesem ‚Rentnertum' sieht Weber die eigentliche Gefahr für die weitere kapitalistische Entwicklung gegeben, da damit der unternehmerische Elan zum Erliegen zu geraten drohe, der den ‚Westen' angeblich erst zu dem gemacht hat, was er vielleicht heute noch ist oder auch nicht. Zumindest die gegenwärtig noch immer in den USA weit verbreitete Bevorzugung der Aktie für die private Altersvorsorge und die in der Bundesrepublik Deutschland vorherrschende Präferenz für staatliche Schuldverschreibungen und ‚Sparbücher', die dank zahlreicher Maßnahmen der Europäischen Zentralbank (EZB) inzwischen so gut wie keine Zinsen mehr einbringen, zeigt, dass wir es hierbei mit höchst unterschiedlichen kulturellen Mentalitäten zu tun haben, die nur historisch erklärt werden können, was Weber im Großen und Ganzen ja auch mehr oder weniger gut gelungen ist.

An dieser Stelle kommt noch einmal seine unerschütterliche Grundüberzeugung beziehungsweise sein ‚Glaube' ins Spiel, dass ohne die Existenz einer sich spezifischen religiösen Ursprüngen verdankenden rationalen Wirtschafts- und Berufsethik weder das moderne, bürgerlich geprägte Unternehmertum noch das moderne ‚Proletariat', das heißt eine hochgradig disziplinierte Arbeiterschaft sowie dessen Vorstellung von ‚Sozialismus' möglich gewesen wären. In seiner sozial- und wirtschaftsgeschichtlichen Vorlesung von 1919/20 fasst er die Argumente, die er bereits in seinen Protestantismus-Studien von 1904-05 sowie in seinen Aufsätzen über die Wirtschaftsethik der Weltreligionen vertreten hat, noch einmal prägnant

---

477 Weber, *Abriß der universalen Sozial- und Wirtschaftsgeschichte*, MWG III/6, S. 320 ff. In der heutigen wirtschaftswissenschaftlichen und wirtschaftssoziologischen Fachliteratur wird sinngemäß von einem Zeitalter der ‚Finanzialisierung' gesprochen. Diese Erscheinungsform des Kapitalismus hat bereits Weber im Auge, wenn er von einer umfassenden ‚Kommerzialisierung' des Kapitalvermögens spricht. Siehe diesbezüglich auch Paul Windolf, „Was ist Finanzmarkt-Kapitalismus?", in: ders. (Hrsg.), *Finanzmarkt-Kapitalismus* (= Kölner Zeitschrift für Soziologie und Sozialpsychologie, Sonderheft 45), Wiesbaden 2005, S. 20-57.

5.2 Die ‚Wirtschaftsgeschichte'

zusammen. Weber sagt dabei ausdrücklich: „Was letzten Endes den Kapitalismus geschaffen hat, ist die rationale Dauerunternehmung, rationale Buchführung, rationale Technik, das rationale Recht, aber auch nicht sie allein; es mußte ergänzend hinzutreten die *rationale Gesinnung*, die *Rationalisierung der Lebensführung*, *das rationale Wirtschaftsethos*."[478] Dies mag man als rechthaberisch ansehen oder auch nicht. Feststeht, dass Weber trotz zahlreicher Kritiken tatsächlich bis zuletzt keine Abstriche an seiner sogenannten ‚Protestantismus-These' vorgenommen hat, worauf er übrigens selbst ausdrücklich hingewiesen hat.[479]

Abschließend soll noch einmal kurz auf das Verhältnis zwischen ‚Rationalismus' und ‚Irrationalismus' innerhalb der Wirtschaftsgeschichte eingegangen werden, wie es Weber in seiner Münchner Vorlesung von 1919/20 dargestellt hat. Wir erinnern uns, dass er den Gegensatz zwischen einer ‚formalen' und einer ‚materialen' Rationalität zwar nicht in seinen „Soziologischen Grundbegriffen" von 1920 und auch nicht in seinen verschiedenen religionssoziologischen Schriften behandelt, sondern im rechtssoziologischen und wirtschaftssoziologischen Teil von *Wirtschaft und Gesellschaft*. Auch in dieser Vorlesung vom Wintersemester 1919/20 betont er noch einmal den Gegensatz zwischen einer ‚formalen' und einer ‚materialen' Rationalität, der schwer nachvollziehbar ist, weil es sich hierbei um völlig verschiedene Rationalitätskriterien handelt. Bezeichnenderweise wird der Unterschied zwischen diesen beiden Rationalitätstypen in seiner Münchner Vorlesung durch eine weitere Unterscheidung überlagert, nämlich die zwischen ‚Rationalismus' und ‚Irrationalismus'. Ob diese grundbegriffliche Konfusion Weber selbst zuzuschreiben ist oder aber der uns überlieferten Rekonstruktion dieser Vorlesung, wissen wir nicht. Eines ist jedoch festzuhalten: Entweder gibt es eine ‚materiale' Form von Rationalität, was auch immer dies sein könnte, oder es gibt sie nicht. Dann müssen aber auch die entsprechenden Definitionen konsistent vorgenommen werden, was zumindest bei dieser Münchner Vorlesungsmitschrift leider nicht immer der Fall ist. Denn dort steht zum Beispiel: „Heute ist die Wirtschaft, soweit sie Erwerbswirtschaft ist, prinzipiell ökonomisch autonom; nur auf wirtschaftliche Gesichtspunkte eingestellt und im hohen Grade rechnerisch rational. Aber immer noch ragen starke materiale Irrationalitäten in diese formale Rationalität hinein, gegeben vor allem durch die Einkommensverteilung, die unter Umständen eine (vom Standpunkt z.B. material ‚bestmöglicher Güterversorgung' aus gesehen) material irrationale Verteilung der Güter herbeiführt, ferner durch

---

478 Weber, *Abriß der universalen Sozial- und Wirtschaftsgeschichte*, MWG III/6, S. 383.
479 Vgl. Weber, *Die protestantische Ethik und der Geist des Kapitalismus* [1920], MWG I/18, S. 124.

Haushalts- und spekulative Interessen, die, vom Standpunkt des Erwerbtriebes aus gesehen, irrationaler Natur sind."[480]

Und an dieser Stelle weist Weber noch einmal ausdrücklich darauf hin, dass die Wirtschaft nicht das einzige „Kulturgebiet" sei, „auf dem sich dieser Kampf der formalen mit der materialen Rationalität abspielt". Vielmehr durchziehe dieser die „Geschichte der gesamten Kultur", zu der unter anderem auch das Recht und die Kunst gehören würden.[481] Allerdings bleibt an dieser Stelle immer noch klärungsbedürftig, ob es sich dabei tatsächlich um eine ‚materiale Rationalität' oder aber eher um eine ‚materiale Irrationalität' handelt, was ja ein beträchtlicher Unterschied ist. Insofern lohnt es sich, zum Schluss dieser Einführung in Webers Werk noch einmal die universalgeschichtlichen Implikationen und Konsequenzen zu überdenken, die sich aus diesem Spannungsverhältnis zwischen ‚formaler' und ‚materialer' Rationalität sowie den jeweiligen ‚Eigengesetzlichkeiten' der verschiedenen gesellschaftlichen Ordnungen und Mächte ergeben. Dabei wird sich zeigen, dass sich Webers Werk zwar alles Mögliche, aber mit Sicherheit keine *eindeutige* Botschaft im Hinblick auf die Zukunft der Menschheit entnehmen lässt, auch wenn dies in der Sekundärliteratur immer wieder anders gesehen und Weber dort manchmal sogar wie ein (Unheil)-Prophet der ‚Moderne' behandelt wird, dem zufolge sich alles zunehmend ‚versteinert' beziehungsweise ‚alternativlos' wird.

5.3 Max Webers Beitrag zu einer ‚Universalgeschichte der Kultur'

In dieser Einführung wurde bewusst das soziologische Werk von Max Weber in den Mittelpunkt gestellt. Denn in diesem entwickelte er zahlreiche Begriffe, mit denen er auch seine historischen Arbeiten zu ‚systematisieren' versucht hat. Ferner wurden die Reibungsflächen aufgezeigt, die sich zwischen Webers historischen und soziologischen Arbeiten ergeben. Einen Versuch, diesen Gegensatz zwischen Geschichte und Soziologie zu überwinden, stellen seine *universalgeschichtlichen* Überlegungen dar. Denn soll die ‚Weltgeschichte' mehr als ein Sammelsurium von ‚Teilgeschichten' sein, bedarf es einer Begrifflichkeit, die einen *systematischen Vergleich* zwischen verschiedenen Epochen und Kulturen ermöglicht. Diesen Weg hat Weber im Laufe seiner intellektuellen Entwicklung zweifellos beschritten, wobei die wichtigsten Stationen dieses Weges seine zwischen 1894-1898 in Freiburg im Breisgau und Heidelberg gehaltene Vorlesung „Allgemeine (‚theoreti-

---

480 Weber, *Abriß der universalen Sozial- und Wirtschaftsgeschichte*, MWG III/6, S. 95.
481 Ebd.

5.3 Max Webers Beitrag zu einer ‚Universalgeschichte der Kultur'

sche') Nationalökonomie", die dritte Fassung seines Beitrages über die „Agrarverhältnisse im Altertum" zum *Handwörterbuch der Staatswissenschaften* von 1909, die Vorkriegsfassung von *Wirtschaft und Gesellschaft* sowie seine Aufsatzfolge über die Wirtschaftsethik der Weltreligionen darstellen. Weber spricht im letzten Fall sogar ausdrücklich von Resultaten „vergleichender Studien über die universalgeschichtlichen Zusammenhänge von Religion und Gesellschaft"[482].

Doch was meint er damit, wenn er in der berühmten „Vorbemerkung" zum ersten Band seiner *Gesammelten Aufsätze zur Religionssoziologie* von 1920 diesbezüglich von einer „Universalgeschichte der Kultur" spricht?[483] Hat sich Weber nicht im Laufe der Zeit von einem emphatischen Gebrauch des Kulturbegriffs verabschiedet, wie er noch in seinem ‚Objektivitätsaufsatz' von 1904 anzutreffen ist, und sich primär soziologischen Studien zugewendet?[484] Und warum greift er gegen Ende seines Lebens wieder auf Überlegungen zurück, die er bereits 1906 in seiner Auseinandersetzung mit dem Berliner Althistoriker Eduard Meyer angestellt hat? Denn auch in dieser sprach er bereits von der Notwendigkeit der Ausarbeitung einer „Universalgeschichte der *heutigen* Kultur", welche die Aufgabe habe, „im Wege der Vergleichung die historische Eigenart der europäischen Kulturentwicklung genetisch schärfer zu fassen"[485]. Stellt dies nicht eine bemerkenswerte Vorwegnahme dessen dar, was Weber dann über ein Jahrzehnt lang in seinen verschiedenen universalgeschichtlich ausgerichteten Arbeiten selbst gemacht hat? Und wenn ja: welche Rolle spielen im Rahmen seiner eigenen universalgeschichtlich und kulturvergleichend ausgerichteten Arbeiten eigentlich die methodologischen Prämissen

---

482 Vgl. Weber, „Die protestantische Ethik und der Geist des Kapitalismus" [1920], MWG I/18, S. 491. Hierbei handelt es sich um einen Zusatz in der überarbeiteten und erweiterten Fassung seiner Protestantismus-Aufsätze von 1920.

483 Weber, „Vorbemerkung" [1920], MWG I/18, S. 114. Zu Webers Verständnis von ‚Universalgeschichte' siehe auch Günter Abramowski, *Das Geschichtsbild Max Webers. Universalgeschichte am Leitfaden des okzidentalen Rationalisierungsprozesses*, Stuttgart 1966; Hans Liebeschütz, *Das Judentum im deutschen Geschichtsbild von Hegel bis Max Weber*, Tübingen 1967, S. 302 ff.; Wolfgang J. Mommsen, „Max Webers Begriff der Universalgeschichte", in: *Max Weber, der Historiker*, hrsg. von Jürgen Kocka, Göttingen 1986, S. 51-72; ferner ders., *Max Weber. Gesellschaft, Politik und Geschichte*, a.a.O., S. 97 ff. und 182 ff.

484 Vgl. hierzu die entsprechende werkgeschichtliche Rekonstruktion von Johannes Weiß in seiner Einleitung zu dem von ihm herausgegebenen zweiten Teil der methodologischen Schriften von Max Weber, die im Rahmen der Max-Weber-Gesamtausgabe im Band MWG I/12 unter dem Titel *Verstehende Soziologie und Werturteilsfreiheit* zusammen mit anderen Schriften Webers veröffentlicht worden ist.

485 Weber, „Kritische Studien auf dem Gebiet der kulturwissenschaftlichen Logik" [1906], MWG I/7, S. 437 f.

seiner ‚verstehenden Soziologie', wie er sie erstmals in seinem ‚Kategorienaufsatz' von 1913 und dann auch in seinen 1921 erschienenen „Soziologischen Grundbegriffen" öffentlich zur Diskussion gestellt hat? Oder haben wir es hierbei mit zwei verschiedenen Forschungsprogrammen zu tun: nämlich zum einen mit einem ‚methodologischen Individualismus', der gewissermaßen ein reines Glaubensbekenntnis darstellt, weil er aus verschiedenen Gründen in Webers ‚materialen' Arbeiten überhaupt nicht zum Zuge gekommen ist, und zum anderen mit einer historisch-komparativen Betrachtungsweise, die universalgeschichtlich ausgerichtet ist und über deren ‚Methode' man von ihm so gut wie nichts erfährt?[486]

Zunächst fällt auf, dass Weber in seiner „Vorbemerkung" zu seinen *Gesammelten Aufsätze zur Religionssoziologie* weder auf seinen Kategorienaufsatz von 1913 noch auf seine „Soziologische Grundbegriffe" von 1920, sondern auf seinen ‚Objektivitätsaufsatz' von 1904 Bezug nimmt. Genauer gesagt handelt es sich dabei um den Begriff der ‚theoretischen Wertbeziehung', den Weber von Heinrich Rickert übernommen und in unmissverständlicher Weise von einem ‚Werturteil' abgegrenzt hat. Mit einer ‚Wertbeziehung' sind bestimmte ‚Kulturideen' gemeint, an denen sich eine Wissenschaftlerin oder ein Wissenschaftler bei der Bildung ihrer Begriffe und der Auswahl ihrer Forschungsgegenstände orientieren. Damit ist jedoch nicht zwangsweise eine normative Bewertung des zu erforschenden Tatbestandes verbunden, auch wenn dies vor allem in der ‚moralphilosophisch' orientierten Sekundärliteratur zu Webers Werk immer wieder behauptet wird. Tatsache ist jedoch, dass Weber in seinem Objektivitätsaufsatz von 1904 auf die Gefahr dieser möglichen Verwischung des Unterschiedes zwischen ‚Wertideen' und ‚Werturteilen' ausdrücklich hingewiesen hat.[487] Und er hat daraus auch die entsprechenden Konsequenzen gezogen. Denn er sagt in der „Vorbemerkung" zum ersten Band seiner *Gesammelten Aufsätze zur Religionssoziologie* von 1920 ausdrücklich: „Universalgeschichtliche Probleme wird der Sohn der modernen europäischen Kulturwelt unvermeidlicher- und berechtigterweise unter der Fragestellung behandeln: welche Verkettung von Umständen hat dazu geführt, daß gerade auf dem Boden des Okzidents, und nur hier, Kulturerscheinungen auftraten, welche doch – wie wenigstens wir uns gern vorstellen – in einer Entwicklungsrichtung von *universeller* Bedeutung und Gültigkeit lagen?"[488]

---

486 Zu dem Versuch, diese komparative Methode Webers in einer handlungs- und kausaltheoretischen Perspektive zu rekonstruieren, siehe Stephen Kalberg, *Einführung in die historisch-vergleichende Soziologie Max Webers*, Wiesbaden 2006.
487 Vgl. Weber, „Die ‚Objektivität' sozialwissenschaftlicher und sozialpolitischer Erkenntnis" [1904], MWG I/7, S. 202 ff.
488 Weber, „Vorbemerkung", MWG I/18, S. 101.

5.3 Max Webers Beitrag zu einer ‚Universalgeschichte der Kultur'

An diesem Zitat ist Webers Feststellung bemerkenswert, dass es sich hierbei um ‚Kulturerscheinungen' handeln würde, die trotz ihres ‚okzidentalen' und vorderasiatischen Ursprungs zugleich von allgemein gültiger Bedeutung sein könnten. Damit ist jedoch endgültig der Streit darüber eröffnet, ob Weber ein ‚Eurozentrist' gewesen ist oder aber nicht. Hierzu kann man nur sagen, dass er die ‚klassenmäßige' und kulturelle Selektivität seiner eigenen Betrachtungsweise ausdrücklich betont hat. Dies fängt schon mit seiner Freiburger Antrittsrede von 1895 an, in der er sich unmissverständlich zu seiner bürgerlichen Herkunft sowie zu dem von Bismarck in einer ‚machtpolitischen' Art und Weise gegründeten deutschen Nationalstaat bekennt.[489] Und dieser ‚Wertbeziehung' ist Weber ganz offensichtlich bis zu seinem Tod im Juni 1920 treu geblieben. Wie kann man aber einen solchen sozialen und kulturellen Partikularismus überwinden und zu Aussagen von ‚universeller Gültigkeit' kommen?

Bei dem Versuch einer Lösung dieses Problems spielt Webers *Soziologie* eine zentrale Rolle. Genauer gesagt handelt es sich dabei nicht um die Methodologie von Webers ‚verstehender Soziologie', sondern um die Art und Weise, wie er in seinen ‚materialen' Untersuchungen seine allgemeinen soziologischen Begriffe verwendet und dort auch neue Begriffspaare entwickelt, die sich auf die Eigenart seines jeweiligen Forschungsgegenstandes, also zum Beispiel auf die Religion oder das Rechts beziehen. Eine ganze Reihe dieser zum Teil recht merkwürdig klingenden Begriffsbildungen haben wir im Rahmen dieser Einführung in Webers Werk kennen gelernt. Dies betrifft zum Beispiel seine Unterscheidung zwischen den ‚positiv privilegierten' und den ‚negativ privilegierten' sozialen Schichten, der ‚ethischen Prophetie' und der ‚exemplarischen Prophetie' sowie seine Verwendung des Begriffs ‚Pariavolk' für die Beschreibung der Situation des jüdischen Volkes in der Diaspora, wobei er ausdrücklich betont, dass es sich in diesem Fall um eine soziale ‚Kaste' in einer ‚kastenlosen Umwelt' handeln würde. Auch seine Unterscheidung zwischen ‚legitimer Herrschaft' und ‚nichtlegitimer Herrschaft' haben wir ausführlich besprochen. In all diesen Fällen handelt es sich um eine Form der soziologischen Begriffsbildung, die eine Brücke zwischen verschiedenen ‚Welten' herzustellen versucht: nämlich zwischen der ‚Antike', dem ‚Mittelalters' und der ‚Neuzeit' einerseits sowie zwischen der ‚okzidentalen' und der ‚orientalischen' Welt andererseits. Hierzu gehört selbstverständlich auch die begriffliche Unterscheidung zwischen ‚Herrschaft' und ‚Vereinbarung', die Webers gesamtes Werk durchzieht und die ihn aus guten Gründen offensichtlich bis an das Ende seines Lebens beschäftigt und ihm vielleicht manchmal auch den Schlaf geraubt hat. Denn hierbei handelt es sich ganz offensichtlich um die Achillesferse seiner Herr-

---

489 Vgl. Mommsen, *Max Weber und die deutsche Politik 1890-1920*, a.a.O., S. 37 ff.

schaftssoziologie und aufgrund deren zentralen Stellung in Webers Werk seiner ‚Soziologie' schlechthin.[490]

Jürgen Habermas hat recht mit seinem Diktum, dass Webers „Liste der Originalleistungen des okzidentalen Rationalismus" lang sei.[491] Zu diesen kulturellen ‚Innovationen' der ‚westlichen Welt' gehören unter anderem die neuzeitlichen Naturwissenschaften sowie die moderne Technik, ein spezifisches Verständnis von Kunst, eine ‚rationale Rechtslehre', der moderne Verfassungsstaat, ein an rationalen Regeln orientiertes ‚Fachmenschentum' und ‚Fachbeamtentum', aber selbstverständlich auch der ‚moderne Kapitalismus'. Letzterer beruht Weber zufolge wiederum auf einer ganzen Reihe von historischen Voraussetzungen, die ebenfalls zunächst rein europaspezifisch gewesen seien: nämlich die Trennung von ‚Haushalt' und ‚Betrieb' bei den frühneuzeitlichen kapitalistischen ‚Unternehmungen', das dadurch möglich gewordene moderne Unternehmertum, die „formell freie Arbeit", das heißt die moderne Form der Lohnarbeit, eine rationale Form der unternehmerischen Buchführung, eine dadurch bedingte kapitalistische Organisation der industriellen Produktion, die „Rationalisierung der Spekulation" durch die Erfindung der Börse, ein „rationaler Sozialismus" sowie eine bestimmte Art der „praktisch-rationalen Lebensführung", die auf der „okzidentalen religiösen Wirtschaftsethik" beruhen würde.[492]

Weber zufolge handelt es sich bei allen diesen Phänomenen um einen „spezifisch gearteten ‚Rationalismus' der okzidentalen Kultur", zu dem er auch den „ökonomischen Rationalismus" im engeren Sinne zählt.[493] Dies wird in der Sekundärliteratur im Anschluss an Marianne Webers Biographie über das Leben und Werk ihres Mannes von 1926 in der Regel so interpretiert, als sei Max Weber in seinen Arbeiten zunächst von spezifischen Erscheinungsformen des modernen Kapitalismus ausgegangen, um dann um 1910 verwundert feststellen zu müssen, dass dieser ja selbst nur eine von höchst verschiedenen Erscheinungsformen des ‚okzidentalen Rationalismus' darstellen würde.[494] Daraus allerdings den Schluss zu ziehen, dass

---

490 Siehe hierzu auch die entsprechenden Ausführungen im dritten Teil dieser Einführung in Webers Werk.

491 Habermas, *Theorie des kommunikativen Handelns*, Band 1, a.a.O., S. 225 f.

492 Vgl. Weber, „Vorbemerkung", MWG I/18, S. 101 ff.

493 Ebd., S. 116 f.

494 Marianne Weber hat darauf hingewiesen, dass ihr Mann um 1910 allmählich die allgemeine Bedeutung dieses ‚okzidentalen Rationalismus' und seine Auswirkungen auf die verschiedensten Kulturgebiete erkannt habe. Dies bedeutet natürlich nicht, dass für ihn der ‚moderne Kapitalismus' nun weniger wichtig als vorher war. Vielmehr ist das genaue Gegenteil der Fall. Denn sonst hätte er ja wohl kaum seinen sogenannten ‚Grundriß-Beitrag', das heißt die beiden Fassungen von *Wirtschaft und Gesellschaft*

5.3 Max Webers Beitrag zu einer ‚Universalgeschichte der Kultur'

in der modernen, westlich geprägten Welt in den letzten Jahrhunderten die wichtigsten gesellschaftlichen Bereiche zunehmend ‚rationaler' geworden seien, übersieht Folgendes: Erstens hat Weber selbst immer wieder darauf hingewiesen, dass der Begriff des ‚Rationalismus' eine „Welt von Gegensätzen" beinhalten würde.[495] Das heißt es handelt sich diesbezüglich um keinen *eindeutigen* Begriff und insofern auch um keine eindeutige ‚Zeitdiagnose'. Zweitens erwähnt Weber sowohl im rechtssoziologischen als auch im wirtschaftssoziologischen Teil der Vorkriegs- und Nachkriegsfassung von *Wirtschaft und Gesellschaft* zwei völlig verschiedene und miteinander nicht kompatible Erscheinungsformen von Rationalität, nämlich die ‚formale' und die ‚materiale' Rationalität. Und nur die ‚formale Rationalität' hebt Weber aus guten Gründen in der berühmten „Vorbemerkung" zu seinen *Gesammelten Aufsätzen zur Religionssoziologie* hervor, während er auf die verschiedenen Erscheinungsformen einer ‚materialen Rationalität' dort überhaupt nicht eingeht, weil die Rationalitätskriterien für eine solche Form der Rationalität von ihm nie expliziert worden sind. Und drittens gibt es einen Text, der eine völlig andere Lesart von Webers ‚Bild der Moderne' nahelegt, nämlich die „Zwischenbetrachtung" zu seinen Aufsätzen über die Wirtschaftsethik der Weltreligionen, die ebenfalls von erheblicher universalgeschichtlicher und zeitdiagnostischer Bedeutung ist. In dieser „Zwischenbetrachtung" betont Weber ausdrücklich die zunehmende ‚Eigengesetzlichkeit' der einzelnen ‚Lebensordnungen', die sich aus der fortschreitenden gesellschaftlichen und kulturellen Differenzierung ergeben und schließlich zu unüberbrückbaren ‚Spannungen' zwischen diesen verschiedenen ‚Wertsphären' führen würde.[496]

Dies bedeutet aber, dass es zumindest in Webers Augen kein übergreifendes Rationalitätskriterium gibt, das für *alle* diese verschiedenen ‚Lebensordnungen' und die in ihnen zum Ausdruck kommenden ‚Wertsphären' gleichermaßen gilt. Im Falle der Religion vollzieht sich ihm zufolge sogar das weltgeschichtliche Drama, dass diejenige Macht innerhalb der verschiedenen ‚gesellschaftlichen Ordnungen und Mächte', die einst den Schlüssel für eine in intellektueller Hinsicht höchst ‚konsequente' und insofern ‚rationale' Deutung der Welt geliefert hat – nämlich die Religion –, von verschiedenen anderen ‚gesellschaftlichen Ordnungen und

---

sowie seine Aufsätze über die Wirtschaftsethik der Weltreligionen geschrieben. Siehe hierzu Marianne Weber, *Max Weber. Ein Lebensbild* [1926], Tübingen 1986, S. 348 ff. Vgl. diesbezüglich ferner Wilhelm Hennis, *Max Webers Wissenschaft vom Menschen. Neue Studien zur Biographie des Werks*, Tübingen 1996, S. 200 ff.

495 Vgl. Weber, „Die protestantische Ethik und der ‚Geist' des Kapitalismus" [1904-05], MWG I/9, S. 177.
496 Vgl. Weber, „Zwischenbetrachtung", MWG I/19, S. 479 ff.

Mächten' beziehungsweise ‚Wertsphären' nun selbst zu einer höchst ‚irrationalen' Erscheinungsformen des modernen Zeitalters erklärt wird. Doch neben der Religion gibt es in Webers Augen auch noch zwei weitere ‚Lebensordnungen' beziehungsweise ‚Wertsphären', die im Laufe der letzten Jahrhunderte das gleiche Schicksal wie die „sublimierte Erlösungsreligion" erlitten haben und die ihrerseits immer ‚sublimer' geworden seien, nämlich die *Kunst* sowie die *geschlechtliche Liebe*.[497]

Webers „Zwischenbetrachtung" kommt also ebenfalls eine erhebliche universalgeschichtliche und zeitdiagnostische Bedeutung zu. Ferner korrigiert sie in vielerlei Hinsicht das einseitige Bild, das sich ergibt, wenn man die ‚moderne Welt' nur aus der Perspektive des ‚okzidentalen Rationalismus', das heißt der „Vorbemerkung" zu seinen *Gesammelten Aufsätzen zur Religionssoziologie* betrachtet, wie dies im Anschluss an den ungarischen Philosoph und Kommunist Georg Lukács ja auch bei namhaften Vertretern der sogenannten ‚Frankfurter Schule der Soziologie' der Fall ist.[498] Dabei fällt auf, dass der Begriff der ‚formalen Rationalität', der Webers sogenannter ‚Rationalisierungsthese' zugrunde liegt, weder in seinem Kategorienaufsatz von 1913 noch in seinen „Soziologischen Grundbegriffen" von 1920 vorkommt. Vielmehr hat er diesen in Abgrenzung vom Begriff der ‚materialen Rationalität' zum ersten Mal im rechtssoziologischen und wirtschaftssoziologischen Teil der Vorkriegs- und Nachkriegsfassung von *Wirtschaft und Gesellschaft* gebraucht. In seinen „Soziologischen Grundbegriffen" von 1920 spielen dagegen andere begriffliche Unterscheidungen eine zentrale Rolle, nämlich zum Beispiel die zwischen Zweckrationalität und Wertrationalität einerseits sowie zwischen affektivem und traditionalem Handeln andererseits. Auf diesen vier verschiedenen sinnhaften Orientierungen des menschlichen Handelns hätte Weber jedoch seine sogenannte ‚Rationalisierungsthese', wie er sie in seiner „Vorbemerkung" zu seinen *Gesammelten Aufsätzen zur Religionssoziologie* vertreten hat, nicht stützen können. Denn ‚zweckrational' verhalten sich ihm zufolge ja auch die Zauberer und Schamanen sowie die konfuzianischen Beamten im alten China. Und auch die anderen Formen der sinnhaften Orientierung des Erlebens und Handelns trifft man ebenfalls in den verschiedensten Kulturen und zu den unterschiedlichsten Zeiten an. Auch die oft vertretene Ansicht, dass erst in der durch die ‚westliche Welt' geprägten ‚Moderne' ein Übergewicht der zweckrationalen Form des menschlichen Handelns festzustellen sei, ist mit Vorsicht zu genießen. Denn auch die alte, durch den Konfuzianismus geprägte chinesische Gesellschaft und Kultur

---

497 Ebd., S. 486 ff. und 499 ff.; siehe diesbezüglich auch Lichtblau, *Kulturkrise und Soziologie um die Jahrhundertwende*, a.a.O., S. 262 und 334 ff.
498 Vgl. Lichtblau, *Zwischen Klassik und Moderne*, a.a.O., S. 345 ff.

ist Weber zufolge zwar primär traditional, aber eben auch ‚pragmatisch', das heißt zweckrational ausgerichtet gewesen. Dies ist offensichtlich einer der zahlreichen Gründe, warum die heutige Volksrepublik China in den letzten beiden Jahrzehnten so außergewöhnlich erfolgreich bei ihrem wirtschaftlichen Expansionskurs gewesen ist, auch wenn der derzeitige ‚Handelskrieg' der USA mit der Volksrepublik China deren wirtschaftliches Wachstum vorübergehend etwas ‚ausgebremst' haben sollte, um sie gewissermaßen von der ‚Überholungsspur' zu verdrängen.[499] Der angeblich ‚unversöhnliche' Gegensatz zwischen dem ‚Kapitalismus' und dem ‚Sozialismus' sollte vor diesem Hintergrund also vielleicht noch einmal neu überdacht werden, auch wenn ‚westliche' Modernisierungstheoretiker dies immer noch anders sehen sollten, sofern sie gegenüber neuen geschichtlichen Entwicklungen nicht aufgeschlossen sind.

Darin besteht also wohl kaum der Unterschied zwischen der ‚traditionalen Welt' einerseits und der europäischen ‚Neuzeit' beziehungsweise der sogenannten ‚Moderne' andererseits.[500] Und auch die von Weber betonte historische Bedeutung des ‚asketischen Protestantismus' verblasst angesichts der vielen Erscheinungen von ‚universeller Bedeutung', die der „Vorbemerkung" zum ersten Band seiner *Gesammelten Aufsätze zur Religionssoziologie* zufolge den ‚okzidentalen Rationalismus' kennzeichnen. Allerdings meint er in diesem Fall wie bereits gesagt nicht das Vordringen der ‚Zweckrationalität', sondern der ‚formalen Rationalität', die er als zentrales Kriterium für seinen Vergleich der Entwicklungsstufen verschiedener Epochen und Kulturkreise auserkoren hat. Doch warum eigentlich? Ist Weber in diesem Fall nicht einem *kontinentaleuropäischen* Vorurteil erlegen? Denn selbst in der angelsächsischen Welt, die ihm zufolge den industriellen Kapitalismus sowie

---

499 Diese Feststellung bezieht sich auf den wirtschaftlichen Zustand der Volksrepublik China im Januar 2020 und sollte insofern nicht verallgemeinert werden. Denn kein Mensch weiß, was uns die Zukunft noch alles bescheren wird. Und schon gar nicht die derzeitigen Historikerinnen und Historiker, die ohnehin berufsmäßig auf die Vergangenheit fixiert sind. Auch in der zeitgenössischen Soziologie sieht es diesbezüglich nicht besser aus. Denn hier verschanzt man sich seit Jahrzehnten hinter sogenannten ‚Zeitdiagnosen', deren logischer Status in diesem Fach bis heute nicht geklärt worden ist und die nicht zufällig einen mythologischen ‚Präsentismus' huldigen. Mit einer historischen Form der Erkenntnis hat dies allerdings nichts zu tun. Vielleicht ist ja gerade deshalb inzwischen das Gespräch zwischen den Geschichtswissenschaften und der zeitgenössischen Soziologie so gut wie zum Erliegen gekommen. Denn ganz ohne die Angabe von Jahreszahlen geht es nun wirklich nicht. Schließlich macht es einen großen Unterschied, ob wir es mit dem 19. Jahrhundert, dem 20. Jahrhundert oder dem 21. Jahrhundert zu tun haben!

500 Zu der sich dabei anbietenden Unterscheidung zwischen ‚Neuzeit' und ‚Moderne' siehe auch Lichtblau, *Zwischen Klassik und Moderne*, a.a.O., S. 61 ff.

die moderne plebiszitäre Erscheinungsform der Demokratie hervorgebracht hat, spielt in deren Rechtsverständnis und politischen Kultur diese ‚formale Rationalität' ja bekanntlich nur eine untergeordnete Rolle. Diesen Widerspruch hat Weber zwar registriert. Er hat daraus aber nicht die entsprechenden grundbegrifflichen und universalgeschichtlichen Konsequenzen gezogen.

In der „Zwischenbetrachtung" zu seinen Aufsätzen über die Wirtschaftsethik der Weltreligionen erwähnt Weber nur an einer einzigen Stelle den Gegensatz zwischen ‚formaler' und ‚materialer' Rationalität. Es handelt sich dabei um die Widerstände, die im ‚alten' China einer vollen Entfaltung der ‚formalen Rationalität' im Wege gestanden seien.[501] Stattdessen spielt in dieser „Zwischenbetrachtung" die Unterscheidung zwischen *Rationalisierung* und *Sublimierung* eine zentrale Rolle. Es geht dabei um „gedanklich konstruierte Typen von Konflikten der ‚Lebensordnungen'". Weber spricht diesbezüglich von einer „Herauspräparierung der innerlich ‚konsequentesten' Formen" solcher Konflikte und ihrer möglichen Lösung, die er als Beitrag zu einer „Typologie und Soziologie des Rationalismus" verstanden wissen möchte.[502] Universalgeschichtlicher Ausgangspunkt dieser vergleichenden religions- und kultursoziologischen Betrachtung sind dabei die unterschiedlichen Motive und Richtungen der religiösen Ethiken der ‚Weltverneinung'. Das heißt es handelt sich in diesem Fall um ‚Erlösungsreligionen', die ethisch fundiert sind und auf einer universalistischen Gottesvorstellung beruhen. Insofern steht bei ihnen das Problem der *Theodizee* im Mittelpunkt, das heißt die Frage, wie ein allmächtiger Schöpfergott es überhaupt zulassen kann, dass seit uralten Zeiten so viel Ungerechtigkeit und Leiden auf dieser Welt existiert. Zentral für diese religionsgeschichtliche Entwicklung ist Weber zufolge das ‚prophetische Zeitalter', das bei ihm nicht auf den jüdisch-christlichen Kulturkreis beschränkt ist. Insbesondere die durch ‚ethische Prophetien' geprägten Erlösungsvorstellungen stünden dabei im Unterschied zur ‚exemplarischen Prophetie' „in einem großen und entwicklungsgeschichtlich besonders wichtigen Bruchteil der Fälle in einem nicht nur [...] akuten, sondern in einem dauernden Spannungsverhältnis zur Welt und ihren Ordnungen." Und dies treffe umso mehr zu, als diese religiösen Ethiken der Weltablehnung zu einer „‚Gesinnungsreligiosität' sublimiert" würden.[503]

---

501 Weber, „Zwischenbetrachtung", MWG I/19, S. 488. Diesbezüglich handelt es sich allerdings um keinen universalgeschichtlichen ‚Sonderfall'. Denn wie bereits gesagt ist zum Beispiel auch im britischen Königreich bis heute eine entsprechende „*Hemmung der formalen Rationalität*" zu beobachten.
502 Ebd., S. 480 f.
503 Ebd., S. 485.

Doch was versteht Weber eigentlich unter dem Begriff der ‚Sublimierung', der in der „Zwischenbetrachtung" zu seinen Aufsätzen über die Wirtschaftsethik der Weltreligionen bei seiner Darstellung der Entwicklungsgeschichte der *Religion*, der *Kunst* und der *geschlechtlichen Liebe* eine zentrale Rolle spielt? Auffallend ist, dass Weber in seinem Werk den Begriff der ‚Sublimierung' in sehr unterschiedlicher Art und Weise gebraucht. Zum einen verwendet er ihn unspezifisch für jeden Prozess der ‚Verfeinerung' und ‚Veredelung' eines vorgegebenen Materials. In diesem Fall wird der Begriff ‚Sublimierung' im Sinne von ‚Kultivierung' gebraucht. Zum anderen verwendet Weber den Begriff der Sublimierung aber auch im Sinne von ‚Rationalisierung'. Bestes Beispiel hierfür ist seine Beschreibung des typologischen Spannungsverhältnisses, innerhalb dem sich das „streng affektuale Sichverhalten" bewegt und das unter bestimmten Umständen ebenfalls zu einer ‚Sublimierung' führen kann. In diesem Fall nähert sich Weber am Weitesten dem psychoanalytischen Gebrauch des Begriffs der ‚Sublimierung' an, wenn er schreibt: „Eine *Sublimierung* ist es, wenn das affektual bedingte Handeln als *bewußte* Entladung der Gefühlslage auftritt: es befindet sich dann meist (nicht immer) schon auf dem Wege zur ‚Wertrationalisierung' oder zum Zweckhandeln oder zu beiden."[504]

In seiner Rechtssoziologie gebraucht Weber den Begriff der Sublimierung dagegen, um den Unterschied zwischen einer *Generalisierung* und einer *Systematisierung* von ‚Rechtssätzen' zu verdeutlichen. Bereits in seinem Brief an Heinrich Rickert vom 2. April 1905 weist er darauf hin, dass nicht nur der Begriff des ‚Rationalen', sondern auch der Begriff des ‚Systematischen' beziehungsweise des ‚Systems' vieldeutig sei. Und er fügt dem hinzu: „*Noch weniger* aber ist ‚systematisch' und ‚generalisierend' mit einander in *notwendige* Beziehung zu bringen."[505] Doch was bedeutet dies? Im rechtssoziologischen Kapitel von *Wirtschaft und Ge-*

---

504 Weber, „Soziologische Grundbegriffe", MWG I/23, S. 175. Sigmund Freund verwendet den Begriff der ‚Sublimierung' zur Kennzeichnung eines ‚Triebschicksals', das durch die Verdrängung eines ursprünglichen sexuellen Begehrens bedingt ist. Hierbei komme es zu einer Umleitung dieses Begehrens auf ein anderes ‚Objekt', das nun anstelle des ursprünglich ersehnten Objekts trete. Beispiele für eine solche ‚Ersatzhandlung' seien eine künstlerische oder wissenschaftliche Tätigkeit, die sich einer großen gesellschaftlichen Wertschätzung erfreue, wodurch auch das Spannungsverhältnis zwischen ‚Natur' und ‚Kultur' beziehungsweise ‚Individuum' und ‚Gesellschaft' überwunden werden könne. Vgl. Jean Laplanche und Jean-Bertrand Pontalis, *Das Vokabular der Psychoanalyse*, Frankfurt am Main 1973, Band 2, S. 478-481. Zu Webers differenziertem Gebrauch des Begriffs ‚Sublimierung' siehe auch Howard L. Kaye, „Rationalization as Sublimation. On the Cultural Analysis of Weber and Freud", in: Theory, Culture & Society 9 (1992), Heft 4, S. 45-74.

505 Vgl. MWG II/4, S. 447.

sellschaft gebraucht er den Begriff der *Generalisierung* im Sinne einer „Reduktion der für die Entscheidung des Einzelfalles maßgebenden Gründe auf ein oder mehrere ‚Prinzipien': diese sind die ‚Rechtssätze'". Eine entsprechende ‚Sublimierung' bedeute in diesem Fall die „Herausläuterung immer weiterer ‚Rechtssätze'".[506] Anders verhalte es sich dagegen bei der *Systematisierung* bereits vorhandener Rechtssätze. Denn diese stehe mit der „synthetischen ‚Konstruktions'-Arbeit" nicht selten in einem Spannungsverhältnis und sei „in jeder Form ein Spätprodukt. Das urwüchsige ‚Recht' kennt sie nicht"[507]. Weber unterscheidet in diesem Zusammenhang ferner zwischen der „logische[n] Sublimierung des Systems" und der ‚Systematisierung' als ein vorwiegend „äußeres Schema der Ordnung des Rechtsstoffes"[508]. Sowohl die Generalisierung beziehungsweise die ‚Sublimierung' der einzelnen Rechtssätze zu ‚Prinzipien' als auch ihre Systematisierung sind Ausdruck eines ‚intellektuellen' Bedürfnisses nach Verallgemeinerung und logischer Kohärenz, dem sie in jeweils unterschiedlicher Art und Weise Rechnung zu tragen versuchen.

In der „Zwischenbetrachtung" zu Webers Aufsätzen über die Wirtschaftsethik der Weltreligionen kommt dem Begriff der ‚Sublimierung' zum ersten Mal eine zentrale Rolle zu. Denn er stellt innerhalb des von ihm dort entwickelten Schemas der möglichen Konflikte zwischen den religiös geprägten ethischen Erlösungsvorstellungen einerseits und den verschiedenen weltlichen Ordnungen andererseits den Gegenbegriff zu dem der ‚Rationalisierung' dar.[509] Was wird aber Webers Ansicht nach in universalgeschichtlicher Hinsicht alles ‚rationalisiert' und was wird ‚sublimiert', das heißt zunehmend ‚verfeinert'? Zumindest was in ‚formaler' Hinsicht alles ‚rationalisiert' wird, wissen wir bereits. Dazu gehören unter anderem die Wirtschaft, die politische Herrschaft, das Recht sowie die wissenschaftliche und technologische Form der menschlichen Naturaneignung. Doch was wird in diesem Entwicklungsprozess eigentlich alles ‚sublimiert'? Hierzu zählt Weber zum einen die Entwicklung der großen Erlösungsreligionen zu einer ‚Gesinnungsreligiosität', die auf dem Prinzip einer universalistischen Brüderlichkeitsethik beruht, wodurch der Dualismus zwischen ‚Binnenmoral' und ‚Außenmoral' endgültig überwunden worden sei. Zum anderen versteht er darunter die zunehmende ‚Eigengesetzlichkeit' der künstlerischen Produktion und Rezeption sowie die Sublimierung der geschlechtlichen Liebe zu einer "außeralltäglichen Sphäre"[510].

---

506 Weber, „Die Entwicklungsbedingungen des Rechts", MWG I/22-3, S. 301 f.
507 Ebd., S. 302.
508 Ebd., S. 303.
509 Vgl. Weber, „Zwischenbetrachtung", MWG I/19, S. 458, 488 und 500.
510 Ebd., S. 499 ff.

Jedoch verwendet Weber auch in seiner „Zwischenbetrachtung" den Begriff der ‚Sublimierung' nicht einheitlich. Dies hängt damit zusammen, dass er in diesem Zusammenhang nicht nur zwischen ‚Rationalisierung' und ‚Sublimierung', sondern auch zwischen ‚Rationalisierung' und ‚Intellektualisierung' unterscheidet. Dabei stellt die *Intellektualisierung* ein Bindeglied zwischen der Rationalisierung und der Sublimierung dar. Beispiel hierfür ist seine Beschreibung der Entstehung strikt ethisch begründeter Erlösungsreligionen. Denn diese begünstigten in der Regel eine relativ „rationale[...] Systematisierung der Lebensführung", und zwar „je sublimierter, verinnerlichter, prinzipieller das Wesen des Leidens gefaßt wurde, desto mehr"[511]. Die methodisch-rationale ‚Systematisierung' der alltäglichen Lebensführung stellt also ein Produkt der ‚Verinnerlichung' und religiösen ‚Sublimierung' des Leidens dar. Weber spricht diesbezüglich auch von einer „gesinnungsethische[n] Sublimierung der religiösen Ethik" beziehungsweise von einer „sublimierte[n] Erlösungsreligiosität", die sich immer mehr von dem ursprünglichen magischen und priesterlichen „Ritualismus" abgrenzen würde.[512] In diesem Fall wird also etwas ‚Äußeres', nämlich der *Ritualismus*, durch ein verinnerlichtes *Wissen* ersetzt, das zugleich eine ‚rationale Systematisierung' der persönlichen Lebensführung ermöglichen würde. Am Ende dieses religionsgeschichtlichen Entwicklungsprozesses stünden sich dann die „rationalisierte Wirtschaft" und die „sublimierte Erlösungsreligion" unversöhnlich gegenüber.[513] Nur der Berufsethik des ‚asketischen Protestantismus' sei es dabei gelungen, diesen Gegensatz zu überwinden. Dies kennzeichnet Weber zufolge dessen universalgeschichtliche Sonderstellung, die hierbei allerdings mit einem vollständigen Verzicht auf eine universalistische ‚Brüderlichkeitsethik' einhergehen würde.

Anders stellt sich Weber zufolge das Spannungsverhältnis zwischen Rationalisierung, Sublimierung und Intellektualisierung innerhalb der Entwicklungsgeschichte der *Kunst* dar. In seiner „Zwischenbetrachtung" betont Weber die enge Beziehung zwischen der „magischen Religiosität" und den verschiedenen ästhetischen Darstellungsformen, wie sie im Laufe der Zeit im Bereich der bildenden und gestaltenden Kunst, des Tanzes und der Musik sowie der Architektur entwickelt worden sind. Hier sei es die Überwindung des ursprünglichen „Naturalismus" magischer Artefakte und Praktiken durch ‚stereotypierte' ästhetische Formungen und Stilisierungen gewesen, welche allmählich die kunst- und musikgeschichtliche Entwicklung in Gang gebracht hätten, wobei Weber deren ursprüngliche Abhängigkeit von religiösen und profanen Auftraggebern ausdrücklich hervorhebt.

---

511 Ebd., S. 484.
512 Ebd., S. 485, 498 und 500.
513 Ebd., S. 488.

Doch irgendwann seien die ‚sublimierte' religiöse Ethik und die zunehmende „Eigengesetzlichkeit der Kunst" zunehmend in ein Spannungsverhältnis zueinander getreten. Grund hierfür sei vor allem die Fixierung der Kunst auf die „Form rein als solcher", während für die „sublimierte Erlösungsreligiosität" nicht die ‚Form', sondern der ‚Inhalt' einer religiösen Verheißung im Mittelpunkt stehen würde. Weber führt diesen zunehmenden Gegensatz zwischen Kunst und Religion auf die „Entfaltung des Intellektualismus" sowie die „Rationalisierung des Lebens" innerhalb des Okzidents zurück. Mit ihrem Anspruch, eine „innerweltliche Erlösung" von den Zwängen des Alltags und dem „zunehmenden Druck des theoretischen und praktischen Rationalismus" anbieten zu können, trete die Kunst insofern in eine direkte Konkurrenz zu den Erlösungsreligionen, was Weber als eigentliches Kennzeichen von „intellektualistischen Zeitaltern" ansieht, ohne dies näher auszuführen.[514]

Auch innerhalb der Entwicklung der geschlechtlichen Liebe sei ein spezifischer ‚Naturalismus' der ursprüngliche Zustand, wobei Weber insbesondere auf alltägliche ‚bäuerliche' Sexualpraktiken sowie auf die „magische Orgiastik" hinweist, deren Überwindung das Ziel aller ‚sublimierten Erlösungsreligionen' sei. Kennzeichen dieser Entwicklungsgeschichte sei die Sublimierung der Sexualität zur *Erotik*, das heißt in diesem Fall „zu einer im Gegensatz zu dem nüchternen Naturalismus der Bauern – *bewußt* gepflegten und dabei außeralltäglichen Sphäre". Resultat der im Laufe der Zeit allgemein festzustellenden „Rationalisierung und Intellektualisierung der Kultur" sei dabei eine spezifische „Erotik des Intellektualismus", die Weber – zumindest was den ‚Okzident' betrifft – mit dem „Berufsmenschentum" und dessen Abwechslungsbedürfnis aufgrund der ‚Zwänge des Alltags' in Zusammenhang bringt.[515] Doch was ist, wenn auch diese „innerweltliche Erlösung vom Rationalen" zu einem ‚Alltag', das heißt zur ‚Regel' wird und dadurch zunehmend ihren ‚Zauber' verliert? Welche ‚Ersatzprogramme' stehen dem modernen Berufsmenschen dann noch zur Verfügung? Diesbezüglich gibt uns Weber im Rahmen seiner ‚Zeitdiagnose' leider keine Hinweise.

---

514 Ebd., S. 499-501. Weber gebraucht in Bezug auf die Kunst und Literatur den Formbegriff in der Regel nicht im Sinne von ‚formaler Rationalität'. Vielmehr handelt es sich ihm zufolge diesbezüglich um eigenständige künstlerische ‚Formwerte'. Zu einer ausführlichen Diskussion der Bedeutung der Kunst, Literatur und Musik in Webers Werk siehe auch Christoph Braun, *Max Webers ‚Musiksoziologie'*, Laaber 1992; Edith Weiller, *Max Weber und die literarische Moderne. Ambivalente Begegnungen zweier Kulturen*, Stuttgart / Weimar 1994; ferner Francesco Ghia, *Max Weber und die Kunst. Versuch einer Rekonstruktion der Weberschen Ästhetik*, Hamburg 2005.
515 Weber, „Zwischenbetrachtung", MWG I/19, S. 503 und 506 f.

5.3 Max Webers Beitrag zu einer ‚Universalgeschichte der Kultur'

Eine besondere Bedeutung innerhalb dieses von ihm skizzierten Spannungsverhältnisses zwischen ‚Religion' und ‚Welt' kommt dabei dem *Intellektualismus* zu. Denn dieser stellt in seiner „Zwischenbetrachtung" neben dem ‚Rationalismus' den eigentlichen Feind aller auf einer universalistischen Brüderlichkeitsethik beruhenden Erlösungsreligionen dar. Dies wird in Webers Darstellung der entwicklungsgeschichtlichen Eigenart des „denkenden Erkennens" besonders deutlich. Innerhalb des „magischen Weltbildes" sei nämlich noch kein Gegensatz zwischen ‚Glauben' und ‚Wissen' festzustellen. Auch zur Zeit der Entstehung der „metaphysischen Spekulation" sei dieser Gegensatz noch schwach ausgeprägt gewesen. Selbst dem asketischen Protestantismus sei es gelungen, gegenüber der naturwissenschaftlichen Forschung ein relativ entspanntes Verhältnis zu pflegen, da deren Ergebnisse eine große Bedeutung für die Industrialisierung der gewerblichen Produktion gehabt hätten. In diesem Bündnis zwischen den empirisch orientierten Naturwissenschaften und der puritanischen Ethik sei der Prozess der „Entzauberung der Welt und deren Verwandlung in einen kausalen Mechanismus" am Konsequentesten vollzogen und gewissermaßen zu einem universalgeschichtlichen Abschluss gebracht worden.[516] Doch um welchen Preis? In diesem Fall sei es der religiöse ‚Glaube' selbst, der innerhalb einer zunehmend zweckrational umgestalteten Welt mit ihren empirisch feststellbaren ‚Kausalitäten' allmählich in die Defensive gerate. Denn jedem ‚Glaube' liege eine „feste Grenze des rationalen Diskutierens" zugrunde, weshalb Weber diesbezüglich auch von einem „Opfer des Intellekts" spricht. Aus diesem Grund würde in einem ‚intellektualistischen Zeitalter' die Religion selbst als „*die* irrationale oder antirationale überpersönliche Macht schlechthin" angesehen und zumindest in der ‚westlich' geprägten ‚Moderne' entsprechend marginalisiert, obwohl sie ursprünglich selbst eine zentrale Quelle der Rationalisierung und Intellektualisierung des Lebens und Denkens gewesen sei.[517]

Das Resultat dieser von Weber in seiner „Zwischenbetrachtung" dargestellten entwicklungsgeschichtlichen Ausdifferenzierung der einzelnen ‚Lebensordnungen' beziehungsweise ‚Wertsphären' besteht darin, dass irgendwann die Wirtschaft, die Politik, die Wissenschaft, die Religion, die Kunst sowie die geschlechtliche Liebe unwiderruflich ihre eigenen Wege gegangen sind. Man könnte die damit verbundene Ausdifferenzierung des Glaubens, des Wissens und des Ästhetischen zu eigenständigen kulturellen Sphären, die spezifische ‚Geltungsansprüche' stellen,

---

516 Ebd., S. 512.
517 Ebd., S. 512 f.

als die eigentliche ‚condition moderne' bezeichnen.[518] Doch dies würde bedeuten, dass die sogenannte ‚Einheit der Vernunft', die in der zweiten Hälfte des 18. Jahrhunderts von dem Königsberger Philosoph Immanuel Kant noch energisch verteidigt wurde, nun unwiderruflich zerbrochen ist, auch wenn manche zeitgenössische Philosophen dies aus nostalgischen Gründen immer noch bestreiten sollten. Denn seit der zweiten Hälfte des 19. Jahrhunderts gilt zumindest in der ‚westlich' geprägten Welt das berühmte Diktum, „daß etwas heilig sein kann nicht nur: obwohl es nicht schön ist, sondern insofern, *weil* und *insofern* es nicht schön ist, [...] und daß etwas schön sein kann nicht nur: obwohl, sondern: in dem, worin es nicht gut ist, [...] und eine Alltagsweisheit ist es, daß etwas wahr sein kann, obwohl und indem es nicht schön und nicht heilig und nicht gut ist"[519]. Weber lässt sich in diesem Zusammenhang sogar dazu hinreißen, aufgrund dieses prinzipiell ‚unversöhnlichen' Gegensatzes zwischen den verschiedenen ‚Wertordnungen' beziehungsweise dieses „Kampfes der Götter der einzelnen Ordnungen und Werte" unter Berufung auf den „alten Mill" (gemeint ist John Stuart Mill in seinem fortgeschrittenen Lebensalter) die Geburt eines ‚neuen, das heißt spezifisch ‚modernen' *Polytheismus* vorherzusagen. Denn Weber sagt in seinem berühmten Vortrag über „Wissenschaft als Beruf" ausdrücklich: „Die alten vielen Götter, entzaubert und daher in Gestalt unpersönlicher Mächte, entsteigen ihren Gräbern, streben nach Gewalt über unser Leben und beginnen untereinander wieder ihren ewigen Kampf."[520]

Doch was hat dies alles mit *Universalgeschichte* zu tun? Bemerkenswert ist, dass Max Weber alle diese ‚Entwicklungsstufen' und ‚Entwicklungsrichtungen'

---

518 Manchmal wird diese auch als die ‚condition post-moderne' bezeichnet, obgleich mit beiden Begriffen derselbe Sachverhalt gemeint ist, was allerdings nicht unbedingt zu einer schärferen Begriffsbildung beiträgt. Siehe hierzu Jean-François Lyotard, *La condition postmoderne. Rapport sur le savoir*, Paris 1979; vgl. ferner Lichtblau, *Zwischen Klassik und Moderne*, a.a.O., S. 71 ff.

519 Weber, „Wissenschaft als Beruf", MWG I/17, S. 99. Weber bezieht sich dabei unter anderem auf den französischen Lyriker Charles Baudelaire, der in der zweiten Hälfte des 19. Jahrhunderts in den drei Fassungen seines berühmten Gedichtes „Les Fleurs du Mal" von 1857 bis 1868 diese Entwicklung bereits literarisch antizipiert hat. Dies ist ein Beleg dafür, dass die Kunst und die Literatur einer Epoche oft Entwicklungen vorwegnehmen, die erst sehr viel später auch von den sogenannten ‚exakten Wissenschaften' und der spekulativen Philosophie registriert werden. Zu der im Laufe des 19. Jahrhunderts problematisch gewordenen ‚Einheit der Vernunft' siehe auch Jürgen Habermas, „Die Einheit der Vernunft in der Vielheit ihrer Stimmen", in: Merkur. Deutsche Zeitschrift für europäisches Denken, Jahrgang 42 (1988), Heft 467, S. 1-14.

520 Weber, „Wissenschaft als Beruf", MWG I/17, S. 99-101. Siehe hierzu auch Tyrell, *„Religion" in der Soziologie Max Webers*, a.a.O., S. 273 ff.

5.3 Max Webers Beitrag zu einer ‚Universalgeschichte der Kultur'

hin zu einer ‚modernen Gesellschaft' westlichen Zuschnittes beziehungsweise zur ‚modernen Kultur' eingestandenermaßen aus einer ‚okzidentalen' Perspektive aus betrachtet. Genauer gesagt handelt es sich dabei um eine primär durch die Eigenart der englischen, französischen und deutschen ‚Sonderwege' in die Moderne geprägte universalgeschichtliche Perspektive. Hierbei wird das sogenannte ‚England-Problem' von ihm zwar wahrgenommen, aber nicht weiter reflektiert. Ferner muss man sein Diktum ernst nehmen, dass es sich dabei nicht um eine universalgeschichtliche Perspektive im engeren Sinn handelt, sondern um eine "Universalgeschichte der Genesis der *heutigen* Kultur"[521], wobei diese von ihm in einer ‚okzidentalen' Art und Weise verstanden und ausbuchstabiert wird. Doch dies ist vermutlich der Preis, den wir bezahlen müssen, wenn wir das von einem ‚Werturteil' zu unterscheidende Prinzip der ‚theoretischen Wertbeziehung' im Rahmen einer universalgeschichtlichen Betrachtungsweise ernst nehmen. Dies bedeutet aber, dass wir uns dann auch über die legitime Möglichkeit völlig anderer Betrachtungsweisen der ‚Universalgeschichte' im Klaren sein sollten, wie sie heute zum Beispiel von den intellektuellen Repräsentanten des sogenannten ‚Postkolonialismus' vertreten werden.[522] Hierbei haben wir es übrigens mit dem Wiederaufleben einer Debatte zu tun, die bereits im deutschen ‚Historismus' des 19. Jahrhunderts sowie in der von Karl Mannheim vertretenen Version der modernen ‚Wissenssoziologie' eine zentrale Bedeutung gespielt hat.[523] Stellt dies etwa kein überzeugendes Beispiel für den sogenannten ‚Fortschritt' in der Wissenschaft dar?

---

521 Weber, „Kritische Studien auf dem Gebiet der kulturwissenschaftlichen Logik" [1906], MWG I/7, S. 437.

522 Siehe hierzu das ‚Manifest des Postkolonialismus' von Edward Said, *Orientalism*, London 1978.

523 Vgl. Ernst Troeltsch, *Der Historismus und seine Probleme*, Tübingen 1922; ferner Karl Mannheim, „Wissenssoziologie", in: *Handwörterbuch der Soziologie*, hrsg. von Alfred Vierkandt, Stuttgart 1931, S. 659-680. Siehe hierzu auch Alexander von Schelting, *Max Webers Wissenschaftslehre. Das logische Problem der historischen Kulturerkenntnis. Die Grenzen der Soziologie des Wissens*, Tübingen 1934.

Literatur

Primärliteratur

Max-Weber-Gesamtausgabe (MWG), Abteilung I: Schriften und Reden
MWG I/1: Zur Geschichte der Handelsgesellschaften im Mittelalter. Schriften 1889-1894. Herausgegeben von Gerhard Dilcher und Susanne Lepsius, Tübingen 2008.
MWG I/2: Die römische Agrargeschichte in ihrer Bedeutung für das Staats- und Privatrecht. 1891. Herausgegeben von Jürgen Deininger, Tübingen 1986.
MWG I/3: Die Lage der Landarbeiter im ostelbischen Deutschland 1892. Herausgegeben von Martin Riesebrodt. Zwei Halbbände, Tübingen 1984.
MWG I/4: Landarbeiterfrage, Nationalstaat und Volkswirtschaftspolitik. Schriften und Reden 1892-1899. Herausgegeben von Wolfgang J. Mommsen in Zusammenarbeit mit Rita Aldenhoff. Zwei Halbbände, Tübingen 1993.
MWG I/5: Börsenwesen. Schriften und Reden 1893-1898. Herausgegeben von Knut Borchardt in Zusammenarbeit mit Cornelia Meyer-Stoll. Zwei Halbbände, Tübingen 1999.
MWG I/6: Zur Sozial- und Wirtschaftsgeschichte des Altertums. Schriften und Reden 1893-1908. Herausgegeben von Jürgen Deininger, Tübingen 2006.
MWG I/7: Zur Logik und Methodik der Sozialwissenschaften. Schriften und Reden 1900-1907. Herausgegeben von Gerhard Wagner in Zusammenarbeit mit Claudius Härpfer, Tom Kaden, Kai Müller und Angelika Zahn, Tübingen2018.
MWG I/8: Wirtschaft, Staat und Sozialpolitik. Schriften und Reden 1900-1912. Herausgegeben von Wolfgang Schluchter in Zusammenarbeit mit Peter Kurth und Birgitt Morgenbrod, Tübingen 1998 (mit einem Ergänzungsheft, herausgegeben von Wolfgang Schluchter, Tübingen 2005).
MWG I/9: Asketischer Protestantismus und Kapitalismus. Schriften und Reden 1904-1911. Herausgegeben von Wolfgang Schluchter in Zusammenarbeit mit Ursula Bube, Tübingen 2014.

MWG I/10: Zur Russischen Revolution von 1905. Schriften und Reden 1905-1912. Herausgegeben von Wolfgang J. Mommsen in Zusammenarbeit mit Dittmar Dahlmann, Tübingen 1989.

MWG I/11: Zur Psychophysik der industriellen Arbeit. Schriften und Reden 1908-1912. Herausgegeben von Wolfgang Schluchter in Zusammenarbeit mit Sabine Frommer, Tübingen 1995.

MWG I/12: Verstehende Soziologie und Werturteilsfreiheit. Schriften und Reden 1908-1917. Herausgegeben von Johannes Weiß in Zusammenarbeit mit Sabine Frommer, Tübingen 2018.

MWG I/13: Hochschulwesen und Wissenschaftspolitik. Schriften und Reden 1895-1920. Herausgegeben von M. Rainer Lepsius und Wolfgang Schluchter in Zusammenarbeit mit Heide-Marie Lauterer und Anne Munding, Tübingen 2016.

MWG I/14: Zur Musiksoziologie. Nachlaß 1921. Herausgegeben von Christoph Braun und Ludwig Finscher, Tübingen 2004.

MWG I/15: Zur Politik im Weltkrieg. Schriften und Reden 1914-1918. Herausgegeben von Wolfgang J. Mommsen in Zusammenarbeit mit Gangolf Hübinger, Tübingen 1984.

MWG I/16: Zur Neuordnung Deutschlands. Schriften und Reden 1918-1920. Herausgegeben von Wolfgang J. Mommsen in Zusammenarbeit mit Wolfgang Schwentker, Tübingen 1988.

MWG I/17: Wissenschaft als Beruf 1917/1919 – Politik als Beruf 1919. Herausgegeben von Wolfgang J. Mommsen und Wolfgang Schluchter in Zusammenarbeit mit Birgitt Morgenbrod, Tübingen 1992.

MWG I/18: Die protestantische Ethik und der Geist des Kapitalismus. Die protestantischen Sekten und der Geist des Kapitalismus. Schriften 1904-1920. Herausgegeben von Wolfgang Schluchter in Zusammenarbeit mit Ursula Bube, Tübingen 2016.

MWG I/19: Die Wirtschaftsethik der Weltreligionen. Konfuzianismus und Taoismus. Schriften und Reden 1915-1920. Herausgegeben von Helwig Schmidt-Glintzer in Zusammenarbeit mit Petra Kolonko, Tübingen 1989.

MWG I/20: Die Wirtschaftsethik der Weltreligionen. Hinduismus und Buddhismus. 1916-1920. Herausgegeben von Helwig Schmidt-Glintzer in Zusammenarbeit mit Karl-Heinz Golzio, Tübingen 1996.

MWG I/21: Die Wirtschaftsethik der Weltreligionen. Das antike Judentum. Schriften und Reden 1911-1920. Herausgegeben von Eckart Otto unter Mitwirkung von Julia Offermann. Zwei Halbbände, Tübingen 2005.

MWG I/22-1: Wirtschaft und Gesellschaft. Die Wirtschaft und die gesellschaftlichen Ordnungen und Mächte. Nachlaß. Teilband 1: Gemeinschaften. Herausgegeben von Wolfgang J. Mommsen in Zusammenarbeit mit Michael Meyer, Tübingen 2001.

MWG I/22-2: Wirtschaft und Gesellschaft. Die Wirtschaft und die gesellschaftlichen Ordnungen und Mächte. Nachlaß. Teilband 2: Religiöse Gemeinschaften. Herausgegeben von Hans G. Kippenberg in Zusammenarbeit mit Petra Schilm unter Mitwirkung von Jutta Niemeier, Tübingen 2001.

MWG I/22-3: Wirtschaft und Gesellschaft. Die Wirtschaft und die gesellschaftlichen Ordnungen und Mächte. Nachlaß. Teilband 3: Recht. Herausgegeben von Werner Gephart und Siegfried Hermes, Tübingen 2010.

MWG I/22-4: Wirtschaft und Gesellschaft. Die Wirtschaft und die gesellschaftlichen Ordnungen und Mächte. Nachlaß. Teilband 4: Herrschaft. Herausgegeben von Edith Hanke in Zusammenarbeit mit Thomas Kroll, Tübingen 2005.

MWG I/22-5: Wirtschaft und Gesellschaft. Die Wirtschaft und die gesellschaftlichen Ordnungen und Mächte. Nachlaß. Teilband 5: Die Stadt. Herausgegeben von Wilfried Nippel, Tübingen 1999.
MWG I/23: Wirtschaft und Gesellschaft. Soziologie. Unvollendet. 1919-1920. Herausgegeben von Knut Borchardt, Edith Hanke und Wolfgang Schluchter, Tübingen 2013.
MWG I/24: Wirtschaft und Gesellschaft. Entstehungsgeschichte und Dokumente. Dargestellt und herausgegeben von Wolfgang Schluchter, Tübingen 2009.
MWG I/25: Wirtschaft und Gesellschaft. Gesamtregister. Bearbeitet von Edith Hanke und Christoph Morlok, Tübingen 2015.

Max-Weber-Gesamtausgabe (MWG), Abteilung II: Briefe
MWG II/1: Briefe 1875-1886. Herausgegeben von Gangolf Hübinger in Zusammenarbeit mit Thomas Gerhards und Uta Hinz, Tübingen 2017.
MWG II/2: Briefe 1887-1894. Herausgegeben von Rita Aldenhoff-Hübinger in Zusammenarbeit mit Thomas Gerhards und Sybille Oßwald-Bargende, Tübingen 2016.
MWG II/3: Briefe 1895-1902. Herausgegeben von Rita Aldenhoff-Bübinger in Zusammenarbeit mit Uta Hinz. Zwei Halbbände, Tübingen 2015.
MWG II/4: Briefe 1903-1905. Herausgegeben von Gangolf Hübinger in Zusammenarbeit mit Thomas Gerhards und Sybille Oßwald-Bargende, Tübingen 2015.
MWG II/5: Briefe 1906-1908. Herausgegeben von M. Rainer Lepsius und Wolfgang J. Mommsen in Zusammenarbeit mit Birgit Rudhard und Manfred Schön, Tübingen 1990.
MWG II/6: Briefe 1909-1910. Herausgegeben von M. Rainer Lepsius und Wolfgang J. Mommsen in Zusammenarbeit mit Birgit Rudhard und Manfred Schön, Tübingen 1994.
MWG II/7: Briefe 1911-1912. Herausgegeben von M. Rainer Lepsius und Wolfgang J. Mommsen in Zusammenarbeit mit Birgit Rudhard und Manfred Schön. Zwei Halbbände, Tübingen 1998.
MWG II/8: Briefe 1913-1914. Herausgegeben von M. Rainer Lepsius und Wolfgang J. Mommsen in Zusammenarbeit mit Birgit Rudhard und Manfred Schön, Tübingen 2003.
MWG II/9: Briefe 1915-1917. Herausgegeben von Gerd Krumeich und M. Rainer Lepsius in Zusammenarbeit mit Birgit Rudhard und Manfred Schön, Tübingen 2008.
MWG II/10: Briefe 1918-1920. Herausgegeben von Gerd Krumeich und M. Rainer Lepsius in Zusammenarbeit mit Uta Hinz, Sybille Oßwald-Bargende und Manfred Schön. Zwei Halbbände, Tübingen 2012.
MWG II/11: Briefe. Nachträge und Gesamtregister. Herausgegeben von Rita Aldenhoff-Hübinger und Edith Hanke, Tübingen 2019.

Max-Weber-Gesamtausgabe (MWG), Abteilung III: Vorlesungen und Vorlesungsnachschriften
MWG III/1: Allgemeine („theoretische") Nationalökonomie. Vorlesungen 1894-1898. Herausgegeben von Wolfgang J. Mommsen in Zusammenarbeit mit Cristof Judenau, Heino N. Nau, Klaus Scharfer und Marcus Tiefel, Tübingen 2009.
MWG III/2: Praktische Nationalökonomie. Vorlesungen 1895-1899. Herausgegeben von Hauke Janssen in Zusammenarbeit mit Cornelia Meyer-Stoll und Ulrich Rummel. Zwei Halbbände, Tübingen 2020.
MWG III/3: Finanzwissenschaft. Vorlesungen 1894-1897. Herausgegeben von Martin Heilmann in Zusammenarbeit mit Cornelia Meyer-Stoll, Tübingen 2017.

MWG III/4: Arbeiterfrage und Arbeiterbewegung. Vorlesungen 1895-1898. Herausgegeben von Rita Aldenhoff-Hübinger in Zusammenarbeit mit Silke Fehlemann, Tübingen 2009.

MWG III/5: Agrarrecht, Agrargeschichte, Agrarpolitik. Vorlesungen 1894-1899. Herausgegeben von Rita Aldenhoff-Hübinger, Tübingen 2008.

MWG III/6: Abriß der universalen Sozial- und Wirtschaftsgeschichte. Mit- und Nachschriften 1919/20. Herausgegeben von Wolfgang Schluchter in Zusammenarbeit mit Joachim Schröder, *Tübingen* 2011.

MWG III/7: Allgemeine Staatslehre und Politik (Staatssoziologie). Unvollendet. Mit- und Nachschriften 1920. Herausgegeben von Gangolf Hübinger in Zusammenarbeit mit Andreas Terwes, Tübingen 2009.

Sekundärliteratur

Abraham, Gary A., *Max Weber and the Jewish Question. A Study of the Social Outlook of His Sociology*, Urbana / Chicago 1992.

Abramowski, Günter, *Das Geschichtsbild Max Webers. Universalgeschichte am Leitfaden des okzidentalen Rationalisierungsprozesses*, Stuttgart 1966.

Adair-Toteff, Christopher, „Max Weber on Confucianism versus Protestantism". In: Max Weber Studies 14.1 (2014), S. 79-96.

Adler, Jeremy, *„Eine fast magische Anziehungskraft". Goethes ‚Wahlverwandtschaften' und die Chemie seiner Zeit*, München 1987.

Albert, Hans, *Marktsoziologie und Entscheidungslogik. Zur Kritik der reinen Ökonomik*, Tübingen 1998.

Albert, Hans und Ernst Topitsch (Hrsg.), *Werturteilsstreit*, Darmstadt 1971.

Ay, Karl-Ludwig, „Max Weber und der Begriff der Rasse". In: Aschkenas. Zeitschrift für Geschichte und Kultur der Juden 3 (1993), S. 189-218.

Ay, Karl-Ludwig, „Max Webers Nationenbegriff". In: *Zeitperspektiven. Studien zu Kultur und Gesellschaft*, hrsg. von Uta Gerhardt, Stuttgart 2003, S. 80-103.

Bachofen, Johann Jakob, *Das Mutterrecht. Eine Untersuchung über die Gynaiokratie der alten Welt nach ihrer religiösen und rechtlichen Natur*. Eine Auswahl herausgegeben von Hans-Jürgen Heinrichs, Frankfurt am Main 1975.

Baehr, Peter, "The 'Iron Cage' and the 'Shell as Hard as Steel': Parsons, Weber, and the Stahlhartes Gehäuse Metaphor in the Protestant Ethic and the Spirit of Capitalism". In: History and Theory 40 (2001), S. 153-169.

Barkai, Avraham, „Judentum, Juden und Kapitalismus. Ökonomische Vorstellungen von Max Weber und Werner Sombart". In: Menora. Jahrbuch für deutsch-jüdische Geschichte 5 (1994), S. 25-38.

Baumann, Peter, „Die Motive der Fügsamkeit bei Max Weber: eine Rekonstruktion". In: Zeitschrift für Soziologie 22 (1993), S. 355-370.

Bebel, August, *Die Frau und der Sozialismus. Die Frau in der Vergangenheit, Gegenwart und Zukunft*, 16. unveränderte Auflage 1892.

Berger Johannes, „Rationaler Kapitalismus – welthistorische Neuerung und kulturelle Zumutung". In: Trivium. Revue franco-allemande de sciences humaines et sociales – Deutsch-französische Zeitschrift für Geistes- und Sozialwissenschaften 28 (2018),

Schwerpunktheft *Capitalisme – Kapitalismus* (https://journals. openedition.org/trivium/5675).
Berger, Stephen D., „Die Sekten und der Durchbruch in die moderne Welt: Zur zentralen Bedeutung der Sekten in Webers Protestantismus-These". In: *Seminar: Religion und gesellschaftliche Entwicklung. Studien zur Protestantismus-Kapitalismus-These Max Webers*, hrsg. von Constans Seyfart und Walter M. Sprondel, Frankfurt am Main 1973, S. 241-263.
Bergreen, Lawrence, *Marco Polo. From Venice to Xanadu*, London 2009.
Bien, Günther, *Die Grundlegung der praktischen Philosophie bei Aristoteles*, Freiburg / München 1973.
Bien, Günther, Artikel „Haus". In: Historisches Wörterbuch der Philosophie, hrsg. von Joachim Ritter und Karlfried Gründer, Band 3, Basel / Stuttgart 1974, Spalte 1007-1017.
Bloch, Ernst, *Naturrecht und menschliche Würde*, Frankfurt am Main 1961.
Blustone, Leslie David, *Max Weber's Theory of the Family*, New York 1989.
Bodemann, Y. Michal, „Priests, Prophets, Jews and Germans. The Political Basis of Max Weber's conception of Ethno-national Solidarities". In: Archives Européennes de Sociologie 34 (1993), S. 224-247.
Boltanski, Luc und Ève Chiapello, „Die Rolle der Kritik für die Dynamik des Kapitalismus: Sozialkritik versus Künstlerkritik". In: *Welten des Kapitalismus. Institutionelle Alternativen in der globalisierten Ökonomie*, hrsg. von Max Miller, Frankfurt / New York 2005, S. 285-321.
Bond, Niall, „Ferdinand Tönnies and Max Weber". In: Max Weber Studies 12.1 (2012), S. 25-57.
Bourdieu, Pierre, *Die feinen Unterschiede. Kritik der gesellschaftlichen Urteilskraft*, Frankfurt am Main 1982.
Bourdieu, Pierre, *Sozialer Sinn. Kritik der theoretischen Vernunft*, Frankfurt am Main 1987.
Braun, Christoph, *Max Webers ‚Musiksoziologie'*, Laaber 1992.
Breuer, Stefan, *Bürokratie und Charisma. Zur politischen Soziologie Max Webers*, Darmstadt 1994.
Breuer, Stefan, *Max Webers tragische Soziologie*, Tübingen 2006.
Breuer, Stefan, *„Herrschaft" in der Soziologie Max Webers*, Wiesbaden 2011.
Bruhns, Hinnerk, *Max Webers historische Sozialökonomie – L'économie de Max Weber entre histoire et sociologie*, Wiesbaden 2014.
Bruhns, Hinnerk, „Agrarverhältnisse im Altertum". In: *Max Weber-Handbuch. Leben – Werk – Wirkung*, hrsg. von Hans-Peter Müller und Steffen Sigmund, Stuttgart / Weimar 2014, S. 173-177.
Bruhns, Hinnerk, „Wirtschaft und Ordnung. Zur Begrifflichkeit Max Webers". In: *Recht als Kultur? Beiträge zu Max Webers Soziologie des Rechts*, hrsg. von Werner Gephart und Daniel Witte, Frankfurt am Main 2017, S. 457-470.
Bruhns, Hinnerk, „Steuer und Staat bei Max Weber". In: *Fiskus – Verfassung – Freiheit. Politisches Denken der öffentlichen Finanzen von Hobbes bis heute*, hrsg. von Sebastian Huhnholz, Baden-Baden 2018, S. 233-251.
Bruhns, Hinnerk, „Max Weber's Analysis of Capitalism". In: *The Oxford Handbook of Max Weber*, hrsg. von Edith Hanke, Lawrence Scaff und Sam Whimster, Oxford 2019 (DOI 10.1093/oxfordhb/9780190679545.013.2).

Bruhns, Hinnerk und Wilfried Nippel (Hrsg.), *Max Weber und die Stadt im Kulturvergleich*, Göttingen 2000.
Brunner, Otto, „Das ‚ganze' Haus und die alteuropäische ‚Ökonomik'". In: Ders., *Neue Wege der Verfassungs- und Sozialgeschichte*, Göttingen 1968, S. 103-127.
Bücher, Karl, *Die Entstehung der Volkswirtschaft. Vorträge und Aufsätze*. Erste Sammlung, 16. Auflage Tübingen 1922.
Bücher, Karl, *Die Entstehung der Volkswirtschaft. Vorträge und Aufsätze*. Zweite Sammlung, 7. Auflage Tübingen 1922.
Buss, Andreas, „The concept of adequate causation and Max Weber's comparative sociology of religion". In: British Journal of Sociology 50 (1999), S. 317-329.
Chazel, François, „Max Weber's ‚Rechtssoziologie' im Lichte der Max Weber Gesamtausgabe". In: Zeitschrift für Rechtssoziologie 33 (2012-13), S. 151-173.
Chickering Roger, *Karl Lamprecht. A German Academic Life (1856-1915)*, Atlantic Highlands, New Jersey 1993.
Chon, Song U, *Max Webers Stadtkonzeption. Eine Studie zur Entwicklung des okzidentalen Bürgertums*, Göttingen 1985.
Collins, Randall, *Weberian sociological theory*, Cambridge 1986.
Colognesi, Luigi Capogrossi, „Von den ‚Agrarverhältnissen' zur ‚Stadt'" In: *Max Weber und die Stadt im Kulturvergleich*, hrsg. von Hinnerk Bruhns und Wilfried Nippel, Göttingen 2000, S. 92-106.
Colognesi, Luigi Capogrossi, *Max Weber und die Wirtschaft der Antike*, Göttingen 2004.
Comte, Auguste, *Die Soziologie. Die Positive Philosophie im Auszug*, hrsg. von Friedrich Blaschke. Zweite Auflage mit einer Einleitung von Jürgen von Kempski, Stuttgart 1974.
Deininger, Jürgen, „Eduard Meyer und Max Weber". In: *Eduard Meyer. Leben und Leistung eines Universalhistorikers*, hrsg. von William M. Calder und Alexander Demandt, Leiden 1990, S. 132-158.
Deutschmann, Christoph, *Kapitalistische Dynamik. Eine gesellschaftstheoretische Perspektive*, Wiesbaden 2008.
Dilcher, Gerhard, „An den Ursprüngen der Normenbildung. Verwandtschaft und Bruderschaft als Modelle gewillkürter Rechtsformen". In: *Verwandtschaft, Freundschaft, Bruderschaft. Soziale Lebens- und Kommunikationsformen im Mittelalter*, Berlin 2009, S. 37-55.
Durkheim, Émile, *Die elementaren Formen des religiösen Lebens* [1912], Frankfurt am Main 1981.
Ebel, Wilhelm, *Die Willkür. Eine Studie zu den Denkformen des älteren deutschen Rechts*, Göttingen 1953.
Eberle, Martin, *Verstehende Wirtschaftsethik. Max Webers Studien zum antiken Judentum in theologisch-ethischer Perspektive*, Berlin 2008.
Ebner, Alexander, „Wirtschaftskulturforschung. Ein sozialökonomisches Forschungsprogramm". In: *Theorie und Geschichte der Wirtschaft. Festschrift für Bertram Schefold*, hrsg. von Volker Caspari, Marburg 2009, S. 121-146
Eisenstadt, S.N., „The Axial Age: The Emergence of Transcendental Visions and Rise of Clerics". In: European Journal of Sociology 23 (1982), S. 294-314.
Eisenstadt, S.N., (Hrsg.), *Kulturen der Achsenzeit. Ihre Ursprünge und ihre Vielfalt*, 2 Bände, Frankfurt am Main 1987.
Eliaesen, Sven, *Max Weber's Methodologies. Interpretation and Critique*, London 2002.

Engels, Friedrich, *Der Ursprung der Familie, des Privateigentums und des Staats im Anschluss an Lewis H. Morgan's Forschungen*, Zürich 1884.

Erstman, Thomas C. (Hrsg.), *Max Weber's Economic Ethic of the World Religions*, Cambridge 2017.

Eßbach, Wolfgang, *Religionssoziologie 1: Glaubenskrieg und Revolution als Wiege neuer Religionen*, Paderborn 2014.

Fichte, Johann Gottlob, *Der geschlossene Handelsstaat. Ein philosophischer Entwurf als Anhang zur Rechtslehre und Probe einer künftig zu liefernden Politik*, Tübingen 1800.

Fligstein, Neil, *Die Architektur der Märkte*, Wiesbaden 2011.

Frommer, Sabine und Jörg Frommer, „Der Begriff des psychiatrischen Verstehens bei Max Weber". In: Psychologie und Geschichte 2 (1990), Heft 1, S. 37-44.

Frommer, Sabine und Jörg Frommer, „Max Webers Bedeutung für den Verstehensbegriff in der Psychiatrie". In: Der Nervenarzt 61 (1990), S. 397-401.

Gehlen, Arnold, *Urmensch und Spätkultur. Philosophische Ergebnisse und Aussagen*. Zweite, neu bearbeitete Auflage, Frankfurt am Main und Bonn 1964.

Geiger, Theodor, *Die soziale Schichtung des deutschen Volkes. Soziographischer Versuch auf statistischer Grundlage* [1932], Stuttgart 1987.

Gephart, Werner, „Juristische Ursprünge in der Begriffswelt Max Webers – oder wie man den juristischen Begriffen einen soziologischen Sinn unterschiebt". In: Rechtshistorisches Journal 9 (1990), S. 343-362.

Gephart, Werner, *Gesellschaftstheorie und Recht. Das Recht im soziologischen Diskurs der Moderne*, Frankfurt am Main 1993.

Ghia, Francesco, *Max Weber und die Kunst. Versuch einer Rekonstruktion der Weberschen Ästhetik*, Hamburg 2005.

Gierke, Otto, *Das deutsche Genossenschaftsrecht*, 4 Bände, Berlin 1868-1913.

Gierke, Otto, *Die Genossenschaftstheorie und die deutsche Rechtsprechung*, Berlin 1887.

Giesing, Benedikt, *Religion und Gemeinschaftsbildung. Max Webers kulturvergleichende Theorie*, Opladen 2002.

Gosh, Peter, *A Historian Reads Max Weber. Essays on the Protestant Ethic*, Wiesbaden 2008.

Gosh, Peter, *Max Weber and the Protestant Ethic: Twin Histories*, Oxford 2014.

Green, Robert W. (Hrsg.), *Protestantism, Capitalism and Social Science. The Weberian Thesis Controversy*, Lexington, Mass. 1973.

Greshoff, Rainer, „'Soziales Handeln' und 'Ordnung' als operative und strukturelle Komponenten sozialer Beziehungen". In: *Max Webers 'Grundbegriffe'. Kategorien der kultur- und sozialwissenschaftlichen Forschung*, hrsg. von Klaus Lichtblau, Wiesbaden 2006, S. 258-291.

Gruhle, Hans W., „Die Bedeutung des Symptoms in der Psychiatrie. Eine Übersicht". In: Zeitschrift für die gesamte Neurologie und Psychiatrie 16 (1913), S. 465-486.

Habermas, Jürgen, *Theorie des kommunikativen Handelns*, 2 Bände, Frankfurt am Main 1981.

Habermas, Jürgen, „Die Einheit der Vernunft in der Vielheit ihrer Stimmen". In: Merkur. Deutsche Zeitschrift für europäisches Denken, Jahrgang 42 (1988), Heft 467, S. 1-14.

Habermas, Jürgen, *Faktizität und Geltung. Beiträge zur Diskurstheorie des Rechts und des demokratischen Rechtsstaats*, Frankfurt am Main 1992.

Habermas, Jürgen, *Glauben und Wissen. Friedenspreis des deutschen Buchhandels 2001*, Frankfurt am Main 2001.

Habermas, Jürgen und Joseph Ratzinger, *Dialektik der Säkularisierung. Über Vernunft und Religion*, Freiburg im Breisgau 2005.

Hanke, Edith, „Max Webers Rechts- und Herrschaftssoziologie. Anmerkungen zu einem komplizierten Verhältnis angesichts der Neuedition in der Max Weber-Gesamtausgabe". In: *Recht als Kultur? Beiträge zu Max Webers Soziologie des Rechts*, hrsg. von Werner Gephart und Daniel Witte, Frankfurt am Main 2017, S. 439-456.

Hanke, Edith, Gangolf Hübinger und Wofgang Schwentker, „Die Entstehung der Max Weber-Gesamtausgabe und der Beitrag von Wolfgang J. Mommsen". In: *Geschichtswissenschaft im Geist der Demokratie. Wolfgang J. Mommsen und seine Generation*, hrsg. von Christoph Cornelißen, Berlin 2010, S. 207-238.

Hayek, Friedrich A. von, *Freiburger Studien. Gesammelte Aufsätze*, Tübingen 1969.

Hedtke, Reinhold, *Konsum und Ökonomik. Grundlagen, Kritik und Perspektiven*, Konstanz 2001.

Hennis, Wilhelm, *Max Webers Fragestellung. Studien zur Biographie des Werkes*, Tübingen 1987.

Hennis, Wilhelm, *Max Webers Wissenschaft vom Menschen. Neue Studien zur Biographie des Werks*, Tübingen 1996.

Hermes, Siegfried, *Soziales Handeln und Struktur der Herrschaft. Max Webers historische Soziologie am Beispiel des Patrimonialismus*, Berlin 2003.

Hermes, Siegfried, „Das Recht einer ‚soziologischen Rechtslehre'. Zum Rechtsbegriff in Max Webers Soziologie des Rechts". In: Rechtstheorie 35 (2004), S. 195-231.

Hettling, Manfred, „Das Unbehagen in der Erkenntnis und das ‚Erleben'". In: Simmel Newsletter 7 (1997), S. 49-65.

Heurtin, Jean-Philippe, „Weber as a Reader of Rudolph Sohm, and the Incomplete Concept of ‚Office Charisma'", in: Max Weber Studies 19.1 (2019), S. 11-42.

Höbenreich, Evelyn, *Marianne Webers „Ehefrau und Mutterrecht in der Rechtsentwicklung". Beziehungsmodelle zwischen römischem Recht und deutscher Kodifizierung*, Lecce 2018.

Horkheimer, Max und Theodor W. Adorno, *Dialektik der Aufklärung. Philosophische Fragmente* [1947], Frankfurt am Main 1969.

Howe, Richard Herbert, „Max Weber's Elective Affinities. Sociology within the Bounds of Pure Reason". In: American Journal of Sociology 84 (1978), S. 366-385.

Hübinger, Gangolf, „Intellektuelle, Intellektualismus". In: *Max Webers „Religionssystematik"*, hrsg. von Hans G. Kippenberg und Martin Riesebrodt, Tübingen 2001, S.297-313.

Ihering, Rudolf von, *Der Kampf um's Recht*, Wien 1872.

Ihering, Rudolph von, *Der Zweck im Recht*, Band 2, Leipzig 1886.

Jaspers, Karl, *Allgemeine Psychopathologie. Ein Leitfaden für Studierende, Ärzte und Psychologen*, Berlin 1913.

Kaelber, Lutz, „Max Weber's dissertation". In: History of the Human Sciences 16.2 (2003), S. 27-56.

Kaesler, Dirk, *Max Weber, Eine Biographie*, München 2014.

Kalberg, Stephen, „Max Webers historisch-vergleichende Untersuchungen und das ‚Webersche Bild der Neuzeit': eine Gegenüberstellung". In: *Max Weber heute. Erträge und Probleme der Forschung*, hrsg. von Johannes Weiß, Frankfurt am Main 1989, S. 425-444.
Kalberg, Stephen, „Ideen und Interessen. Max Weber über den Ursprung außerweltlicher Erlösungsreligionen". In: Zeitschrift für Religionswissenschaft 8 (2000), S. 45-70.
Kalberg, Stephen, *Einführung in die historisch-vergleichende Soziologie Max Webers*, Wiesbaden 2006.
Kalberg, Stephen, *Searching for the Spirit of American Democracy. Max Weber's Analysis of a Unique Political Culture, Past, Present, and Future*, Boulder, Colorado / London 2014.
Kaube, Jürgen, *Max Weber. Ein Leben zwischen den Epochen*, Berlin 2014.
Kaye, Howard L., „Rationalization as Sublimation. On the Cultural Analysis of Weber and Freud". In: Theory, Culture & Society 9.4 (1992), S. 45-74.
Kepel, Gilles, *Die Rache Gottes. Radikale Moslems, Christen und Juden auf dem Vormarsch*, München 1991.
Kippenberg, Hans G., „Intellektuellen-Religion". In: *Die Religion von Oberschichten. Religion – Profession – Intellektualismus*, hrsg. von Peter Antes und Donate Pahnke, Marburg 1989, S. 181-201.
Kippenberg, Hans G., „Meine Religionssystematik". In: *Max Webers „Religionssystematik"*, hrsg. von Hans G. Kippenberg und Martin Riesebrodt, Tübingen 2001, S. 13-30.
Koslowski, Peter, „Haus und Geld. Zur aristotelischen Unterscheidung von Politik, Ökonomik und Chrematistik". In: Philosophisches Jahrbuch 86 (1979), S. 60-83.
Kracauer, Siegfried, *Die Angestellten. Aus dem neuesten Deutschland*, Frankfurt am Main 1930.
Kries, Johannes von Kries, *Die Principien der Wahrscheinlichkeits-Rechnung. Eine logische Untersuchung*, Freiburg 1886.
Kuhn, Thomas, *Die Struktur wissenschaftlicher Revolutionen*, Frankfurt am Main 1967.
Lang, Bernhard, „Prophet, Priester, Virtuose", in: *Max Webers „Religionssystematik"*, hrsg. von Hans G. Kippenberg und Martin Riesebrodt, Tübingen 2001, S. 167-191.
Laplanche, Jean und Jean-Bertrand Pontalis, *Das Vokabular der Psychoanalyse*, 2 Bände, Frankfurt am Main 1972.
Le Bon, Gustave, *Psychologie des foules*, Paris 1895.
Lee, Eun-Jeung, „Max Weber und der ‚konfuzianische Kapitalismus'". In: Leviathan 23 (1995), S. 517-529.
Lehmann, Hartmut und Guenther Roth (Hrsg.), *Webers „Protestant Ethic". Origins, Evidence, Contests*, Cambridge / New York 1993.
Lenger, Friedrich, „Max Weber, Werner Sombart und der Geist des modernen Kapitalismus". In: *Max Webers Herrschaftssoziologie*, hrsg. von Edith Hanke und Wolfgang J. Mommsen, Tübingen 2003, S. 167-186.
Lévi-Strauss, Claude, *Die elementaren Strukturen der Verwandtschaft*, Frankfurt am Main 1981.
Lichtblau, Klaus, Artikel „Ökonomie, politische". In: Historisches Wörterbuch der Philosophie, hrsg. von Joachim Ritter und Karlfried Gründer, Band 6, Basel / Stuttgart 1984, Spalte 1163-1173.
Lichtblau, Klaus, *Kulturkrise und Soziologie um die Jahrhundertwende. Zur Genealogie der Kultursoziologie in Deutschland*, Frankfurt am Main 1996.

Lichtblau, Klaus, *Das Zeitalter der Entzweiung. Studien zur politischen Ideengeschichte des 19. und 20. Jahrhunderts*, Berlin 1999.
Lichtblau, Klaus, „Ressentiment, negative Privilegierung, Parias". In: *Max Webers „Religionssystematik"*, hrsg. von Hans G. Kippenberg und Martin Riesebrodt, Tübingen 2001, S. 279-296.
Lichtblau, Klaus, *Die Eigenart der kultur- und sozialwissenschaftlichen Begriffsbildung*, Wiesbaden 2011.
Lichtblau, Klaus, *Zwischen Klassik und Moderne. Die Modernität der klassischen deutschen Soziologie*, Wiesbaden 2017.
Lichtblau, Klaus, „Die Faszination des Kapitalismus". In: Werner Sombart, *Die Modernität des Kapitalismus*, hrsg. von Klaus Lichtblau, 2., verbesserte Auflage Wiesbaden 2019, S. 1-32.
Liebeschütz, Hans, *Das Judentum im deutschen Geschichtsbild von Hegel bis Max Weber*, Tübingen 1967.
Löwenstein, Karl, „Max Weber als ‚Ahnherr' des plebiszitären Führerstaates". In: Kölner Zeitschrift für Soziologie und Sozialpsychologie 13 (1961), S. 275-289.
Löwith, Karl, *Weltgeschichte und Heilsgeschehen. Die theologischen Voraussetzungen der Geschichtsphilosophie*, 6. Auflage Stuttgart 1973.
Loycke, Almut (Hrsg.), *Der Gast, der bleibt. Dimensionen von Georg Simmels Analyse des Fremdseins*, Frankfurt am Main 1992.
Lübbe, Weyma, „Der Normgeltungsbegriff als probabilistischer Begriff. Zur Logik des soziologischen Normbegriffs". In: Zeitschrift für philosophische Forschung 44 (1990), S. 583-602.
Lübbe, Weyma, *Legitimität kraft Legalität. Sinnverstehen und Institutionenanalyse bei Max Weber und seinen Kritikern*, Tübingen 1991.
Lübbe, Weyma, „Die Theorie der adäquaten Verursachung. Zum Verhältnis von philosophischem und juristischem Kausalbegriff". In: Zeitschrift für allgemeine Wissenschaftstheorie 24 (1993), S. 87-102.
Luhmann, Niklas, „Generalized Media and the Problem of Contingency". In: *Explorations in General Theory in Social Science. Essays in Honor of Talcott Parsons*, hrsg. von Jan J. Loubser u.a., Band 2, New York / London 1976, S. 507-532.
Luhmann, Niklas, „Warum AGIL?". In: Kölner Zeitschrift für Soziologie und Sozialpsychologie 40 (1988), S. 127-139.
Lukács, Georg, *Die Zerstörung der Vernunft*, Berlin 1954.
Lukács, Georg, *Geschichte und Klassenbewußtsein* [1923], Neuwied und Berlin 1968.
Lyotard, Jean-François, *La condition postmoderne. Rapport sur le savoir*, Paris 1979.
Maine, Henry Sumner, *Ancient Law. It's Connection With the Early History of Society, and It's Relation to Modern Ideas*, New York 1864.
Makreel, Rudolf A., *Dilthey. Philosoph der Geisteswissenschaften*, Frankfurt am Main 1991.
Mannheim, Karl, „Wissenssoziologie". In: *Handwörterbuch der Soziologie*, hrsg. von Alfred Vierkandt, Stuttgart 1931, S. 659-680.
Mannheim, Karl, *Ideologie und Utopie*, 5. Auflage Frankfurt am Main 1969.
Marshall, Gordon, *In Search of the Spirit of Capitalism. An Essay on Max Weber' Protestant Ethic Thesis*, New York 1982.

Marx, Karl, *Grundrisse der Kritik der politischen Ökonomie* (Rohentwurf 1857-1858), Berlin 1953.

Marx, Karl, *Das Kapital. Kritik der politischen Ökonomie*, Band 1: *Der Produktionsprozeß des Kapitals* [1867]. In: Karl Marx und Friedrich Engels, Werke, Band 23, Berlin 1970.

Marx, Karl und Friedrich Engels, *Manifest der Kommunistischen Partei* [1848]. In: Dies., Werke, Band 4, Berlin 1974, S. 459-493.

Mauss, Marcel, *Schriften zur Religionssoziologie*. Herausgegeben und eingeleitet von Stephan Moebius, Frithjof Nungesser und Christian Papilloud, Frankfurt am Main 2012.

McKinney, John C. und Edward A. Tiryakian (Hrsg.), *Theoretical Sociology. Perspektives and Developments*, New York 1970.

Meier, Christian, *Entstehung des Begriffs „Demokratie". Vier Prolegomena zu einer historischen Theorie*, Frankfurt am Main 1970

Meier, Christian, *Die Entstehung des Politischen bei den Griechen*, Frankfurt am Main 1980.

Meier, Christian (Hrsg.), *Die okzidentale Stadt nach Max Weber*, München 1994.

Meier, Christian und Paul Veyne, *Kannten die Griechen die Demokratie? Zwei Studien*, Berlin 1988.

Meyer, Eduard, *Geschichte des Altertums*, Band 3: *Das Perserreich und die Griechen. Erste Hälfte: Bis zu den Friedensschlüssen von 448 und 446 v. Chr.*, Stuttgart 1901.

Michels, Robert, *Zur Soziologie des Parteiwesens in der modernen Demokratie. Untersuchungen über die oligarchischen Tendenzen des Gruppenlebens*, Leipzig 1911.

Mikl-Horke, Gertraude, „Der Markt bei Max Weber und in der neuen Wirtschaftssoziologie". In: *Wirtschaftssoziologie nach Max Weber*, hrsg. von Andrea Maurer, Wiesbaden 2010, S. 97-117.

Moebius, Stephan, *Die Zauberlehrlinge. Soziologiegeschichte des Collège de Sociologie (1937-1939)*, Konstanz 2006.

Mommsen, Wolfgang J., *Max Weber und die deutsche Politik 1890-1920*, 2., überarbeitete und erweiterte Auflage Tübingen 1974.

Mommsen, Wolfgang J., *Max Weber. Gesellschaft, Politik und Geschichte*, Frankfurt am Main 1974.

Mommsen, Wolfgang J., „Max Webers Begriff der Universalgeschichte". In: *Max Weber, der Historiker*, hrsg. von Jürgen Kocka, Göttingen 1986, S. 51-72.

Morgan, Lewis Henry, *Die Urgesellschaft. Untersuchungen über den Fortschritt der Menschheit aus der Wildheit durch die Barbarei zur Zivilisation*, Stuttgart 1891.

Morlok, Christoph, *Rentabilität und Versorgung. Wirtschaftstheorie und Wirtschaftssoziologie bei Max Weber und Friedrich von Wieser*, Wiesbaden 2013.

Müller, Hans-Peter, „Max Webers Sozialökonomik". In: *Schlüsselwerke der Wirtschaftssoziologie*, hrsg. von Klaus Kraemer und Florian Brugger, Wiesbaden 2017, S. 89-134.

Murvar, Vatro, „Max Weber's Concept of Hierocracy. A Study in the Typology of Church-State Relationship". In: *Sociological Analysis* 28 (1967), Nr. 2, S. 69-84.

Nau, Heino Heinrich, *Eine „Wissenschaft vom Menschen". Max Weber und die Begründung der Sozialökonomik in der deutschsprachigen Ökonomie 1871 bis 1914*, Berlin 1997.

Nelson, Benjamin, *The Idea of Usury. From Tribal Brotherhood to Universal Otherhood*, Chicago 1949.

Nietzsche, Friedrich, *Zur Genealogie der Moral. Eine Streitschrift*. In: Sämtliche Werke. Kritische Studienausgabe, hrsg. von Giorio Colli und Mazzino Montinari, München 1980, Band 5, S. 245-412.

Nippel, Wilfried, „Max Weber, Eduard Meyer und die ‚Kulturgeschichte'. In: *Was ist Gesellschaftsgeschichte? Positionen, Themen, Analysen*, hrsg. von Manfred Hettling, München 1991, S. 323-330.

North, Douglas C., *Institutions, Institutional Change and Economic Performance*, Cambridge 1990.

Offenbacher, Martin, *Konfession und soziale Schichtung. Eine Studie über die wirtschaftliche Lage der Katholiken und Protestanten in Baden*, Tübingen und Leipzig 1901.

Oppenheimer, Franz, „Stammesbewußtsein und Volksbewußtsein". In: Die Welt. Zentralorgan der Zionistischen Bewegung, 14. Jahrgang (18. Februar 1910), S. 139-143.

Oppenheimer, Franz, *Schriften zur Soziologie*, hrsg. von Klaus Lichtblau, Wiesbaden 2015.

Orihara, Hiroshi, „From ‚A Torso with a Wrong Head' to ‚Five Disjointed Body-Parts without a Head': A Critique of the Editorial Policy for *Max Weber Gesamtausgabe* I/22". In: Max Weber Studies 3.2. (2003), S. 133-168.

Otto, Eckart, *Max Webers Studien des Antiken Judentums. Historische Grundlegung einer Theorie der Moderne*, Tübingen 2002.

Palonen, Kari, „Die Umstrittenheit der Begriffe bei Max Weber". In: *Die Interdisziplinarität der Begriffsgeschichte*, hrsg. von Gunter Scholtz, Hamburg 2000, S. 145-158.

Parsons, Talcott, „Wertgebundenheit und Objektivität in den Sozialwissenschaften. Eine Interpretation der Beiträge Max Webers". In: *Max Weber und die Soziologie heute*. Verhandlungen des 15. Deutschen Soziologentages vom 28. bis 30. April 1964 in Heidelberg, hrsg. von Otto Stammer, Tübingen 1965, S. 39-64.

Parsons, Talcott, *The Structure of Social Action* [1937]. Zwei Bände, New York 1968.

Parsons, Talcott, „Evolutionäre Universalien der Gesellschaft". In: *Theorien des sozialen Wandels*, hrsg. von Wolfgang Zapf, Köln / Berlin 1971, S. 55-74.

Parsons, Talcott, *Das System moderner Gesellschaften*, München 1972.

Parsons, Talcott, *Aktor, Situation und normative Muster. Ein Essay zur Theorie sozialen Handelns*, Frankfurt am Main 1986.

Parsons, Talcott, *Kapitalismus bei Max Weber – Zur Rekonstruktion eines fast vergessenen Themas*. Herausgegeben, eingeleitet und kommentiert von Uta Gerhardt, Wiesbaden 2019, S. 25-101.

Polanyi, Karl, *Ökonomie und Gesellschaft*, Frankfurt am Main 1979, S. 149-185.

Quensel, Bernhard K., „Der ‚spekulative Paria-Kapitalismus' des Judentums. Max Webers These in wirtschaftsrechtlicher Rekonstruktion". In: Zeitschrift für altorientalische und Biblische Rechtsgeschichte 11 (2005), S. 214-273.

Quensel, Bernhard K., *Max Webers Konstruktionslogik. Sozialökonomik zwischen Geschichte und Theorie*, Baden-Baden 2007.

Radkau, Joachim, *Max Weber. Die Leidenschaft des Denkens*, München 2005.

Raum, Johannes, „Reflections on Max Weber's Thoughts Concerning Ethnic Groups". In: Zeitschrift für Ethnologie 120 (1995), S. 73-87.

Rickert, Heinrich, *Die Grenzen der naturwissenschaftlichen Begriffsbildung. Eine logische Einleitung in die historischen Wissenschaften*, Tübingen und Leipzig 1896-1902.

Riedel, Manfred, „Gesellschaft, bürgerliche". In: *Geschichtliche Grundbegriffe. Historisches Lexikon zur politisch-sozialen Sprache in Deutschland*, hrsg. von Otto Brunner, Werner Conze und Reinhart Koselleck, Band 2, Stuttgart 1975, S. 719-800.

Riedel, Manfred, „Gesellschaft, Gemeinschaft". In: *Geschichtliche Grundbegriffe. Historisches Lexikon zur politisch-sozialen Sprache in Deutschland*, hrsg. von Otto Brunner, Werner Conze und Reinhart Koselleck, Band 2, Stuttgart 1975, S. 801-862.

Riehl, Wilhelm Heinrich, *Die Familie*, Stuttgart und Augsburg 1855.

Riesebrodt, Martin, „Charisma". In: *Max Webers „Religionssystematik*, hrsg. von Hans G. Kippenberg und Martin Riesebrodt, Tübingen 2001, S. 151-166.

Riesebrodt, Martin, „Ethische und exemplarische Prophetie". In: *Max Webers Religionssystematik*, hrsg. von Hans G. Kippenberg und Martin Riesebrodt, Tübingen 2001, S. 193-208.

Rodbertus, Johann Karl, „Untersuchungen auf dem Gebiete der Nationalökonomie des klassischen Alterthums II". In: Jahrbücher für Nationalökonomie und Statistik 4 (1865), S. 341-427.

Roth, Guenther, „History and Sociology in the Work of Max Weber". In: British Journal of Sociology 27 (1976), S. 306-318.

Roth, Guenther, *Politische Herrschaft und persönliche Freiheit. Heidelberger Max Weber-Vorlesungen 1983*, Frankfurt am Main 1987.

Roth, Guenther, „Rationalization in Max Weber's Developmental History". In: *Max Weber, Rationality and Modernity*, hrsg. von Sam Whimster und Scott Lash, London 1987, S. 75-91.

Sadri, Ahmad, *Max Weber's Sociology of Intellectuals*, Oxford 1992.

Said, Edward, *Orientalism*, London 1978.

Scaff, Lawrence A., "Weber before Weberian Sociology". In: British Journal of Sociology 35 (1984), S. 190-215.

Schelting, Alexander von, *Max Webers Wissenschaftslehre. Das logische Problem der historischen Kulturerkenntnis. Die Grenzen der Soziologie des Wissens*, Tübingen 1934.

Schluchter, Wolfgang, *Die Entwicklung des okzidentalen Rationalismus. Eine Analyse von Max Webers Gesellschaftsgeschichte*, Tübingen 1979.

Schluchter, Wolfgang, *Religion und Lebensführung*, 2 Bände, Frankfurt am Main 1988.

Schluchter, Wolfgang, *Max Webers späte Soziologie*, Tübingen 2016.

Schluchter, Wolfgang und Friedrich Wilhelm Graf (Hrsg.), *Asketischer Protestantismus und der ‚Geist' des modernen Kapitalismus*, Tübingen 2005.

Schmeller, Thomas, „Das paulinische Christentum und die Sozialstruktur der antiken Stadt. Überlegungen zu Webers ‚Tag von Antiochien'". In: *Max Weber und die Stadt im Kulturvergleich*, hrsg. von Hinnerk Bruhns und Wilfried Nippel, Göttingen 2000, S. 107-118.

Schmuhl, Hans-Walter, „Max Weber und das Rassenproblem". In: *Was ist Gesellschaftsgeschichte? Positionen, Themen, Analysen*, hrsg. von Manfred Hettling, München 1991, S. 331-342.

Schorn-Schütte, Luise, „Karl Lamprecht. Wegbereiter einer historischen Sozialwissenschaft". In: *Deutsche Geschichtswissenschaft um 1900*, hrsg. von Notker Hammerstein, Wiesbaden 1988, S. 153-191.

Simmel, Georg, *Über sociale Differenzierung. Soziologische und psychologische Untersuchungen* [1890]. In: Ders., Gesamtausgabe, Band 2, hrsg. von Heinz-Jürgen Dahme, Frankfurt am Main 1989, S. 109-295.

Simmel, Georg, *Die Probleme der Geschichtsphilosophie. Eine erkenntnistheoretische Studie* [1892]. In: Ders., Gesamtausgabe, Band 2, hrsg. von Heinz-Jürgen Dahme, Frankfurt am Main 1989, S. 297-421.

Simmel, Georg, „Das Problem der Soziologie" [1894]. In: Ders., Gesamtausgabe, Band 5, hrsg. von Heinz-Jürgen Dahme und David Frisby, Frankfurt am Main 1992, S. 52-61.

Simmel, Georg, *Soziologie. Untersuchungen über die Formen der Vergesellschaftung* [1908]. In: Ders., Gesamtausgabe, Band 1, hrsg. von Otthein Rammstedt, Frankfurt am Main 1992.

Simmel, Georg, *Die Probleme der Geschichtsphilosophie*. Zweite und dritte Fassung [1905/1907]. In: Ders., Gesamtausgabe, Band 9, hrsg. von Guy Oakes und Kurt Röttgers, Frankfurt am Main 1997, S. 227-419.

Sohm, Rudolph, *Kirchenrecht*, Band 1: *Die geschichtlichen Grundlagen*, Leipzig 1892.

Sombart, Werner, *Der moderne Kapitalismus*. Zwei Bände, Leipzig 1902.

Sombart, Werner, „Der Begriff der Stadt und das Wesen der modernen Städtebildung". In: Archiv für Sozialwissenschaft und Sozialpolitik 25 (1907), S. 1-9.

Sombart, Werner, *Die Juden und das Wirtschaftsleben*, Leipzig 1911.

Sombart, Werner, *Luxus und Kapitalismus. Studien zur Entwicklungsgeschichte des modernen Kapitalismus*, Band 1, München und Leipzig 1913.

Sombart, Werner, *Krieg und Kapitalismus. Studien zur Entwicklungsgeschichte des modernen Kapitalismus*, Band 2, München und Leipzig 1913.

Sombart, Werner, *Die Modernität des Kapitalismus*, hrsg. von Klaus Lichtblau, 2., verbesserte Auflage Wiesbaden 2019.

Spöttel, Michael, *Max Weber und die jüdische Ethik. Die Beziehung zwischen politischer Philosophie und Interpretation der jüdischen Kultur*, Frankfurt am Main / Berlin / Bern / New York / Paris / Wien 1997

Steinert, Heinz, *Max Webers unwiderlegbare Fehlkonstruktionen. Die protestantische Ethik und der Geist des Kapitalismus*, Frankfurt / New York 2010.

Sternberger, Dolf, *Herrschaft und Vereinbarung*, Frankfurt am Main 1986.

Storr, Virgil Henry und Solomon Stein, „Max Weber on the Market's Impersonality and Ethic". In: Max Weber Studies 19.1 (2019), S. 43-63.

Swatos Jr., William H. und Lutz Kaelber (Hrsg.), *The Protestant Ethic Turns 100. Essays on the Centenary of the Weber Thesis*, Boulder / London 2005.

Swedberg, Richard, *Max Weber and the Idea of Economic Sociology*, Princeton, N.J. 1998.

Swedberg, Richard, „The Role of the Market in Max Weber's Work". In: Theory and Society 29 (2000), S. 373-384.

Tarde, Gabriel, *Les lois de l'imitation*, Paris 1890.

Tenbruck, Friedrich, *Das Werk Max Webers. Gesammelte Aufsätze zu Max Weber*, hrsg. von Harald Homann, Tübingen 1999.

Tiryakian, Edward A., "The Sociological Import of a Metaphor: Tracking the Source of Max Weber's 'Iron Cage'". In: Sociological Inquiry 51 (1981), S. 27-33.

Tönnies, Ferdinand, *Studien zu Gemeinschaft und Gesellschaft*, hrsg. von Klaus Lichtblau, Wiesbaden 2012.

Tönnies, Ferdinand, *Gemeinschaft und Gesellschaft [1880-1935]*. Gesamtausgabe, Band 2, hrsg. von Bettina Clausen und Dieter Haselbach, Berlin / Boston 2019.

Treiber, Hubert, „'Wahlverwandtschaften' zwischen Webers Rechts- und Religionssoziologie". In: *Zur Rechtssoziologie Max Webers. Interpretation, Kritik, Weiterentwicklung*, hrsg. von Stefan Breuer und Hubert Treiber, Opladen 1984, S. 6-68.

Treiber, Hubert, „Anmerkungen zu Max Webers Charismakonzept". In: Zeitschrift für Altorientalische und Biblische Rechtsgeschichte 11 (2005), S. 195-213.

Treiber, Hubert „Max Weber as a reader of Nietzsche – remarks on a German discussion". In: *The Foundation of the Juridico-Political*, hrsg. von Ian Bryan, Peter Langford und John McGarry, Abingson / New York 2016, S. 165-184.

Treiber, Hubert, *Max Webers Rechtssoziologie – eine Einladung zur Lektüre*, Wiesbaden 2017.

Troeltsch, Ernst, *Der Historismus und seine Probleme*, Tübingen 1922.

Trubek, David, „Max Weber on Law and the Rise of Capitalism". In: Ders., Wisconsin Law Review (1972), S. 720-753.

Turner, Stephen P. und Regis A. Factor, „Objective Possibility and Adequate Causation in Weber's Methodological Writings". In: Sociological Review 29 (1981), S. 5-28.

Tyrell, Hartmann, *„Religion" in der Soziologie Max Webers*, Wiesbaden 2014.

Veblen, Thorstein, *The Theory of the Leisure Class. An Economic Study of Institutions*, New York 1899.

Wagner, Gerhard (Hrsg.), *The Range of Science. Studies on the Interdisciplinary Legacy of Johannes von Kries*, Wiesbaden 2019.

Wagner, Gerhard und Heinz Zipprian (Hrsg.), *Max Webers Wissenschaftslehre. Interpretation und Kritik*, Frankfurt am Main 1994.

Weber, Marianne, *Fichte's Sozialismus und sein Verhältnis zur Marx'schen Doktrin*, Freiburg im Breisgau und Berlin 1900.

Weber, Marianne, *Ehefrau und Mutter in der Rechtsentwicklung. Eine Einführung*, Tübingen 1907.

Weber, Marianne, *Lebenserinnerungen*, Bremen 1948.

Weber, Marianne, *Max Weber. Ein Lebensbild* [1926], Tübingen 1986.

Weiller, Edith, *Max Weber und die literarische Moderne. Ambivalente Begegnungen zweier Kulturen*, Stuttgart / Weimar 1994.

Weiß, Johannes, *Vernunft und Vernichtung. Zur Philosophie und Soziologie der Moderne*, Opladen 1993.

Whimster, Sam, „Die Übersetzung des Begriffes ‚Geist'. In: *Max Webers ‚Grundbegriffe'. Kategorien der kultur- und sozialwissenschaftlichen Forschung*, hrsg. von Klaus Lichtblau, Wiesbaden 2006, S. 317-335.

Whimster, Sam (Hrsg.), *Max Weber and the Spirit of Modern Capitalism – 100 Years On*. Max Weber Studies 5.2. (London 2005) und 6.1 (London 2006).

Williamson, Oliver, „The New Institutional Economics: Taking Stock, Looking ahead". In: Journal of Economic Literature 38 (2000), S. 595-613.

Willms, Claudia, *Franz Oppenheimer (1864-1943). Liberaler Sozialist, Zionist, Utopist*, Wien / Köln / Weimar 2018.

Winckelmann, Johannes, „Max Webers Soziologie des Rechts". In: Max Weber, *Rechtssoziologie. Aus dem Manuskript herausgegeben und eingeleitet von Johannes Winckelmann*, 2. Auflage, Neuwied am Rhein und Berlin 1967, S. 15-49.

Winckelmann, Johannes, *Max Webers hinterlassenes Hauptwerk: Die Wirtschaft und die gesellschaftlichen Ordnungen und Mächte. Entstehung und gedanklicher Aufbau*, Tübingen 1986.

Windolf, Paul, „Was ist Finanzmarkt-Kapitalismus?" In: ders. (Hrsg.), *Finanzmarkt-Kapitalismus* (= Kölner Zeitschrift für Soziologie und Sozialpsychologie, Sonderheft 45), Wiesbaden 2005, S. 20-57.

Winkel, Harald, *Die deutsche Nationalökonomie im 19. Jahrhundert*, Darmstadt 1977.

Wobbe, Theresa, „Max Webers Bestimmung ethnischer Gemeinschaftsbeziehungen im Kontext gegenwärtiger soziologischer Debatten". In: Jahrbuch für Soziologiegeschichte 1994, Opladen 1997, S. 177-189.

Wundt, Wilhelm, *Ethik. Eine Untersuchung der Tatsachen und Gesetze des sittlichen Lebens*, Stuttgart 1886.

The manufacturer's authorised representative in the EU is Springer Nature Customer Service Centre GmbH, Europaplatz 3, 69115 Heidelberg, Germany. If you have any concerns regarding our products, please contact ProductSafety@springernature.com

Printed and bound by CPI Group (UK) Ltd, Croydon, CR0 4YY
23/03/2026
02076744-0006